建国以来
江苏省重要文献选编

第十三册

江苏省档案馆　编

南京出版传媒集团
南京出版社

图书在版编目(CIP)数据

建国以来江苏省重要文献选编. 第十三册 / 江苏省档案馆编. --南京：南京出版社，2021.11

ISBN 978-7-5533-2386-2

Ⅰ. ①建… Ⅱ. ①江… Ⅲ. ①地方政府-文件-汇编-江苏-1959 Ⅳ. ①D625.53

中国版本图书馆 CIP 数据核字(2020)第 191797 号

书　　名：建国以来江苏省重要文献选编　第十三册
编　　者：江苏省档案馆
出版发行：南京出版传媒集团
南 京 出 版 社

社址：南京市太平门街 53 号　　邮编：210016
网址：http://www.njcbs.cn　　电子信箱：njcbs1988@163.com
联系电话：025-83283893、83283864(营销)　025-83112257(编务)

出 版 人：项晓宁
出 品 人：卢海鸣
责任编辑：孙海彦
责任印制：杨福彬

排　　版：南京展望文化发展有限公司
印　　刷：南京顺和印刷有限责任公司
开　　本：787 毫米×1092 毫米　1/16
印　　张：30
字　　数：363 千字
版　　次：2021 年 11 月第 1 版
印　　次：2021 年 11 月第 1 次印刷
书　　号：ISBN 978-7-5533-2386-2
定　　价：75.00 元

用微信或京东APP扫码购书

用淘宝APP扫码购书

本书编纂领导小组

组　　长　陈向阳

成　　员　赵　深　陈万田　孙　敏
　　　　　薛春刚　宫　琳　邹　华

本书编辑部

主　　任　薛春刚

副 主 任　周云峰　蔡宜军

主　　编　周云峰

副 主 编　张　涛　朱芳芳

编　　辑　（以姓氏笔画为序）
　　　　　卢　珊　朱万悦　朱芳芳
　　　　　刘维荣　苏海霞　张　涛
　　　　　范小燕　周云峰　胡卫国
　　　　　徐民生

执行编辑　徐民生

编　　务　张　涛　徐民生

编辑说明

为真实再现中华人民共和国成立以来江苏省委、省政府各项重大决策部署过程，客观反映江苏经济社会各项事业发展的历史原貌，总结历史经验，指导当前工作，我们编辑了《建国以来江苏省重要文献选编》(1949—1965)(以下简称《选编》)。

《选编》收录中共江苏省委、省人大、省政府、省政协及各有关部门制定、发布的重要文献，中共中央、国务院、中共中央华东局、华东军政委员会等部门对上述文献的批示、批复等意见，部分领导同志的讲话和文章，以及其他在历史上产生较大影响的有关文献、报纸的重要社论等。

《选编》所收文献，主要来自档案部门保管的档案，其中多数曾在一定范围内公布，或曾在报纸上刊出。每篇文献末尾，均有文献出处或藏址等说明，如“根据×××档案馆档案刊印”，或“根据《××××××》刊印”。

《选编》采用编年体，分卷出版。各卷文献按时序编排，成文时间相同的，按部门/地区序列排列。文献形成时间不详的，由编者进行了考证推断并作出注释。仅能推断为某月、某季或某年度的，一律置于相应的月末、季末或年末。

每篇文献，均按“标题”“成文时间”“作者”“正文”“出处”顺序排列。

除讲话记录稿经过整理外，所有文献均原文照录，以保持文献原貌。为方便读者阅读，全书将通假字、繁体字均转换成今用规范字，明显的错别字或使用不当的标点直接进行了勘订，漏字在其后加“〈〉”并填以正字，明显的衍字直接删除，无法辨认的字用“□”代替（一个“□”代表一个字）；部分竖行版式的文献中使用“左列”“如左”的，统一改为“下列”“如下”；部分具有明显时代或地域特征但不影响阅读理解的字词，一般不予改动，如“急需”不改作“亟需”，“甚么”不改作“什么”，“那末“不改作“那么”，“严重的努力”“重要的关键”不改，等等；文献标题一般以其原有标题为准，原文无标题或标题不完整、不通顺、不规范的，均由编者拟制，并在页下注释说明。文献中的数字，参照《出版物上数字用法》（GB/T 15835—2011）进行了统一处理。

本卷收录了 1959 年 6 月至 1959 年 12 月的文献共 75 篇。由徐民生负责选材，省委党史工办协助对内容审核把关。

江苏省档案馆

2021 年 6 月

目　录

江苏省人民委员会关于开展夏季安全卫生大检查的通知

（1959 年 6 月 1 日）

各专署，各市、县人委，省级各厅、局，南京铁路管理局：

今年以来，工业、交通、基本建设等单位，在保证安全生产方面做了不少工作，大部分地区的厂矿企业还开展了安全卫生检查，对安全生产起了一些推动作用。但是，由于去年新工人的大量增加，新建小型厂矿企业劳动条件较差，某些老企业的劳动保护设备有的已移作他用，这和往年的情况比较起来有很大不同。因此，对今年的安全卫生、劳动保护工作，必须予以更大的注意和作更多的努力。目前各地工伤事故不断发生，情况比较严重。为了保证职工的安全和健康，更好地完成和超额完成生产任务，决定在 6 月份开展一次群众性的安全卫生大检查运动，兹将有关问题通知如下：

（一）此次检查必须在各级党委统一领导下，密切围绕增产节约运动，以生产为中心、大力贯彻安全生产方针，充分发动群众，广泛组织检查。通过检查，使厂矿企业的所有干部和职工群众受到一次安全生产的教育。树立安全生产的观点，建立与健全必要的规章制度；解决当前某些迫切需要解决而又可能解决的实际问题。矿山开采、冶炼、基本建设、交通运输、化学、机械等单位以及新建的厂矿企业，应作为检查的重点，集中力量研究解决安全生产中的关键问题，采取一切有效措施，力争减少和避免工伤事故，降低有害粉尘和有毒气体的浓度，保证生产的更大跃进。其具体要求是：

1. 大力开展安全生产的宣传教育，使党的劳动保护政策和安全生产方针深入人心，纠正某些企业领导人员重视生产，忽视安全的片面观点，严格批判“事故难免”和“唯条件论”等错误论调，克服和纠正各种麻痹思想以及不遵守操作规程的错误行为，做到“人人管生产，人人管安全”。

2. 加强组织管理，建立和健全必要的规章制度。在大型企业与矿山开采、冶炼等重要产业，要成立专门安技机构，一般企业应有专职或兼职人员。在老企业中应当动员群众对某些重要的规章制度进行检查和讨论，需留则留，应建则建，该破则破，对某些不应当破而已经破了的，应视实际情况加以修正。新企业应当根据生产需要，建立与健全有关安全生产的规章制度。

3. 根据必要与可能和土洋并举的原则，增添与改进防护设备，特别是对起重机械，乙炔发生器，锅炉，易燃、易爆的生产和电气安全等，必须作出技术鉴定和维护检修制度，对有害粉尘、有毒气体，在充分发动群众的基础上，采取一切有效措施，降低到国家规定标准浓度以下。

4. 增添和改进安全卫生设备需要的材料，应该首先提倡自力更生，发动群众想办法，利用代用品，贯彻因陋就简和经济适用的精神，必需应用而企业自己又无法解决的物资材料，可由各地增产节约办公室统一考虑，在清仓物资中拨给。所需经费，仍由基本建设费用、生产成本费用和厂长基金中开支，如有不足，可在工会结余经费中使用一部分。

5. 通过检查，注意解决工时过长和有关女工保护的一些特殊问题。合理安排生产和劳动力，严格控制加班加点。在一般情况下，工作时间应当保持 8 小时，最多不超过 10 小时。对女工、孕妇以及未成年的职工尤应注意给予适当的照顾。

（二）根据当前情况，厂矿企业的检查重点应当放在确保生产安全和防暑降温两个方面。各厂矿企业可根据本单位具体情况和特点，订出适合本单位需要的检查内容。

（三）检查方法：一般可采取领导检查与群众检查相结合、全面检查与专业检查相结合、一般检查与重点检查相结合等办法，并应发动群众开展大鸣大放，组织不同工种的小型会议和重大事故的专题讨论。具体办法和步骤由各地区、各单位自行安排。

（四）为了加强检查工作的具体领导，各地均应建立组织。省由卫生厅、重工业厅、轻工业厅、纺织工业厅、煤炭工业局、冶金工业局等单位建立安全卫生检查委员会，抽调一定力量，建立办公室，具体负责了解情况，综合研究，交流经验等日常工作（办公地点设南京市中央路136号省劳动局），并组织检查团，分赴各地协助检查。各市、县应在当地党委领导下，建立安全卫生检查领导机构（可与防暑降温组织结合起来），由负责同志挂帅，具体领导这项工作，并将检查工作开展情况，每周向省安全卫生检查办公室作一次书面汇报。

以上通知，各地应即组织贯彻，并根据本地区的具体情况，对工业、交通、基本建设部门分别提出具体要求，作出检查方案。检查工作至迟不得超过7月上旬，对检查出来的问题，应当作出有效措施，分别轻重缓急，踏踏实实地加以解决。二季度以来已经开展过安全卫生大检查或检查工作将要告一段落的地区，应当根据本通知要求，组织一次复查。

江苏省人民委员会

1959年6月1日

根据江苏省档案馆档案刊印

用现有转炉多炼好钢

（1959 年 6 月 2 日）

《新华日报》社论

全省各城市的炼钢工人在优质高产低成本竞赛中，猛攻转炉技术关，使炼钢生产有了新的进展。5 月份，到 30 日止，钢的平均日产量是 178 吨，而最高日产量是 277 吨。这说明发掘现有炼钢设备的潜力，增加钢产量，是大有可为的。为了完成与超额完成国家交给的产钢任务，我们必须在加速重点钢铁企业基本建设的同时，进一步发动群众猛攻炼钢技术关，充分发挥现有转炉设备的作用，做到个个开炉，炉炉长寿，分秒不让，多炼好钢。

已经投入生产的 30 个吨位的转炉设备，是实现今年本省产钢计划的主要力量，占全年 60％以上的任务要依靠现有的设备来完成，其余的任务，才要靠第三季度新建成的重点钢铁企业去完成。我们虽然正在集中力量加速重点钢铁厂的基本建设，但要依靠它来炼钢，终究有时间上的限制。所以，我们要牢牢抓紧现有炼钢设备的生产，现有的大大小小的转炉越是开得好，转得勤，多出钢，出好钢，完成今年的产钢计划就越有保障。尽早的多产钢，还可以尽快的轧出钢材，有力地支援工农业生产。

在炼钢战线上有大局和小局之分。什么是大局？全国今年要生产 1 800 万吨钢，这是大局。什么是小局？每一个转炉的生产任务，就是小局。1 800 万吨钢的指标是建筑在每一个炼钢单位，每一座炼钢炉的基础上的，每一个单位和炉子的小局，都是直接影响着大局的。所有的小局搞好了，大局才有保证。如同下棋，个个棋子得力，全局才能得到胜利。有些人说："我们厂里的转炉很小，就是天天炼，也起不了多大作用，不炼呢，也无关大局。"这种思想显然是错误的。转炉的容积虽然小，但是涓涓之水，可以汇成江河；所有的炉子都充分发挥作用以后，一年的产量便不是一吨、两吨，而是几万吨，这就越发不能说是"无关大局"了。

目前，本省现有的炼钢设备绝大部分不是设在专业的、独立的钢铁企业里，而是附属在一些其他行业的工厂中。在这种情况下，就有一些同志认为："炼钢生产是副业，可搞可不搞，只要完成本厂的主要业务就行了。"还有的认为："搞炼钢太复杂，困难多，牵掣力量，影响正业，实在划不来。"这些说法，显然也是缺乏大局思想的反映。从大局出发，钢、煤、粮、棉四大指标都是"帅"，还有什么行业是比钢、煤、粮、棉生产更为重要的正业呢？就是从本省的实际情况出发，那些所谓副业思想也是不对的。现有的炼钢设备以吨位计算，90%以上分布在非专业冶炼单位中，大家完全应该把炼钢生产当作正业，狠狠地抓好。这样，全省炼钢任务的完成，才有坚实的保证。所以，凡是负有炼钢生产任务的纺织厂、机械厂、化工厂和学校，在生产上必须坚决执行以钢为纲的方针，把炼钢当着比本行业更硬的任务来搞，当着正业来搞。当然，目前在炼钢生产上是有一些实际困难的，但是也正因为有困难，所以才必须更加加强领导，集中力量来克服困难。

怎样充分发挥现有炼钢设备的作用呢？当前重要的问题，是切实发动群众，猛攻转炉技术关，保证个个开炉，炉炉长寿，质量合格，产量提高，成本降低。因此，所有的炼钢单位都必须贯彻整风精神，深入开展增产节约运动，发动职工群众围绕炉龄、浇铸、操作技术等关键问题，从各方面找原因，想办法，展开大鸣大放大辩论，并在鸣放的同时，抓紧整改，及时组织竞赛，促进生产高涨。这样通过揭发问题，解决问题，一方面可以打破某些人对炼钢技术的神秘观点，从而解放思想，鼓足干劲，树立信心；同时也可以找到炼钢生产的技术规律，胜利攻破技术关。在运动中，各地和各单位应当进一步贯彻执行省委指示的“书记挂帅、一炉一干”的精神，领导干部深入炉前，及时地、切实地解决生产上的问题。炼钢生产是一个复杂、细致的工作，有设备问题，材料问题，技术问题，运输问题，处理每个问题，都丝毫马虎不得。领导干部必须切实加强炼钢生产的领导，和群众一起切实解决问题。正因为炼钢生产是复杂的，所以在大搞群众运动的同时，还必须加强企业管理工作，从生产的实际需要出发，根据厂内外的先进经验，建立起操作、配料、检验等各种规章制度，并且要做到群众管理和专业管理相结合，设置必要的专业管理机构，指派专业管理人员，有效地提高企业管理水平，为炼钢生产的优质、高产、低成本创造条件。

全省钢铁战线的全体指战员们，现在已经进入第二季度的最后一个月了，让我们更高的举起优质高产低成本的红旗，进一步发展红五月中所取得的生产成就，继续鼓足干劲，力争上游，把炼钢水平大大提高一步。与炼钢生产密切有关的炼铁、采矿、炼焦、耐火材料、交通运输等战线的指战员，也必须继续贯彻以钢为纲的方针，尽最大的努力支援炼钢生产，和炼钢工人密切配合，为完成与超额完成二季度和全年炼钢任务而奋战！

中共江苏省委关于当前粮食征购销工作的指示

（1959 年 6 月 2 日）

省委决定今年的夏粮征购任务，必成数为 14.95 亿斤，期成数为 16.4 亿斤（各地任务附表）。要求各级党委下定决心，加强领导，集中力量，进行突击，力争在 6 月底以前使粮食进入国库。这是一个严重的经济任务，也是一个严重的政治任务。到 6 月底全省粮食周转库存只剩下 13 亿多斤，是粮食统购统销以来库存最紧的一年。目前粮食调度已经到了极度困难的境地，而且第三季度全省还要支出粮食 17 亿多斤（包括上交和调出任务在内）。如果我们不能在 6 月底以前把夏粮征购入库，不狠狠抓紧早稻的征购工作，就有使粮食仗打不下去的危险。如果有一个地区不能按时完成任务，就会影响全局，造成全局的被动。

目前，大元麦已经基本割完，小麦也已开始登场。今年虽然麦田面积比去年减少了 30%左右，但是单产普遍比去年提高 30%—40%，也就是说，今年的夏粮总产量不比去年低，只要我们切实贯彻执行主席“收好、管好、用好”的指示，合理分配，节约消费，夏粮征购任务是完全可以完成的。当前有三个问题应该引起我们严重警惕，一个是瞒报私分，目前已发现有瞒报面积、瞒报产量的现象。大家瞒报 10%的面积，就是 300 多万亩，就要减少五六亿斤的产量，如不及时注意防止，就会造成留粮偏宽，影响征购任务的完成。二是基层干部和群众普遍存在多吃一点的思想。三是个别地区可能发生的夏荒。因此，我们要反复地教育干部、教育群众，维护整体，顾全大局，忙时适当多吃一点，闲时一定要少吃一点，精打细算，节约用粮。说明全年的粮食定购任务不变，夏季多卖，秋后就可以少卖，现在多吃了，秋后和明春就要少吃，说明瞒报面积、产量是错误的，也不利于队与队之间的团结。要教育大家说老实话，启发大家自觉报实面积，报实产量。

今年夏熟作物面积分布极不平衡，有的社、队麦子种得多，有的社、队麦子种得少，各级领导要认真地进行排队，细致地进行工作。麦子种得少的地方固然要节约用粮，麦子种得多的地方也要细水长流。省委要求各地切实贯彻"哪一季丰收，哪一季就应当多购一些，哪一个地区丰收，哪一个地区就应当多购一些，哪一个品种丰收，哪一个品种就应当多购一些"的精神，动员那些夏粮面积多、产量高、商品性大的地方，尽可能多卖一些。

夏粮征购工作是和繁忙的夏收、夏种、夏季预分工作同时进行的，要迅速完成夏粮征购任务，做到边收、边打、边购、边运，就必须把收、种、打、运、购、分的工作，统一进行安排。根据不同地区和夏收夏种工作的不同进度，在一个公社、一个大队、一个生产队的范围内，短期突击一下。但不要不根据夏收情况，在一个县的范围内，在同一个时间，去突击完成征购任务。同时，在今年的夏粮征购当中，要接受过去的经验，注意提高粮质，全部运至国家仓库，不要交社、队自行保管，以免产生虚假现象。

在做好夏粮征购工作的同时，还必须十分抓紧油菜籽的收购工作。当前食油的紧张情况，不亚于粮食，某些方面比粮食还紧。省委要求各地尽最大的努力，把95%以上的油菜籽都收购起来，以缓和食油供应的紧张局势。

对粮食统销工作必须继续抓紧（各地指标见附表），要接受历年来的教训。在粮食登场的时候，抓紧粮食统销工作很重要。收获季节不抓紧，青黄不接的时候粮食就要紧张。只有从头抓紧，日子才能过得好一些。在城市中要继续核实人口，以人定量，堵塞漏洞，避免浪费，严格控制行业用粮和事业用粮。

以上指示，请各地立即研究，贯彻执行，并将贯彻情况报告省委。

中共江苏省委员会

1959 年 6 月 2 日

1959 年夏粮、油料及早秋粮食征购和第三季度粮食统销计划表 单位：万斤

地　区	夏粮征购		早秋粮食收购	菜籽	第三季度粮食统销	
	必成数	争取数			数量	其中：市场销售
合　计	149 500	164 000	191 000	13 000	110 000	83 700
南京市	5 500	7 000	11 000	700	21 800	19 600
无锡市	5 000	5 000	1 000	150	8 500	6 900
徐州区	25 000	30 000	10 000	10	11 000	8 500
淮阴区	20 000	22 000	26 000	340	6 800	4 800
盐城区	13 000	13 000	30 000	1 000	8 300	5 500
扬州区	27 000	30 000	77 500	2 000	14 200	10 200
南通区	20 000	20 000	3 900	800	10 000	5 700
常州区	12 000	15 000	18 500	1 000	13 600	10 900
苏州区	22 000	22 000	13 100	7 000	15 800	13 600

根据江苏省档案馆档案刊印

中共江苏省委批转省文化局党组《关于本省电影制片厂的规模、任务和有关问题的请示报告》

（1959 年 6 月 4 日）

南京、南通、常州、无锡市委并各地委：

省文化局党组根据中央文化部最近召开的电影工作会议精神，对本省电影制片厂的规模、任务等，提出了重新调整的意见，省委同意这个意见，现发给你们参照执行。现有制片设备，可调省电影制片厂集中使用，其所需价款由省电影制片厂偿付。关于这方面的具体问题，由省文化局与有关地、市委协商解决。

中共江苏省委员会
1959 年 6 月 4 日

附：省文化局党组《关于本省电影制片厂的规模、任务和有关问题的请示报告》

（1959 年 5 月 23 日）

省委宣传部并报省委：

文化部在 4 月份召开了一次全国电影工作会议。会议上根据六中全会精神，着重研究了全国电影制片事业的布局问题。会议上肯定了去年电影事业大跃进的成绩，也指出了由于发展过快过猛，产生了很多新问题，如在电影制片方面，由于缺乏原材料，造成机器设备分散，影响了重点厂的建设。另外，制片事业发展过快，放映事业跟不上，影片生产过多，而上映率不高。再加技术力量跟不上，也发生了粗制滥造等现象。

1959年是更大跃进的一年，为了保证四大指标的实现，电影事业的发展，在机器设备和基建材料方面，须本着主动"让路"的精神重新安排，尤其电影制片事业，是不可能全面铺开，齐头并进的。为了更好更可靠地发展电影事业，1962年前，在巩固几个老厂（上海的天马、海燕和北影、长影、八一）的基础上，首先保证建成广东、陕西、四川、湖北四个协作区的中心制片厂和新疆、内蒙古两个少数民族地区制片厂。其他各省制片厂仍以生产新闻、纪录、科教片为主。省以下均不建立制片厂。

本省制片厂，自去年筹建以来，已改建了一个摄影棚，新的厂地道基，置景车间也接近完工，技术楼已开始施工建筑；人员调配连同上影支援的30人，已有137人。此外，去年南京、南通两市也筹建了电影制片厂，并购置了部分制片设备。个别专区和市、县也增设新闻电影摄影队，有的已培养和调配了干部。目前本省摄影机有14台（省厂5台，南通4台，南京3台，无锡、常州各1台），南通市还有旧的磁带录音机3台，光学混合录音机1台，这些机器经过修理都可使用。另外，省厂有土法洗片设备1套，洗印机1台，照明灯光6万多支。这些设备，如能集中使用，基本上可以装备一个电影制片厂。

根据文化部电影工作会议精神和以上情况，本省制片厂的方针任务和建厂规模及省以下专区、市是否设置电影制片机构等问题，有重新考虑和统一调整的必要。我们的初步意见：

1. 省电影制片厂的方针任务，应以生产新闻纪录、科教片为主。根据年产新闻纪录片 50 至 70 本、科教片 4 至 6 部、故事片 1 至 2 部的生产指标，重新考虑人员编制和基建任务。在基建方面：除削减摄影棚项目外，其他基建项目均仍保留，并继续施工，争取年内建成。人员编制：保留 5 个新闻纪录片摄制组，1 个科教影片摄制组，1 个故事影片摄制组，以及洗印、录音、灯光照明等人员。其他多余人员根据其特长，分别安排文化部门有关业务单位工作。电影演员拟与省话剧团合并。

2. 专区和市（县）不建立电影制片厂，也不专设新闻电影摄影队。南京、南通、常州、无锡现有的制片设备调省制片厂集中使用，其设备由省制片厂按原价交换。

以上报告当否？请省委宣传部和省委指示，并请批转本省各级党委。

中共江苏省文化局党组
1959 年 5 月 23 日

根据江苏省档案馆档案刊印

在常委扩大会议上的总结报告*

（1959 年 6 月 6 日）

江渭清

（一）

首先从本省一些初步的、不完全的统计数字来看看我们当前工农业生产和市场方面的情况。

1. 工业生产方面。今年 1—5 月份的工业生产，产值（包括手工业，不包括社办工业）已经达到 34 亿元，比去年同期增长 97.7%（全国今年 1—4 月份工业生产产值较去年同期增长96.5%）。从几种主要产品来看，生铁产量已经达到 192 364 吨，较去年同期增长 30 倍，钢的产量已经达到 18 601 吨，较去年同期增长 171%，原煤已经生产 218.800 3 万吨，较去年同期增长95.3%，发电量为 5.318 8 亿度，比去年同期增长 67.9%，棉纱已经生产 36.690 5 万件，较去年同期增长 56%。从这里看，今年 1—5 月份工业生产是继续大跃进的，是有成绩的。

2. 农业生产方面。经过去秋以来的辛勤劳动，大麦、元麦、小麦、蚕豌豆的总产量，根据初步统计为 54.4 亿斤。据我了解，今年产量可能接近去年实际产量，即可能达到 58 亿—60 亿斤。今年情况与去年不同，今年估产偏低一点；经过部分大、元麦和小部分小麦

* 这是江渭清同志在常委扩大会议上的发言记录，未经本人审阅。

的收割，实收一般都较估产高10%左右，或者更高一点。而且，今年麦子质量比去年好。这是由于去年大部分地区播种比较及时，大部分地区进行了深翻、密植，田间管理较好，今年四、五两月天气也较好（今年的天气是不能受批评了）；主观努力加上客观条件，所以麦粒饱满，出粉率也肯定较高。此外，还有一部分地区蚕豆的产量没有计算在内（苏州的一部分和无锡都没有计算在内）。今年夏季粮食作物虽然种植面积减少了，但单产增长30%左右。就单产来说，可能有少数丰产片增长100%，有60%的田增产30%左右，有5%—10%的田增产50%以上。这只是估计，大家可以去了解一下。总之，今年三麦、蚕豌豆是丰收。

油菜也是丰收的，去年单产70斤左右，今年则达到100斤左右，平均增长了25%。

绿肥，除少数地方吃掉一点以外，面积还有532万亩，比去年增加了33%。大多数地区单产都很高，有的3 000斤，有的4 000斤，5 000斤，6 000斤，8 000斤，还有1万斤的。绿肥种得足的地方就基本上解决了大熟作物的基肥，苏州全区平均每亩可以有1 500—2 000斤绿肥作基肥，无锡每亩则有2 000斤。今年苏北许多地方也种了绿肥，长得也比较好。

此外，林、牧、副、渔的生产也不错。初步统计，春茧估计可能达到17万担，搞得好，可以达到20万担；17万担，即较去年春茧产量13.2万担增长30%，20万担则要增长60%。茶叶，到5月底已采摘2 200担，达到了原订计划。水果，可达到400万担，其中枇杷达到25 000担，较去年500担增产40倍。苏北的梨子也好。渔业，到5月底已完成7.07万吨，较去年同期增加200吨，距原订计划则相差很远。渔业没有完成计划的原因是：海洋捕捞，正当大汛时，遭到了严重的风灾，使生产受到很大的损失；另一方面，今年渔船、劳动力与必要的物资都较去年大大减少，全省原有渔船6.5万只，目前参加捕鱼的只有 4 万只；长江渔船减少了 777 只，占总数的 17.3％；渔民也较去年减少 1 754 人，占总数的 22.5％。这都说明我们主观上抓得不够，我们应当从 6 月份起逐渐解决这个问题，具体加以研究安排。这个问题解决了，可以解决市场水产供应问题，可以增加社员收入。生猪，5 月份已开始上升，据初步统计，到 5 月底为止，全省生猪已经达到 661 万头，5 月份即增长了 33 万头以上。但是与去年曾经达到的 1 100 万头的水平相比，相差还很远。生猪减少的原因：一是由于我们在公社化初期对所有制问题处理不当，一是由于粮食紧，饲料缺乏；在某些方面，我们主观努力也不够。

总起来说，从去冬到今夏，我们的农业生产情况基本上是好的，在某些方面取得了很大成绩；但在某些方面也有严重的缺点。

3. 市场情况。今年 1—5 月份商品零售总额比去年同期增长了 21.65％，其中城市方面增加了 43.91％，农村方面增加了 12.19％。分别来说，生产资料增加了 27.14％，生活资料增加了 20.76％。今年 1 至 5 月份除去小五金、木材和生猪、家禽、蛋品的供应量较去年有所减少以外，其他主要商品供应量都较去年大有增加，如：棉布增长 77.5％，呢绒增长 346.6％，毛巾增长 50％，袜子增长 39.1％，汗衫增长 187.2％，毛线增长 189.2％，胶鞋增长 105.8％，肥皂增长 105.13％，自行车增长 158.78％，金笔增长 95.48％，卷烟增长 5.91％，酒增长 42.87％，盐增长 61.91％。

既然如此，为什么市场这样紧张呢？我们分析其原因有以下几点：

第一，社会购买力的增长，是一个基本的原因。

全国来说，社会集团的购买力（指机关、部队、企业、事业单位的公用开支）1957 年为 46 亿元，1958 年增加到 56 亿元，1959 年预计将达到 70 亿元。中央要求各地缩减，好好努力，能够不超过 1958 年的水平，从 6 月份起到年底这 7 个月内，要求至少节约 8 亿元。

全国县以上企业职工人数大大增加，因此，工资总额也大大增加，这些钱都变成了购买力。到 1958 年底，全国职工总数达到 4 532 万人，较 1957 年底的 2 450 万人增加了 2 082 万人。虽然，新职工的工资一般较低，今年中央与各省都注意抓了一下，减少了 300 万，但是，今年 1 至 4 月份全国工资总额为 88.4 亿元，较去年同期增加 29.8 亿元，这些都要去冲击市场。而今年一季度全国的银行储蓄，却较去年同期下降 2 亿元。市场受冲击，就感到物资紧张。

1958 年群众大炼钢铁，中央从国家财政中拿出 23 亿元补助亏损，这些钱也是今年 1 至 4 月份陆续发出的，也就成为目前市场购买力增长的一个临时性的因素。

从本省来说，钢铁亏损除中央拨款外，又增加了几千万元（中央、省内合计为 1.6 亿元），去冬今春发放救灾款 1 150 万元，算账补贴 2 000 万元，支持公社搞基本建设和支持穷队投资 6 650 万元，今年 1 至 4 月发放各种农贷、预购定金 1.1 亿元，动用商业流动资金 9 000 万元，动用工业流动资金 1.1 亿余元，赊欠 1.204 亿余元，我省除以上单位职工 1958 年也较 1957 年增加了 98.1 万人。

购买力增长这样多，商品生产跟不上，国家算了一笔账，预计今年全国商品供应量较货币投放总额差 50 亿元，本省初步统计也差 4 亿元。全国已经挖了商品库存，江苏也是如此。

第二，社会主义经济是有计划按比例发展的，而我们在布局上，在保证重点、照顾一般方面，还存在着某些缺点，因此生产有些失调。有的让路让多了一点，有的不应当让路的让了一点路。今天必须得出这样的结论：重点必须保证，一般必须照顾，特别是几项必须照顾的应当照顾。市场在某些方面失调，不利于我们工农业生产，到一定的时候可以看出后果，那时你要保重点，重点也保不住，回过头来照顾一般，扭转起来也很困难。

第三，副食品方面的紧张，比如生猪、蛋品以及一个时期的蔬菜不够供应，这与农村所有制方面的问题有关系，某个时期我们在某些环节方面调整得不好，郑州会议已解决了这个问题，而且转得很好。

对于市场失调的方面，我们现在就下决心来调整，对于这种不正常增长的购买力，要大加压缩，要大力增产节约。

总的来说，应当承认，江苏在工农业生产方面，在市场工作方面基本上是有成绩的，我们都做了很多艰苦工作。这里值得指出的是：在这样的粮食情况下，江苏农村还是比较稳定的。当然，各级党委还必须继续警惕，有些地方在夏收以后可能会发生夏荒，防止思想麻痹。

在文化教育方面，我们在去年大发展的基础上，今年也有成绩，一般是执行了巩固、整顿的方针，没有出什么大的偏差，基本上是正常的，而且基本上适应了农村公社所有制调整的情况。

（二）

对于今年工农业生产、市场、教育等方面的安排：

1. 对于工业生产和基本建设，现在下决心加以适当调整，并且把它决定下来。我们的基本精神是：既落实，又积极。所谓落实，是说我们订计划要尽可能地适合于客观的发展规律；所谓积极就是说要在适合客观规律的基础上加上主观努力。我们要尽可能做到有计划、按比例的发展；既保重点，又照顾一般。既鼓干劲，又留有余地。

生产指标，根据中央最近的指示：全国钢材指标较上海会议确定的减 22%左右，基本建设投资减 21%—22%；基本建设的投资中，根据保生产削基建的精神，钢材的供应减少 30%多一点。本省来说，钢材减少 20%—25%，基本建设投资减少 20%—25%，基本建设中的钢材减少 30%—35%。

在工业生产、基本建设方面，重点必须保证，一般必须照顾。

（1）钢铁与煤：

今年1—5月份，全省平均每月产煤44万吨，共计生产218万吨；今后7个月，只要我们积极努力、克服困难，增加一些设备，可以保持现有水平，生产308万吨。因此胡宏同志提出的三本账（510万吨、530万吨、550万吨）中的第二本账是比较可靠的。江苏不论是在工业或民用方面最困难的是煤，因此要求尽一切可能增加煤的生产，节省煤的消耗。

根据煤的情况，使钢铁生产计划落实。今年中央有关部门原决定拨给江苏1 300万吨煤，今年1—5月平均每月运进67万吨，到6月份止可以拨给400万吨，下半年还有900万吨。我们准备打六折是540万吨，打对折是450万吨。因此，今年我们生铁生产指标确定为44万吨，但是，希望以44万吨炼铁的煤生产出48万吨生铁。希望各地从搞好洗煤、炼焦，提高技术等方面来节约煤耗，努力达到这个要求。而且希望根据钢铁生产的任务，把炼铁的炉子进行一次调整。

钢，暂时确定生产6万吨。积极利用现有设备，加以改进，既炼钢，又练兵。如果国家确定继续建设南京、常州、无锡三个点，我们就应该积极建设好。至于其他地方，没有计划，暂时不搞。这样安排是留有余地的，这种留有余地是对的，如果今年9、10月以后，中央有关部门多给我们一些煤，我们就要多炼一点铁。如果三个点建成后，我们就可以生产8.5万吨钢。我们要做这样的思想准备。因为我们有铁矿石，电力也可以解决，上海又同意积极帮助我们解决三个点所需要的配套设备。

（2）工业生产、基本建设方面，计划以内力争合理安排，计划以外要严格削减。现在中央书记处决定，中央有关部决定的项目地方有50%的机动权，但是，要经过中央有关部门才能改变。我们有这样的机动权，但是，我们必须尊重中央有关部门的安排。同样，各专区、市、县可以对省的厅局、计委的安排提出意见，但是也必须尊重这些部门的安排。至于计划以外的，各专区、市自己去考虑安排，但是，要遵守以下几个原则：第一，不能安排赤字；第二，不能到银行借款；第三，不能动用工商业的流动资金；第四，不能赊欠；第五，不加重农民的负担。根据以上原则安排以后，要得到审核批准。这样一来不是就很不好办事了吗？是的，我们都应该有这样的精神，在这几个月内是有不好办事的情况。当然，计划以内的不一定个个合理，而计划以外的也不一定个个都不合理，真正是生产上迫切需要的，特别是有利于市场改善的，还是可以考虑安排的。

(3) 加强工矿、企业的领导和管理。省要考虑对各市的生产进行必要的分工布局，不要大家都挤着搞某些产品。县的工业则要分成三种情况来安排：有些县是完全为农业服务的，有些县 2/3 是为农业服务的，少数与市合并的县（如常熟、扬州、镇江、泰州、清江等）除为农业服务以外，还负担着一些全省的任务，个别的还负担着全国的任务。大家要下决心调整。社办工业则不仅任务、布局要有所调整，有的还要转化为副业。布局中应当解决制造多于加工、生产多于修配、集中过多等等矛盾。应当归队、必须归队的要坚决归队。今后农业机械划归重工业厅管，小农具与市场小五金归财贸部管，把它统一起来。现在修配的任务是很重的，比如全省有 9 000 多台抽水机，其中有8 000台要加以修理。如果只谈制造，不谈修配，就好比人只有生育，而没有医务人员治疗疾病。我们准备向中央提个意见，农村中收购的废钢铁一律用来搞修配，制造小农具，城市节约、清仓的原材料除以必要部分解决本身生产方面有关问题以外，应当解决小五金的问题。根据轻工业厅的汇报：全省只要有 2 万吨钢铁，就可以解决市场小五金的需要。现在可以解决 1.3 万吨，尚缺 0.7 万吨，我们同意拨给 0.5 万吨，希望提高技术，合理安排，以

1.8 万吨材料,做 2 万吨的事情。

今后要继续强调有计划地管理生产。这个时期生产管理、技术管理、成本管理、劳动管理等等都不讲究了,这也是违背工业管理方面一套发展规律的。

现在对安全卫生问题要好好重视。全省今年 1—4 月份已经发生重大事故 2 000 多起,死掉 136 人。患有轻重不同的矽肺病工人已有 4、5 万人。农村、城市妇女病相当普遍,相当严重。据溧阳一个县的统计,妇女中子宫下垂的就有 5%。主要原因是劳动过度。应当给予职工必要的休息。妇女在月经期间,要安排她们做较轻的活。对于已经患病的,要像防治浮肿病一样,除采取必要的医疗措施外,对严重的可以考虑编成一个小队,在劳动上加以照顾。此外,工厂中还要好好检查一次防暑设备和医药卫生设备。人是最宝贵的,有了人,一切就有办法。希望同志们好好注意。

要注意成本核算。现在有些地方根本没有财务制度了。束缚生产力的规章制度要废除,有利于生产的规章制度一定要坚持。产量、质量、成本要统一起来。我们是社会主义经济,不是唯利是图的,不是为产值而生产产值,我们是有计划按比例地来建设我们的国家。只要对国计民生有利,即使贴本,我们也干。当然,有利于国计民生,应该赚钱的也还是要赚。我们应该对产品负责,不能推出门了事。因为对人家不利,就是对自己不利,我们是一个集体里面的。

要合理地调整劳动力。中央 5 月 27 日的指示应当坚决执行。今年升级的面要压缩到最低限度,原来为 40%,现在压缩到 30%,用于提高职工工资水平的,原来为 12 亿元,现改为 8 亿元,大约可以提高 4%,这 8 亿元将分别用于职工的升级、定级、调整少数职工的工资标准和给企业的职工发综合奖。要先减人后调整级别。中央规定我们今年减少 42 万人,希望各地认真执行。解决了这个问题,对我们各方面都有利。当前企业中确实人员过多,必须把多余的人员坚决地减下来，这对于加强企业的经营管理、改进劳动组织、发挥劳动潜力、开展技术革新和技术革命运动，提高劳动生产率，都是十分必要的；同时，也有利于补充农业生产劳动力的不足，有利于改变农民盲目流入城市的情况；又可以缓和城市消费物资供应的紧张程度，也使今年增加的工资有了实际意义。我们要在六七两月坚决把人减下去，不要犹豫。同时，要好好研究工资问题。不搞集体奖励。要搞，就在厂长基金中解决。

我们要实事求是加上主观努力，提高质量、降低成本，开展群众运动，搞技术革命，开展增产节约运动，今年产值增长指标暂定为30%左右。我们如能合理安排布局，照顾到轻工业与民用方面所需要的煤，我们的生产指标虽然减少了一点，但我们实际完成的产值还是可以有较多的增长的。现在我们按增长30%来安排，假如今年年成好，下半年全国各方面情况都好转，工业生产能力、原材料跟上来了，第四季度在某些方面又会很快地上去了。

2. 农业方面。

孙加诺同志的发言很好，很全面，我没有更多的意见，不再重复了。

我们考虑一下：江苏除划出的10个县以外，我们今年的粮食生产指标要尽一切努力达到360亿斤，力争400亿斤。棉花原定计划不变，力争达到皮棉650万担。油料作物要力争多产，这对于我们自己、对国家都有好处，今后也来一个差额上交的办法，使大家积极努力去干，力争多产，解决自己食油供应问题、豆饼供应问题。在油料作物方面，我们除外调大豆及种子部分以外，其余都留给各地加工，我们只调出油。这样，就要压缩一下食品加工工业。希望财贸部门研究一个办法出来。

为了达到上述指标，有几件事情要请同志们好好研究注意：

（1）要在基本上不妨碍茬口安排的情况下力争扩大高产作物

的面积。比如水稻，只要管理得好，有肥料，天老爷帮忙，增加一亩水稻就可以起码收到 350—400 斤粮食。春山芋要比夏山芋多产 2 000 斤生山芋，夏山芋又比秋山芋要多产 1 000 斤生山芋。现在种春山芋已经来不及了，我们要争取多种点夏山芋，这是比较好的粮食之一，可以作口粮，可以作饲料，工业上还可以综合利用。要抓产量，高产作物就是重点。

在油料方面，过去曾经提出适当缩小大豆面积，适当扩大花生面积，因为一亩花生出的油起码抵得上三亩大豆的油；结果大豆面积由 900 多万亩缩到 600 多万亩，可是，现在花生跟不上去，菜籽也没有跟上(菜籽的出油率也很高)。希望各地县委好好商量一下，也与群众商量一下，哪里油料多一些，产量高一些，食油的供应可以提高一些。一定要在分配政策上体现出按劳分配、等价交换的原则，不要平均主义。(刘顺元同志插话：还有价格问题。)要从食油供应定量、价格上加以调整，要考虑退还加工的豆饼。希望大家补种一些花生或芝麻(出油率也较高)。其他植物油也要注意把它搞起来，如核桃、蓖麻子，不能吃的，就作为工业用品。对于米糠榨油这个点子要少想点，因为这里涉及饲料问题。小队用十边种的芝麻，谁种谁收，谁卖谁得。

(2) 要以粮、棉、油带头，发展多角经营。江苏气候一般都比较好，对于多种经济是适合的。而要改善农村经济、增加社员收入，多种经营很重要。哪里能在搞好粮、油、棉的基础上不放松特种经济作物和副业，哪里一年四季就可以有产品出售，社员一年四季都可以有钱分。这一点很重要。每个老百姓能每个月多分一块钱，他心里就非常高兴。江苏有几种东西取之不尽，用之不竭，这就是水产、林业、牧业。养猪，要好好研究。搞多种经济，有一个人力、物力、财力问题，要加以合理安排。各地要多用一点心思，多出一些点子，特别是工业部门、财贸部门要在有利于人民生活、国家建设、市场供应等方面多想一些办法。一个老太婆她没有事做，我们适当解决一点饲料，她一年养 10 只老母鸡，卖掉 5 只，每只 2 元，就可以收入 10 元。我们这些当家的要与群众相结合，一般领导要与具体研究相结合。

此外，还有手工业、家庭副业。如果家庭副业每人每年可以生产 1 元，那么全省就有 4 000 万元；每人增加 2 元收入，4 口之家就可以增加 8 元，就可以用来舒舒服服地度过中秋节和春节。有些东西只要我们去抓，抓紧一点，并不是很困难的。比如渔船，只要我们下决心适当解决一些材料，把无计划外流去换东西的木材拿来，就可以解决了，现在有些地方下雨没有蓑衣、热天没有草帽、席子，这些东西都要好好加以研究解决，这些都是与生产与人民生活以及身体健康有影响的东西。江苏的木材困难，希望在绿化的过程中加以注意，用材林要与经济林并举。去年大炼钢铁、大搞绞关砍掉不少树木，应当再补种起来。（刘顺元同志插话：现在主要是抓育苗。育苗本身也是一种副业生产，也有收入。）

（3）分配问题。生产提高了，粮、棉、油增产了，各种副业搞起来了，就要掌握好分配问题。要坚持按劳分配，坚持等价交换。在夏季分配中要坚持中央规定的原则，工资部分与供给部分应该按照 6∶4 或 65∶35，好的地方可以按 7∶3 来进行分配，工资部分要大于供给部分。在主要农作物以及副业方面，一定要体现按劳分配的原则，这样就有利于生产的发展，有利于生产力的提高，有利于消除农民对这方面的顾虑。饲料田、自留地要算产量，但不计征购。这一点只是领导心中有数，不要向群众说。应该向群众宣布，饲料田，自留地上种的粮食、蔬菜，可以由自己处理。把紧张心理缓和下来。全省饲料田加上十边估计会有 600 万亩地，我们如能很好教育群众，很好解决集体与个人的关系，可以增加二三十亿或四五十亿斤粮食。

这里联系到食堂问题。我们要好好根据中央关于分配方面的指示，通过夏收分配，认真调整公共食堂。公共食堂必须积极办好、自愿参加。积极办好与自愿参加这两方面是对立的统一，既要使参加食堂的社员真正自愿，又要防止放任自流，一风吹散。各地要按照自己不同的经济基础，根据人民的自愿采取以下几种办法：一种是常年的，一种是农忙的。是不是少办常年的，多办农忙的？这是一个灵活的原则。另外，食堂范围过大的，可不可以适当缩小？自然村较集中的地方多办，居住分散的少办，或者自然村集中的多办常年的，居住分散的多办农忙的。夏收作物的粮食没有切实分到户以前不讨论食堂问题。这是一个原则。防止少数干部不负责任，放任自流，那就危险得很，要出大乱子，造成社会秩序的混乱，而且要死人。今年春季省委所以在这个问题上不松口，坚持干部与群众同甘苦，就是担心这个问题。也不是把粮食分到户以后食堂就“一风吹”了，而是按人定量分到社员以后，愿意到食堂吃的就交给食堂，节约仍归个人；不在食堂吃的则全部交个人保管使用。我们考虑，全省比较好的地区是不是仍把食堂坚持下去。至少有三种人是愿意参加食堂的，如人多劳力少的超支户，五保户，单身汉或只有夫妻两口子。这三种人占 20%—25%。各地食堂情况不同，有的可以保持 80%，有的可以保持 50%，有的可以保持 20%（刘顺元同志插话：工矿地区、交通要道、出名的社是不是保持常年食堂较好?）有的还可以等到大熟以后再搞。食堂的处理，要退而不乱。也可以等6月份搞好分配以后再很好讨论一下。

（4）征购和统销问题。不仅粮食，而且包括棉花、油料和其他农作物，都要合理征购、及时征购，合理统销、及时统销。我们的指导思想是在做好工作的基础上，合理地多购，合理地压缩统销，必要时准备多销。如果不能合理地多购，必要时就无法多销。今年的粮食，我们只要求除外调以外，把挖的库存补起来，其余的可以在社会上流通。如果搞得好，可以补进 8 亿斤库存，或者更多一些，达到 10 亿斤。因此，今年夏收如果像我们所设想的那样，接近 60 亿斤，我们希望征购 14.9 亿斤，争取达到 16.3 亿斤。今年应该吸取去年的经验教训，收好、管好、用好，快收、快打、快晒、快运、快购，尽一切可能避免损失。

（5）农村基本建设要抓住四项：土壤、肥料、水利、农具。在合理节约的原则下，用在这方面的钱是用在刀口上的。现在已经有了八字宪法，这是第一步；第二步就要对“八字宪法”因地制宜、有步骤有准备地逐年加以具体贯彻执行。

3. 市场方面。这个问题在工、农业生产问题中已讲到了。希望财贸部门统一安排市场物资供应问题。解决的办法是：一增产；二压缩——坚决压缩社会集团购买力和紧缩职工人数；三节约；四调整权力下放。

同志们！应该把这个问题既要看做是严重的经济任务，又要看作是严重的政治任务，希望大家毫不犹豫地加以安排。希望各地、市委书记同志把工业生产、农业生产、市场这三方面统一抓起来。

4. 文化教育方面。要继续贯彻中央以整顿、巩固、提高为主，作必要发展的方针。

文教方面的基本建设，大学方面要与国家基本建设缩减的情况相适应，中学方面，在节约的原则下，合理调度，卫生方面的基本建设，确实是人民健康所必须的病床、药品，在节约的前提下，要保证供应，本省内的疗养院里的病床是不是拿出来调剂一下？药品，特别是酒精要加以解决。

文化方面，要巩固、提高重点，一般的要压缩削减，特别是社以下以及某些县的文化设施，推迟一两年再说。宣传部、教育厅、文化局可以搞一个方案出来，使下面可以掌握。

今后中学生的供给问题从三方面来解决：第一，在附加中解决一部分——能不能解决 900 万到 1 000 万元;第二,学生的副业生产;第三,助学金。小城市、集镇要提倡走读,三五里,七八里路的坚决实行走读。因为学生在家里吃饭本来三四元就够了,到学校里集体吃就得七八元,而且要增加供应。特别是小学,要分散一点,过去也是集中过多了。小学生要走读,让父母天天看到自己的孩子,扫盲工作也要真正做到群众自愿,积极办好。

要坚决办好报纸、杂志,采取少而精的原则。我们要加强对报纸、刊物的领导。县报改成两日刊或三日刊,把它办好,介绍好的经验,写出好的文章,有分析有综合地报导消息。县报一定要有一个县委书记挂帅。省里的理论刊物,就办一个《群众》,《江海学刊》暂时不办。各专区、县的理论刊物,可以减少一些,每个专区可以保留一两个县的,不定期出刊。不办刊物的县,可以把好文章送到《新华日报》《群众》来。要告诉县的同志,这个时期我们精力照顾不了,只是暂时把这些刊物停下来,而不是通统都砍掉。省里各个部门的刊物,宣传部门排排队,从 6 月下半月起一律煞车,停刊四个月以后再说。现在生产这样忙,看不了,特别是部门的负责同志也不一定都很好地审查自己部门的刊物,甚至没有好好去看。部门的刊物停办以后,要把人员适当抽调一点来充实《新华日报》和《群众》。

(三)

我们的生产计划这样订下来,体现了什么呢?它体现了计划落实,体现了上下通气,调动群众积极性,是为了鼓干劲、留余地。目前这样做,从形式上看或者从某些内容上看,我们的确是退了一点。这种退,有利于我们今后继续大跃进,即使退到目前这一步,我们仍然是大跃进。今年仍然是大跃进的一年,工业将增长 30%左右,农业也将增长 20%以上。毛主席说过,增长 10%就是跃进,20%就是大跃进,30%—50%就是特大跃进。因此,要求各地区、各部门根据自己不同的情况，分别去安排自己的事情，同时，也要根据自己那里的情况，向群众做报告，但主要是讲你们那里的事情，不要涉及全省、全国的指标。一定要做艰苦打算，一定要往好的方面去努力，充分利用去年大跃进以来的丰富经验。今天鼓干劲还是重要的，就是要与留余地统一起来。应当根据不同的县社提出不同的奋斗目标。包产是一个指标，但一定要有超产的奋斗目标。虽然全省不提千斤省、两千斤省，但是，若干条件确实较好的社，甚至少数县，今年还是可以提出水稻单产平均千斤的。报纸还是要从积极方面来报导。通过这次会议，要使江苏，首先是省、地、市、县这几级积极性更高，更加学会多谋善断，因地制宜，分析自己的条件，有步骤地创造好的条件。假如今年主观上把自然条件搞好，社会条件也好好研究一下，今后四个月天气又能像现在这样风调雨顺，我们就可以取得大丰收；即使天气不好，而我们主观上预先有了准备，也可以减少损失。

我们这次会议对生产方面、基本建设方面进行了调整，是要使大家干劲更足，真正苦干、实干、巧干，真正使全党上下身心舒畅。也就是正确处理人民内部矛盾问题。

我们还要继续整社，狠狠地整顿干部的作风问题（包括我们在内）。但是，整社不等于挫伤基层干部的积极性，搞得好，正是保护了干部的积极性。整社中，对基层干部要分别处理。要懂得，基层干部虽然许多事情有缺点以至有某些严重缺点，但有些是要由上面负责的。毛主席就说过，上面一压、二吹、三许愿，领导方法也有不对头的地方，不加分别，或者是扣上右倾保守的帽子，或者是拔白旗、插黑旗，或者头脑发热一天三涨（指标）。因此，许多责任上面要挑起来。至于基层干部，除去阶级异己分子、屡教不改的坏分子以外，80%—90%应当连选连任。对有经济问题的处理，应该慎重，要分别情况，有的是揩油，有的是多占，有的是挪用，有的是手续不清，真正贪污的还是少数。要戴贪污分子帽子的更是少数。需要处分的贪污分子与违法乱纪分子一般应当控制在3%左右。我们这样做不是姑息。我们的精神是思想从严,处理从宽。

干部下去劳动,时间是不是缩短一点,身体强的可以长一点,身体弱的可以短一点。每次下去一星期,一年下去四次。自己也要量力而行,不要咬紧牙关做模范,干重劳动,可以帮助喂猪、锄草。干部参加劳动意义是:可以使长期脱离劳动生产的同志们增强劳动观点、群众观点,体会群众的疾苦,可以去接近群众改善党群、干群关系,可以通过接触实际,学到一点生产知识。而主要不是靠我们干部去卖死劳动力、赚工分。

这次会议一般来说是开得较好的,反映了许多情况,研究了许多问题。还有许多具体问题需要各个部门、各个地区的同志再去很好地研究。

根据江苏省档案馆档案刊印

中共江苏省委批转省委交通工作部《关于1958年交通、邮电工作的基本情况和1959年的工作任务的报告》

（1959年6月8日）

各地、市、县委：

现将省委交通工作部关于1958年交通、邮电工作的基本情况和1959年工作任务的报告转发给你们，请参照执行。

完成今年以钢、煤、粮、棉四大指标为中心的国民经济跃进计划，交通、邮电工作负担着十分光荣而艰巨的任务。当前突出的矛盾，是运输能力和通信能力的增长跟不上运输量和通信需要的增长。我们不能等待或依赖增添新的交通工具和通信设备（今年只能有少量的增长）来解决，主要地应该依靠加强党委对交通、邮电工作的领导，充分发动广大职工群众，深入开展增产节约运动，大闹技术革命和技术革新。去年我省在改革运输工具、实现车船半机械化等方面，已经取得了不少成绩，今年必须在接受去年的经验教训的基础上，加以巩固提高，力争取得更大的成绩。

各地目前应该很好的抓一下短途运输工作，使长途运输与短途运输相结合，陆路运输与水路运输相结合。在保证钢铁、煤炭等重要的生产资料和粮食、副食品等重要生活资料及时调运的前提下，力争全面完成运输计划。

中共江苏省委员会

1959年6月8日

附：省委交通工作部《关于1958年交通、邮电工作的基本情况和1959年的工作任务的报告》

（1959年4月26日）

省委：

1958年，交通、邮电工作，在党的社会主义建设总路线的光辉照耀下，开展了大办交通的群众运动，取得了很大的成绩。一年来，地方交通完成运输量7 000多万吨，比1957年增长1倍多。铁路（南京局范围）完成发送量574万吨，为1957年413万吨的139％。邮电业务量比1957年增长1倍以上。同时，加快了交通、邮电建设的速度。全省共修筑晴雨通车公路2 956公里，比1957年通车里程增加近1倍。铁路共完成土石方329.5万方，铺轨76.6公里。邮电建设也有了很大的发展，全省农村电话通话点从1957年的1 469个猛增到26 109个，全省人民公社和95％的生产大队、1万多个生产队都通了电话；长途电话比1957年增加了一倍；邮电服务机构也比1957年增加了1.7倍。

一年来的主要经验，首先是各级党委加强了对交通、邮电工作的领导。在运输十分紧张的情况下，各级党委成立了运输委员会和各级运输指挥部，统一指挥运输，完成了数量大、来势猛、时间紧的运输和通信任务。第二，贯彻了党的群众路线，大搞群众运动，跳出专业圈子，实现两条腿走路。如去年七八月份以来，在车站、码头上积压大量物资疏运不出，在各级党委领导下，组织群众大搞突击运输，疏运了积压的物资。常州、苏州等市组织了比较固定的工厂、居民运输队和运输预备队，担负了城市中很大一部分短途运输。全省还组织了机关、学校、军队、企业自备车辆以及大量农副业车、船参加运输，对完成运输任务、缓和紧张的运输形势，起了很大的作用。第三，交通、邮电企业在大搞技术革命中，坚持了土洋结合、以土为主的方针。我们抓了民间运输工具的技术革新，将20吨以下的木船普遍装置了脚踏助航器；在广大农村中，普遍的实现了车子化、胶轮化和部分的轴承化。同时大力制造汽车挂车，推广汽车列车化。并针对码头装卸这一薄弱环节，大搞土机械、土码头，使运输装卸效率大为提高。此外，铁路、邮电部门也创造了许多技术革新项目。

1959年是苦战三年具有决定意义的一年，我省工农业生产将有更大的跃进。反映在今年交通运输的特点是："运量大、重点多、全年紧。"通信任务也将更为繁重。据省交通厅、邮电局初步估计：1959年地方交通总运量将比去年增长1倍左右，邮电业务量将增长22%。由于国家原材料生产还不能满足各方面的需要，今年不可能大量增添新的交通工具和通信设备。因此，运力与运量、通信能力与通信需要之间的矛盾仍然十分突出，完成今年的运输、通信任务将是繁重而又艰巨的。但必须看到，去年交通、邮电队伍有了很大发展；去年的任务主要集中在第四季度，而今年是从头抓起，能主动地安排工作，领导上也有了大办交通的群众运动的经验；特别是党加强了对交通、邮电部门的领导，这都是我们完成任务的有力保证。

中共中央交通工作部提出1959年交通、邮电工作的任务是："进一步加强党的领导，继续开展大办交通的群众运动，大闹技术革命，千方百计地增加运输、通信能力，又多又快又好又省地完成运输、通信和基建任务。"省三届三次党代表大会对交通、邮电工作所提出的要求是："继续贯彻执行全党全民办交通的方针，在国家投资不多的情况下，加快交通、邮电建设速度。"为贯彻执行上述方针任务，必须做好以下几项工作：

一、继续开展技术革新和技术革命，适当增加设备。必须在去年开展技术革新和技术革命既得成绩的基础上，继续巩固、提高和发展。首先，要明确技术革新和技术革命的目的，是为了迅速提高劳动生产率，加速工具周转，消灭繁重的体力劳动，逐步实现机械化、半机械化、自动化、半自动化。这就必须抓住生产中的关键和薄弱环节。其次，要继续贯彻土洋结合，实现两条腿走路的方针。目前民间工具的技术改造有停滞回潮现象，就是重洋轻土思想在作怪，必须与这种思想作斗争。第三，对已有的创造发明，经过试验、定型以后，应大力组织推广，要改变那种只开花不结果、推而不广的现象。

在开展技术革新和技术革命，挖掘工具潜力的基础上，还必须加强交通、邮电建设工作，增添必要的汽车、轮船和通信设备，以适应生产需要。对交通、邮电系统的制造厂、修配厂要加强领导，自力更生，努力增产，大搞设备，保证完成或超额完成任务。铁路、公路、航道、车站、港口、码头等修建任务必须按期完成。矿山公路，大部是去年雨季抢修完成的，路面窄、质量低，今年必须拓宽和加强养护。在进行交通、邮电建设中，还必须全面贯彻多快好省的方针，要特别注意节约原材料；在汽车运输中，要特别注意节约汽油。

二、加强运输组织工作。这是提高运输计划性、搞好运输协作、充分挖掘运输潜力、发挥工具效率的重要措施。去年在这方面做了不少工作，今年在运力十分紧张的情况下，各地必须进一步加强对这一工作的领导：（1）加强各级运输指挥部的工作。根据各地具体情况，配备一定数量的专职干部，健全组织，改进工作，进一步发挥作用。（2）加强短途运输的组织工作，整顿巩固提高现有的群众性的运输队伍。公社应根据需要建立一支专业运输队伍，负担短途物资集散任务。经常注意研究物资流转规律，建立运输点（集散基点）、网（以基点为中心辐射的运输网），小港小站应与当地公社签订协作合同，基点负责中转，公社负责集散，以使长、短途运输很好地结合起来，提高工具周转率。(3) 加强运输协作。在重要港口、站埠，建立各个交通企业参加的联合办公的制度，是综合利用各种运输工具，加强交通部门内部协作的一个好的形式，必须坚持贯彻。工、矿区所实行的统一领导、路矿协作、路港协作等好的经验，仍应继续推行。(4) 大力组织合理运输。交通运输部门要与生产物资部门很好协作，在服从“全国一盘棋”的原则下，加强运输工作的组织性、计划性，杜绝各种对流、重复、迂回、倒流等不合理的运输。根据“保证重点，照顾一般”“先外后内”的原则，进行物资排队，按照轻重缓急，妥善安排。目前已行之有效的“元帅带后勤”轻重物资搭配运输的方法，应大力推行。(5) 加强交通安全工作。各级党委当前应组织有关部门对此进行一次检查，针对存在问题，提出措施。要广泛地向群众进行安全教育，并依靠群众，创造安全生产的先进经验，开展交通安全月运动，大力减少各种事故，力争消灭重大事故。

三、整顿巩固交通、邮电队伍，壮大党的组织。随着国家经济事业的发展，以及党对交通、邮电事业的领导的加强，交通、邮电队伍日益壮大，党的组织也有发展。经过历次政治运动，广大职工的社会主义、共产主义觉悟大大提高。但是，交通、邮电机构还不够健全，个别单位政治不纯的情况还很突出，运输合作社成员不纯的情况更为严重。个别单位的领导权以及个别要害部门，还掌握在不纯分子手里。党的基础还极不平衡。如木船合作社中的党员还不到总人数的 1%。据部分地区统计，约有 13%的单位没有党员，有 30%的单位还未建立党的组织。这种情况的存在，显然不能适应今后更大跃进的要求。为此：(1) 建立与健全各级党委交通工作部。地、市委应迅速建立交通工作部，县委建立工业交通部，并有一个部长专管交通工作。少数运输任务特别繁重，交通、邮电事业很发达的县，也可以考虑成立交通工作部。(2) 逐步加强各级交通、邮电机构。干部太弱或没有党员的单位，应作适当调整，充实骨干；组织不纯较为突出的地区和单位，应分别按肃反、审干和社会镇反的方针、政策进行清理。（3）在整顿队伍的基础上，积极作好建党工作，慎重地发展一批党员。重点应当放在没有党员或党员很少的生产单位，以及生产上比较重要的部门。在运输合作社中，应当着重在原来的老工人和贫苦独立劳动者当中发展党员，原来的小业主，一般不要发展。目前运输合作社和轮船企业中党员很少，更应抓紧发展党员的工作，年内木船运输合作社发展党员的数字，一般可控制发展到党员占职工总数的3%左右，人兽力车运输合作社可控制发展到党员占职工数的5%左右。轮船企业可控制发展到党员占职工总数的8%左右。接收党员工作是一项很严肃的工作，必须切实做好挑选、考察和培养积极分子的工作，严格履行入党手续，防止阶级异己分子混入党内，保证党员质量。

支部建设工作也要加强，应按照便于领导生产的原则，进行适当调整。凡有条件单独建立支部的企业，均应单独成立支部。对于经常在流动分散情况下进行工作的党员，应采取适合他们特点的工作方法，加强领导与教育。

四、大力进行共产主义教育和文化技术教育，把交通、邮电职工从政治思想上、文化上、业务技术上大大提高一步：① 在职工中进行社会主义和共产主义教育，应当着重：破个人主义思想，立集体主义思想；破本位主义思想，立整体观念和协作思想；破轻视体力劳动的思想，立脑力劳动和体力劳动相结合的思想；破保守思想，立不断革命的思想；破资产阶级的道德观念，立共产主义的道德观念。进行社会主义和共产主义教育时，必须与当前形势、生产以及职工思想实际相结合，继续运用大鸣大放大辩论的群众路线的教育方法。② 培训一批技术人才。为解决今年急需的水、陆驾驶人才，除开办短期训练班外，还应运用现场培训的方法，多配学徒，随车随船学习，以求在较短时间内培养出大量业务技术人才。在今年内，要求每一专区(市)有计划地培训水、陆驾驶人员500名。除满足本地区需要外,还应做到地区间相互支援。③ 办好各种学校。各地应当加强对业余学校的领导。以学习为主的全日制的交通、邮电学校应大力提高教学质量。并应根据目前的需要与可能,增办汽车、轮船、机械、制配、维护等中、初级技术学校的班次。

五、大力推行"两参一改,三结合,四大"的工作方法,把它作为企业党委的经常工作之一。党委在讨论与安排中心工作的同时,对如何推行和巩固这一经验,应提出具体要求;检查和总结工作时,也应把推行这一经验作为检查内容之一。

六、全面开展"九比"红旗竞赛运动。"九比"竞赛必须以技术革新和技术革命为中心环节,根据各单位的生产关键或薄弱环节,提出课题,发动群众突破关键。在领导上必须掌握:(1) 不断加强对职工的社会主义和共产主义教育,树立"全国一盘棋"的思想,提高职工的觉悟,鼓足他们的干劲。(2) 应根据不同单位、不同时期,抓住几项较突出的重点,如当前在汽车运输方面,可抓住推行列车化、节约汽油,在木船方面巩固推广翻水板,人兽力车推行滚珠轴承等为重点。这样,才能抓住重点并带动一般,通过竞赛切实地推动生产。(3) 定期检查评比,通过检查评比,把运动推向新的高潮。领导上应组织群众性的大检查,及时掌握情况,发现问题,促进生产,促进"九比"运动的深入开展。并要按照各企业、各地区不同的情况,确定评比制度,以使运动经常化。(4) 抓先进、树旗子,迅速推广,使落后单位赶上先进单位。

中共江苏省委交通工作部

1959年4月26日

根据江苏省档案馆档案刊印

中共江苏省委关于贯彻执行中央“六一”紧急指示的情况报告

（1959 年 6 月 9 日）

中央、上海局并告各地、市、县委：

我们在 6 月 1 日到 6 日召开了有地、市委书记参加的常委扩大会议。会上，除检查和讨论了工农业生产以外，着重讨论了中央“六一”紧急指示，分析了我省的市场情况，作出了扭转当前市场紧张局面的措施。

我省当前市场情况是很紧张的。今年 1 至 5 月份，全省商品零售总额比去年同期增长21.65%，其中城市方面增加了 43.9%，农村方面增加了 12.2%；生产资料增加 27.1%，生活资料增加 20.8%。商品供应量一般都比去年有所增加，但是，粮食、副食品、小五金、部分日用品很紧张，修理、修补也很紧张。城镇紧，农村紧，城市更紧。其原因，从商品需要方面来看，主要是：去年多招了大量的职工，和财政上的大量投放、商品赊销，过多地扩大了社会购买力。全省去年新增加了职工 97 万人，其中除将近 20 万人是由手工业、商贩和公私合营商店职工转业的以外，新吸收的有 77 万人。今年第一季度的工资总额比去年同期增长了 1.074 2 亿元（内包括跃进奖金约 4 000 万元）。全年工资总额将要比去年增长 2.8 亿元左右。初步统计，从去年下半年至今年 5 月份全省投放挪用和赊销的总额共达 6.6 亿元。其中：钢铁赔补 1.454 66 亿元，救灾款 1 150 万元，算账赔补 2 000 万元，国家对公社投资 6 650 万元，农贷和预付定金 1.1 亿元，动用商业流动资金 9 345 万元，动用地方工业流动资金 1.150 1 亿元，商品赊销 1 亿多元。从商品生产方面来看，公社化以后，一下就取消了自留地和实行生活集体化，使猪肉、蛋品的产量大为下降，蔬菜一度很紧张，有些农副产品、手工业产品和轻工业产品，由于劳力和原料的安排不恰当，也有下降。生猪在公社化以前是1 100多万头，4月份下降到621万头。苏州市1957年日用轻工业主要产品品种共有457种，今年一季度正常生产的只占32.32%，生产时断时续的占38.95%，停止生产的占28.23%。吴县浒关名席，因为劳力没有很好安排，今春积存有可织42万条席子的席草，现在只生产了7万条席子；比去年同期的28万条下降了75%。地区之间部分商品产销关系的改变，也造成了某些商品供应的紧张。由于以上原因，造成了市场的供需失调，淡季商品库存下降和货币流通量上升的反常现象。

为了迅速缓和市场紧张局面，争取在六七月份初步好转，八九月份基本好转，除了遵照中央指示，在群众中广泛深入地宣传解释当前经济情况以外，必须采取如下措施：

（一）合理安排和积极发展轻工业、手工业生产。在保证重点的同时，一定要照顾一般。把钢铁、原煤等重工业的生产指标落实到既积极又可靠的基础上，使一般工业能够相应的发展。对于目前市场上各种轻工业品、手工业品供需之间的矛盾，省委已派出七个小组分赴各专区、市进行排队摸底，根据需要与可能以及先紧张后一般的原则，制订具体规划，积极地安排和组织生产。同时，通过调整工业布局，切实解决目前加工工业多于原料生产，制造多于修配，集中过多，上升过早等矛盾，应当分散的坚决分散，应当归队的坚决归队。各市工业之间、城市工业与县社工业之间的产品进行大体分工，克服互争原料的现象。手工业管理机构决定分别加以恢复，加强对手工业生产的领导。对于原料材料的困难，通过清理仓库、合理调度使用物资，收购废旧材料、提高技术、降低原料材料的消耗定额、利用代用品等办法来求得解决。有些原料不足的产品（如肥皂等），停止小厂生产，集中到大厂生产，以利提高出率。对各种日用工业品和手工业产品的生产，我们特别强调了提高产品质量，增加花色品种，以满足市场需要。全省小五金生产需要2万吨钢铁，除了现在已有1.3万吨之外，从清仓中解决5 000吨，从生产中节约2 000吨。由于去年大炼钢铁、大兵团作战中，农具损毁过多，后果已经相当严重，国家分配给制造和修理农具的钢铁数量很少，因此，请中央允许我们把农村中收购的废钢铁，留在本地，适当解决修配和制造小农具的需要，不再上交。

（二）继续大力发展副食品生产。公社权力下放以后，蔬菜、家禽已有很大发展。蔬菜种植面积现已扩大到247万亩，比4月初的106万亩增加了1倍以上。今后主要是合理安排劳力，抓紧增加花色品种，加强田间管理，达到高产多收。家禽现已发展到2 073万只，比公社化以前还少800万只左右。各地正在继续抓紧夏孵，大力发动群众私养，争取秋后过关，蛋品争取明春过关。生猪上升很慢，5月底统计只有661万头，仍比公社化前的1 100多万头少40%以上。要把生猪很快搞上去，当前的迫切问题是抓紧解决饲料和苗猪的困难，特别是精饲料问题。自留田、饲料田下放不够彻底的要求迅速放下去，社员口粮加工后的糠麸，全部退还给社员。大力繁殖小猪，注意防疫工作。争取国庆节以后，使市场肉类紧张的情况逐步走向缓和。我省水产资源丰富，鱼类生产只要很快抓紧，产量是可以突上去的。渔船抽出去搞运输的，坚决归队。生产体制和劳动报酬还没有得到完满解决的，切实抓紧解决。

（三）压缩公用开支，紧缩集团购买力。省委决定，机关、团体、学校、工矿企业单位的行政费用，在原有基础上分别压缩20%—30%。从6月份起，停止新建行政用房，不添置家具设备，不供应公用布疋，不请客，不送礼，不发纸张文具费。精简会议，取消会议伙食补贴。整顿报刊，省一级只保留《新华日报》《群众》等十一种主要报刊外，其余一律停办。市县报纸改为八开两日刊或四开三日刊。每个专区保留一两个县的理论刊物，其余全部暂时停办。

（四）减少职工人数，控制工资总额。全省决定减少职工42万人。减少的人员首先是来自农村的临时工和合同工，动员他们回乡从事农业生产，其次是来自服务性行业的人员，根据需要，动员他们归队；再次是动员新吸收的有家务负担的女工，回去从事家务劳动。对被裁减的人员，本着负责到底的精神，做好思想工作和组织工作，做到留者安心，去者愉快。这样裁减的结果，估计可以减少工资支出7 500多万元。

（五）控制投放，增加财政收入。农贷指标决定不再增加。信贷资金，分项控制，专款专用，不得相互调剂。坚决停止商品赊销。农村税收要进行整顿。大力开展储蓄，发动党团员带头，除开展经常性的群众性的储蓄运动之外，并决定搞地方工业建设储蓄3 000万元。“两放三统一包”暂停实行。严格财政制度，不造预算，不经批准，不许用钱。

中共江苏省委员会

1959年6月9日

根据江苏省档案馆档案刊印

中共江苏省委关于节约行政费用的通知

（1959 年 6 月 11 日）

为了压缩集团的购买力，缓和日常用品和副食品的紧张，机关、团体、学校、工矿企业单位的行政费用必须大大节约，力争按原有标准压缩 30％。

（一）从现在起，停止新建行政用房，确系必需，要报请省、地（市）委批准。对现有房屋的修缮，应从维护出发，力求简朴，不得铺张。

（二）桌、椅、床、柜、沙发、地毯、打字机、计算机、照相机、收音机、自行车等家具设备，在 1959 年内停止购置。

（三）机关公用布停止供应，所有机关、团体、学校、企事业单位在今年内不购买窗帘、台布、被单等用品。

（四）会议尽量少开，能不开的坚决不开，可合并召开的合并召开，参加会议的人数力求减少，开会的时间尽量缩短。会议伙食补贴，除党代会、人代会、劳模会按原补贴标准适当降低外，其他会议一律不补贴。会议期间不会餐、不游览。会议印刷费用要力求节约。

（五）各种文具、纸张，各单位应认真进行一次清理，尽量利用原有积存物品，在年内除特殊情况外，不发纸张文具等。

（六）公家不请客，不送礼，所有招待所和伙食单位亦不代办，如遇特殊情况，确有需要者，须报请各级党委办公厅（室）批准。一般不送锦旗，如有必要，尽可能利用原有锦旗。

（七）电讯费用要适当控制，使用电报和长途电话，内容应该简单明确，避免浪费。

中共江苏省委员会

1959年6月11日

根据江苏省档案馆档案刊印

中共江苏省委关于整顿报刊出版工作的紧急通知

（1959 年 6 月 12 日）

为了保证提高报刊出版物的质量，集中力量把必须办的报刊办好，并减少浪费，节约纸张，压缩集团购买力，省委根据中央《关于报刊书籍出版发行工作几个问题的通知》的精神，决定将全省报刊出版工作进行一次整顿。特作如下通知：

（一）省一级报刊，《新华日报》《群众》《江苏画报》《江苏青年报》《雨花》《江苏戏曲》《江苏教育》《中学教师》《江苏中医》等继续出版，其余报刊一律停办。

省一级机关、团体、企业、事业单位出版的内部刊物（如通讯、简报、情况、资料等等），除保留《江苏工作》《参考资料》两种外，其他一律自 6 月下半月起停办。但是，根据各个时期中心工作的需要，经省委批准，省委各部委可以出一种临时性的内部通讯。

（二）老的高等学校，已出版刊物的，保留“学报”或“校刊”一种（只在校内免费发行和各校之间交换）；未办的暂不创办。校内各系各班所办刊物，一律停办。

新建的高等学校，中等以下的学校，各种医院，一律不办报刊；已办的报刊，不论公开的或内部的，均须停办。

省级科学研究机关所办刊物，应从现在起停刊 4 个月；4 个月后视情况，有条件而必须复刊时，再报省委批准后复刊。

（三）县报一律改为八开二日刊或四开三日刊；在今年年内不出四开日刊。县委必须加强对县报的领导，本着少而精的原则，认真地把县报办好。

专区、市、县的理论刊物，由地委决定每个专区保留一二个办得比较好的刊物，不定期出刊；其余各县市的刊物暂时停止出版。

地、市、县的内部刊物，根据各个时期中心工作的需要，由地、市、县委统一出一种内部通讯，其余各部门、各单位所办的内部业务刊物，一律停办。

专区、市、县级文艺刊物、科技刊物、画报等一律暂时停办。

（四）厂矿小报由各地、市委处理。大型厂矿如已办有小报，认为必须继续办而基础又较好者，经地、市委批准后继续出版，中、小型厂矿一律不办报纸，已办的均应停刊。

人民公社一律不办报刊（包括内部通讯），已办的均须停刊。

（五）各专区和南京、无锡两市的出版社，必须坚持少而精、宁缺毋滥的原则，努力提高图书质量，控制发行数量。这些出版机构只限于出版本地区的创作、工作经验和生产技术，并限于在本地区范围之内发行，不得翻印和汇辑中央和省以及外地报刊书籍上的文章，在内部和外部发行。

县不设出版社，不再出版图书。

在这次调整中，对于停办报刊的单位或出版社，领导上应加强思想教育工作，讲清道理，决不能采取简单化的办法。对于调整后继续保留的报刊和出版社，均须集中力量把它办好。有些报纸、刊物停办后，其原有稿件，可送省级有关报纸刊物，充实这些报纸刊物的内容。停办报刊的单位如需交流工作经验，可采用内部通报的方式进行，但不得成为变相的刊物；厂矿、学校和农村不办报刊的单位，应加强墙报和黑板报，向群众进行宣传教育。

以上各项规定，希各地区、各单位立即研究执行。并在6月底以前，将执行结果报告省委。

中共江苏省委员会
1959年6月12日

根据江苏省档案馆档案刊印

大力开展增产节约运动，为实现 1959 年继续跃进而奋斗*

（1959 年 6 月 13 日）

江渭清

同志们：

6 月 1 日至 6 日，省委召开了有地、市委书记参加的常委扩大会议。在这个会议上，检查了江苏今年五个月来的工作，讨论和确定了今后一个时期的工作任务。现在，我将会议中讨论的意见，向同志们报告一下。我分三个问题来讲，第一个问题，五个月来的情况；第二个问题，当前的几项主要工作；第三个问题，几个认识问题。

第一个问题　五个月来的情况

现在，先从我省的一些初步的、不完全的统计数字和一些事实，来谈谈五个月来工业生产、农业生产、市场和文化教育方面的情况。

（一）工业生产和基本建设方面：

1 月至 5 月工业总产值（包括手工业，不包括社办工业）已经达到 34.179 1 亿元，比去年同期增长 97.7%。

按照各个工业部门分别来说：

钢铁工业：去年我省在几乎没有钢铁工业基础的情况下，经过

---

* 这是江渭清同志 1959 年 6 月 13 日在省级机关党员干部大会上的报告记录稿。

全民办钢铁，初步建立了钢铁工业。今年1月至5月，生铁已生产19.236 4万吨，比去年同期增长30.4倍。管理水平和技术水平有了很大的提高：高炉的利用系数是基本上逐月提高的，全省平均1月份为0.76，2月份为0.88，3月份为0.91，4月份为0.97，5月份为0.96。用焦比例基本上是逐月降低的，全省平均1月份为1∶1.71，2月份为1∶1.4，3月份为1∶1.39，4月份为1∶1.42，5月份为1∶1.34。目前生铁合乎冶金部规定的规格的已达82.21%，其中较好的单位如南京跃进钢铁厂达97%，徐州淮海钢铁厂达97.8%，常州大红旗钢铁厂达98%，镇江钢铁一厂达100%。钢的生产也有了发展，1月至5月生产了1.860 1万吨，比去年同期增长1.71倍。铁矿石已生产145.154万吨，比去年同期增长2.29倍。钢材已生产7 319吨，去年同期没有生产。焦炭已生产40.696 3万吨，比去年同期增长20倍。钢铁生产在江苏1至5月有了很大的增长，炼铁已经基本上过关了，但是炼钢、轧钢还没有过关；因此在今后几个月来说，既要抓炼铁又要抓炼钢、轧钢。

回想去年大办钢铁时，全省高炉利用系数平均只有0.5左右，炼一吨铁需要五六吨煤，以至七八吨煤，炼出来的铁许多不合乎规格，炼出来的钢大部分是土钢。今天的情况与去年相比，是大不相同了；这就说明全党全民辛勤劳动、大办钢铁，花了人力、物力、财力，已取得了丰硕的果实。如果没有去年下半年全党全民大办钢铁，就不会有今年的80%—90%甚至100%的合乎规格的生铁，也不会有今天焦煤的消耗比例1∶1多一点。我们还记得去年全党全民炼钢铁放卫星时，动员了整劳动力、半劳动力、辅助劳动力几百万人，9月29日一度达到将近700万人；而现在我们常年生产钢铁的职工不到10万人，劳动力有了很大的节省。由此可见，去年我们大炼钢铁，花的人力、物力、财力是值得的。当然其中有浪费，甚至是很大的浪费，这是因为我们没有经验，我们过去基本上没有炼过钢铁。

煤炭工业：已生产原煤 218.800 3 万吨，比去年同期增长 95.3%；煤是工业的粮食，我省煤的供应和需要之间的矛盾很大，今年煤炭工业获得这样大的成绩，这不能不感谢在井下井上辛勤劳动的几万矿工同志，同时也由于各方面的大力支援。

机械工业：1 月至 5 月总产值比去年同期增长两倍（今年为 3.916 亿元，去年是 1.306 亿元），生产的设备总吨位（不包括维护修理和来料加工部分）已经达 3.245 7 万吨。其中除生产了大量的冶金设备、矿山设备、电工设备、机床以外，主要突击完成了农业排灌机械，共生产了内燃机16.221 6万匹马力，水泵 3 655 台，水管 3 412 吨，内燃机的各种配件 6.746 万件；以及用于电力排灌的电动机 565 台（2.076 5 万千瓦），变压器 157 台（4.537 5 万个千伏安）。全省原有内燃机 9 739 台，经过去年一年的使用（特别是大炼钢铁的使用），需要修理的 8 872 台，至 5 月 25 日已突击修好 8 027 台。这些农业排灌机械的制造和修配，对支援农业生产起了很大作用。

化学工业：其中和许多工业都有关的硫酸已经生产 12.732 9 万吨，比去年同期增长 6.8%；硝酸已生产 9 640 吨，比去年同期增长 67%；烧碱已生产 2 752 吨，比去年同期增长 6.89 倍；在支持农业生产方面，化学肥料（不包括土化肥和细菌肥料）已生产 15.279 8 万吨，比去年同期增长 40.8%；农药原料已生产 839 吨，比去年同期增长 6.63 倍。

电力工业：发电量 5.318 8 亿度，比去年同期增长 67.9%。

纺织工业：已生产棉纱 36.690 5 万件，比去年同期增长 56%；棉布 4.11 亿公尺，比去年同期增长 17.2%。

轻工业：1 月至 5 月产值 8.060 7 亿元，比去年同期增长 1.06 倍，其中产品增长一倍以上的有新闻纸、盐、搪瓷面盆、钢笔、肥皂、干电池、日用玻璃、钟表等。

交通运输：1 月至 5 月省内交通已完成运输量 3 715 万吨，比去年同期增长 50%。

1 月至 5 月基本建设投资额完成 3.532 亿元，比去年同期增长 66.6%。由于基本建设而新增加的生产能力有：炼铁炉 585 立方米，炼钢炉 26 个吨位，轧钢机年产能力 5.6 万吨，炼焦年产能力 5.46 万吨，发电机容量 5.1 万千瓦等。

从江苏今年 1 至 5 月份的情况看来，工业生产、交通运输和基本建设的情况基本上是良好的；但并不是说没有缺点，我们是有缺点的，下面联系到市场问题来讲。

（二）农业生产和整顿人民公社方面：

经过去秋以来的辛勤劳动，全省的夏熟作物已经获得丰收。

根据一部分实收的情况和初步的估计，全省大元麦（大部脱粒）、小麦（部分脱粒）、蚕豌豆等夏熟作物单产比去年增长 30%左右，总产量大体接近去年水平。为什么单产比去年增加，而总产量只能接近去年水平呢？这是由于夏收作物的面积比去年有了减少（去年 4 700 万亩，今年 3 300 万亩，减少了 1 400 万亩，即 30%）。夏收作物面积减少的原因：1. 是由于调整了茬口，扩大了春田和绿肥，适当缩小了麦田面积，这是对的。就是说，我们如果能够种 4 000 万亩或 4 200 万亩夏熟作物是比较恰当的，种 4 700 万亩是多了一点。因为夏熟作物多了，就影响种早稻，割了麦子只能种中稻、晚稻，少种点夏熟作物是必要的。但是去年只种了 3 300 万亩，少种了几百万亩，这是我们的缺点；2. 那末，为什么少种了几百万亩呢？这是由于我们对“少种、高产、多收”的方针领会得不全面，少种高产多收这个方针是正确的，问题在于我们领会得不全面。高产多收应该放在第一位，少种应该放在第二位；高产多收了，然后少种。由于我们在没有达到普遍高产多收以前就少种了，因此，今年单产虽然比去年提高 30%，但总产量仍与去年基本相平。此外，在去年秋种时劳力安排、密植等方面掌握得不够好，这对三麦面积的过分缩小也有关系。

今年江苏夏熟作物取得丰收，主要是由于去年大部分地区播种比较及时，经过深翻、密植，田间管理较好，气候一般比较正常，病虫害不大。现在农业生产战线上已经取得了首战胜利，这对争取秋季丰收、实现今年农业继续大跃进，是极为有利的。这里还要说明，今年的麦子质量比去年好。去年的麦子有病虫害，在扬花灌浆时阴雨几十天，又刮了几天西南风，一斤麦子要 2 万粒、2.4 万粒，甚至 2.8 万粒。我昨天到东山镇去看，今年的麦子，籽粒饱满，最好的一斤是 1.6 万粒，一般的一斤是 1.8 万粒或 2 万粒，出粉率要比去年高。还有一个情况，去年一般是估产高于实收产量，今年许多地方都发现实收产量高于估产。

其他夏收作物的情况是：

油菜单产达到 100 斤左右，比去年(70 斤左右)增长 25%左右，总产量比去年增长 30%左右。

绿肥虽然在今年春天吃掉了一些，收获面积仍达 532 万亩，比去年增加 33%，单产达到 4 000 斤左右，比去年增长一倍。

春播和夏种的情况：

春播粮食作物 1 668 万亩，棉花 745 万亩，花生 135 万亩，各种麻 43 万亩。目前夏种正在紧张进行。

今年春播情况是好的，有几个特点：

1. 面积扩大。春播粮食作物比去年增加 483 万亩，再加上广大农民利用“十边”空地种了 200 万亩。早秋面积增加，也为我们提供了扩种晚秋的条件。

2. 春田多，茬口好，大部分做到适时播种。棉花就有 90%的面积，是在 5 月上旬(“立夏”前后)适时播种的。春茬棉花占棉田总面积的一半，比去年增加 50%。

3. 春播物质基础在某些方面比去年好。去冬今春全省兴修水利，到5月底为止，已达9.77亿土石方，新发展了近10万匹马力的机械电力排灌设施，共增加灌溉面积340万亩(其中旱改水224万亩)，改善了排灌面积1 144万亩，机械和电力排灌面积由去年的1 200万亩增加到1 800万亩。全省很多地方绿肥大丰收，猪子虽减少了一些，但基肥并不减少，甚至还有增加。绿肥基本上解决了苏州专区的全部、常州专区和其他专区的部分地区秋熟作物的基肥问题，达到每亩平均施绿肥2 200斤至2 500斤。

林、牧、副、渔的生产情况如何呢?

春茧预计总产量达到18万担到20万担(今年桑叶长得好，与去年的培植和今年的天气有关)，比去年13.2万担增长40%—60%。

茶叶到6月10日可采制2 500担到2 800担，即完成全年计划的30%左右。今年茶树长势很好，芽头饱满，完成今年8 000担到1万担的增产任务是可能的。

果类，夏季果品预计可以达到400万担，超过原来计划的一倍。震泽枇杷大丰收，达到2.5万担(去年是500担)，较去年增产40多倍，无锡的桃子、睢宁的梨子也都丰收在望。

渔产到5月底完成7.07万吨，比去年同期只增加224吨;距离原订计划很远。计划完成得不好的原因是:(1) 正当大汛时，海洋捕捞遭受严重的风灾，今年小黄鱼仅完成原订计划的15%，大黄鱼的生产也只有去年的1/5。在风灾时幸有人民解放军海军、空军出动抢救，否则损失会更大。这里，我代表地方向人民解放军表示谢意。(2) 渔船、劳动力和必需的物资供应安排不好，而且都比去年减少。全省专业捕捞的渔船6.5万只左右，目前参加捕捞的只有4万只。长江渔船减少了777只，占总数的17.3%;渔民也减少了1 754人，占总数的22.5%。

生猪，5月份也有上升。据初步地统计，到5月底为止，全省生猪已达到661万头，5月这一个月内增加了40万头，但比去年养猪最高水平还相差很远（去年八九月曾一度达到1 100万头），原因是：公社化的初期对饲养家畜家禽的所有制问题处理不当，集体饲养过多，没有执行集体饲养和私养并重的方针。这是一个基本原因。其次，饲料缺乏很好的安排。

鸡鸭等小家禽最近看来发展很快，全省已达2 073万只，已恢复到公社化以前的80%。

这里特别要提出的是，全省农村人民公社在去冬今春，经历了一个极为广泛和深入的整顿和建设运动，广大干部和社员群众的生产积极性日益高涨。在整社工作中，全省1 462个公社，到5月底为止，已经开过公社党的代表大会和社员代表大会的，有1 083个公社，占总数的74%，还有占26%的379个公社，准备在大忙之后生产比较空隙时再召开。经过整社运动，解决了一系列的重大问题：(1) 解决了或初步解决了在公社统一领导下的分级管理，以生产大队（即大体上相当于原来的高级社）为基本核算单位，从而生产大队和生产队的积极性调动起来了；(2) 贯彻执行了按劳分配、等价交换的原则，清理了1958年的分配账。由于清理了分配账，使广大干部和社员更加看清了1958年的大跃进的巨大成就，保护和发扬了农业八字宪法和各项先进的增产措施。(3) 整顿了基层干部的作风。由于通过大放大鸣发扬民主，倾听社员群众的批评，既算了经济账，又算了干部的思想作风账；广大干部受到了一次深刻的教育。经过算账，算出了公社哪些钱用对了，哪些钱用错了，哪些钱用在刀口上，哪些钱用在刀背上甚至刀柄上。算出了一部分干部在公社化运动中犯有公私不分、贪小便宜、超支挪用和贪污的，同时把一部分有强迫命令缺点的干部也算出来了，个别严重违法乱纪分子、阶级异己分子和蜕化变质分子也算出来了。我们对干部的处理：总的说是思想从严，处理从宽。对一般公私不分、贪小便宜和犯有一般强迫命令毛病的干部，采取领导帮助他们主动下楼，向群众作深刻检讨，并且改正自己毛病的办法；对少数犯有比较严重缺点、错误的干部，领导上也尽力帮助和挽救他们；对个别严重违法乱纪分子、阶级异己分子和蜕化变质分子，给了应有的处罚。这样，干群关系大为改善，群众心情十分舒畅，群众说把一肚子的怨气放掉了，甚至说："怨气不放掉给一千元也不高兴，怨气放掉一分钱不给也喜欢。"干部和群众干劲都更加足了；(4) 包工包产包本的三包责任制落实到生产队，使今年的农业生产建筑在更加切实可靠的基础上；(5) 凡是开过两个代表大会的公社，由社员群众民主选举了各级干部，并且规定了若干条民主集中制度。在选举中，各地一般的有 80%以上的干部得到了连选连任。这证明了我们绝大多数基层干部是好的，得到广大群众的信任和爱戴的，他们在大跃进中，和群众同甘共苦，日以继夜里劳动、工作，成绩是很大的，心意是好的；他们中间有些人所以有不同程度的缺点和错误，主要是因为缺乏大跃进的经验，思想方法有点不对头，主观片面，作风不细致，有些事情缺乏实事求是的态度和因地制宜的措施。只要他们下定决心改正缺点错误，党和群众对他们是完全能够谅解的。而且有许多事情，应该是由领导上负责的；我们领导上不仅要把担子挑起来，而且要由上而下地进行适当的自我批评。要使干部不犯缺点错误或少犯缺点错误：第一，要领导上不断教育他们，帮助他们；第二，要靠干部高度自觉，经常好好学习，不断提高自己的政治水平和工作能力；第三，要靠群众对干部的经常的监督和支持，经常提出批评和建设性的意见。这三条最为重要。(6) 在整社的基础上：组织了生产高潮，适时地进行了春播和夏收夏种，广大社员利用"十边"空地，种植了许多瓜菜和经济作物，发展家禽家畜的运动进展得也很快。所有这一切，说明本省农村生产整社的形势是良好的，群众情绪是越来越高的。而人民公社的巩固，在极大程度上对工业农业生产的发展，市场情况的好转，起着决定性的作用。

（三）市场方面：

这个问题是大家最关心的，也是议论比较多的问题。

今年1至5月份，全省商品零售总额比去年同期增长21.65%，其中城市方面增加了43.91%，农村方面增加了12.19%；生产资料增加了27.14%，生活资料增加了20.76%。今年1至5月份除去小五金、木材、某些工业日用品以及生猪、家禽、蛋类、糖果的供应量，和蔬菜的花色品种有所减少以外，其他主要商品供应量都较去年同期大有增加。

棉布增长77.5%　　呢绒增长346.6%

毛巾增长50%　　袜子增长39.1%

汗衫增长187.2%　　毛线增长189.2%

胶鞋增长105.8%　　肥皂增长105.12%

金笔增长95.48%　　自行车增长158.78%

卷烟增长5.91%　　酒增长42.87%

盐增长61.91%（办公共食堂后，盐也比过去多吃了。）

购买力的增长是一件大好事，它反映了国民经济的发展和人民生活的改善。但是，从当前情况来看，我们的购买力增长得过快了一些。购买力增长有两种情况，一种叫正常的增长，一种叫不正常的增长。由于我们现在购买力增长过快了一些，以致与物资供应的平衡上发生了问题。

我们说，我们工作中的成绩是基本的，但是不是说，在我们工作中，就没有问题了呢？不是的。当前在我们的经济工作和经济生活方面，还有许多迫切问题需要解决。其中一个大家都感觉到的迫切问题，就是市场在某些方面供需关系的紧张现象。我们认为在我们的工作中，特别是像我们现在这样历史上没有过的社会主义建设的大跃进中，出现矛盾，以至出现比较尖锐的矛盾，是不奇怪的；问题是我们要善于分析矛盾，正确地认识矛盾，妥善地解决矛盾。那末，既然说，去年是大跃进的一年，今年头五个月的生产情况也是好的，为什么市场又会紧张呢？我在这里着重说明这个问题。

我认为社会购买力的增长过快，是一个基本原因。

在这里，我把社会购买力增长的情况向大家介绍一下。

根据省统计局的材料，我省历年社会商品购买力的增长情况，如果以 1952 年为 100，则 1953 年为 123.4，1954 年为 131.5，1955 年为 138.6，1956 年为 151.1，1957 年为 150.3，1958 年为174.8。今年头五个月比去年同期增长 21.65%，今年全年预计商品购买力是 38 亿元，比去年 33 亿元，增长近 5 亿元，增长幅度为 14.6%。

购买力的增长标志着我们国家的兴旺，人民生活的改善；但是购买力的增长必须与物资供应大体平衡。在社会主义制度下，生产的增长跟不上人民消费需要的增长，是一种正常的现象，它可以促进生产的发展。但是，如果社会购买力增长过快，就可能出现社会购买力与物资供应的不平衡现象。根据历年来的经验，我省社会商品购买力每年增加 3 亿元左右的时候，市场物资供应的日子就可以过得下去。当社会商品购买力增加超过 4 亿元的时候，就会在当年或下年引起物资供应的紧张。1953 年，全省社会商品购买力 25 亿多元，比上年增加了 4.8 亿多元，曾经一度引起了紧张，1958 年社会商品购买力 33 亿多元，比上年增加 5 亿多元，今年如不采取措施，社会商品购买力又将比去年增加近 5 亿元，接连两年社会商品购买力增加 5 亿元左右，这是我省解放以来所没有的。

社会商品购买力增长过快的原因在哪里呢？这是由于：

1. 国家支付的职工工资总额增长过快。我省职工工资总额如果以 1952 年为 100，则 1953 年为 109.8，1954 年为 114.4，1955 年为 124.6，1956 年为 170.7，1957 年为 191.4，1958 年为 222.9，今年预计将比去年增加 13%。去年和今年职工工资总额增长过快的主要原因是由于职工人数激增。1958 年全省新增加职工 97.47 万人，其中除了大约 20％也就是 20 万人，是由商业、手工业系统职工转来的外，其余新吸收的约占 80％也就是 77 万人。去年工资总额比 1957 年增加 1.058 5 亿元，其中 9 000 多万元是新增加职工的工资。今年一季度全省工资总额又比去年同期增加1.074 2亿元，其中除去三四千万元跃进奖金外，实际增加 7 000 多万元。今年预计工资总额要增加 1 亿多元，工业生产大跃进，新增加一部分职工是需要的，但是看来增加得过多了一些。由于职工工资总额增长过快，使社会商品购买力过分膨胀，这就使今年的市场物资供应显得紧张了。

为了使同志们了解情况，新华日报记者最近调查了两个职工家庭的情况，我在这里介绍一下：南京勤丰烟厂炕烟工人李广才，全家 4 口人，去年 10 月份以前，只有李广才本人有工作，每月工资收入 38.1 元，睡的是木板床、穿的是粗布衣。去年 10 月间，他的爱人被吸收到厂内做撕烟丝工，每月工资也是 38.1 元，两人加起来，共计 76.2 元。从此，他家的生活大大改善，李广才花了 105 元买了一只新手表，床也换了绷子床、添置了新蚊帐，桌子上添置了热水瓶、瓷茶盘和茶杯，夫妻两人除各买了一条东方呢裤子外，李广才还买了一件毛皮短大衣，爱人买了一条呢裤子，一双新皮鞋，家里又买了一个五屉橱和一只新皮箱。

又南京机床厂磨工周才贵，家有 6 口人，夫妻二人都在厂内生产，每月工资共有 122 元多，今年 2 月间，他的妹妹从学校毕业后，也到厂内参加了生产，全家每月收入增加到 136 元多。去年过春节，全家只买 3 斤猪肉、0.5 斤猪肝、2 斤鸡蛋、1 斤糖果。而今年春节中却买了 7.5 斤猪肉、2 斤鹅、1 只鸭子、2 斤糖。此外，去年全家添的衣服和用品很少，今年 3 月以来，买了棉毛衫 1 件、棉毛裤 2 条、凡力丁男裤 1 条、尼龙女西裤 1 条，最近又买了 4 丈多的卡其布、花府绸、花洋布，正在赶制夏衣。

所以，从两个职工的家庭的消费增长的情况来看，社会购买力是比去年大大增加了。

2. 集团购买力的增长过快，与物资供应紧张也有很大的关系。集团购买力是指机关、部队、学校、企业事业单位的办公杂支、器具购置等公用开支。从本省历年来的情况看，1953 年集团购买力比上年增长 63%，1956 年比上年增长 44%，而 1958 年比上年增长 69.5%，这是解放后集团购买力最高的一年。今年如果不加以压缩，集团购买力将会继续大幅度地增长。

3. 社会购买力增长过快还有一些其他的原因：例如，(1) 国家和我省地方财政补贴我省去年炼钢、炼铁的亏损 1.454 66 亿元，这是从今年 1 月开始发的，其中相当一部分变成了购买力；(2) 去冬今春发放救灾款 1 150 万元；(3) 支持公社搞基本建设和支持穷队生产资金 6 650 万元；(4) 今年 1 至 4 月发放各种农贷、预购定金 1.1 亿元；(5) 去年体制下放以后，地方(各专区、市、县)执行财政制度不严，动用工商业流动资金 2.084 6 亿元(大部用于基本建设)，商品赊销 1.204 1 亿元。所有这些，都在不同程度上扩大了社会商品购买力。

市场在某些方面供需关系紧张，还有其他方面的原因，这主要是我们主观上有缺点，在某些方面计划不周，安排不当，使某些商品生产下降；厉行节约不够；以及商业部门的购销工作和经营管理上存在问题等。现在，我分别来说：

第一，农村公社化初期，郑州会议以前，由于所有制问题解决得不够好，集中过多过死，生猪、家禽、蛋品以及若干蔬菜等方面的产量大为下降(其中包括农村办公共食堂多消费了一些)。省委当时有一个指示，叫“三好”——睡好、休息好、吃好。但是，我们对“吃好”交代得不够清楚，没有一个标准，因此，一度造成多消耗了一些。这是省委要负责的。去年大跃进，农民适当多吃一点是应该的，但是，仅仅一个国庆节，全省农民会一次餐每人一斤肉，加上城市供应就吃掉50万头猪。

第二，在工业生产方面，也有安排不当的地方。优先发展重工业和生产资料的生产是正确的，但是在保证重点、照顾一般的关系方面，我们还存在着缺点，在去年大炼钢铁时，有的让路让多了一点，有的不应当让路的让了一点路，因此有些轻工业和手工业产品减少了。此外，在工业发展中还发生了以下的矛盾，即：加工工业多于原料材料工业（本来两者是应该相适应的）；制造工业多于修配工业（如果只有制造没有维护修配，就等于人只有生育，而没有医生、护士来医病和护理一样）；集中过多了一点，不应当集中的集中了，不应当上升的上升了。今天必须得出这样的结论：社会主义的国民经济必须是有计划、按比例发展，重点必须保证，国家工业化是我们全国人民的根本利益所在；但一般必须照顾，特别是几项必须照顾的应当照顾。由于我们对有些应当照顾的没有照顾，因此市场在某些方面失调，市场的失调是不利于我们工农业生产的，现在我们已经看到了它的后果。

第三，增产和节约的教育进行得还不够。本来增产和节约是统一的，要增产不能不节约，节约正是为了更好地促进生产。但是，近年来许多同志对节约问题不注意了，工资总额增加这样多，银行的储蓄反而下降，许多同志不仅没有把可以节省的钱存到银行里去，反而把存在银行里的钱拿出来冲击市场。在我们一部分干部和群众中，有一种不正常的心理，他们见物就排队，有卖必买，甚至有少数人把暂时不需要的东西也去买来，他看到那里排队，还不晓得那里是卖什么东西，也跟着去排队。这是一种人为紧张。党历来提倡的、我国人民的美德——勤俭建国、勤俭办企业、勤俭办公社、勤俭持家的风气，在我们某些同志中淡薄起来了。吃的不够，就向用的和穿的方面冲击，把不少的钱用在不关重要的东西上去。有的公社派人跑到鞍钢去买了 6 吨钢材，说是全民办工业。盐城有干部拿了几条肥猪到上海去换了两三部破打字机，公社要这东西干什么？近年来，在我们机关、企事业单位中铺张浪费的现象也很严重，送礼、请客，特别是送锦旗的现象有了发展。盲目的互相送锦旗，意义到底在哪里？我们的同志应该继续保持勤俭节约的好风气，反对铺张浪费的坏风气。

第四，商业部门的购销工作和经营管理方面存在着不少问题。在去年地方工业大发展当中，抽调商业部门的人员过多。在去年的情况下，商业部门适当地紧缩一点是必要的，但抽人过多就影响到他们的业务。商业部门必须做好产品的收购、供销工作，但去年把许多必要的收购网、供销网都收缩了甚至有的被打掉了。为什么日用百货大多数都不缺，而且大多数有很大的增长，倒反而要排队呢？因为供销点大大减少了，售货员也大大减少，因此样样排队，造成人为的紧张心理，以为样样缺乏。假如多设供销点，人家分散去买就好了。好比我们在人民大会堂开会，散会的时候，如果从一个门往外走就挤得很，多开几个门让人家出去，不是很好吗？现在农村中吃的东西是有减少，但也并不是完全没有，为什么城市中又看不到呢？就是收购网不健全了，连货郎担也没有了，有些东西收购不起来。原来南京有多少挑高箩的，也搞的没有了，我们最近下了决心，才把它恢复起来。

（四）文教工作方面：

我们执行了中央关于整顿巩固提高、适当发展的方针。在去年文教事业大发展的基础上，该整顿巩固的着重整顿巩固，该发展的继续发展。如去年新建的 58 所高等学校中，决定合并的有 6 所，停办的有 2 所，改为中等专业学校的有 1 所，此外，又新批准了江苏戏曲学院、南京第二医学院、南京师范专科学校和苏州医学专科学校，全省连同原有的，现在共有高等学校 69 所。去年各地新办的中等专业学校 339 所，也正在进行调整中。同时，我们继续执行了“两条腿走路”的方针，既注意普及，又注意保证重点、提高质量，并在此原则下安排了今年的招生计划。农村中的文化工作，坚持了业余、自愿、小型、多样的原则，改变了过去占用劳力过多和铺张浪费的现象。

此外，在为工农业生产服务的财政税收、政法工作等方面，情况基本上也是好的。财政税收 1 月至 5 月完成 8.708 亿元，比去年同期增加 70%。这里特别值得指出的，由于各方面的努力(包括政法工作方面的努力)，在今年这样的粮食、市场情况下，我们的社会秩序还是比较稳定的。当然，各级党委、各方面的同志，还须继续保持警惕，特别要警惕某些地区还可能发生夏荒，敌人也可能乘机进行破坏。

在以上各项工作中，人民解放军驻江苏部队又多方作了巨大的支援，如参加整社工作，参加夏收夏种，我们特在这里表示谢意。他们还发展了农副业生产，不论南京军区也好，驻南京的军事院校也好，都种了许多蔬菜，养了许多猪，这对缓和市场紧张情况起了一定作用。

虽然在我们工作中存在着这样那样的问题，特别在市场方面存在的问题是相当尖锐的；但是，从以上所说的全面情况来看，我们还必须肯定：当前总的形势是继续大跃进的形势，工作中的缺点和某些方面的错误，还不过是十个指头中的一个指头的问题，甚至不到一个指头的问题。党的社会主义建设总路线，党的一整套“两条腿走路”的方针是完全正确的，它为我国人民指引了一条多快好省地建设社会主义的康庄大道。1958 年在我国经济建设上，已经打开了大跃进的局面。在这个基础上，1959 年五个月来我省工农业生产发展的状况，其他各项建设事业的状况，基本上是良好的。它说明了在党中央和毛主席的领导下，全省人民团结一致，和全国人民一道，艰苦奋斗，为实现今年大跃进所作的努力，正在取得十分巨大的成绩。1959 年仍然是继续大跃进的一年。

在这个总的形势下，我们当前的任务是，全党全民更加紧密地团结起来，继续鼓足干劲，忍受暂时的困难，克服暂时的困难，集中最大的力量，开展增产节约运动，为实现 1959 年继续大跃进的伟大胜利而奋斗。

第二个问题　当前的几项主要工作

大力开展增产节约运动，实现 1959 年的继续大跃进，具体的来说，当前要抓紧三方面工作，联系做好其他各项工作。一是工业以钢铁、煤炭为重点，二是农业以粮棉为重点，三是商业以市场为重点，实行工业农业商业并举的方针。工农业并举的方针大家是知道的，现在为什么又要加上一个“商业”呢？这是因为社会主义经济建设一方面要有计划按比例地发展生产，一方面又要有计划地、合理地进行分配，以满足生产和人民生活上日益增长的需要，因此，如果只抓工农业，不抓商业；只抓生产，不抓分配，工农业生产也是搞不好的。

（一）在工业生产和基本建设方面：

1. 在工业生产和基本建设方面，省委常委扩大会议讨论确定，我们的基本精神是：既落实，又积极。所谓落实，就是说我们订计划要尽可能地适合于客观的发展规律；所谓积极，就是说要在适合客观规律的基础上加上主观努力。我们要尽可能地做到有计划、按比例的发展，既保证重点，又照顾一般；既鼓足干劲，又留有余地。

2. 基本建设方面，计划以内力争合理安排，计划以外要严格削减。今天的基本建设要服从生产，有利于当年生产而又是必不可少的，我们要坚决跟上去；与当年生产关系不大的、可有可无的，要坚决缩减。不要把战线拉得太长，样样都想搞，样样都搞不上去，结果物资搞得很紧张。因此，要很好排队，根据需要与可能，合理安排。当然，计划以内的不一定个个合理，计划以外的也不一定个个都不合理，真正是生产上迫切需要的，特别是有利于市场改善的，还是要考虑安排的。计划以外的安排要执行以下的原则：第一，财政上不安排赤字；第二，不到银行贷款；第三，不动用流动资金；第四，不赊欠；第五，不加重人民负担。

3. 积极发展轻工业、手工业生产。在保证重点的同时，一定要照顾一般。把钢铁、原煤等重工业的生产指标落实到既积极又可靠的基础上，使一般的轻工业能够相应的发展。对于目前市场上各种轻工业品、手工业品供需之间的矛盾，省委已派出 7 个小组分赴各专区、各市进行摸底，根据需要与可能以及先紧张后一般的原则，制订具体规划，积极安排和组织生产。同时，通过调整工业布局，切实解决目前加工工业多于原材料生产，制造多于修配，集中过多，上升过多等问题，应当分散的坚决分散，应当归队的坚决归队。各市工业之间、城市工业与县的工业之间的产品进行大体分工，克服互争原料的现象。手工业管理机构相应地加以恢复，今天应该加强对手工业生产的领导。对于原料材料的困难，通过清理仓库、合理调度使用物资、收购废旧材料、提高技术、降低原料材料的消耗定额、利用代用品等办法来解决。有些原料不足的产品(如肥皂等)，要停止小厂生产，集中到大厂生产，以利提高出率，提高质量。对各种日用工业品和手工业产品的生产，我们特别强调提高产品质量，增加花色品种，以满足市场需要。全省小五金生产需要 2 万吨钢铁，除了现在已有1.3万吨之外，要从清仓中和去年的土钢中解决 5 000 吨，从生产中节约 2 000 吨。目前各地区、各市也正在积极设法发展小百货的生产，如苏州市要求在 6 月份由现在的 7 000 多种增到 1 万多种，7 月份达到 1.5 万种；无锡市要求 6 月份恢复 73 种，扩大 116 种，新发展 190 种。

4. 加强工矿企业的管理和领导。去年在整风运动和大规模的生产运动中，实行了“两参一改三结合”，企业管理工作有了很大的改革，取得了很大成绩。但在改革过程中，也出现了一些忽视集中领导和对某些管理制度改革过了头的现象。当前在企业管理中，必须正确贯彻执行民主集中制的原则，在党委的统一领导下，加强企业管理方面的厂长负责制。克服由于指挥不统一和生产行政管理责任制的削弱，而出现的调度不灵、互不配合、不敢负责等现象。去年对企业的规章制度中的许多不合理的部分进行改革，是完全必要的，但是有些企业在改革过程中，把某些合理的规章制度也废除了，破了旧的以后没有建立新的，结果使某些工作无章可循，有些同志甚至把规章制度一律看成是束缚工人群众积极性、创造性的东西，结果使许多规章制度执行不严或无形废除，这是不对的。各地要针对当前企业中存在的突出问题，如生产管理、财务管理、技术管理、劳动管理问题，提高质量问题，安全卫生问题和提倡节约反对浪费问题等，进行检查，采取实事求是的态度进行分析，对原有规章制度，好的要保留发扬，束缚生产力发展的就废除，并订立新的。

5. 对安全卫生问题要很好重视。各厂矿、交通运输和基本建设单位要认真进行一次安全卫生大检查。对于女工和农妇的特殊困难必须照顾。妇女在月经期间，要安排她们做较轻的活，有必要的休息。对于有些比较普遍而又严重的疾病，应该采取必要的医疗措施，甚至可以考虑把患病的编成小组，在生活上、医药上加以照顾。在社会主义国家里，人是最宝贵的，人是第一，有了人，一切就有办法。希望同志们好好注意安全卫生。

（二）农业生产和整社方面：

1. 要在基本上不妨碍茬口安排的情况下力争扩大高产作物的面积。比如水稻，只要管理得好，有肥料，加上天气比较正常的话，增加一亩水稻起码可以收 350 到 400 斤粮食。又如山芋这样的高产作物，春山芋要比秋山芋多产 2 000 斤，夏山芋要比秋山芋多产 1 000 斤。现在种春山芋已经来不及了，我们要争取多种点夏山芋，这是比较好的粮食之一，可以作口粮，可以作饲料，工业上还可以综合利用。抓种植面积，抓高产作物是我们的重点。

2. 要以粮、棉、油带头，发展多种经济。江苏气候一般都比较好，对于多种经济是适合的。要改善农村经济、增加社员收入，发展多种经济很重要。哪里能在搞好粮、棉、油的基础上，不放松各种经济作物和副业，哪里一年四季就可以有产品出售，社员一年四季都可以有钱分。这一点很重要。每个老百姓能每个月多分一块钱，他心里就非常高兴。江苏有几种东西是取之不尽、用之不竭的，这就是水产、林业、牧业（包括养猪）。搞多种经济，有一个人力、物力、财力问题，要加以合理安排。各地要多用一点心思，多出一些点子，特别是工业部门、财贸部门要在有利于人民生活、国家建设、市场供应等方面多想一些办法。例如一个老太婆她没有事做，我们适当解决一点饲料，她一年养 10 只老母鸡，卖掉 5 只，每只 3 元，就可以收入 15 元。

此外，还有手工业、家庭副业。如果家庭副业每人每年可以生产 1 元，那么全省一年就有 4 000 万元；每人增加 2 元收入，4 口之家就可以增加 8 元，就可以用来过中秋或春节。有些东西只要我们去抓，抓紧一点，就可以解决。比如渔船，只要我们下决心适当解决一些木材，就可以解决了。现在许多手工业都要恢复起来，有些地方下雨没有蓑衣、热天没有草帽、席子，这些东西都要很好加以研究恢复，这些东西都是与生产与人民生活以及身体健康有影响的。江苏的木材困难，希望在绿化的过程中加以注意，用材林要与经济林并举。去年大炼钢铁、大搞绞关，砍掉不少树木，应当补种起来。现在主要是抓育苗。育苗本身就是一种副业生产，搞好了可以增加收入。

3. 分配问题。生产提高了，粮、棉、油增产了，各种副业搞起来了，就要掌握好分配问题。要坚持按劳分配，坚持等价交换。在夏季分配中要坚持中央规定的原则，工资部分与供给部分应该按照四六开或六五、三五，或者三七开，工资部分应该大于供给部分。一定要体现按劳分配的原则，这样就有利于生产的发展，有利于生产力的提高，有利于消除农民对这方面的顾虑。应该向群众宣布，自留地、饲料田上种的粮食、蔬菜，可以自由处理。谁种谁收，谁卖谁得。把紧张心理缓和下来。全省自留地、饲料田加上“十边”估计有 600 万亩地，我们如能很好教育群众，很好解决集体与个人的关系，这些田地种上东西，一年可以增加 20 亿—30 亿或 40 亿—50 亿斤粮食。

4. 征购和统销问题。不仅粮食，而且包括棉花、油料和其他农作物，都要合理征购，合理统销。我们的指导思想是合理地多购，合理地压缩统销，必要时准备多销。如果不能合理地多购，必要时就无法多销。我们今年的粮食，省委的要求不高，只要求完成上调 3 亿斤的任务和补进 5 亿斤库存，因为我们今年已挖掉 5 亿斤库存，其余的留在社会上，留足种子，留够口粮和必要的饲料。因此，今年夏季征购我们希望征购 14.9 亿斤，能争取达到 16.3 亿斤更好。今年应该吸取去年的经验教训，要收好、管好、用好，而且提出快收、快打、快晒、快运、快征购、快分配，尽一切可能避免损失。

5. 农村的基本建设主要抓住四项：土壤、肥料、水利、农具。在合理节约的原则下，用在这方面的钱是用在刀口上的。现在已经有了八字宪法，这是第一步；第二步就要对“八字宪法”因地制宜、有步骤地有准备地逐年充实其科学内容，很好地加以贯彻执行。

目前已经到了夏季，各种自然灾害将接踵而来，因此防涝、防旱、防洪、防台风和防治病虫害的工作，必须积极做好准备，做到有备无患。

在农村工作中除了抓农业生产以外，还必须继续抓紧人民公社的整顿和建设工作，整社和生产是互相促进的，人民公社搞好了，对于农业生产将起巨大的推动作用。中央关于整顿和建设人民公社的一系列指示必须继续贯彻执行，召开公社党的代表大会和社员代表大会需要有县委的直接领导，大忙时没有条件召开的就暂缓召开，可以争取在秋收以前选择一个适当时机把会开完，实在不行的可以推到秋后再开。

在这些没有开代表大会的公社里，当前要结合生产，做好两件事：（1）采取领导方面进行排队的办法，核对账目，对于去年集中过多的，能退的马上退，能还的马上还，以减少将来算账的工作量。（2）教育干部在当前生产中积极工作，改进作风，改正缺点、错误，主动下楼，取得群众谅解。

已经开了大会，尚未贯彻到基层的地方，应该分别轻重缓急，结合当前生产解决那些迫切需要解决的问题。

已经贯彻到基层的地方，也要结合生产，进行检查补课，同时，对于整社以后干部中产生的一些消极情绪和某些放任自流现象，应该加以解决。

（三）市场方面：

解决市场问题的办法是：1. 增产；2. 压缩——坚决压缩社会集团购买力和实事求是地减少职工人数；3. 节约；4. 改善商业部门的购销工作和经营管理。

增产问题，在前面工农业生产问题中讲过了，不再重复了。

压缩购买力的问题，需要采取一系列的措施：

1. 坚决压缩机关、部队、学校、企事业单位的公用开支，紧缩集团购买力。省委关于节约行政经费问题已经发出一个通知，要求各单位节约行政经费，力争按原有标准压缩20%—30%。从现在起停止购置器具，减少闲杂开支，反对请客送礼、开会任意增加伙食标准等铺张浪费的作风。省委关于整顿各级报纸刊物出版物也发了一个通知，目的是提高报刊的质量，减少纸张浪费。至于非商品性的支出而又是工作需要的费用（如打电话、坐火车等），不要勉强的去压缩。这样，全省可以压缩社会购买力 8 000 万元左右。

2. 控制企业职工人数和工资总额。按照经过调整了的生产和基本建设计划，县以上企业职工人数要减少 42 万人。减少的人员，首先是来自农村的临时工、合同工，动员他们回到农业生产中去，支援农业生产；其次是多余的年龄过小的学徒工，动员他们重新上学；再次是新吸收的有一些家务负担较重的女工，要动员她回去勤俭持家，把家务管好。以单位来说，暂时停办的基本建设单位和由于原材料不足减产的企业，可以先减多减；县办企业中技术落后的、原材料没有的企业，可以先减多减；至于商业部门和服务性行业，过去减少或转业过多的，还要适当恢复。技术工人应当调剂使用，不要减少。这样做的好处是：不仅减轻市场物资供应的压力，而且有利于提高企业的劳动生产率和管理水平，有利于增加农村的劳动力。减少职工是一件繁重而艰巨的任务，我们必须认真做好动员教育工作和安置工作，对被减人员切实负责到底。最近几个月来全省已经减了 15 万人，这个工作是做得比较好的。

3. 控制投放，增加财政收入。农贷指标决定不再增加。信贷资金，要分项控制，专款专用，不得相互调剂。也不再进行商品赊销。农村税收要进行整顿。发动党团员带头，大力开展储蓄。除开展经常性的群众性的储蓄之外，并决定搞地方建设储蓄 3 000 万元，这一工作已经得到部队、机关广大干部的踊跃认储。此外，还要严格财政制度，不造预算，不经批准，不许用钱。

同时，大力号召城乡居民贯彻勤俭建国、勤俭持家的精神，暂时不十分必要的东西不要买，把钱存入银行，不要见物排队，有卖必买，机关、部队、企事业等单位的干部应当起带头作用；并希望我们的干部、共产党员、共青团员在这一个时期里面暂时忍受一下困难，教育自己的家属，不买或少买供应紧张的商品。动员储蓄应当坚持存款自愿的原则，不能强迫摊派。对于娱乐性的服务性的不付出商品的支出，如看戏、看电影、游中山陵、逛玄武湖等，不要去勉强提倡节约。

商业部门的购销工作和经营管理要迅速加以改善，我在前面已经讲过，这方面我们是有缺点的。

（四）文化教育方面：

要继续贯彻执行中央以整顿、巩固、提高为主，某些地方因地制宜作必要发展的方针。

在学校教育中还是要坚持党的领导，坚持教育与劳动相结合、坚持教育为政治服务的原则。高等学校的基本建设方面，要与国家整个基本建设的缩减相应地缩减。人民健康所必需的病床、药品等卫生设备，在节约的原则下，要有保证；药品缺少的地方要很好解决药品问题。

今后中学生的供给问题，省委意见从三方面来解决：第一，在地方附加中解决一部分；第二，学生的家庭在目前实行按劳分配的原则下，可以解决一部分，学生自己的副业生产也可以解决一部分；第三，助学金中解决一部分。小城市、集镇要提倡走读，三五里，七八里路的坚决实行走读。因为学生在家里吃饭本来只要四五元，五六元就够了，到学校里集体吃就得七八元，而且要增加供应。特别是小学，要分散一点，过去也是集中过多了。小学生要走读，让父母天天看到自己的孩子，使小孩可以得到家里人的照料和教育。扫盲工作也要真正做到群众自愿，积极办好。

其他各方面的工作，特别是交通运输工作要很好注意，主要是解决短途运输；政法工作等都要围绕工农业生产，为工农业生产很好服务。

第三个问题 几个认识问题

从过去五个月的情况来看，我省和全国各地一样，总的形势是好的，是正在向着实现今年继续跃进的胜利目标前进。当前的一些困难，只是我们前进道路上的暂时性的困难，只要我们加强领导，依靠群众，善于接受经验教训，提高全党全民的认识，把一切积极因素调动起来，集中最大的力量，开展增产节约运动，全面贯彻执行勤俭建国、勤俭办社、勤俭办一切事业、勤俭持家的方针，就一定能够战胜暂时的困难，一定能够取得今年继续跃进的伟大胜利。

在最近一个时期里，我们要认真地、迅速地、广泛地向城市和农村的广大群众，特别是城市各阶层人民，讲清楚本省大跃进的形势和经济生活问题。我们要实事求是地、毫不回避事实地讲清楚，成绩必须肯定，缺点和错误也不要掩饰，有一说一，有二说二，把成绩和缺点的关系，也就是把九个指头和一个指头，甚至不到一个指头的关系，用具体的事实和数字讲得清清楚楚，而且适当地进行自我批评，力求改正。事实上，我们根据党中央的指示已经采取了各项有效的措施，已经改正或者正在改正过去一个时期工作中的缺点。在这里，我再来讲讲几个认识问题。

第一个问题：社会主义建设经验的问题。经验证明，党中央所制订的社会主义建设总路线和各项方针政策是完全正确的，是用不着任何怀疑的。但是，我们如何全面地、正确地因时因地制宜地执行这条总路线和各项方针政策，是需要在实践中逐步取得经验的。过去，我们搞民主革命，进行革命战争，搞了20多年，特别是头十多年中，我们跌了好多斤斗，流了许多血，才取得了一整套正确的、适合中国国情的路线、方针、政策，取得了一整套适合中国国情的革命战争的经验，终于推翻了压在我们头上的三座大山，取得了资产阶级民主革命的胜利，建立了中华人民共和国。今天我们搞社会主义建设，从 1949 年算起才只有 10 年，从第一个五年计划算起才只有 7 年，搞大跃进，从去年起才只有 1 年多，我们是缺乏建设经验的，特别是缺乏大跃进的经验的。这种大跃进的经验，是历史上所没有过的。不错，我们有苏联和兄弟国家的先进的建设经验可以供我们学习借鉴，这是因为中国建设和苏联、兄弟国家的建设都是共产党领导的，都是以马克思列宁主义为指导思想的，有其共同的规律；但是，我们毕竟是个一穷二白、人口众多的国家，我们在党的社会主义建设总路线的指引下，要取得一套适合我国国情的建设经验，特别是大跃进的经验，所花的时间，可能比我们在民主革命时取得一整套经验所花的时间要短一些，但是仍然需要依靠全党全民在实践中遵循党的正确的路线、方针、政策，好好摸索，好好创造，好好总结。在社会主义建设过程中，我们是有困难的，但也是有办法的，大有希望的。我们的国家是共产党领导下的无产阶级专政的国家，我们有充分的信心和办法来战胜一切困难，取得更大的胜利。我们应当有这样的志气。

具体的来说，例如：国民经济有计划按比例地发展的原则；在优先发展重工业的前提下工业与农业同时并举，中央企业与地方企业同时并举，重工业与轻工业同时并举等等方针；“重点必须保证，一般必须照顾”的原则，都是正确的。但是，在我们省里，市里，县里，如何具体掌握？如何具体执行？相互之间的比例又怎样订，这是不简单的，我们已经在一年多来大跃进的实践中取得了丰富的经验，而且将来还会在实践中取得新的更加丰富的经验，只要我们兢兢业业，刻苦钻研，经常检查总结工作，既要发扬成功的经验，又要善于从缺点和错误中接受教训，并且结合实际认真学习马列主义，特别是政治经济学，把经济工作愈做愈细致，愈做愈合乎实际，那末，我们在经济建设过程中，就有可能少犯主观主义。

根据过去的经验，我们搞建设，做工作，既要认清方向，又要分清步骤。党中央、毛主席确定的方向是完全正确的，但有些问题我们在执行中没有很好分清步骤去做。例如“少种、高产、多收”的方针，是一个方向，实现这个方向是可能的，但是在全省范围来讲，8 年、10 年之内不能全部实行，也不能大部实行。10 年以内，只能根据各地的条件一步一步地实行。全省各个地区要分别不同的条件，订出不同步骤去逐步实行。3 年以内，大部分不可行。3 年以内，要力争多种多收。在这一个问题上，我省最近两个月来已经开始这样做了，广大群众热烈响应，春播和夏种面积都扩大了。由此可见，我们做事情一定要分清方向和步骤，方向对头，不讲步骤，就要出问题。

我们既要鼓足干劲，又要留有余地。就是说既要充分发挥主观能动的作用，又要从客观物质条件和技术条件出发。毛主席一再教导我们“劲可鼓而不可泄”。革命干劲是最可贵的，一定的物质、技术条件是不可缺少的。从客观现实可能性出发，再加上主观努力，这种干劲就扎实了，工作就做得好。拿订指标来说，指标一定要落实，如果订的指标太高，大大超过现实可能性，客观物质、技术条件还不够，人力、财力、物力还不够，这种指标就叫没有留余地，就有落空的危险。相反的，如果指标太低，落后于现实的可能性，也是不对的。

第二个问题：波浪式前进的问题。水有水波，声有声波，电有电波，一浪接一浪，一波又一波，有起必有伏！我们革命事业的发展，是波浪式前进的；我们建设事业的发展，也是波浪式前进的。建设事业发展过程中，不可能直线上升，而是波浪式地前进，螺旋式上升。我们的建设运动，整个说来，是一个不断向前发展的过程。在一个时期大发展之后，必须有一个整顿巩固提高的阶段，以便为继续大发展打下巩固的基础。人也是这样，白天工作了，晚上就要睡一睡、休息休息，睡觉和休息是为了恢复体力、消除疲劳，使第二天工作有精力，如果不分白天黑夜，一天 24 小时，一年 365 天，天天干，夜夜干，一点不睡觉，不休息，行不行？当然是不行的。巩固和发展是对立的统一，巩固是为了再发展，专门发展而不巩固，是不行的；发展以后必须要来一个巩固，专门巩固，而不发展，也是不行的。

根据五个月来工农业生产发展的情况和市场供需关系的状况，我们根据“保证重点，照顾一般”的原则，把某些原材料、某些基本建设工程暂时让一点路出来，保证必需保证的重点，同时也照顾必需照顾的一般。这样做，就更能符合客观的实际，更有利于继续跃进。我们今年钢铁、煤炭、粮食、棉花等指标是很高的，增加的绝对数、跃进的幅度是很大的。工农业生产如果每年增长 10％就是跃进，增长 20％就是大跃进，增长 30％—50％就是特大跃进，世界上很少有哪个国家，工农业生产一年增长 10％以上的。我们今年能够增长 20％、30％，就是大跃进，而且是在去年大跃进的基础上的继续跃进。

第三个问题：工农业生产的增长跟不上社会购买力的增长问题。大家知道，在社会主义社会里，生产资料的生产必须优先增长，因为，只有生产资料生产的优先增长，才能扩大再生产，才能保证生活资料生产的不断扩大和人民物质福利的不断提高。例如，我们对棉织品、针织品和绸缎、呢绒的需要越来越多，但是生产这些纺织品的机器，要靠机械工业去制造，如果纺织机器不优先发展，就谈不到发展纺织品问题。而纺织机械的制造，还必须先要有冶金工业、机械制造工业和动力工业。农业要更大幅度的增产的话，也非要逐步实行机械化、电气化不可，要机械化、电气化，就要优先发展生产资料的生产。像中国这样一个一穷二白、人口众多的国家，要在一个不太长的时间内在经济上、文化上彻底翻过身来，优先发展重工业，优先发展生产资料的生产完全是正确的，在这一方面非要多花人力、物力、财力不可。否则要想改善人民生活也是欲速则不达。

由于要优先发展生产资料的生产，那末，生活资料的生产，比较起来就相对地要稍为慢一点。以我们江苏省的情况来说，1958 年工业总产值中，生产资料比 1957 年增长 1.18 倍，消费资料比 1957 年增长 66.31%，但生产资料在整个工业产值中的比重仍只有从 1957 年的 30.9%上升到38.05%；消费资料在 1958 年仍占 61.95%。以轻重工业来分也是一样，1958 年我省重工业增长 1.66 倍，轻工业增长 61.76%。但重工业是由 8 亿元增长到 21 亿，绝对数只增长了 13 亿元。而轻工业是由 32 亿元增长到 53 亿元，绝对数字增长了近 21 亿元，即使经过 1958 年的增长，我省轻重工业的比例是：重工业占 29.38%，轻工业为 70.62%。由此可见，我省近年来重工业和生产资料的增长幅度虽然较快，但比重仍然较低，像我们这样的省，由于原来重工业基础很薄弱，优先发展重工业是十分必要的。

工业要加速发展，市场供应要充裕，归结到底，还是农业生产的发展问题。农业是工业的基础，市场供应的物品也大多来自农村。市场供需关系的某些紧张现象，主要是农副业增产问题。因此，我们各个方面都要来关心农业生产，支持农业生产。除城市党委以外，各级党委都要把搞好农业生产作为首要任务。城市党委也要积极支持农业生产，并要抓紧搞好郊区生产（特别是蔬菜和副食品的生产），至少要有一个书记抓这方面的工作。只有我们搞好了粮棉油的生产，搞好了林牧渔副的生产，再加上优先发展重工业的基础上搞好了轻工业生产和手工业生产，我们的工业才能加速发展，市场某些供需关系的紧张情况才能缓和下来，城乡人民的生活才能逐步改善。

我们一定要继续发扬艰苦奋斗、勤俭建国的优良传统，我们要号召党团员、机关干部、解放军和工人阶级忍受暂时的困难，战胜暂时的困难，在增产节约运动中起带头作用。我们完全相信，在党中央领导下，经过大家的努力，使各方面的经济协调起来，这个转变是不要好久的。我们的设想是，争取六七两月初步好转，八九两月基本好转，能不能做到，还要看大家努力。

今天就讲这些问题，可能有不对头的地方，希望同志们多多调查研究，提出意见，帮助省委更好地工作。

根据江苏省档案馆档案刊印

在江苏省工商业联合会第二届会员代表大会上的报告*

(1959 年 6 月 15 日)

江渭清

各位代表:

江苏省工商业联合会第二届会员代表大会现在开幕了。第一届代表大会已经过去 5 年,在这几年中,我们国家的社会主义建设已经取得伟大的成就,通过反右、整风运动,工商业有了很大进步,这种进步是经过不断学习,不断改造,从实践中锻炼得来的。你们这次代表大会是总结改造和服务的经验,几年来自己得到了些什么进步,做了些什么工作,还存在些什么问题,以及研究今后任务,因此这次代表大会的意义很重大,我向大会表示祝贺。

今天,我着重谈一谈我们江苏省在今年五个月以来的工农业生产情况,以及大家最关心的市场情况。

我们全省人民在党中央和毛主席的领导下,在国务院的领导下,积极努力,在去年大跃进的基础上,争取 1959 年继续大跃进。

今年 1 月至 5 月,工农业生产情况是怎样的呢?首先谈工业,工业总产值(包括手工业,不包括社办工业)比去年同期增加 97.7%,按照工业部门分开来说,江苏钢铁工业,去年在没有基础的情况下,全党全民办钢铁,奠定了钢铁工业的基础。今年五个月来,生铁生

* 此为记录稿。

产比去年同期增加了30.4倍，高炉利用系数是逐步提高的，1月是0.76；2月份0.88；3月份0.95；4月份0.974。煤耗逐步下降，1月份1∶1.71；2月份1∶1.4；3月份1∶1.39；5月份1∶1.43。生铁质量按照国家规定的标准，各地平均达到82.21%，其中质量较高的，如南京跃进钢铁厂达到97%，徐州淮海钢铁厂达到97.8%，镇江第一钢铁厂达到100%。去年大办钢铁的时候，高炉的利用系数平均只有0.5多一点，也就是一立方米的高炉只出0.5吨铁。煤耗今年比去年下降很多，去年炼一吨铁要五六吨，六七吨的煤，技术差的甚至要八九吨煤，现在规定4吨煤炼1吨铁，我们江苏只要3吨多一点，这是很大的进步。没有去年全党全民办钢铁的基础，不会有今年这样大的成绩。去年一年生产22万吨铁，今年5个月的生产就接近这个数字了。去年发动的人力有200万，300万，甚至一度达到500万—600万人，今年包括炼铁、炼焦等在内只有8万人左右，在人力、财力、物力上都大大节省。有些朋友多少有点想不通，认为去年大炼钢铁浪费很大。应当看到是有些浪费的，这是因为开始学，没有经验。开始学成本总要花得大一些，因为是从无到有，从小到大嘛。正像生第一个小孩，“成本”花费最大，什么都是新的，一样样都要做新的，到了第二个、第三个孩子，“成本”就要降低，到五六个、七八个花的钱就不多了，他们可以穿哥哥、姐姐的旧衣服。所以，第一个成本花费最大。我们办工厂也是这样，刚办的时候，基本建设费用大，但是办起来之后，成本就一年比一年降低了，这是事物发展的规律。

钢的生产也有发展，今年1至5月的生产，比去年同期增加1.7倍。钢材去年我省根本没有生产，今年已生产7 000多吨。焦炭生产比去年同期增加20倍。煤炭工业，煤生产比去年同期增加95.3%。煤是工业原料，也是人民不可缺少的东西，在我省能获得这样巨大成绩，是依靠在地下工作的煤矿工人辛勤劳动，和各方面的支援的结果。

机械工业今年 1 至 5 月总产值比去年同期增加 2 倍。化学工业，硫酸比去年同期增加 6.8%，硝酸比去年同期增加 67%，烧碱比去年同期增加 6.89 倍，化肥比去年同期增加 48%，农药比去年同期增加 6.6 倍，电力工业总的发电量比去年同期增加 67.9%，纺织工业棉纱比去年同期增加 56%，棉布比去年同期增加 17.2%。

轻工业今年 1 至 5 月总产值比去年同期增加 1.06 倍。产品增长一倍以上的有新闻纸、搪瓷、食盐、钢笔、肥皂、电池等。

总的说来，今年我省 1 至 5 月的工业生产，基本情况是良好的。各种产品都有很大的增高，其中比重少的也有，如小五金、木材、某些工业日用品等。

其次，讲一讲农业生产和整顿人民公社的情况。经过去年秋季以来的辛勤劳动，夏收作物已告丰收，据初步估计，三麦和豆子比去年同期增加 70%左右，总产量接近去年水平。为什么说单产增产而总产又只接近去年水平呢？这是因为今年小麦面积比去年少了。去年是 4 700 万亩，今年只有 3 300 万亩，少了 1 400 万亩。夏收作物减少有两个原因，第一由于调整“茬口”，这样做是对的，去年 4 700 万亩是多了一点，适当缩小是对的；第二，对“少种、高产、多收”的方针领会不全面，不适当地减少了播种面积。这六个字是相互关连的，是辩证法，不能割裂开来看，要正确的领会，否则少种，就不能高产、多收。因此，在还没有高产多收以前不能少种。今年江苏三麦以种 4 000 万亩为适宜，今年秋季种麦子，就有经验了。

今年夏熟作物的丰收，对今年农业继续跃进是有利的。今年和去年三麦产量虽然相等，但是情况有所不同。去年四五月间，天气阴雨。今年由于密植、深翻、积肥、田间管理，加上天气比较正常，麦子产量比去年不同。去年平均 2 万粒一斤，最差的 2.8 万粒一斤，今年麦粒饱满，最好的 1.6 万粒一斤，差的 2 万到 2.2 万粒一斤，出粒率就高。还有一个情况不同，去年估产量高而实收量少，今年实收情况好。去年估产高于实收，今年实收高于估产。以苏州为例，三麦估产每亩 200 斤，实收 230 多斤；小麦估产 210 斤，实收 250 斤。

其他夏收作物，油菜单产 100 斤左右，比去年单产 75 斤增加 25%，油菜总产量增加 30%。本来应增加 60%，为什么少了呢？因为划了十个县给上海，这些地方都是种油菜的。

绿肥，收获面积 532 万亩，比去年面积增加 32%，单产每亩 4 000 斤，比去年增加一倍。

春播情况：粮食 1 668 万亩，棉花 455 万亩，花生 135 万亩，麻 43 万亩。目前夏收正在紧张进行。整个情况是好的。特点是：① 春播面积扩大了，增加了 483 万亩。早秋作物的面积也有增加。② 今年适时播种。棉花 90%面积都在立夏前 5 月中、下旬播种的，总面积增加 50%。③ 物质基础比去年好，去年兴修水利搞了 10 亿多土石方；排灌设备增加 10 万匹马力，灌溉面积增加 340 万亩；改善灌溉面积增加 110 万亩，电力灌溉从去年 1 200 万亩增加到 1 800 万亩。

另外，农、林、渔、牧的情况都很好，春蚕今年大丰收，今年发了 2 批蚕种，因为桑叶特别好，可以收 18 万—20 万担，比去年 13 万担增加 40%—60%。蚕分三季，还有夏蚕、秋蚕。

茶叶可收 2 000 万—2 800 万担，预计今年的全年计划可以完成。

水果收获 400 万担，超过计划 1 倍。今年洞庭枇杷特大丰收，去年只收 500 担，今年收了 25 000 担，增加了 40 多倍。无锡水蜜桃和北方的梨也都能获得丰收。

渔产，到 5 月底完成 70 700 吨，比去年同期增加 220 吨，但计划远没有完成。因为有两个原因，第一，在捕捞黄花鱼时遭受严重风灾，多亏海军全部出动帮助，否则损失更严重。第二，主观努力不够。对船只修理，劳动力安排、必需物资的供应等准备不够。例如去年捉鲥鱼时，有 88 条船，今年只有 8 条船。

全省生猪5月份开始上升，增加了40万头，到5月底全省圈存数达661万头，但比去年最高量差得很远。为什么越来越少？三个原因：第一，在公社化初期，对家畜家禽处理不当，集中过多，没有采取集体养与个人养并重的方法；第二，没有妥善安排饲料；第三，主观努力不够。

鸡、鸭小家禽最近有很大发展，全省已经达到2 000多万只，恢复到公社化以前的水平。

去冬今春，广泛的深刻的开展了整顿人民公社运动，解决了一系列的问题，广大干部、广大群众生产积极性大大提高。全省有1 462个公社，到5月底止都已经经过整顿，其中开过党代会、社员代表大会的有1 083个公社，占全部的74%，其余因大忙已到，把开会的时间推迟。整社运动解决了一系列的重大问题：第一，实行了统一领导、分级管理，大大调动了生产大队、生产小队的生产积极性。第二，执行按劳分配、等价交换的原则，算清1958年的分配，从而农民更加认清1958年大跃进的成就。在今天社会主义制度下，按劳分配等价交换原则很重要，通过算账，使农民认识到不是生活没有提高，也不是收入没有增加，而是要怎样才能当好家。我们的公社，也包括县和省不会当家，当家是不容易的，哪些钱用对了，哪些钱可用可不用，哪些钱用错了，我们的钱要用在刀口上。但有些并不如此，有的用在刀背上，有的用在刀柄上，有的甚至用得和刀根本没有关系。同时，算账里面可以看出基本建设搞了哪些，生活福利搞了哪些。生活福利搞多了，搞快了，原来的五保户现在到了敬老院，你们有些人也下去看过，敬老院要搞，但不是都要住新房子，穿新衣服，盖新被子。我们国家是一穷二白，单靠一两年就搞好是不行的。第三，整顿了干部作风，通过大鸣大放，发扬民主，干部受到极为深刻的教育。我们有些基层干部在经济上有一点毛病，公私不分，贪点小便宜，挪用，少数人贪污。干部中相当一部分人，作风生硬，态度不好，强迫命令，好多事情民主精神不够，没有和群众商量办事。再有，极少数个别的阶级异己分子，违法乱纪分子，蜕化变质分子，在整社中分别进行了处理。多数人启发他改正错误，有贪污的进行深刻教育，全部退赃，不能全部退赃的分期退赃。对严重违法乱纪，屡教不改，蜕化变质的进行处理。通过社员代表大会选举，80％以上的干部是连选连任，15％—20％的干部落选，这说明大多数干部是好的，对干部教育很大。第四，实行包产、包工、包本责任制，贯彻到生产队。不久以前，毛主席写了一封信给生产队以上的人，内容有六点，有些人对内容不知道，就产生怀疑，今天我介绍一下。这封信的内容主张：三包问题，产量指标既要积极，又要可靠，既要有革命干劲，又要有科学分析的精神；密植问题，不能太密也不能太稀，要合理密植；对少数高产多收方针的理解要全面；水利；肥料；技术措施问题。就是这些问题，没有什么不可告人的秘密。第五，通过整社建立了民主集中制的许多制度。选举以后80％以上的干部连选连任，证明绝大多数干部都是好的，是得到群众信任的。有的人为什么会产生错误？是因为没有经验，特别是没有大跃进的经验，其次是思想方法不对头。思想方法对头的是全面的，思想方法不对头的是片面、主观。老话说："兼听则明，偏听则暗"，人的耳朵生得很科学，生在两边是要两面都听，如果生在一边，就只能听一边了。眼睛是生在前面，不是生在后面，生在前面就是你向前看，生在后面就向后看，就会倒退。有的干部犯错误的原因是由于水平不高，思想方法不对头，作风不细致，有些粗枝大叶，民主精神不够。还有少数干部打人骂人。我曾经在一个社员代表大会上说：如果干部不好，我要负责。但是干部打人、骂人、贪污，我不负责，因为党一贯教育干部要大公无私。大多数的干部都是好的，和农民同吃同住同劳动，他们的心肠是好的，愿意多办好事，但有些事情立意不好，心好意不好，所以有些事情没有办好。

可以下这样的结论，农业生产的基本情况，也是良好的。

市场情况，这是同志们最关心的问题。

今年1至5月份，商品零售总额比去年同期增加21.65%，其中城市增加43.91%，农村增加12.19%，1至5月份除小五金、木材、某些工业日用品、生猪、家禽、蛋类的供应有所减少外，其他商品都大大增加。棉布增加77.5%，呢绒增加346.6%，毛巾增加50%，被子增加39.1%，汗衫增加187.3%，毛绒增加189.2%，胶鞋增加105.8%，肥皂增加105.12%，金笔增加95.48%，自行车增加158.78%，香烟增加5.91%，酒增加42.87%，盐增加61.91%。大部分商品卖出去的数量都比去年同期大大增加。

购买力增长是件大好事，它反映了国民经济的发展和人民生活的改善。但是购买力增长应该正常，今年有些是不正常的，因而使物资平衡发生了一些问题。

今年工业、农业、交通运输、财政税收、文教政法等工作情况都是比较好的。1至5月份省内交通运输，已完成的运输量比去年同期增加50%，财政税收已完成的比去年同期增加70%左右。教育方面，贯彻执行巩固提高、适当发展的方针。去年教育事业有了极大发展，在这个基础上，该整顿的整顿，该巩固的巩固，该发展的发展。去年新建58所高等学校，并了6所，停办2所，改为中等专科学校的1所，现在全省共有69所高等学校。去年新办的中等专科学校339所，也正在进行整顿，在整顿中要两条腿走路。有二个方针：第一，既普及又提高，抓住重点提高质量。第二，农村文化工作，坚持业余、自愿、小型原则，避免过多占用劳动力的现象。政法工作，社会秩序是稳定的，这是由于各级党委的领导，同志们，朋友们的共同努力的结果。人民解放军驻江苏部队也给我们巨大帮助，参加整社、麦收麦种，他们本身发展副业生产，养猪、种菜。南京部队共养猪4万多头，自己种菜也有利于缓和市场的紧张情况。

我们的工作是有成绩的，但也不是没有问题，不是没有缺点。在经济生活方面还有许多迫切问题需要解决，其中最大最迫切的问题是市场问题，某些东西有供需失调现象，市场供应紧张。在我们历史上从未有过的大跃进的当中出现矛盾，甚至有些尖锐的矛盾是不奇怪的。问题在于我们要以科学的态度，善于分析矛盾，正确认识矛盾，积极努力地解决矛盾。既然1958年是大跃进的一年，今年头5个月的生产情况又很好，为什么市场上某些方面还会出现供需失调呢？原因何在？首先最重要的原因，就是社会购买力的增长，这是第一个基本原因。根据省统计局的材料，历年来社会购买力增长情况，如以1952年是100，则1953年是123.4；1954年是131.5；1955年是138.6；1956年是151.1；1957年是150.3；1958年是174.8。今年1至5月和去年同期相比增加了21.56%。今年全省社会购买力38亿，比去年增加5亿，1958年又比1957年增加5亿，两年增加10亿，吃得消吃不消？全国的购买力，1958年比1957年增加70亿，1959年比1958年增加102亿。我国历史上每年增加10多亿，最多20亿—30亿，我省过去每年只增加一二亿，而1958、1959两年增加10亿，像这样高速度增加，任何国家都吃不消的。购买力的增长，反映国家的兴旺，人民生活的改善，但是物资供应必须跟上去，虽不能完全平衡，也要大体平衡。在社会主义制度下，生产发展跟不上人民生活需要是正常现象，因为这样可以促进生产，但社会购买力增长过快，就会出现供需不平衡现象，过快过慢都不好，应当恰如其分。

我省从1949年到1952年平均每年购买力增长2.5亿到3亿元。如果增加到4亿，就会显得紧张。1953年全省社会购买力比1952年增长了4亿，这年物资供应就紧张。去年比前年增长5亿，今年比去年又增长5亿，紧张情况就可知了。

为什么社会购买力增长得这样快？

第一,国家支付职工的工资增长过快。我省工资总额,以1952年为100,则1953年是109.8;1954年是114.4;1955年是124.6;1956年是170.7;1957年是190.4;1958年是222.9。今年1至5月比去年同期又增加13%。工资总额增加的主要原因是职工人数的增加。1958年全省工业职工增加944 700人。其中25万人是由商业、手工业转来的,新吸收的占80%。去年工资总额比1957年增加10 581万元,其中9 000多万是新增加的职工工资。今年1至3月全省工资总额比去年同期增加10 742元,去年年终跃进奖金三四千万元。在社会主义建设大跃进中增加了一些职工是应该的,但增加过多了,也会产生一些问题,首先是劳动生产率降低;其次是企业管理成本增高;第三,过多吸收农村劳动力,就妨碍农业生产,因为目前农村还没有机械化,电气化,主要靠人力操作;第四,增加了城市市场的供应。南京现在蔬菜供应已由每天90万斤增加到150万斤,单是运输就很困难。看起来还有许多人不满意,蔬菜买不到。不当家不知困难,现在南京郊区几乎全部都种蔬菜。

最近调查了5个职工家属的情况,可以看出购买力增长和就业人数增加的情况。例如,勤丰烟厂的李广才,是4口之家,去年10月以前,只有一个人收入,每月38元1角,勉强维持。10月以后爱人就业,也拿38元1角,生活就改善了。用105元买了新手表,木床换了绷子床,买了帐子,东方呢裤子,短皮大衣,爱人也买了呢裤,买了新皮鞋,新木柜子。另外一家,南京机床厂的周才贵,6口之家,原来收入122元,今年2月妹妹参加生产,收入增加。过去过春节只吃3斤肉,今年过春节吃了七斤半猪肉,还买鹅买鸭,又买了棉毛衫、裤,凡立丁裤子,最近又买了卡其、花布等。

第二个原因,集团购买力增长过快。例如机关、学校、企业、部队等等,从历年情况看,1953年比1952年增长63%,1956年比1955年增长44%,1958年比1957年增长69%。今年不压缩,将比去年增长更大。例如，送锦旗用的布很多，如果省下来，我看虽不能解决 100 万小孩的衣服，也可解决 50 万。现在，桌子还要铺台布，在二万五千里长征时□□就没有桌子，在抗日时期也很艰苦，但是现在机关家具增加很多。

第三，社会购买力增长还有其他原因，去年炼钢铁，我省发出补贴，我省 1 亿多元，加上农贷，支援公社建设，再加上由于制度不严，动用财政经费和工业流动金，商业赊销等加起来共有 6 亿多元。

现在大家都不大谈节约了，原来每年银行存款都有增加，但是今年第一季度存款比去年同期却减少 2 亿，这个情况不正常。

还有其他方面的原因，例如某些商品生产下降，节约不够，公社化初期，对所有制问题解决得不够好，集中过多，猪、鸭数量都下降，到 5 月份才上升。蔬菜也紧张。有些轻工业产品在去年下半年全党全民办公社、办工业、炼钢铁中，某些东西计划不周，有的用多了一点，有的让路也让了一点。还有一个原因，在商业体制方面也还存在一些问题。商业网、收购网、供销网，有些地区大大减少。例如肥皂增加了 105%，为什么还要排队呢？这是因为有些供销点撤了，营业员少，所以样样排队，把挑高箩的搞掉了，过去在小巷子里老奶奶大嫂子买线买什么，可以拿酒瓶、破铜烂铁来换，乡下也是如此，用鸡蛋换东西。把这些调整掉了有缺点。苏州百货公司精简机构，把会计也都简掉了。

第三个原因，还有人为的紧张。有些人看到好多人排队他也去排，但他还不知道是卖什么东西的。北京天安门前许多建筑工程，工人很多，在排队等大便，有的人以为是买什么好东西的，也排在里面，结果知道是在等大便。有些青年人，不会抽烟也抽烟，不会喝酒的也喝酒，酒比去年增长42.87%，肥皂也增长 105.2%，但是市场肥皂少，是有些人多买的。个别家属没有事情就要去排队，有的老太太专门去排队买肥皂，有的买了七八十块存在家里，人为紧张也有很大关系。

节约是中国的优良传统，勤俭持家，勤俭办社，勤俭办企业，勤俭办一切事业，从去年下半年没有大力宣传，大家就不注意了，这是不好的。

如何解决市场问题，中央有指示，省委也作了研究，主要从几方面着手。

（1）增加生产，在工业方面提出：重点必须保证，一般必须照顾。重点是钢铁、机械、交通运输等。生产资料的生产应当比生活资料的生产增长快，这个原则不能违反，在这个前提下，对一般工业、轻工业、小五金、日用品生产也要发展，苏州做得好，原来14 000多品种下降到7 000多种，现在恢复到15 000多种，许多日用百货如扫帚、挂衣服的钩子、樟脑丸等都没有了，现在正在扭转。全省小五金不够，我们已经拨出1.8万吨钢铁来搞小五金生产。农业要粮、棉、油料作物带头，解决一般副食品。郊区都为城市服务，以蔬菜、渔业、养猪为主。工业原料经济作物也在扩大面积。江苏准备种几十万亩甜菜，自己来制糖，免得从广东调来。现在我们正在一步一步地来解决市场问题。

（2）不正常的社会购买力要压缩，正常的社会购买力要满足。现在已裁减职工15万人，准备裁减42万人。首先解决临时工，其次是学徒工，原来有从学校转为学徒工的，还是转回学校去。南京18—45岁的妇女全市30万人，家务劳动只10万人，还是可以回来几万人勤俭持家，帮助爱人，安心为国家服务。有的妇女自己做工工资十多元，家里请一个保姆花了20元，那就不必了。还有青年夫妇生小孩把岳父、岳母接来，南京4口之家有30万—40万户，每家来一个，要增加几十万，有的还接来小舅子，弟弟妹妹，有的还专门去排队。这些人可以回去好好生产，裁减是合情合理，负责到底，安排妥当。一切社会集团不要的东西，不要置办，尽可能压缩。但是，长途电话，坐火车，看电影，到中山陵、玄武湖去游玩不要压缩。买东西要压缩，希望工商联也要适当压缩。省委压缩 25%—30%。刊物也可以减少。许多人定了报纸不看，有许多刊物也看不了。有的部门自己一定要搞个通讯，经验介绍，小报纸、刊物之类，应当压缩。

（3）加强市场管理，恢复过去一些调整不当的供应点与收购点。过去商业 20 万人，转到工业的要转些过来。有些部门人员过多的要坚决下放，价格要严格管理，货运调拨要合理，在农村有些高档货卖不掉，在城市里买不到，应当加以调整。

（4）开展增产节约运动，要宣传教育，从党团员、机关工作人员开始，进行系统教育。当用则用，可用可不用的少用或者不用，不要用的，坚决不买。但节约不是把已经做好的好衣服不穿，如果压在箱子里，又去买布重做新的，那不但是浪费，而且又冲击市场了。希望同志们东西少买一些。省委研究争取六七两个月市场初步好转，八九两个月市场基本好转。这是要依靠全省人民来共同努力实现的。

今天工商联开代表大会，今后任务是什么？工商业者要努力为社会主义建设服务，努力加强自我改造，二者是统一的。今天说为社会主义建设服务，是在党和毛主席的领导下，开展增产节约运动。第一增产，第二节约。不增产单靠节约不行。大家要在自己工作岗位上想办法增产，提高质量，降低成本，增加花色品种满足人民的需要。在实际参加社会主义建设过程中，不断的改造自己，进行自我教育，自我改造。

立场问题。有些人看到市场供应紧张，不是站在主人翁地位提出意见，而是到处散布言论，当面不谈背后乱说，这难道是立场改造好了嘛？我是当面说，数字都告诉你们，相信你们，也希望你们完全信任党、信任政府。

国家事情办得好，大家都有份，办得不好，大家都有责任。见到市场紧张，不能埋怨，讲怪话，在旁边发议论，这是消极的，最积极的态度是看到问题就积极的调查研究，科学的分析，研究矛盾，向党和政府提出意见。这样才是主人翁的态度，有人把服从党的领导与提意见对立起来。“三不得”是对的，党不能反，但工作上有缺点完全可以提意见。提意见是从劳动人民利益出发，从善意出发，不是从个人出发，党会分清是非的。可能反右后有戒心。右派究竟是少数。工商联、民主党派有右派，党内也有右派，连省委书记中也有。党没有偏心，是从6亿人民利益出发，你们不要怀疑。有人不提意见，怕说是右倾保守观潮派，如果你不是的，别人不会给你戴这顶帽子的。我们社会主义经济是有计划按比例发展的，是从6亿人民利益出发的，只要对国家对人民有利，就是贴本也可，如去年大搞钢铁，明知贴本的。有人说这是“劳民伤财”。但是，要知道没有去年的基础，就没有今天的巨大成绩。没有0.5立方米的高炉，就没有今天8立方米的高炉，也没有南京255立方米的高炉。任何事情都是从无到有，从小到大。去年小高炉历史任务完成了，明年8立方米高炉历史任务也要完成了。正如我们每个人也是要经过许多阶段，从婴儿—少年—青年—壮年—老年一步一步地走过来一样。右派当不得，何不做个“左”派呢？现在已有了一些“左”派，为什么有许多人有思想问题呢？就是思想不对头。工商业者几年来有进步，但也有的快、有的慢，决定于服务与改造情况如何，既要积极为社会主义服务，又要努力改造自己，不断进步。

目前解决市场问题有没有办法？我看正如毛主席说的，有困难，有办法，有希望，在党的领导下，无产阶级专政的国家，无数事实证明，发生困难，完全有信心扭转过来。因为有6.5亿人民，只要把道理讲清楚，齐心合力干几月、半年就可以解决，这也是个思想方法问题。有的人见到困难唉声叹气，满腹牢骚，手足无措。有的人在困难面前，分析困难，认识困难，想法克服困难。困难是吓不倒我们的，我们党对待困难，从来就不怕困难，不回避困难，不向困难低头，而是从困难中吸取教训，想办法克服困难。这是思想方法问题，也是立场观点问题。对于解决市场问题，我是有充分信心的，困难是暂时的，大家要忍受一点。不是已经忍受了几个月了吗，再忍受三五个月，困难就可以解决了。我相信你们是可以做到的。积极为社会主义服务，积极解决困难，这与立场思想的改造是统一的。对市场问题，我的看法，还要经过几个月的努力，把缺少的物资，如小五金、某些工业日用品、猪肉、蛋、鱼、蔬菜等想法跟上，把商业网、收购网加以调整，解决原材料困难，找代用品，等等。对于困难，要很好的分析。大多数生产、生产资料并无困难，要根据具体情况来具体分析。

工商业者内部的团结问题，也要采取正确的态度解决。工商业者是整体，你们来自各地，有南京的、无锡的、常州的、有各县的，要互相取长补短，交流经验，要心连心，心心相印。经常开展批评与自我批评，不回避自己缺点，不断批评自己的缺点错误，互相帮助，这样进步就大。

去年是大跃进的一年，今年肯定的仍是继续大跃进的一年。能增加 30%就是大跃进，10%是跃进，20%是大跃进，30%—50%是特大跃进。苏联七年计划每年增加 8%，这也是跃进。国家要发展快点，也要工商业者努力，大家发展生产，增产节约，节衣缩食，克服暂时困难，再过 10 年 15 年或更多一些时间，我们的国家，有了现代工业、现代农业、现代科学文化，就能彻底翻身，希望大家在工作方面，思想改造方面更加努力，生活方面更加节约一点。

我讲的话就是这一些。最后预祝大会完满成功。

根据江苏省档案馆档案刊印

搞好安全卫生　促进增产节约

（1959 年 6 月 15 日）

《新华日报》社论

安全卫生和生产劳动有着不可分割的联系，生产事业发展了，生产规模扩大了，安全卫生工作就必须相适应的发展。去年大跃进以来，本省扩建新建了大批工厂、矿井，扩大了工人阶级队伍，许多企业添置了大量新设备，单全省重型起重机械就增加了 10 倍，锅炉就增加 1 倍以上。特别是钢铁、开采工业大发展，高温车间和露天作业也增多了。在这种情况下，安全卫生工作更必须相应地跟上去。现在大热天气已经到来，防暑降温工作更是刻不容缓。

为了适应上述新情况，各地党委和政府都对安全生产，劳动保护工作抓得更紧了，不但对所属厂矿企业的安全卫生工作进行了重点检查，而且把安全生产的要求列为九比竞赛的内容之一，并在制度上、设备上、技术教育上采取了若干措施，有效地防止和减少甚至消灭了事故的发生，改善了职工的劳动条件。最近省人委又发出通知要求全省工矿企业，在增产节约运动中抽出一定时间，发动群众开展一次安全卫生大检查，各地必须切实做好这一工作，保障生产安全和职工身体健康，促进增产节约运动深入开展。

安全卫生工作和增产节约运动的要求是完全一致的，搞好安全卫生工作就可以促进增产节约运动的深入开展。大家知道增产节约运动的中心环节就是提高劳动生产率，而要提高劳动生产率，一是靠人，一是靠机械，也就是节约活劳动和物化劳动的消耗，要达到这个目的，除了要不断提高人们的劳动技能，不断采用新的技术装备而外，做好安全卫生工作，防止工伤事故和设备事故的发生，使职工们有健康的体魄，使机械设备能正常运转，也是提高劳动生产率的重要条件。不可能设想，一个经常发生事故的企业单位会有正常的生产秩序和较高的劳动生产率。人常生病，机器常出毛病，产量、质量、成本的计划就难保证完成，劳动生产率就没法提高。所以，做好安全卫生工作也是保护和发展生产力的一项重要措施。我们绝不能以为生产任务重了，忙不过来，就放松这一工作，相反地应该大大加强。

安全卫生工作和生产一样，是一项科学的细致的工作，要做好这项工作，一定要尊重科学，具有科学的态度。所谓科学的态度，就是要在生产中按照客观规律办事。任何事故的发生都不是没有原因的，或者是由于机器缺少检修，或者是由于盲目的修改了设计，或者是人们没有执行操作规程等等，这都是在生产过程中违反了客观规律的结果。因此，当我们在破除陈规旧章的时候，不能把必要的安全制度也破除了；在反对保守的安全系数的时候，不能把科学的安全系数也反掉了。规章制度有合理与不合理之分，那些束缚生产力发展的旧规章制度当然要破除，但是好的规章制度是生产所必需的，是搞好生产的保证，就不能破除掉。如果生产不按照一定程序，就必然会发生问题。在安全系数问题上也不能违反科学。譬如一部机器的转速总是有一定限制的，假若根据科学的测定，最高的转速可以达到每分钟一千转，而我们却规定八百转为安全系数，这种安全系数当然是保守的，把它打破是完全应该的，可使机械效率得到充分发挥。但是如果在不改变其他条件的情况下，把一千转的安全系数也打破了，这就不是科学的态度，其结果必然是发生事故。所以我们必须认识破除迷信与尊重科学的一致性，从而在行动上能够遵循着客观规律办事。

解放十年来，各地都出现了很多长期安全生产的动人事迹，为安全生产树立了榜样。发电厂本来是安全生产的要害部门，而戚墅堰电厂却创造了314天安全发电的纪录，而且有三个先进小组安全无事故的光荣纪录竟达到3 000天以上；在容易发生事故的矿山上，也有不少安全生产的红旗，韩桥煤矿李兴瑞挂钩小组，已连续八年没有发生事故了；航运和公路运输线上十年无事故的先进船队和汽车驾驶员更是不在少数，像无锡轮船公司的胡阿梅、南京汽车公司的韦昌勇等都是著名的安全驾驶员；在防止有毒粉尘侵害方面，无锡江南石粉厂一车间的密封工作，已经达到相当先进的水平。所有这些都是党的安全生产方针深入人心的结果，都是遵循客观规律办事的结果。

怎样做好工矿企业、交通运输和基本建设单位的安全卫生工作呢？首先，各地必须立即开展一次以确保安全生产和防暑降温为主要内容的安全卫生大检查，进一步贯彻党的安全生产方针，切实解决某些妨碍生产安全和职工健康的问题。为了使这次检查收到预期的效果，必须做到领导与群众相结合，政治与技术相结合，重点与一般相结合，检查与整改相结合。在检查中，各级党政组织要加强领导，建立专门机构，指定专人负责，同时又要深入发动群众，大搞群众运动；要通过各种形式加强政治思想工作，宣传党的安全生产的方针，表扬先进单位，提高群众安全生产的自觉性，同时又要加强技术教育，特别要发动专家和工程技术人员参加检查；检查工作要在各个企业中普遍进行，但又必须要有重点，领导力量应集中解决某些要害部门的问题：如矿山、冶炼、化工、机械、运输、基建部门，以及易燃、易爆、高空作业、井下作业、有有害气体和粉尘的场所等等，都应该是检查的重点。每个部门在检查过程中都必须贯彻边查边改的精神，各厂矿企业中应发动群众对有关的规章制度进行讨论检查，该留则留，该立则立，该破则破，某些不该破而破了的，应看实际情况加以修正。有关安全卫生设施的问题，如特种机械的防护，有害粉尘和气体的密封以及防暑降温设备等等，要根据必须与可能的原则，采取土洋结合的办法，加以增添和改进。对于一些重大恶性事故，要分析原因，接受教训，并进行严肃处理。同时，这次安全卫生大检查的过程，同样也是改进干部作风的过程。随着增产节约运动的深入开展，和对于安全卫生工作要求的提高，各级领导同志更应该时刻关心人，了解人，体贴职工的疾苦。我们党的这种传统作风，是不断改进安全卫生工作搞好生产的重要保证。

当然，我们强调在目前集中地进行一次安全卫生大检查，决不是说检查一次就算了。安全生产是企业的经常工作，不是临时性的措施。不但现在要集中检查，今后在生产中还要经常检查，时刻注意，使它成为企业生产领导工作中的一个有机组成部分。正因为这样，在进行这项工作时决不能离开当前生产去进行，而应当把检查与改进、健全企业管理结合起来，更好地正常生产秩序，不断提高企业的管理水平和生产技术水平。总之，通过这次群众性安全卫生大检查，一定要使党的安全生产方针，贯彻到群众中、制度中去，使安全卫生工作做得更好，以促进增产节约运动深入开展和生产的继续大跃进。

中共江苏省委批转江苏省安全卫生委员会《关于今年以来厂矿企业安全卫生情况和开展安全卫生大检查意见的报告》

（1959 年 6 月 18 日）

各地、市、县委：

今年以来，我省厂矿企业中的事故情况是相当严重的。对这个问题，有的党委已经注意了，但有的还注意得不够，有的至今还未能很好地注意。省委要求各地结合当前增产节约运动，开展一次安全卫生大检查，通过检查，采取措施，提高企业管理水平，改变事故多的情况。省委同意省安全卫生委员会《关于今年以来厂矿企业安全卫生情况和开展安全卫生大检查意见的报告》。现转发给你们，希望参照执行。

中共江苏省委员会
1959 年 6 月 18 日

附：江苏省安全卫生委员会《关于今年以来厂矿企业安全卫生情况和开展安全卫生大检查意见的报告》

（1959年6月13日）

省委：

我们于6月4日召集有关厅局和有关部门的负责同志会议，研究了今年以来厂矿企业安全卫生方面的情况和在全省开展安全卫生大检查的要求、做法，并组成了省的安全卫生委员会，现将简要情况和我们的意见报告如下：

今年以来，厂矿企业部门的事故灾害、职工伤亡、中毒等情况相当严重。据不完全统计，1至5月份共发生各种事故灾害2 028起，死亡职工136人，伤职工1 742人，由事故引起其他人员死亡104人，5个月来职工死亡数比去年上半年增加1.2倍（去年1至6月份职工死亡61人），其中南京市死亡46人，徐州市死亡32人，这两个市共死亡78人，占职工死亡总数50%，无锡、苏州、扬州、镇江、常州等8个市共死32人，其他县死26人。从产业系统来看，以交通、采矿、煤炭、冶炼、化工、地质部门最为突出。新建企业的事故又较老企业严重。而且今年以来的事故灾害中重大的恶性事故多；在一个地区一个单位发生的重复事故多；过去很少发生或不易发生事故的单位也发生了不少事故；部分企业中有害粉尘和有毒气体造成职工慢性或急性中毒情况也很严重。

自省委批转了省劳动局党组《关于一年来劳动保护工作情况和今后工作意见的报告》，省公安厅党组《关于经济企业部门反事故灾害斗争的情况和今后工作意见的报告》以后，各地在安全卫生方面作了不少工作。春节前后普遍地进行安全卫生大检查，同时把安全生产列为“九比”竞赛的内容之一。有的地方对安全卫生进行反复检查,认真整改,有效地保证了生产安全,2 月份事故普遍有了下降,生产事故比 1 月份下降 31.6%,职工伤亡事故下降 66%。但是,3 月份以后又逐渐上升,以职工死亡为例,1 月死 38 人,2 月份死 13 人,3 月份死 23 人,4 月份死 28 人,5 月份死 34 人。有些地区重大事故也是直线上升的。

事故灾害严重的原因,一方面是由于工业大发展以后,许多安全卫生措施还没有来得及进行整顿和巩固,新职工的生产技术还不够熟练,某些厂矿企业的生产任务又重了一些,设备条件也差了一些,但主要原因还在于有些同志特别是某些企业的领导骨干,对安全卫生工作还重视不够,抓得不紧不狠,安全措施和安全教育比较放松;安全检查搞得不够深透,没有认真整改,或者检查时抓了一下,运动过后情况又严重起来;在生产管理上,突击生产多了一些,均衡生产注意不够,有前松后紧的现象,生产秩序不够正常,工人过于疲劳;规章制度不够健全;有些技术措施,缺乏科学态度;在机构精简,权力下放以后,许多单位又削弱或撤消了安全组织,安全工作无人负责。例如:苏州平江煤球厂修建厂房时,为了赶任务,忽视了质量,3 月 1 日投入生产,3 月 2 日倒塌,压伤职工 8 人。徐州夏桥煤矿,一季度的生产计划,3 月份才确定,将 38%的任务挤到 3 月份完成,由于抢进度,违章作业现象普遍出现,事故发生数比 2 月份增加 21%,死亡人数占全季度的 66.6%。南京化学公司触媒车间糠醛卫星厂,设计时随便修改图纸,施工时材料不合规格,蒸煮锅容积、压力没有计算,建成后又没有验收,运行不到 60 小时,就发生恶性爆炸,死亡 4 人、重伤 3 人。南京机床厂用 3 吨吊车吊 8 吨镗床,把行车大梁压弯,被迫停用 20 天。大黄山煤矿,由于设计错误,20 条巷道,共长 1 435 公尺全部报废;有两条溜煤道同时又作行人道,9 个月当中打伤了 95 人。高宝湖、洪泽湖的大风警报信号无人管理，5 月份连续发生两次行船遭风沉没的重大事故，而救生艇又改装成运输船，无法抢救，死了 40 人。许多单位的矽尘和有害气体浓度，超过国家规定标准几千倍甚至几万倍，苏州灯塔化工厂炼铅丹车间铅尘浓度超过国家规定标准 6.1 万倍，在蓄电池粉筛铅丹处竟超过国家标准 10.8 万倍，该市 4 个工厂就有 147 人发生铅中毒。

历年来经验证明，开展安全卫生大检查，是防范事故灾害和职工伤亡、确保生产安全的有效措施，也是改善企业管理，正常生产秩序，促进生产，提高劳动生产率和对广大职工进行安全卫生技术教育的重要方法。在当前的增产节约运动中，把维护生产安全和职工身体健康，作为加强企业管理的一个重要方面，是十分必要的。

根据省人委关于六七月间在全省厂矿企业中结合增产节约运动，以安全生产、防暑降温和防毒防尘为主要内容，开展一次群众性安全卫生大检查的指示，我们对这次检查，提出以下意见：

（一）检查的要求和重点：

这次检查应在各级党委统一领导下，密切结合增产节约运动，以安全生产、防暑降温为主要内容，要求查深查透，解决问题，通过检查，教育全体职工特别是各级领导干部，认识安全生产和防暑降温工作的重大政治经济意义，澄清各种错误思想，提高认识，坚决贯彻中央“管生产管安全，人人管生产，人人管安全”的方针，从而加强企业管理，正常生产秩序。并充分发动群众、组织群众检查和讨论有碍生产安全和职工身体健康的问题，达到安全生产和做好防暑降温工作，以保证生产安全和职工身体健康，促进生产的大跃进。检查重点应放在矿山开采、钢铁冶炼、化学工业、交通运输、基本建设和重要的仓储部门，生产、储存、使用有害粉尘、有毒气体和易燃、易爆等危险物品的单位，以及新建企业，并应抓住有关生产安全、防暑降温的主要问题进行检查和研究解决。各地各企业单位的重点应当根据本地区、本单位的实际情况来确定。

（二）具体要求：

（1）加强政治思想和安全教育工作。通过检查，对全体干部和广大群众进行安全生产教育，使党的安全生产方针和劳动保护政策深入人心，克服某些领导干部重视生产、忽视安全的不正确思想和作法，树立管生产必须管安全的全面观点，在抓生产的同时，也抓安全卫生。提高职工，特别是新职工和下放劳动锻炼的干部的安全卫生知识，结合政治、文化和技术教育，加强对他们进行安全思想、安全技术教育，对于一些操作特别严格的工种（如火药工、爆破工、吊车、机车、汽车司机、电工和司炉工等）尤应进行专门训练，并且规定严格的考试制度，把集中教育和经常教育结合起来。对已发生的事故必须查清原因吸取教训，避免重复，对于重大事故应该弄清情况，分析原因，判明性质，明确责任，严肃处理，以教育干部和群众。

（2）对生产设备的安全卫生情况，要进行全面检查。对于新建企业，在设计上必须保证必要的安全系数和防护设施，制造生产设备的单位，必须严格检验制度，不合规格不能出厂；对现有设备的维护检修要特别注意，有时维护现有设备正常运转，要比增添新设备更为重要。应该通过技术革命和技术革新，本着必须与可能和土洋并举的原则，改进和增添安全卫生和防暑降温设备，凡是配件需要的材料，应该是本着土洋并举自力更生的精神，积极解决，计划部门应组织生产，优先供应制造和修配的各种器材。加强工业卫生设施，对生产上有害粉尘和有害气体，必须采取积极措施加以防治，改进和增添必要的密闭、回收、排气等设备。对设备很差、安全卫生没有保障，严重影响职工健康，维护生产又很困难的厂矿，可结合整顿工业布局，考虑并厂或停止生产。

（3）对防暑降温的一切准备工作，要进行普遍检查，在高温期间，要检查一切措施的实际效果，高温场所和露天作业中的防暑降温设施，要作为重点解决。

(4) 注意职工的休息时间和加强女工特殊保护问题,生产越是紧张,越要关心职工生活,职工干劲越大,越应当注意他们的健康和安全,注意职工劳逸结合,组织有节奏的生产,不仅是可以避免因疲劳过度而发生事故,也是提高劳动生产率的有效方法。因此,必须严格控制加班加点,妥善安排业余活动,使广大职工有充沛的精力搞好生产。对女工和徒工,应当根据他们的生理和身体的特殊情况,在工作时间、作业条件等方面给予适当的照顾,对于他们的保护,不仅是促进社会主义生产所必须,而且也是保护我们下一代健康的重要措施。

(5) 通过检查,加强安全卫生工作的组织管理,并把有关安全生产的规章制度建立与健全起来。企业党委和行政应当有专人分工负责,并要有必要的专管机构,同时要建立与健全群众性的安全卫生和治安保卫组织,领导上应不断地提高他们的政治、业务水平,加强活动。对企业中有关安全卫生的规章制度,应当通过检查,很好地组织群众讨论,切实掌握"有破必有立"的精神,需留则留,应建则建,该破则破,对于一些不应当破而破了的,应加以修正。新建企业,制度不健全的,应参照其他单位经验,建立实事求是,合乎实际情况,简便易行的规章制度。所有的制度都必须经过群众讨论,使制度为广大群众所掌握,并教育干部和群众养成自觉遵守的习惯。通过检查,使安全卫生工作走上经常化。

(三) 检查方法和步骤:

这次检查,不仅为了发现问题,更重要的是通过检查,要能切实地帮助解决问题,因此,检查方法必须是依靠群众,充分发动群众,领导检查与群众检查相结合、政治思想检查与技术检查相结合、行政措施检查与设备安全检查相结合,边检查、边研究、边改进,强调反复检查,查深查透,解决问题,同时要抓重点带动一般,抓先进带动落后,及时总结先进经验,召开现场会议,组织互相参观,进行交流。其检查步骤大体可分为三步：

（1）召开必要的会议，分析情况，认清形势，统一认识，对安全问题，事故情况，进行摸底排队，作出检查方案。建立领导机构，大力开展安全生产宣传，密切与党报、广播电台联系，充分发挥各种宣传工具的作用，计划在6月份在《新华日报》上发表社论，召开广播大会，并陆续报道各地安全卫生检查情况、防暑降温动态以及有关这方面的经验介绍，更好促进安全卫生检查运动深入开展。各地、各厂矿企业单位，在发动群众的同时，必须运用一切宣传工具如报刊、广播电台、黑板报等进行广泛宣传，使安全卫生大检查运动，做到家喻户晓，人人皆知。

（2）在充分准备、深入发动群众的基础上，采用小组会、同工种座谈会、重大事故专题讨论会、大字报等多种形式，组织职工群众大鸣大放（通过增产节约运动鸣放或组织安全卫生专题鸣放均可），同时领导组织力量对专门问题进行现场检查。在检查中，要有专人掌握和汇集材料，以便及时分析研究，边查边改，市、县有关部门应抽调必要力量，组成检查团或检查组，有重点地深入基层，深入群众，深入现场，帮助厂矿企业开展检查，并召开现场会议，总结交流经验，并作出反复检查措施。在检查过程中必须及时加强思想领导，以保证运动健康地进行。

（3）在检查告一段落时，对检查出的问题，分门别类地进行全面研究，一方面组织讨论，发动群众提合理化建议，一方面领导研究拟订改进方案。在领导研究，群众讨论的基础上，着手处理，根据可能与必需原则，能解决的及时解决，一时不能解决的要订出规划，逐步加以解决，规划中要规定执行人员，保证措施实现期限和规格要求，并定期检查执行情况。对整个检查要进行全面总结，并向群众做报告，通过总结，进一步对干部和群众进行安全生产思想教育，使党的安全生产方针和劳动保护政策在所有企业管理人员和广大职工群众的思想上和行动上扎根，使安全生产走上经常化、群众化、制度化。

为了加强对安全卫生工作的具体领导，各专区、市、县和较大的厂矿企业，应在党委领导下，成立安全卫生委员会，省级已由管文蔚、王铁民、顾尔钥、顾亭等15位同志组成，下设办公室，负责日常工作。为了推动当前检查工作的深入开展，建议各地也能抽调一定的力量，组成检查团，由当地的负责同志为团长，开展安全卫生大检查。省级机关抽调65人分别参加南京、无锡、徐州、苏州、常州、扬州、南通、淮阴、盐城等地检查团，协助进行检查工作。在检查期间，各专、市安全卫生委员会应将检查工作的情况，及时向省安全卫生委员会汇报。

以上意见，如果可行，请批转各地执行。

1959年6月13日

根据江苏省档案馆档案刊印

中共江苏省委关于制止挪用国家扶助穷队投资款的通知

（1959 年 6 月 18 日）

各地、市、县委，公社党委：

最近不断发现有些地区随便挪用国家扶助穷队投资款的现象。例如，建湖全县挪用 97 万多元买口粮，高淳县有 3 个公社挪用了 20 万元买口粮，泗洪县挪用 6.9 万元补贴了公社 1958 年的分配，扬州市西湖公社张庄大队，拿到公社分给的 2 000 元扶助穷队投资款后，把近 200 元挪用于行政开支，供销社又从中扣去了应该由社员自买的小农具和避雨用具款 480 多元。如此等等，都严重违反了中央和省委关于使用这笔投资款的指示精神。这种现象是不能容许的，必须立即加以制止。为此：

第一，省委重申：这笔投资款，一定要保证 70%以上用于扶助穷队。用于帮助公社的最多不得超过 30%，公社已经多用的，要重新进行调整。用于穷队的，一部分可以作为基建投资，一部分可以作为当年生产流动资金，两者之间的比例多大，可以由县委根据当地情况决定。但除此以外，一律不得挪作他用。

第二，对于这笔投资款的使用情况，要立即进行一次全面的检查。各级党的监委，要负起这个责任，即刻组织专门力量，在同级党委的领导下，进行具体检查。对于已经挪用的单位，要给以教育，并责令限期归还。对于那些抗拒执行省委指示，屡教不改，情节严重的，要给予必要的处理。

各地、市、县委，在6月底以前，要将这笔投资款的使用情况，对挪用的检查处理情况，向省委作一次专题报告。

中共江苏省委员会

1959年6月18日

根据江苏省档案馆档案刊印

在省委召开的文教工作会议上的讲话*

（1959 年 6 月 18 日）

陈　光

今天出席会议的有地、市委的同志，有省级机关有关部门的同志。这个会议主要讨论有关文化、教育、卫生工作。教育方面主要是讨论高等学校和中等专业学校的调整方案、招生工作、发展指标和学生供给等问题；卫生方面主要是讨论保护人民健康、除害灭病、社会医生安排的问题，还有文化、体育方面的一些问题。重点解决教育问题。这些问题，省委宣传部和省级有关厅、局已经拟出了一些方案，请大家讨论。现在我把这次会议的主要精神先谈一谈，提出一些问题，供同志们讨论。

当前文教、卫生、体育工作，有两方面的问题：一是工作问题，二是生活问题。这方面的工作搞得怎么样？生活管得怎么样？大体是好的，但是问题也不少。主要的是：包括在座的同志和我本人在内，对这支队伍的情况了解还不够，缺乏具体分析和调查研究。我们大家在这方面所花的精力和时间不很多。这是有原因的，有的同志说："文教卫生是个事业，虽有人顶的，不管不问，天不会塌下来，问题不大。"我看这种说法不一定合乎逻辑，整个天是不会塌下来的，作为整个地球来说，现在是不会覆灭的，但部分地区会不会发生地震呢？会的。从全国来说，江苏是全国的一部分；从全省来说，

* 此为记录稿。

文教卫生工作又是全省整个工作的一部分。以人口来说，据最近的调查材料，江苏全省除去划给上海的10个县外，省4 500万人口，这在欧洲是个大国。在4 500万人口中，文教卫生队伍大约有700万人，包括从小学生到大学生，从小学教师到大学教师，还有文化、体育、卫生队伍在内。这个数字要占全省人口的近1/6，相当于欧洲的一个保加利亚。最近我在江阴县了解了一下，全县93万人，其中普通中、小学、农业中学的师生和文化卫生队伍即占到总人口的1/5，常州市单教育队伍即占全市人口的1/5。从这一个情况出发，这么个天下——占人口的1/5、1/6、1/7的文教队伍要不要管？采取什么形式管？踏踏实实、深入细致的管，还是模模糊糊的管？这是值得我们大家注意的问题。这方面在领导方法上和工作安排上的问题是不少的。管教育最热心的是青年团，搞了许多运动，我们不如他们，但是他们有时也热心过头。我们这些壮年、老年人恐怕不太热心，在统一部署、统一规划时不太热心，不大考虑这方面的问题。这个情况不是估计推测的。我一个月的走马看花，发现这个问题是带普遍性的。每当问到这方面的情况，许多同志的回答太一般化了。为什么会这样的呢？道理很简单，就是说生产建设与文教工作的关系，究竟是个什么关系，在我们党内许多同志都还没有搞清楚。中央文件和陆定一同志的几次讲话都讲过了：文教工作的任务是配合生产，服务于生产，是配合、服务的关系。但是，有的同志却因此就说：既是配合、服务的关系，就离开工作岗位来为我服务，直接到生产队、工厂去服务，现在不是许多管文教的书记、宣传部长、文教局长都到生产队和一个点去服务了吗？有时还把小学教师、中学校长也调去服务，搞算账，这叫服务吗？要服务，要配合，但是否要像这样的配合、服务，就值得研究。教育不为工农业生产服务，这是个路线问题，但是现在不是这个问题，而是个工作方法问题，是如何配合、如何服务的问题。这个问题，是部门工作上的问题，还是党委统一安排的问题呢？我看是党委统一安排的问题。许多地方把机构撤掉了，把人抽了去服务，这怎么行呢？你到下面去问问文教工作的情况，不少同志看问题看得不准，看不到本质，不能正确地反映问题，这是为什么呢？因为很多时间被其他工作所占去了，没有时间深入细致的去研究文教工作的情况，解决文教工作方面的问题。有些同志是好的，钻得比较深，但在目前情况下，多数人是钻得不深的。对于局部和整体，正确的配合与不正确的配合，完整的领导与不完整的领导，要有一个正确的认识。这一方面，具体事例多得很，因为时间关系，我不去多举了。应当看到，如果再这样下去，以后农村将会找不到人看病的。全省 4 500 万人口，各方面的工作都要统一领导，全面安排，统筹兼顾。整个工作重点要放在工农业生产上，这是没有问题的，但是要兼顾其他，不能为了把重点放在工农业生产上，就孤立地搞生产，长此下去，生产也搞不好。发展工农业生产，提高劳动生产率，就要有大批大批的技术人员，要有广大的身体健康的劳动者，这就要有学校，要有医疗机制，要有适当的文化娱乐活动。从人口比重来说，在我们江苏，第一是农民，第二是文教队伍，第三才是工人；从工作重点来说，第一是农业，省里的重点还是要抓农业，农民解决吃饭、工业原料的问题；第二是工业；第三是文化科学。现在有些地方把文化工作排在最后的最后，甚至打个零，这就不对了。当然，也有少数地方是抓得很好的，不能一概而论。

下面分开来讲几方面的问题。

（一）教育工作

第一，关于教育事业的体制问题。现在教育事业的形式是多种多样的，有全日制的，有半日制的，还有业余性质的学校；有小学教育，有中学教育，有中等专业教育，还有高等教育；有国家举办的学校，有人民公社举办的学校，有厂矿、企业和机关举办的学校，还有群众自己办的“民办”学校。在小学教育中，有学会儿童读书的普通小学，还有成人学习的业余小学；在中学教育中，有公办、民办的全日制的普通中学，还有民办的半日制的农业中学和职业中学，有些地方还有成人学习的业余中学；中等专业学校和高等学校也有全日制、半日制和业余的三种。总之，教育事业愈发展，学校的类型愈多。两条腿走路，各种形式的学校都有，品种很多，很好。陆定一同志在上次在省委常委扩大会议上讲过，最近在常州市中等学校座谈会上又讲，将来我们的教育要考虑办得花色品种多些，推而言之，还可以允许人家办读“人之初”“百家姓”的学校。读“人之初”“百家姓”有什么不好呢？我过去就读过的。目的就是识字，识字就好。总之，教育的发展要因条件因地区制宜，不要因“主观主义”制宜，目的是又普及又提高，普及是为了提高，不是为普及而普及，这里有个领导和管理体制的问题。所谓体制，是说教育事业中有普通教育，有高等教育，有中央各部办的学校，有省级机关各部门办的学校，要根据统一领导，分级管理的原则，把各级各类的学校管好。大致上可以这样划分一下：第一类是小学、中学、师范、高等师范，在体制上主要是属教育厅领导的，从县教育科一直到中央教育部，发钱、师资、行政领导都属这个系统管理；第二类是业余的，半工半读的，民办的学校，这是属于群众集体办的或者厂矿企业部门办的，由教育部门或企业部门分工领导，或者是共同领导，经费主要是群众自筹或合作社、厂补贴，第三类包括中技、大专学校，属国务院各部或省人委各厅局领导，如农、林、医、工、商等类的高等学校或中等专业学校，有些是中央各部办的，有些是省级机关各厅局办的，它的领导是双重的。在我们省里，高等学校统一属高教厅领导，但又属中央各部或省级各业务厅局领导，经费由各业务部门的预算中分别支出。体制、领导关系、经费，都在“一盘棋”的原则下，按照事业系统统一领导，分级管理，现在有个问题，有些学校创办以后没有人管，既无钱又无人又无设备，于是就挤普通教育的经费，吃普通教育的粮，用普通教育的师资，占普通教育的设备。如常州工专设在省常中，占用省常中的校舍、师资、经费，省委过去已反复讲过几次，普通教育的经费只能用于普通教育，中技、高校是由各业务部门自己办自己出钱，没有钱就要□□□□办不办。根据这个精神，要重新考虑高等学校和中等专业学校的调整，各业务部门有没有钱（包括经常费、基建费），办不办？要很快的决定下来。因为中技、高教的经费来源，领导关系与普通教育是分开的，特别是经费来源是不同的。高教厅对高校的领导，同其他部门有分工有合作，如农学院、工学院分别属农业厅、工业厅领导，但日常的教学、行政工作属高教厅，它是双重领导。请省级各业务部门把经费排个队，看看能不能办下去。凡是已经用了普通教育经费的，要退还，谁办谁补，现在的问题是学校办了起来，无人出钱，也是不好的。要办学校，要培养干部，就要出钱，就要认账，如果不认账，学校就要考虑调整处理。在处理时有二条原则：一是有钱又有人认账，即使师资紧张一点，可以办下去；二是既无钱又无人认账，即使有师资、设备，也要坚决调整。不管谁办的，都要按这二条原则处理，不能脚踏两头船，又认账又不出钱，挤普通教育经费，这是不行的。新设高等学校和中等专业学校，最基本的问题一是钱，二是师资，三是设备（包括房产、图书、仪器等）。在调整时，既要照顾办学的积极性，又要照顾经费来源。省级工业部门有好几个厅局，要工业部挂帅，统一安排，没有钱就要下决心处理。有些部门是想又要马儿好，又要马儿不吃草，哪有这样的事情，要讲讲清楚，使计划落实。

第二，关于招生问题。今年全国高等学校中的重点学校决定在江苏招生 4 800 人。这是个定额，各地必须保证完成，优先录取，照顾重点，保证质量。但是，在这 4 800 人以外，所有高中毕业生只限于本省高校招生，首先是本省的老高校，其次是新建高校，外省要到我省来招生，我们要向他们说清道理，说明困难，婉言谢绝。因为我们自己确实有困难，学生来源也确实不足。在这个问题上，要真正做到既不伤感情，也不送人情。不单高中生，初中生也是如此。

第三，关于师资问题。从全省来说，从小学到大学都是很紧张。应当看到，在教育事业大发展的情况下，师资问题，就是在数量上也不是几年之内所能解决的，搞得好五六年，搞不好要七八年才能解决，质量问题就不是五六年、七八年可以解决的问题，而是 10 年以上甚至要 20 年，时间就更长了。现在各级各类学校的师资不仅数量不足，而且质量都不高。所以今年的招生计划，就体现了解决师资方面矛盾的精神，初师，中师，高师都发展较快。各地有没有注意这个问题？希望各地、各部门很好地抓师资问题，因为师资是教育事业中的"工作母机"，首先要争取过师资数量不足的关，以适应教育事业大发展的需要。凡是在校的师资，不能经常调动。去年，许多地方把好的中学教师抽去做高等学校教师，把中学的数理化教师抽去支援工业生产，如南通中学副校长是个很好的化学教师，教了几十年书，去年南通市办了个化工厂，把他调去了，现在他在那里闲着无事做。像这样的人，应该赶快调回来。因此，各地要把抽调教师的情况排个队，除重点支援外，凡是抽调的师资都要归队。因为目前师资已够紧张了，还要抽调，这就会削弱基础课，影响到大学的水平，影响到科学事业的发展，最终也就将影响到我们社会主义经济建设的发展。我们不能只顾眼前不顾将来，不能只看到眼前需要，看不到将来的后果。保证学校有一定数量和质量的师资，这不是为"私"，而是为了将来，为了社会主义和共产主义的事业。还有，前几年抽出去搞肃反、审干的教师，各地一律不能分配到其他部门工作，要归队，让他们继续从事教育工作，这是教育队伍中经过斗争锻炼的一批骨干，各地要好好使用他们，培养提高他们。师资问题年年讲，有些地方不仅没有加强，反而在那里“拔尖子”，这对提高教育质量是不利的。要切实地改变这种做法，加强这方面的工作。

第四，关于教师、学生的生活和劳动安排问题。这个问题要很好研究。现在搞食堂制，供给制，它本来是好的，但被一部分同志误解了，他们以为食堂制吃饭不要钱，就规定教师每天先要做几个工分。现在有一部分教师的生活水平比以前降低，这是不好的。中央早有规定，教师、医生、技术人员、艺人的工资，在农村实现合作化以后，一般不改为供给制，原有的工资待遇不能降低。现在有些地方不仅降低了，而且规定工分定额，甚至还规定一个初中生全年要做700个工分，不足的就要停止伙食供给。大家想想，700个工分，要花多少时间，学校里还有劳动，这怎么行？这是下面自作主张搞起来的，领导上要教育纠正，不能让下面自主条例，这是违背中央规定的政策精神的。还有食堂制，有些地方规定教师的口粮标准，多余不给，超过的要教师照贴，这些制度都是整人的办法，整下去的结果，教师要逼上梁山不干的。事实上，有的医生就已经不干了，转业了。现在社会上形成一种不好的风气，青年学生不愿意考师范，常州有个学生写了一首打油诗，说是：“三更灯火五更起，一月只得四十几”。这个情况，领导上要引起注意。有些教师已经不愿干了，还要整他们，这就不对，我们要提倡爱护他们，关心他们，扭转这种情况。同时可以考虑，有条件的学校可以允许教师自己开伙，不一定都要他们与群众学生一道吃食堂，应该允许有点小自由。

劳动方面，中央规定，小学生从9岁起，每周4—6小时，初中6—8小时，高中8—10小时，大学是1、2、9，或则是1、3、8。现在看来，从小学到大学，目前都按最低时间来安排比较适当。因为现在课目没有减少，运动增加了，体育增加了，大家挤时间□□不好，会把主要课的教学时间挤掉的。现在有的学校理化教师上课，像开“火箭炮”，学生无法接受和消化，教师反映不这样讲，就讲不完。所以校内外的劳动，除四害，清洁卫生，都应包括在劳动时间内。这次在常州时，常中的史绍熙提出，分散劳动在教学安排□□□□很大，他们准备全年按1、2、9的比例来安排劳动，我们已批准他们试行。还有南师附中也可以按1、2、9比例安排劳动的办法进行试验。就这□□先行试点，其他学校不搞，仍按中央规定的最低标准安排。教育与劳动如何结合，如何安排，经常会有问题的，要经常研究。还有，教师跟班劳动，我看也不能过分强调，能跟就跟，不能跟就不勉强，不能硬要老师和学生一样劳动，一样要求。在中、小学校里，危险化的劳动（如□□、氯化钾等），最好不搞，因为学校的设备差，劳动保护制度不严格，容易发生事故。

第五，成人教育，扫盲、工厂办学和农业中学也要注意一下。现在农村成人教育有些"冷"，处于停滞状态，这种情况要加速改变，成人教育要持久，要巩固提高，不能单靠搞突击运动，要突击和经常相结合，重点是抓40岁以下或35岁以下的成人教育。农业中学有个重要问题，校址、园址不能多变。最近回来，看到灌云和一个农业中学教师的来信，说他们的学校，已经搬了三次家，有的地方还有搬了四次、五次的。这样搬来搬去，学校很不稳定，每搬一次，学生的劳动成果就丢掉了，学校种的东西也被生产队收回去了，这种情况不利于农业中学的发展、巩固和提高，要坚决改变这种做法。我看了一些学校，凡是领导重视，群众支持，学校比较稳定的都办得较好，反之，学校就办得不好。农中教师的干劲都很大，不下于我们过去打游击，我们要好好支持他们。

（二）卫生工作方面

当前主要是抓清洁卫生、环境卫生的工作，并且使它和组织运动结合起来，要把抓当前防治某些流行性疾病的工作和整个防疫工作结合起来。

社会医生的收费问题，不要强调公社包，也不要强调公社办医院，大队办门诊所，应该允许社会医生办联合诊所，自己开业，自负盈亏。如果一律变成国家办的或公社办的，群众就会认为反正是公家办的，就都不肯给钱，就会满不在乎；医生也不在乎，也不积极，结果欠得很多，医生的工资也付不出，我们的包袱就会越背越重，这对生产的发展，对人民的健康，都会是不利的。现在各部门都在揩社会医生的油，无偿调用，这是不对的。今后各部门调用社会医生时，必须根据物资劳动，等价交换的原则，付清相应的报酬。

关于除四害讲卫生运动，各地要抓一抓。去年报过四无、五无的，现在有的倒过来变成四有、五有，直到六有了，这种情况要引起我们的注意，加强领导，把夏、秋季卫生运动搞好。

（三）文化工作

公社举办的专业文工团，全省六级干部会议后，已经处理了，变成业余性的了。这个时期文化方面做了不少工作，是有成绩的。但是有两点要注意，一是要提高江苏各种地方剧种的艺术水平。要提高，就必须省里统一领导，各地分散经营，现在有些地方只强调了分散经营，不强调统一领导，这是不利于戏曲事业的发展和提高的，我们要强调统一领导下的分散经营。我这次出发，发现下面有二怕，一怕文化局，二怕体委，怕他们“拔尖子”。“尖子”是要拔一点，但拔得多了也是不对的。现在有的地方由于怕“拔尖子”，就不让那些具有较高水平的演员、运动员到省里来参加比赛，这会影响提高的。二是要提高，就要有一个形式，有的锡剧、扬剧、淮剧、苏昆剧等主要剧种，是否可以考虑成立剧院，院下分几个团，到各地巡回演出，便于提高。如果省里成立起剧院，无锡、常州等地的锡剧院，是否就可以改为团，这个问题供大家研究。还有，各种陈列馆、历史馆、博物馆、纪念馆等等，要注意质量，少而精，追求数量会产生副作用。同时，对待死人与活人要有区别，我们主要是表扬革命烈士，学习和发扬他们的革命精神。对于现在还活着的人，就要分别对象注意分寸。镇江博物馆，把个聂老虎打游击的东西展览在那里，他的尾巴就翘得很高，反而影响不好。

（四）体育工作

昨天省委讨论过，本省现在确定成立500—600人的专业队，其他就不搞专业队了，前一个时期到处拉人，和学校打架，经过调整，已经有所改变，但是，现在有些学校又在搞什么“千分运动”，有的学校的体育教师提出要为一千分而奋斗，一天三操，时间占得过多了。不能这样搞，要把千分运动的指标压下来。

我就讲这些，供大家讨论参考。

根据江苏省档案馆档案刊印

中共江苏省委关于恢复和充实建设银行机构的通知

（1959 年 6 月 24 日）

各地、市、县委：

为了加强基本建设财务管理工作，合理使用资金，多快好省地完成基本建设计划，有必要迅速恢复和充实建设银行的机构。现作如下通知：

一、7 个专署和 10 个市一律设立基本建设财务管理机构，对内是财政局的科（或股），对外挂建设银行的牌子；基本建设工作量较大的县，也应当设立机构，基本建设工作量较小的县，可在财政局内设立专人管理。上述机构的人员配备，由各地视任务的大小，自行确定。编制名额和经费开支，均在各地行政编制中统一调度解决。

二、基本建设财务机构的任务是：既办理基本建设拨款业务，又管理基本建设预算；既管理地方的基本建设财务，也负责办理中央和省在该市县境内的基本建设拨款监督工作。专区级的建设银行，除管理专区直属工程和专区范围内的大型水利工程的财务工作外，并负责指导所属市县的基本建设财务工作。

以上各点，请各地立即研究执行，执行中发生的具体问题，请还与省财政厅党组联系。

中共江苏省委员会
1959 年 6 月 24 日

根据江苏省档案馆档案刊印

中共江苏省委关于集中力量搞好当前农业生产的指示

（1959 年 6 月 27 日）

各地、市、县委：

据 6 月 24 日各地汇报统计，全省尚未栽种的夏种作物还有 1 252 万亩，占夏种总面积的 1/6，其中包括水稻 633 万亩，山芋 466 万亩。最近久晴不雨，丘陵山区和高亢地带旱象已相当严重，平原地区也有部分田受旱和脱水。昨天虽然大部分地区有雨，但是有些地区雨量不大，有些地区仍未下雨。

据气象台预测，7 月上旬雨量稀少，旱情仍有发展的可能。已种的作物一般长势良好，但是许多棉田、杂粮田和油料作物田草荒、虫害相当严重，缺苗断垄比较普遍；不少稻田脱力发黄，部分早稻发生早莠现象。由此看来，当前农业生产上突击抢种，大力抗旱和加强田间管理的任务是极为紧迫繁重的，能否做好这些工作，已成为争取秋季大丰收的关键问题。根据这一情况，省委特作如下指示：

（一）各地委、县委当前必须集中全力来搞农业生产，尽量减少会议。夏种尾巴较大的地区必须突击抢栽抢种，力争不误农时地完成夏种任务，保证不荒一亩田。合理安排劳力，加强田间管理，进行查苗、补苗、间苗，突击消灭草荒、虫害，开展积肥、造肥运动，增施追肥，保证苗全苗壮。充分发动群众大力抗旱，准备与干旱作持久的斗争。昨天得雨较多的地区，要抓紧有利时机，全力突击抢种；下雨不多的地区，要辅之以车水、引水，把作物赶快栽下去；没有下雨的地区，要想尽一切办法，车水栽秧，带水栽种，决不能等天下雨。同时，对防涝防汛也不能疏忽，以免措手不及。

（二）各城市、集镇党委必须大力发动城镇群众，以尽可能多的人力、物力支援农业生产，特别是大力支持当前的抗旱斗争。责成有修理戽水机任务的工厂，限期修配好戽水机；并且抽派技术力量下乡，动员戽水机老工人归队，做到随坏随修，保证经常开动。尽可能地抽调柴油、块煤、竹木等抗旱器材支援农村。尽快地把来自农村的临时工和合同工动员回乡，从事农业生产。坚决动员铁、木等手工业者归队，以增强制造、修理小农具的技术力量。开展送城肥下乡运动，增加农村追肥的肥源。

中共江苏省委员会

1959 年 6 月 27 日

根据江苏省档案馆档案刊印

关于农业生产问题的报告*

(1959 年 6 月 30 日)

刘顺元

最近省委农村工作部准备派一批同志到乡下去做一些调查研究,我想趁这个机会把农业生产上的一些问题提出来跟大家一道研究一下。

经过 1958 年的大跃进,可以看出:农业是可以大跃进的,但是,问题很复杂。去年夏、秋两季,很多同志都下乡参观过,今年夏季也要去看;看来看去,比较容易看清楚的是在一个小的面积上取得大跃进、大幅度增产的产量是到处可以做到的。当然,面积的大小也是比较的。比如农林厅搞的亩把油菜、麦子,这个面积是很小啰。以农科所来说,面积就大得多,有五六百亩单产在 400 斤上下,这比一亩、两亩的大得多了,但是,还是小面积。扬中有 10 万亩的麦子,单产在 400 斤上下,这比起农科所的五六百亩,面积就大得多了,但也还是小面积。苏州专区今年种了 300 多万亩麦子,平均单产可以收 200 多斤,这样的单产是比过去多得多了,这还不是大面积高产,但就江苏全省来说,还是小面积。江苏的麦子播种面积以徐州、淮阴为最大,但是,据说单产只有 150 斤上下,这比过去单产百把斤,增产幅度还是不小的,但也只有增产几十斤。因此,总的印象是什么呢?那就是:你想突出的多收一些,来一个大跃进,但还

* 此为记录稿。

只是小面积，以江苏来说，全省不过几千万亩。以苏州专区来说，大跃进也不过是300多万亩的事情。所以，全省来说，麦子好的不一定有20%，充其量也不过20%，真正是大面积单产达到250斤上下的不过20%，80%的要在这个数字以下，至少50%是150斤上下。所以，1958年的大跃进，1959年的夏收大家容易看到的总印象，总的概念就是：小面积大跃进是马上可以做到的，幅度可以比较大；而就“大面积”来说，继续大跃进还是一件很艰苦的事情。从这里，作为一个出发点，可以引出很多的问题。今天只讲以下几个问题。

（一）面积问题

（1）少种多收与广种多收的问题。少种是可以多收的，但是，广种也可以多收。去年夏季以后，越向后越有这样的一种趋势，那就是：主要是少种多收的思想。以麦子来说，过去单产100斤，我们就希望单产500斤、1 000斤；如果是这样，那要种这样多面积干什么？可以大大减少。我省去年麦子播种面积为4 800万亩，今年剩下3 500万亩，减少1 300万亩，约30%。造成这个局面的原因很多，但是，少种、高产、多收的思想无论如何是起很大作用的，也可能是主要的原因。当时总认为少种千把万亩，而单产能达到500斤、1 000斤，那有什么问题呢？现在看来，不是这么回事，或者说，不完全是这回事，或者说，基本上不是这回事。少种、高产、多收的方针，以效果看，不能代替广种多收。这就是说，以江苏为例，几千万亩单产达到350斤、500斤，在最近几年看来是不能的。这是现在可以大胆说的。至于为什么？下面将要说到这问题。水稻来说，去年希望较高，今年全省大面积要达到单产1 000斤也是不可能的；大面积达到单产七八百斤也是有问题的。总之，在一定时期内，少种、高产、多收的方针不能解决广种多收这样一个问题是比较可以肯定的。也就是说，面积大大减少而希望产量大大提高，用这一方面正数抵那方面负数，用多收来补救面积减少的缺点，现在看，短时间内不行。但是，应当说清楚，一定范围内的少种多收是不错的。这也是事实证明的。今年麦子单产 250 斤可能有 10%—20%的面积，至于 400 斤、500 斤的，比例数就小了，恐怕 1%也靠不住。去年有一个讲法：分大田、基本田，基本田里又分成几层，所谓“三层楼”“四层楼”，一层产量比一层高，这是一部分，这部分今年的要求要低一些，以三麦来说，要求单产达到 250 斤左右的，全省也顶多是 10%—20%，是不是可以再高一点，比如说，300 斤是一等，400 斤是一等，那总是越向上面积越小的。所以，总的面积怎么安排，就这一点来说就是很复杂的问题。至于每年、每季、每个品种怎么安排，这都是复杂的问题。全省来说，是这样，一个专区、一个县、一个公社、一个队也都有这个问题：80%以上的大田是什么指标？10%—20%的是什么指标？10%—20%中又有几种？基本田、高产田、丰产方安排多了不适宜，做不到；安排少了也不行；不安排，那肯定是不对的。不安排就没有高产的旗子，没有带头的。这可能是长期的，成为农业生产的一个规律。因为，即使将来麦子都搞到四五百斤，水稻都搞到 800 斤、1 000 斤，也总还有这问题，只是条件不一样，性质却是一样的。在领导农业生产中，在面积上经常会有这问题——70%、80%或 60%的大面积应该要求什么样的指标，二层楼、三层楼、四层楼又是什么指标，也就是现在大家所讲的少种多收与广种多收“两条腿走路”的问题。话是这么两句，要安排得适当却是复杂的。

这是 1958 年大跃进以后在面积问题上实际提出的第一个问题，今后我们指导农业生产就要经常考虑这个问题。

（2）粮食、油料、工业原料作物在整个面积中的比例问题。这问题不是 1958 年开始的，解放以后就有，年年有矛盾。总的来说是粮食挂帅，这一点上时间恐怕要长些，5 年到 10 年是靠得住的。以江苏来说，粮食播种面积约占整个耕地面积的 80%，将来粮食增产一倍以后，种植面积也还要40%。粮食面积安排不够，吃饭问题就不得了。粮食面积安排少了，就影响到吃饭，油料面积安排少了就没有油吃，影响到吃油，原料作物面积安排少了就影响到工业，讲起来三四个概念联在一起，而实际安排起来就复杂得很。

当前主要问题在于粮食面积要稍微拉紧一些。虽然，我们吃饭还比较困难，但粮食面积将来还要想办法逐渐缩一些。为什么？因为粮食的增产毕竟还是算跃进的，那么，油菜作物应该尽可能多安排一些，工业原料作物也要多安排一些。那么，粮食万一发生困难怎么办？那就从多方面想办法：增产，多种一些薯类，上千万亩绿肥里面可以带一点大、元麦，如此等等。这就是说，宁愿多吃一点薯类、瓜菜，也要把油料作物、工业原料的面积适当增加上去。

这就是粮食、油料作物、工业原料作物在面积上关系。这个关系在今后5年、10年之内总还是比较复杂的问题，要仔细一些才能安排好。

（3）绿肥作物与其他农作物的关系问题

现在看来，中国的农业与资本主义国家与苏联比较起来有很大的缺点，那就是在现代化的程度上比人家落后得多，机械化、电气化都不行，化学肥料也不行。但是，我们也有自己的好处，那就是劳动力多一些，自然肥料多一些。自然肥料中最基本的还是绿肥、草还田。这次扬中的同志说，现在的人粪尿实际上只是施在小菜、小秧田上，一般的施不到大田，猪又没有养起来，所以，搞来搞去，大田最主要的肥料还是草、绿肥。但是，现在草很紧张，要做饲料，燃料也是它，工业上还要综合利用。所以，绿肥要下决心搞上去，绿肥上去以后，草的产量可以大量增加，而且解决了饲料问题。很可能要等绿肥搞上去以后养猪才能真正搞上去。看来肥料问题中，在我国比较落后的、老一套的办法中，绿肥好像是一个比较关键的问题。当然，现代化的一套也要想办法搞，也要抓紧搞化肥。

这又是一个矛盾。粮食、油料、工业原料作物各方面都争面积，绿肥又是不可少的，而且要相当大的，较大幅度地增加。绿肥在四季都要搞，而主要是在秋后。因此，矛盾又主要表现在与秋播作物争面积上。你给不给这个面积？不给，肥料问题不能很好解决，那么，还是广种薄收。如何解决这个问题？当然，四季种绿肥可以减轻一点压力，但是，最解决绿肥问题的还是秋后。现在解决绿肥与其他作物面积问题上的矛盾似乎有一点经验了。比如，绿肥地中带一点大、元麦、蚕豌豆，每亩能收 50 斤、80 斤、100 斤都是好的。扬中的办法（草麦混种）也是好的。今年扬中的麦子说起来是 10 万亩零一点，而实际上至少有 14 万亩。这事情有很大文章可做。绿肥作物与其他农作物不能不打架，但我们做"和事佬"的要调整得好一些，尽可能使别的作物少受绿肥的影响，少因此而减产，而又把绿肥作物面积打下去，多收绿肥。

土地与作物的关系实际是你越向它要得多，也就越要给它东西，地力总是有一定限度的，剥削性的耕耘方法、三光政策是不行的。去年中央农业部廖部长到泰兴看了一下，他说，那样地搞几年下去，土地就要变成砂。那里的麦子不是割的，而是用手拔，拔得寸草不留。这就是掠夺性的，是杀鸡取蛋的政策。你给土地的营养相对的减少了，而拿走的多，长此下去，土就要变成砂。社会主义与资本主义不一样。资本家只要合同期满他就不管土地如何了，他就来一个三光政策。因为，土地是地主的，资本家从地主那里租土地来种，是不问后果的，把土地掠夺一番然后交给地主，由地主来负责。我们则不同，土地是我们自己的，现在多收，以后就要少收。所以，绿肥问题现在已经逐渐引起我们的注意了。

大家都看到老办法中，解决肥料问题，绿肥的出路是最大的。它直接可以搞草塘泥，可以用来喂猪、喂牛，还可以帮助人渡过春荒。搞化肥则来不及，也搞不了那么多硫酸铵、硫酸钙、细菌肥料，即使可以很快搞起来，自然肥料仍然是需要的。所以，四季中，特别是秋后绿肥如何不与其他作物造成很大的矛盾，千方百计，拐弯抹角尽可能分四季多种一些绿肥，但是秋后的矛盾是躲不开的。秋后无论如何要搞相当大面积的绿肥。这问题已搞到表面上来了，大家也注意到了。

（4）茬口问题。这里主要是粮食作物问题。

粮食作物茬口的安排问题很多，有的是涉及品种问题。比如种晚粳，两三年来江苏很强调这一点，晚粳产量高。种晚粳就势必种晚麦，结果，收与种就挤在一起，每年夏收夏种、秋收秋种都忙得很，劳动力、工具都是如此，安排很困难，甚至因此耽误了农时。孤立地从晚粳看产量是高一些，但是，晚粳面积大了，种的时间就可能拖得久，那么早插的产量就可能高一些，晚插的就要差一些，麦子的产量因为农时关系也就会减少。这样，算个总账，并不一定增产，而又忙得要命。前几年，我们在这方面也是突出的，强调种晚粳、种小麦，因为小麦是商品粮。去年才种大、元麦，号称“三麦”。

现在秋播茬口实际上已慢慢插开了，有油菜、有大麦；大麦又有三月黄、四月黄，小麦也有几种。麦子插开以后，稻子也就插开了，有早沙粳、中粳、晚粳。这是一个什么问题？还是把各种作物在季节上尽可能平衡一下，不同作物、不同品种在不同的时间内错开一些。这里受到天气的限制，一年中哪能搞得那样匀？这也不是5年、10年能够取得经验的。但是收种挤在一起，很可能是不行的。

毛病是怎样发现的？我们不是要高产吗？样样都要高产，这就要样样都不误农时，有足够的肥料，足够的管理，那么，就不能挤在一起。道理是这样，具体怎么做就很复杂，这是茬口的安排问题。

（5）大与小问题，零星作物问题。

粮食、油料、棉花、蚕桑这些大的作物大家都看到了，此外还有甜菜、薄荷、黄麻之类，越发展品种就越多。但这都不是成几十万亩安排的，而是三五亩安排的。

这一些问题是几年来，特别是去年，在土地面积问题上已经表现出的几个比较大的方面。这是根据我们指导农业生产 10 年来比较粗糙的经验看出来的，特别 1959 年，大家都接触到了，而且感觉到了。这里把矛盾提出来请大家注意，安排得适当一些，便利多些，害少些。

（二）人与物的问题。

这也是 1958 年提出的问题，不仅在农业生产上，而且在工业生产及很多方面都提出这样的问题。1958 年着重批判了见物不见人的思想，强调政治挂帅、群众运动；认为只要有党的领导、只要大搞群众运动就可以大跃进了。这一面讲得多了一些。讲到一个什么程度呢？去年大跃进已成了没有区别的了。批判“条件论”，越讲就越偏到一面去：似乎只要有党的领导，只要干劲大，只要群众运动起来，大家都可以无区别地齐头并进。你可以大跃进我也可以同样大跃进。去年我们也提过麦子争千斤省，就是突出地暴露了这个思想，以为党的领导，大搞群众运动就没有什么困难不可克服。基本上已到了这么个程度。我看，不仅农业如此，工业、文化教育各方面都是这样。所以，去年叫做齐头并进、万马奔腾，大家都来跃进，大家都来干，结果当然成绩很大，很多东西搞上去了。但是，这一年来也看出了：党的领导再正确，中国人再多，再苦战，还是有限的。也就是说，在一定范围内是可以搞出成绩来的，而超出这个范围，还是无能为力的。或者说，有的是 3 年之内，有的是 5 年之内是无能为力的。以钢铁来说，去年大大增加了，但是结果铁门拆掉了，锅子砸掉了，铁床也搞掉了。这一面搞上去了，别的则下来了。物质不灭，能量转化。有的是创造性的劳动，而有的则无非是物质形态的转变——铁窗变成了锅，东西并没有多起来，只是形态变化了。以水利来说，淮河搞了几年才搞了几亿土方（4 亿），而今年一年江苏就搞了10亿土方，这是不得了的。但是，结果怎样？房子也拆掉了，床、箱子也拆掉了，都拿到土地上去搞木轨道。

粮食跃进是什么地方跃进呢？少数地方的条件确实是你创造出来的，而有的则不是。以苏州来说，那就不知是几百年、几千年的事情了。去年我们说八字宪法中密植是中心环节。这要看是在什么地方。水利、肥料、劳力条件好的地方，密植是中心环节，抓住这一条的确可以大大增产。条件不好的地方，密植并不能增产。良种也是这样问题。其他条件具备了，良种，是可以增产的；其他条件不具备，良种也是坏种，也不能增产。所以，以农业生产来说，能不能大跃进，能不能高速度增产，劳动力、科学技术当然是很重要的条件，但是，看来还要看我们的前人创造了什么样的水利条件，有没有红花草、黄花草之类的肥料？喂了多少猪？小农具是不是齐全？改良农具多不多？戽水机是不是多一些？拖拉机有几部？防止病虫害的土农药、洋农药有多少？所以，看来八字宪法不能并列。从个别地方讲，把种子换成较好品种可以增产，原来稀植的密植一些可以增产，但这些都是少数的。单是巧干是不能解决问题的。这次出去看麦子就可以看到：溧水是山地，没有水，麦子还是那么大的穗头，你说没有密植？那里也是密植的。句容就好一些，但是比起苏州来还是差得远的。你说溧水就领导得不正确？他也是共产党。你说他干劲不大？也不能这样讲，但是，底子不行，条件不行。什么叫条件？还是前人的劳动，过去的劳动，是1958年的劳动，是1958年以前的劳动。现在苏州就是有了河网化，但这并不是1958年搞起来的，历史上已做了50亿土方，前人进行了基本建设，前人的劳动为后人准备了许多条件。看来生产上水利要做到旱涝无忧，还是很困难的，苏州有了这个条件，就引出很多条件来。有了这一条就可以使产量高一些，粮食就多一些，就可以挤出相当面积种绿肥，就可以拿出相当多的粮食来喂猪，耕作技术也可以比人家高。苏州所以能在江苏成为高产专区，是我们的红旗、王牌，是出于条件好。条件为什么好？是由于前人的劳动。所谓“前人种树，后人遮阴”，好比赛跑，他起跑比人领先一步就能比别人跑快十步，水利条件好，就带来了其他许多条件。而徐淮呢？不管什么新的技术措施，良种也罢，良种也会成为孬种，密植也要减产。

水利工程是物，戽水机是物，肥料也是物，人也是物。所谓物，是过去劳动的成果。这就是《资本论》上的活劳动与死劳动。现在劳动是活劳动，过去劳动是死劳动。去年一年这方面暴露得是比较明显了。

见物不见人就会搞成依赖思想，搞出条件论来：人家条件好，就能大跃进，我的条件不好，就不能大跃进；人家戽水机多、黄花草多，而我没有，所以人家能大跃进，而我不能。这是不对的。见物不见人是只看到过去的劳动，没有看到今天的劳动。人家条件好是过去创造的，你为什么不创造条件？在这个范围内来批判见物不见人，批判条件论是正确的。但是，如果这样说：人家条件好是创造出来的，你为什么不一年就把它创造出来？那就不对了。有的条件是一年可以创造的，而有的则要 3 年、5 年甚至 10 年都不能创造出来。过去是手工劳动，现在有了近代工具，可以创造得高一些，但是，去年要人家一年就把条件创造出来是不对的。去年不是有人这样说吗？一年过黄河，二年过长江。这就不对了。泗阳曾提出一年赶苏州。当时我们就□□他改成 3 年赶上去。苏州有好多年的劳动，单是水利这一条，一年就赶不上。所以，克服不利条件，变不利条件为有利条件，办法是有的，但基本上是硬碰硬的，不能侥幸。有了煤、铁、钢才能搞出机械化、电气化。所以，1958 年那种讲法是不现实的，认为一年内就可以把这些条件基本上做到拉平是不现实的。所以，条件问题上这是一个很大的错觉，把土方、砖头、石头、水利、钢铁、农具、肥料看得太容易了。这个思想今年还有没有？还是有的。以为只要加几个劳动力就可以把肥料搞出来。不是这回事。绿肥、猪子都能马上搞起来？当然，抓得好可以多搞一些，但也是有限的。

所以，1958 年，特别是下半年对条件问题有很大的错觉，相信一年就可以过黄河、过淮河、过长江。在干劲中包含很大的糊涂，糊涂胆大。哪里是那么容易的。屈服在现在的条件下，以为人家条件好，我条件不好，就不能跃进，这是应该批判的；但是，认为我条件坏，人家条件好，我一年就可以赶上去，这也是不现实的。淮阴赶苏州，肯定一年是赶不上的。所以，1958 年在这点上，思想是不清楚的，我们应该学习更清醒一些，更聪明一些。

农业八字宪法中，哪一项是中心环节？今天看到扬中县的一个报告，他们说密植是中心环节。这是不正确的。可能在扬中县的条件下，正确部分大一些。在溧水、在徐淮是不正确的。八字宪法中最重要的还是水利、肥料、工具。这些东西在经济学上讲叫生产资料，这些东西搞起来，至于密植、良种是比较轻而易举的。这点思想明确起来很重要。如果认为密植是中心环节，迷信这个东西，光想巧点子，放松其他东西，会吃亏的。八字宪法讲来讲去，把土方挖出来，把绿肥种下去，把猪子养起来，小农具搞起来，搞拖拉机，□□肥。这里有一个时间问题，需要用多少时间创造这些条件，有的地方 1 年，有的 2 年，有的 10 年，有的可能 10 年还不行。这就叫既见人又见物，既见物又见人。既要看到今天的条件、党的领导、劳动力多，又要看到过去的条件。过去的条件加上今天的干劲，要计算创造这些条件的时间。现在报上查，有的地方原来亩产 50 斤，现在 100 斤了，增加一倍，是大跃进，但增加的绝对数是多少？50 斤。这就是过去的条件不好。像这些地方就不是苦战三年的问题。不能等待条件，不能说我现在条件不好，等给我拖拉机，机械化了再大跃进。这是不对的。不能一步登天，特别大面积的一步登天，是不可能的。总是分析条件，创造条件慢慢来。我们对农村工作都搞几个组下去，主要是解决这个问题。有些穷队怎样变富队的，怎样大跃进的？作些具体调查。过去调查的太粗：党的领导，群众干劲，太一般了。现在要搞的细一些，例如泗阳仓集社，就要调查沙土好多□，怎样变成好土的？过去一条半牛，现在多了，怎样增加的；农具怎样改良的，水利怎样兴起来的。过去都是研究党的领导、群众干劲空洞名词，现在既研究这些，也研究物，水利短短的历史，土地改良短短的历史，农具改革短短的历史。总之，就是创造条件，在几年内，上十年内怎样把不好的条件变成好的条件的。这样我们可以进行宣传、交流经验，脚踏实地。增产绝不是走侥幸的，今年说天时不好，是不讲良心的，老天爷帮了忙。怎么徐淮也密植了，也改良了良种，也是碧码一号么，还是120斤、130斤呢？问题的本质搞得很清楚，就是水利、肥料、土壤、农具问题。巧干是一条，最主要的还是苦干，搞基本建设。这里打一个岔子，要唱戏就要练武功，就要练嗓子，武功不好就要打，嗓子练不好，就要油腔滑调。这也叫基本建设。我好听京戏，也会小声哼几句，小声还可以，大声就听不清了，油腔滑调，因为没有这方面的基本建设。梅兰芳、盖叫天都是下过苦功的。我们江苏京剧团，基本建设就不好，要架子没架子，要嗓子没嗓子，北京京剧院来选调学员，一个也不及格。背后说人家的坏话是不好的。这里说的基本建设问题。打篮球也要基本建设，有的看看才上去几个百发百中，打不了25分钟，气就喘粗了。因为没有锻炼。

这件事情，1958年我看得很清楚，基本建设还要下很大力气来搞，借口条件不好不能大跃进，而不去创造条件大跃进，应该批判，应该鼓足干劲，积极创造条件，一年创造不好两年，两年创造不好5年、10年。每一个公社、每一个生产队都要搞这方面的规划，创造水利、肥料、农具、土壤的条件。有了这些戏就好唱了，密植、良种那是锦上添花。我们调查把这方面的材料要搞得清清楚楚。从1958年的经验也看出来大跃进是不会平衡的，谁的条件好，谁就能大跃进，谁的条件不好，谁就不能大跃进，甚至小跃进也跃不上去。

（三）农业生产领导方法问题。现在有一种思想认为农业生产不用领导。搞阶级斗争是共产党领导的，搞生产、搞建设，向自然斗争，共产党领导也可，不领导也可，特别是1958年的大跃进，有些地方措施不切合实际，有些群众不相信了。有一个社长到生产队里去，有的说你社长不要来了，你去年吹了牛皮，今年不来也可以。科学技术人员人家也不大相信，你搞的试验田产量也不过那么一点。说共产党不懂生产不要领导，科学技术人员不行也不要领导。这样不行，要进行教育，不领导不行。播种面积不领导怎样行，播种面积是社会主义经济按比例发展的一部分。粮食播种面积好多，油料播种面积好多，工业原料播种面积好多，等等，这是国家计划，不仅要领导，而且带命令性的，总的定下来不能动，是硬的，只能在保证完成国家任务的基础上作一些小的机动。农时领导不领导，旱、涝、虫害领导不领导，还是要领导的。农时一般不能耽误，旱、涝、虫害的防治在紧急的情况下要统一行动，不领导不行。当然领导要多搞些经验，多给大家商议。作为任务的非完成不行，这是硬的，还有软的，要区别硬软问题。技术问题领导的方法要软一些，先进技术的推广，我们是做充分的试验宣传说服工作，最后还是让他们在觉悟提高的基础上自己考虑决定。领导方法要灵活一些，也不是不要领导。去年领导的方法是硬了，定了个操作规程，非照着办不行，过于硬性，有的把事情搞错了。这是领导方法问题。

最近，我们农林厅、农业科学研究所、农学院，在广播电台是不是举办一个农业科学讲座，每天搞这样一个节目，在时间上算15分钟、20分钟，最多不超过半小时。搞个农业科学普及讲座。农业现场参观，还是必要的，边参观，边讨论，布置任务弹性大一些。现在搞的试验田面积太小，有问题，没有代表性，搞小的，种子下一二百斤，肥料无其数，劳动力尽用，这样不能推广。看起来这样的试验田不一定是好的办法。要搞大试验田，农科所搞上2万亩，有粮食，有棉花，有鸡，有牛，什么都有。准备每个县搞几个农场，农场里有党政干部，有技术人员，有有经验的老农民，还可搞一点机械化、电气化，这样全省搞上几百个上千个。生产比农民搞得好，经验可以推广，像现在农科所麦子倒不坏，成本太高，每亩200担骡马粪，40斤过磷酸钙，20斤硫酸氨，推广也只能小面积，大面积的没办法推广。搞大的农场，把红旗插起来，可以请农民参观，讨论生产措施，开联席会议也可以请他们参加。

领导方法问题，对面积问题，自然灾害问题是一种方法，命令可以多一些；对技术措施的领导方法弹性要多一些，科学讲座，大面积示范区就是领导方法之一。不能都是硬的，都是硬的就是强迫命令。中国这么大，一个省也是那么大，自然条件复杂得很，一个□□肯定下来，主观主义就多了。农业生产肯定要领导，一个是社会主义计划经济；一个是应当承认农民对科学技术是落后的。这两条就决定了要领导。但是领导，不要用一种方法，不要百分之百用领导阶级斗争的方法。

附带讲一讲科学研究和推广的问题。在旧中国国民党时代，科学研究机关，只管研究，而不推广，这样讲或许有些过分，起码很少推广。过去所以不推广是因为国民党不重视这个工作，同时他们搞的东西，成本比较高，农民采用不起。这些东西很有影响，无形中延用下来，现在推广还是小手小脚，不热心。我们科学研究机关、大学，缺乏强烈地推广观念。华东农科所搞了个紫花苕子，怎么不推广，可以和几个县或几个公社挂钩推广，包下来。要有强烈地推广观念。将来农业生产技术的领导，不是省委农村工作部，而是农学院、农科所。研究不能孤立起来，闭关自守，“天下为己任”，把责任负担起来。将来有可能，党的领导机关、农科所、红专大学三合一、四合一，是发展的趋势，现在还是各干各的。现在我们大家要学习自然科学，特别是党政工作的干部。光拿哲学领导生产不全面。如说，将来一亩地能够收5 000斤、1万斤，讲哲学是讲得通的。同时，要讲自然科学，讲物理、讲化学讲得通。都要学习，过去搞技术的要强调政治挂帅，学政治；过去打仗的、搞阶级斗争的，要学技术。领导生产光讲对立面，就太片面，1958年为什么亩产3万斤、5万斤、10万斤有人相信呢？太外行了。气魄很大，有这个雄心，是个很大的长处，差的没具体摸这件事情，太外行，水利怎么兴，种下多少，绿肥怎样种，猪子怎样养，病虫害怎样防治，要研究这些东西。

今天主要讲上面这几个问题。

最后讲一讲调查研究工作问题，现在看来很复杂，搞生产、搞建设是很复杂的。有些问题，不是短时间可以取得全面经验，要长期实践、反复实践才能搞得清楚。人的思想总是落后于实际的。有些事情长期实践、多次实践才能摸清楚，可是我们又不可能等待经验完整以后才行动，不能把事物发展的规律摸清楚以后才行。这是不可能的，当时认为这样好一些，就下决心这样来做，做了总是有一部分是正确的，有一部分是不正确的，以后改正，人类历史就是这样的。怕犯错误不敢行动，那末人类就要灭亡，所以灭亡就是因为追求百分之百的正确，追求绝对真理。人的行动在当时历史条件下认为这样比较好，就行动，越向前，正确的越多，错误的越少。不能因为不是百分之百的正确不敢行动，那是很大的错误，我们只能按照现有水平来做，错了改正。当然，我们要调查研究，大家开会多讨论一些，学一些科学，增加正确部分，减少错误部分。1958年这方面的缺点不少，不少事没做调查研究，说干就干。这样的好处是不拖泥带水，但是有一点条件反射的味道，太说干就干了，想得太少。现在讲多谋善断，去年谋得太少，断得太多。当时认为，只要方向对头，做就是了，也不试点，也不分批推广，而是说干就干。气魄大，成绩是从这里来的，有些缺点错误也是从这里来的。事情很复杂，那里一眼就看得清楚。去年包含以理想代替政策这样一个东西。过去我们有些事情太小心，畏畏缩缩是不对的，今后作工作还是不能过分小心。但是，不调查研究，条件反射，说干就干也是不行。要好好排排队，哪些事情要说干就干，不这样干就不行。如果不是这样的情况，还是重点试点，逐步推开。这方面的工作农村工作部还是要多做一些。复杂的问题，还是要搞调查研究，搞试点，搞得实际经验多了，材料多了，然后再下决心搞。条件反射要不得，弄不好在很多问题上要犯错误。

今天本来准备找这次下去做调查研究的一二十个同志谈谈的，后来觉得讲的问题和 1958 年大跃进有联系，大家听听有必要。结果给大家一起讲一讲。领导农业生产我也是外行，讲的还是政治挂帅、哲学方面的多。对大家不一定有什么好处。目的是想把问题提出来，启发大家来讨论，能起这样一个作用就行了。

根据江苏省档案馆档案刊印

江苏省人民委员会关于进一步做好侨务工作的指示

（1959 年 7 月 2 日）

我省旅居国外的华侨约有 4 000 余人，遍于亚、欧、澳、非、美等等多个国家。他们在祖国社会主义建设大跃进形势的鼓舞下，爱国热情更加提高，团结面更加扩大。归侨、侨眷在党的领导下，政治思想面貌和生产、生活都有很大提高，家住农村的已全部参加了人民公社，家居城市的也都有了各种职业和工作，在生产大跃进过程中，他们与当地群众一样，鼓足干劲，力争上游，积极参加了大跃进的行列，插起了许多跃进居先的红旗。为了进一步调动归侨、侨眷（包括港澳同胞家属）、归国华侨学生的积极因素，巩固建设人民公社，加速社会主义建设，特根据中侨委有关指示精神，结合本省具体情况，对本省 1959 年的侨务工作作如下指示：

第一，进一步做好归侨、侨眷和巩固华侨学生的政治思想工作。归侨侨眷和华侨学生在党的领导下，社会主义觉悟程度有了很大提高，但由于他们有的与国外有联系，有的居住国外时间较长，所受资本主义思想影响较深，加之有些归侨回国时间较短，因此，做好他们的政治思想工作，逐步提高其政治觉悟，更好的调动他们的积极因素，参加社会主义建设，这是侨务工作的首要任务。通过教育，使他们对当前国际形势“东风压倒西风”“敌人一天天烂下去，我们一天天好起来”的特点及“帝国主义和一切反动派都是纸老虎”，有进一步的理解，使他们认识到 1958 年农业大丰收、工业大发展、群众大运动、公社大兴办的伟大意义，从而在提高认识的基础上消除他们的各种错误思想，树立正确态度，进一步鼓足干劲，在各个岗位上搞好生产、工作和学习。为1959年的继续跃进作出贡献。

第二，根据中侨委指导精神，本“一视同仁，适当照顾”的原则，妥善处理人民公社有关侨务政策问题。

(1) 人民公社对于侨眷、归侨社员的生活资料(包括房屋、衣被、家具等)，以及侨汇和在银行、信用社的存款，永远为社员所有，侨眷、归侨投资于农业社的资金(包括投资于地方工业现转为公社的资金)和利息，应由公社按照原协议还本付息时间负责偿还。侨眷、归侨社员多余的房屋，公社如需借用时，在征得侨眷归侨同意后，可以借用，但所有权仍属原主。

(2) 侨眷、归侨参加人民公社后凡有劳动能力的，在公社统一安排下，应积极参加各种劳动生产，对于部分没有劳动习惯的新归侨，在安排劳动时，应适当公道，使他们有锻炼的时间，逐步养成劳动习惯。对回国养老的归侨和回国探亲的华侨，一律不安排他们劳动。侨眷、归侨虽有侨汇收入，但参加劳动后，公社应根据按劳分配、多劳多得原则，评定他们的劳动级别如农民同等评工记分，不能因有侨汇收入而少发劳动报酬。对侨眷、归侨的生活供给部分，如原来依靠侨汇为生的，可仍由他们向公社缴伙食费，或者按照他们劳动情况缴纳部分伙食费。如果只有少量侨汇或者侨汇中断的时候，确实无力缴纳者经社员评价，伙食费可以酌情减免，对没有侨汇收入的，应如农民同样供给，对新归国华侨和回乡港澳同胞，如当地口粮标准较低，在一定时期内，可以适当补助，对回国观光的华侨和回乡省亲的港澳同胞的粮油，应充分供应。

(3) 积极鼓励侨眷、归侨参加食堂、托儿所、敬老院等集体福利事业并适当照顾他们的生活要求，侨眷、归侨暂时不愿参加食堂，不愿把孩子送进托儿所的可听其自便，不必勉强。对于回国观光、省亲华侨的生活，应由他们自行处理，凡是在家自炊的，其供应问题，公社应认真帮助解决。

（4）对归侨中的资产阶级分子和华侨资产阶级眷属有代表性的人物，在政治上应适当安排，并积极进行团结、教育、改造。他们参加公社，应服从公社规章制度，如果暂时不愿入社的可以等待。但对他们应积极进行教育。

第三，认真做好归国华侨学生工作。归国华侨学生是祖国的一批宝贵财产。过去几年来在这方面已做了不少工作，而且取得了很大成绩，但目前在某些干部中存在着一种侨生和国内同学实现“三同”后，就没有什么工作可做了的思想，是有害的，必须加以澄清。根据目前侨生的思想状况，侨生的思想工作不仅不能放松，而且还必须进一步加强，为此，凡有侨生的学校，都应该有专人负责，现对目前侨生中劳动、学习、工作、生活上的几个问题，提出如下意见：

（1）劳动问题：在勤工俭学活动中，华侨学生应与国内同学一样参加劳动，但在劳动分量上，应该根据他们各人的体质和过去的劳动情况进行适当安排。

（2）对在校学习的华侨学生要求工作问题一般应说服他们坚持学习，不要中途停学，有困难的给予适当帮助，但对少数确实是年龄过大、成绩很差、一再留级、自己不愿继续学习，要求就业的，侨务部门应协助教育部门和劳动部门，在学期终了后，安排他们就业，对有思想问题而不安心学习借口要求工作的，应进行教育和适当批评。对个别不遵守制度，长期旷课，屡教不改的，应按校规处理。

（3）少数侨生确实没有侨汇，生活困难自己又无法解决的，学校应根据实际情况，从助学金中给予适当解决。同时，帮助他们积极争取侨汇。

第四，国外华侨工作是国家对外工作的重要组成部分，做好此项工作对开展国际统一战线，争取华侨支持祖国社会主义建设，配合解放台、澎、金、马的斗争，都有其积极的意义。但由于这一工作牵涉到国家对外政策，做的不好，关系到国家政治影响，因此，工作既要积极主动，又要谨慎稳重。目前应首先做好调查研究工作，着重把本地区在国外的一般侨情（包括人口、分布情况、政治、经济、文化等基本情况）和代表性的人物情况摸清楚。在调查的基础上，作出开展国外华侨工作的计划。报省审查批准。

第五，积极争取侨汇。侨汇是华侨赡家汇款，它对保证侨眷、侨生生活，支持国家经济建设都有很大作用。目前有人认为人民公社化后，吃饭不要钱，就可不再争取侨汇这种思想是错误的。为了协同作好工作，银行在解付侨汇时，仍应贯彻“保密、保送、存取方便”的政策，侨务部门应积极协助银行坚决执行。

第六，归侨、侨眷、侨生和港澳同胞家属要求出国或去香港、澳门者原因很多，有思想问题也有实际问题，对确有正当理由需要出国（如继承财产、料理店务、探望亲属、回去结婚等）又能回到侨居地的，应根据中央公安部1958年6月3日颁发的《中华人民共和国公民因私事出入国管理工作的规定》精神批准他们出国。但如有下列情形之一的，可不批准：（1）有政治嫌疑或有未了民、刑事案件；（2）回国升学的侨生未得家长同意的；（3）国内有正当职业而无故申请出国谋生的。凡对政策上有误解或思想落后而要求出国的，应坚持说服教育。在职的归侨、侨眷和港澳同胞家属出国或去香港、澳门，一般不办理退职手续，对要求出国的归侨、侨眷、侨生或港澳同胞家属不论批准与否，均应进行教育。对批准出国的要教育他们不要忘记祖国，激励他们的民族自尊心和爱祖国热情，对没有批准的，要说明理由，使他们安心在原单位工作、生产或学习。

侨务工作是党与国家工作的一个部分，牵涉面广，政策性强，必须紧紧依靠党的领导，使侨务工作切实地为中心工作服务，为生产服务，对有关政策问题，各侨务部门应及时向党政领导请示报告；同时要搞好部门协作关系，各有关方面要积极支持，并且要大走群众路线，发动广大归侨、侨眷、侨生开展社会主义竞赛，不断地鼓励他们继续进步。希望各有关□□在今年9月间将贯彻执行情况向本委员会作一次报告。

省人委印

1959年6月

抄：省委统战部，政法小组，团省委，省外事办公室，民政厅、教育厅、劳动局、公安厅、人民银行。

根据江苏省档案馆档案刊印

大力整顿和改进企业管理工作

（1959 年 7 月 4 日）

《新华日报》社论

一个群众性的增产节约运动，已经在全省工业、交通、基本建设部门蓬勃展开。多数企业单位贯彻了整风精神，在放手发动群众大鸣大放的基础上，迅速掀起了大整大改的热潮。当前最重要的问题是从组织计划落实，调整劳动组织，提高产品质量入手，抓紧整顿和改进企业管理工作，全面提高企业的管理水平。这是进一步调动职工群众生产积极性，保证生产正常进行，实现今年继续跃进计划的重要措施。

整顿和改进企业管理工作，全面提高企业管理水平，是为了巩固与发扬去年企业改革中的成绩，改进当前企业管理工作上的缺点，并不是重起炉灶，新搞一套。经过 1958 年整风运动和在工业生产上大搞群众运动，本省许多厂矿企业管理工作上进行了重大的改革，取得了显著成绩。这主要表现在进一步加强了党对企业的领导，贯彻执行了群众路线，推行了“两参三结合”，研究和改进工作的方法，克服了大跃进以前企业管理上的若干缺点，如管理机构臃肿，规章制度繁琐，管理权力过于集中等等，因而调动了群众的积极性和创造性，促进了生产大跃进。但是由于干部力量和经验不足，因而不少企业在实行权力下放吸收群众参加企业管理的同时，不同程度的削弱了集中领导和专业管理；在精简机构、改革规章制度的同时，有改过了头的现象，如该破的破了，该立的没有完全立，甚至不该破的也破了。有些新建的企业，正常的生产秩序还没有来得及建立起来。而今年要继续实现跃进计划，对于提高产品质量、降低成本、提高劳动生产率的要求更高了，作为对企业生产起组织作用的管理工作，如不相应的跟上去，将会发生不利的影响。在当前增产节约运动的大整大改中，首先应当肯定去年改革企业管理的重大成就，同时也要看到管理工作中存在的一些缺点。企业管理工作同其他工作一样，成绩与缺点相比，是九个指头与一个指头的问题，我们讲正视缺点，讲一个指头，就是为了医好一个指头的毛病，使十个指头都健全。我们整顿和改进企业管理工作，就是要巩固与发扬成绩，克服缺点，肯定了成绩，整改才有明确的方向；正视缺点，克服缺点，就可以巩固与发扬已有的成绩。这样做了，也就可以全面提高企业管理水平。

整顿和改进企业管理工作，必须发扬实事求是的精神，根据生产需要，从现有的管理状况出发。对于每一项规章制度以及管理机构的整顿与改进，都要作具体分析，分别对待，该留则留，该破则破，该立则立。凡事都有个限度，超过了限度，就叫“过头”，真理超过一步就会变成错误。过去我们精简那些层次重叠、人浮于事、编制庞大的组织机构，是完全必要的，但是如果在精简的过程中，机构过于简化了，管理人员过少了，搞过了头，以至于影响到生产的统一指挥与调度，那就应该实事求是的加以重新调整。机构问题是这样，改革规章制度问题也是这样。当然，也必须指出，在整改中恢复某些必要的制度，克服某些无章可循的缺点，绝不等于毫无分析，不加区别，原封不动恢复一切老的规章。这就是说，过去改革中的成绩必须巩固，缺点必须克服。那么，整顿和改进企业管理工作的具体要求又是什么呢？就当前情况来说，虽然各个企业各有各的问题，各有各的整改重点，但是共同的要求应该是围绕优质、高产、低成本、安全等几个带有关键性的问题，来加强管理工作，建立与健全管理制度。只有这样，才能在短期内达到提高产品质量、降低生产成本，提高劳动生产率，全面完成生产、财务计划的目的。为此，就必须通过计划落实，加强定额管理，搞好作业计划，组织均衡生产，把计划管理水平提高一步。在技术管理方面，应当围绕提高产品质量，确保安全生产，严格技术责任制，建立技术监督制，整顿健全工艺规程、保安规程，健全原料、材料、产品的检验制度与新产品的试制程序，在工人中要贯彻操作规程和工艺纪律，加强对新工人的技术、纪律和安全生产教育。在财务成本管理方面，要迅速健全经济核算制，整顿财务成本管理制度和原料材料采购、保管制度，加强财务监督，严格财政纪律；对于财政下放，要重新审查，肯定正确的，改进不正确的；在小组当中，要推行班组核算，教育群众爱护工具设备、节约原料材料和机物料的消耗。同时，还要通过调整劳动组织，加强劳动管理，做好定员定额工作，不断促进劳动生产率的提高。为了加强行政管理工作，从组织上保证企业管理水平的提高，还应该根据有利于生产的原则，整顿和健全企业行政管理机构，以便切实加强生产的统一指挥和调度。

要有效地提高企业管理水平，必须做到眼前与长远相结合，既要从搞好当前生产出发，围绕企业生产关键进行，又要高瞻远瞩，根据企业的发展需要，全面提高企业管理水平。大家知道，整顿和改进企业管理工作，是为了促进生产的发展。只有从解决当前关键问题入手，才能使改进企业管理工作收到立竿见影之效。但是强调了从解决当前生产关键入手，又不是"头疼医头，脚疼医脚"的采取一些临时性的措施就够了，而必须全面地提高企业管理水平。俗语说："牵动荷花带动藕。"企业的管理工作和生产上的问题，都不是彼此孤立的，而是环环相连，环环相扣的。在厂矿企业中，无论是计划、技术管理，或是财务、劳动管理；也无论是产量、质量或者成本方面的问题，都是相互影响、相互联系的。抓了技术工作，势必牵动计划、财务、劳动工作，抓质量，也会牵动产量与成本。因此，解决了眼前的问题，不等于解决了长远的问题；抓了单项管理，不等于管理水平的全面提高，解决了个别生产关键，不等于生产的全面跃进。当前，厂矿企业的生产要求更全面了，不仅要优质，还要高产，还要降低成本、安全生产、提高劳动生产率，只有全面提高了计划、技术、财务、劳动等各方面的管理水平，才能适应这个新形势的要求。当然，全面提高企业管理水平必须有个过程，不可能“毕其功于一役”，在一个早晨就把一切问题都解决了，而必须有计划、有步骤，根据每个时期不同的生产要求不断进行改革，才能够逐步达到全面提高企业管理水平的目的。

在整顿和改进企业管理的过程中，必须贯彻集中领导与群众运动相结合的原则。集中领导与群众运动相结合的原则，体现在企业管理方面的重要问题，也就是厂长统一指挥下的专业管理与建立在自觉基础上的群众管理相结合的问题。对于现代化的、社会主义性质的企业来说，专业管理不仅是客观所要求的，也是群众所要求的，而且是职工群众在生产战线上意志集中的表现。群众在不少鸣放意见中对放松专业管理进行了严厉的批评，就是这个道理。过去有一些厂矿，曾经产生过的缺点是孤立的强调专业管理，形成一种只由少数人“管”少数人“贯”的局面。使管理工作脱离了群众，因而也就不能不脱离实际。前些时候，在一部分厂矿中，又曾经发生的缺点，是片面的强调群众管理，忽视与放松了专业管理，使生产的实践违反了客观的要求，因而不能不使生产秩序陷于一种不正常的状态。只有群众管理，不要专业管理，在一个企业——尤其是现代化的企业里来说，我们是不赞成的。只要专业管理，不要群众管理，在我们社会主义性质的企业里，也是不允许的。归根到底，我们要两条腿走路：既要有党委统一领导下的厂长负责制，有一套在厂长统一指挥下强有力的行政管理系统，又要有广大群众参与管理、监督管理;既要有科学的、严密的行政管理,又要有轰轰烈烈的群众运动;既要有专业管理,又要有群众管理。我们所提倡的群众管理,说得确切一些,实际上是说群众作为一个企业的主人,参与企业管理。群众参与企业管理有两种主要的形式,一种是通过职工代表大会参与管理,通常的情况下,厂矿企业的重大问题都应该通过这种形式来决定。一种是参与日常的小组管理。所以只注意日常的小组管理,忽视职工代表大会的制度,是错误的。而在吸收群众参与日常的小组管理的时候,应当防止影响本人的生产岗位,或者过多的占用了业余时间。同时,我们在整顿和改进企业管理工作的过程中,还必须注意使加强管理、建立与健全规章制度与提高群众的自觉性相结合。厂矿企业里没有规章制度是不行的,但是,光有规章制度而没有群众的自觉更是不行的,再好的规章制度也不可能把所有搞好生产的要求都包罗进去,只有依靠了群众的自觉,才能使好的规章制度发挥促进生产的作用。因此,我们绝不能把整顿和改进企业管理工作,建立与健全规章制度,仅仅看作是一项业务建设,而要看到这是一项思想建设,从而在这个过程中更好的加强政治思想工作。

怎样来整顿和改进企业管理工作呢?重要的问题是要"多谋善断",大搞群众运动,大走群众路线。什么是多谋?就是在整改中,发动群众大鸣大放大辩论,向群众求谋问计,多方面的听取群众意见(不仅听正面的,而且还听反面的),来改进管理工作。什么是善断?在企业中来说,不单单是由领导者来判断,而应该采取领导干部、技术人员、工人三结合的办法来判断。为什么要这样做呢?因为企业管理工作同生产密切相连,生产是复杂多样的,管理工作也是包罗万象的,要使企业管理工作完善起来,就必须发动广大生产者参加整顿和改进工作。南京教学仪器厂在改进和加强企业管理工作中,曾就整改的内容和意义组织了两次群众性大辩论,统一了群众认识，集中了群众意见，并且召开了职工代表大会，采用了“三结合”的方法，研究讨论规章制度、组织机构等问题，使建立起来的规章制度和组织机构切合生产需要，而且为这些规章制度和组织机构在生产中发挥作用，打下了深厚的群众基础。该厂这一成功的经验告诉我们，提高企业管理水平的过程，也就是发动群众参加企业管理的过程，绝不能把改进企业管理工作，理解为搞几条规章制度，或者只是自上而下的采取行政路线的方法来颁布执行，而应该贯彻从群众中来，到群众中去，自下而上与自上而下相结合的群众路线。

当前全省厂矿企业增产节约运动都已转入大整大改，希望大家都结合本厂的实际情况，迅速发动群众，整顿和改进企业管理工作，全面提高企业管理水平，以达到提高产品质量，降低生产成本，确保安全生产，提高劳动生产率，全面完成生产、财务计划的目的。

中共江苏省委关于压缩财政投放的紧急指示

（1959年7月7日）

各地、市、县委，省委各部委，省人民委员会各党组：

中央6月1日《关于大力紧缩社会购买力和在群众中解释当前经济情况的紧急指示》下达后，各地正在认真贯彻执行，而且已经取得一定成绩。为进一步控制财政开支紧缩社会购买力，再作如下指示：

（一）各项正常经费（包括人员工资、公用费、事业费、救济费、防汛费等），中央批准的基本建设项目的投资，国家对人民公社的财政补助和企业留成真正用于四项费用（指技术措施、新产品试制、劳动安全保护、零星基本建设费用）的部分，应当按照中央和省委有关规定，本着厉行节约的精神开支。

（二）未经中央和省委6月扩大会议后明文批准的基本建设投资，不论资金来源如何，不论新老项目，不论已未施工，一律暂停拨款。请各地根据省委指示精神，对上述基本建设进行排队审查，如果某些项目确需继续施工，而且资金有正当来源，材料有可靠保证的，应当说明理由报省计委批准后才能施工，才能拨款。

所有基本建设一律恢复正常的基本建设报批程序进行。

（三）所有停办单位的材料结余，一律清理变价，冲减原单位的基本建设拨款。现金结余一律退回各级财政部门。人民公社算旧账中的财政退款，不论市、县财政有无结余和有无其他资金，一律不得超过省拨款数字，更不得向银行贷款和占用其他资金进行退款（按照国家规定应由国家补助的水利、交通拆迁费仍可照省委以前的指示办理)。已经超过省拨款部分,虽已发到大队但尚未发到社员手中的,应当立即冻结起来,并根据六一指示中有关规定和省委关于算账退款指示精神进行审查,不应该退的款项应当与基层干部讲清道理后收回。今后还要退的部分,各地都要制定方案,在不超过省拨款的总数字内,报地委批准,报省备查。

(四)已经入库的财政收入,除明显的计算错误和中央、省明文规定的项目,市、县可以自行办理退库手续外,其余一律暂停退款(包括化肥退款在内)。

(五)各市、县,各部门,各基层单位的现存的上年度财政结余以及现存的和继续发生的一切预算外资金,除用于正常支出外,应当先还欠银行的贷款和欠商业部门的赊销款。如果仍有余额,目前一律暂停动用。

(六)基本建设的投资,坚决不贷款,生产流动资金贷款必须编造贷款计划送银行进行审查批准。无贷款计划的单位,银行一律不贷款。

(七)凡是财政上有赤字、有超支的(包括去年和今年的)市、县都要进行彻底清理,并提出处理计划。清理结果应当报省财政厅备案。

以上规定,自文到日起执行,并请即向各企业单位,各人民公社进行传达,说服他们坚决执行。违者以违反纪律论处。请各地责成各级人民银行、建设银行和监察部门进行监督执行。

中共江苏省委员会

1959 年 7 月 7 日

根据江苏省档案馆档案刊印

中共江苏省委关于制订今冬明春水利建设计划的通知

（1959 年 7 月 14 日）

各地、市、县委：

为了及早做好今冬明春兴修水利的准备工作，省委对各地制订水利建设计划问题，作如下通知：

一、今冬明春的水利工程必须继续贯彻执行中央“以小为主、以蓄为主、以群为主”的方针。在工程方面，继续贯彻执行以小型为主，中型为辅，做目前迫切需要做而又可能做的大型工程的方针。计划要求既稳，又可靠，应当在讲究实效的基础上积极兴办。

二、去冬今春已做工程没有或没有全部发挥效益的，应当首先做好未完工程和修补工程，以求充分发挥效益；有余力时，再兴办一些必须的水利工程。

三、原来没有兴修过水利或者水利工程修得比较少的地区，应当积极兴修一些花工少、受益大、收效快的工程。

四、在今年春夏季“停建”的工程，有关地区的党委应当逐项研究，根据人力、物力、财力情况，确定哪些要继续施工、哪些暂不施工。

五、计划应当从当地情况出发，对于秋播作物需要灌溉用水的地方应该在种麦以前，做好渠道和土地的平整工作。在低洼易涝和地下水位高的地区，应该多做排水和控制地下水位的工程。

请各地根据上述意见，并在认真吸取去冬今春兴修水利经验的基础上，订出今冬明春的水利建设计划，绘成工程示意图连同需要国家支持的资金、器材、机电设备和重点工程项目，由各地委负责审查综合平衡后，于月底前报省委和省水利厅。

中共江苏省委员会

1959 年 7 月 14 日

根据江苏省档案馆档案刊印

中共江苏省委关于加强晚秋作物播种领导的指示

（1959 年 7 月 17 日）

各地、市、县委，公社党委：

现在夏种已经基本结束，再过几天，早秋作物就要开始收割，农业季节已经到了晚秋作物播种的时候了。今年，全省计划播种各种晚秋作物 962 万亩，其中，胡萝卜 366 万亩，荞麦、杂豆、马铃薯 168 万亩，秋菜 86 万亩，夏季绿肥 342 万亩。上千万亩作物在这一季节里播种，不是一件小事。因此，各地必须像抓春播夏种一样，把晚秋作物的播种当作一个播种季节，加强领导，切实抓好。对此，省委特作如下指示：

一、抓农时，抢季节。收早秋，种晚秋，历来都是一个紧张的农业季节，有的作物只能种七八天，有的可以种十几天，错过季节，就种不下去了。季节抓的好，就能多种些，抓的不好，就要少种，甚至完不成今年的播种计划。为此，我们必须针对晚秋作物这一特点，紧紧抓住农时，保证及时播种。抓农时的关键是事先做好各项准备工作，首先要把播种计划落实到队、到田，播种期间的各项农活进行具体排队，根据需要安排好劳力、畜力、工具、种子，收一块就种一块，收完就种好。

二、种植晚秋，要瞻前顾后地安排茬口，不能因为扩大晚秋而影响秋种。晚秋作物中的粮食、秋菜和绿肥，也要综合平衡，晚秋粮食作物特别是胡萝卜，既可当口粮，又可以作饲料，还可以作为副食品供应城市，必须适当多种；但秋菜、绿肥也要合理安排，特别是秋播基肥缺乏的地方，绿肥要适当多种，这是秋播基肥的主要来源。

凡是不种晚秋粮食、秋菜的早秋茬口上，都要力争种上绿肥。

三、今年晚秋面积扩大以后，种子是一个重要的问题。各地要普遍检查一次各种晚秋种子的准备情况，对那些缺少种子的生产大队，由公社根据等价交换的原则，迅速组织调剂，一个公社不能解决的，由县调剂解决。省农林厅和粮食厅要把仓库里的种子清理一下，凡是可以用作晚秋种子的，迅速分配调拨下去。

四、为了鼓励生产队和社员种好和多种晚秋作物，要和其他作物一样，实行三包一奖，超产奖励。三包计划以外可以种植晚秋的耕地，适宜于集体种植的，交给生产队种植，收益归生产队自行分配，其他零星隙地，允许社员个人种植，谁种谁收。

以上指示，希各地迅速贯彻执行。

中共江苏省委员会

1959 年 7 月 17 日

附：1959 年晚秋面积规划表

单位：万亩

地　区	合计	粮食作物			秋菜	夏绿肥
		小计	胡萝卜	杂豆		
全省合计	962	534.4	366	168.4	85.6	342
徐州专区	164.5	100	70	30	14.5	50
淮阴专区	335.3	110.3	100	10.3	25	200
盐城专区	115	80	40	40	5	30

续 表

地 区	合计	粮食作物			秋菜	夏绿肥
		小计	胡萝卜	杂豆		
扬州专区	113	105	55	50	6	2
南通专区	89	67	53	14	12	10
常州专区	70	30	20	10	10	30
苏州专区	28	20	10	10	8	—
南京辖区	40.7	18.1	15	3.1	2.6	20
无锡辖区	6.5	4	3	1	2.5	—

注：粮食包括绿豆、杂豆、荞麦、慈姑、马铃薯等。

根据江苏省档案馆档案刊印

中共江苏省委批转省委农村工作部《关于1959年秋种规划的报告》

（1959年7月18日）

各地、市、县委，并报中央农村工作部：

省委同意省委农村工作部关于1959年秋种规划的报告，兹转发你们望切实贯彻执行。省委要求各地及早动手准备秋种，在8月底前把产量包到队，面积定到田，并把措施条条落实。秋种中，油菜面积必须积极扩大，这是我省解决油料不足的一项重大措施，省委要求油菜收获面积确保250万亩，这是根据我省对油料的需要和可能条件而提出来的，望各地、市、县委妥善安排茬口，尽力完成省的计划。

中共江苏省委员会
1959年7月18日

附：省委农工部《关于1959年秋种规划的报告》

（1959年7月14日）

省委，并报中央农村工作部：

7月5日，根据省委的指示，召开了有地、市委农村工作部长和各专区农业局长参加的会议。会上，着重地研究了今年的秋种问题。经过讨论，大家一致认为今年秋种的作物布局，必须正确贯彻执行广种多收和高产少种相结合的方针。必须从各地的具体情况出发，考虑到当地的气候、土壤、水利等自然条件，考虑到国家和人民生活的需要，考虑到轮作制度，考虑到人力、畜力、工具等条件；妥善安排粮食、油料和绿肥的种植面积。必须瞻前顾后地安排茬口。根据这些原则，对 1959 年秋播作物，作如下安排：

全省现有耕地 7 836 万亩，除去社员自留地 392 万亩，常年生长的经济作物用地 96 万亩（包括：市郊菜地、苎麻、药材香料、金针菜、席草等用地），因为茬口太晚和水利、土壤等条件限制不能秋播的 1 706 万亩（其中：沤田 400 万亩，一熟岗岭地 170 万亩，胡萝卜茬 350 万亩，甜菜茬 20 万亩，花生茬 100 万亩，山芋茬 586 万亩，铺生棉田 80 万亩），可以秋播的耕地还有 5 642 万亩。在这 5 642 万亩耕地中，拿出 292 万亩作为机动田，由生产大队机动种植。计划秋播面积为 5 350 万亩，预计收获面积 5 050 万亩，比 1959 年夏季实收面积扩大 867 万亩，比 1958 年夏季实收面积少 205 万亩。

对各种农作物具体安排的初步意见是：

一、粮食：

秋种粮食作物播种面积省计划 4 200 万亩，各地安排 4 287 万亩，预计实收面积 4 000 万亩，比今年实收面积扩大 442 万亩。单位面积产量要求达到 200—250 斤，比今年增长 18％到 48％，总产量 80 亿至 100 亿斤，比今年增长 33％到 66％。

会上，认真地讨论了在绿肥田中间种大元麦，在大元麦田中间种豌豆的问题。大家都说这是一个增产的好办法，必须大力推广。各地初步规划推广豆麦间作 800 万亩，草麦间作 100 万亩，这样，全省就可多收 3 亿—5 亿斤甚至上 10 亿斤的粮食。

全省安排 4 000 万亩的夏粮实收面积，主要是根据各个方面对夏粮的实际需要提出来的。全省现在有4 300万人吃饭，6、7、8三个月的口粮主要依靠夏收粮食解决，此外，夏收粮食还要解决种子、饲料、副食品用粮、工业用粮和国家必不可少的上调任务。按这些方面的实际需要匡算：至少要有70亿斤粮食。全省完成80亿斤的总产量，农村中还可以有10亿斤的机动粮，虽然紧一些，日子还可以过得下去，如果年成不好，收不到80亿斤，夏粮还是很紧张的。所以，粮食播种面积不能过少，过少不能满足各方面的需要。但是，又不能种得过多，过多要挤掉油料、绿肥的面积，挤掉冬闲田的面积，不利于全年、全面增产。

二、油菜：

油菜播种面积省计划为350万亩，预计实收面积250万亩，比今年实收面积扩大156.3万亩。单位面积产量要求达到100—120斤，比今年增长3%到22.7%，总产量2.5亿到3亿斤，比今年增加173%到227%。对增加油菜面积，各地是缺乏思想准备的，各地原来打算播种260万亩，用260万亩的播种面积来保证250万亩的实收面积是困难的，我们已经建议各地再考虑一下，尽量争取完成省的种播面积计划。

会议认为植物油供应不足，是我省的一个突出问题，解决这个问题，根本的办法是增加油料生产。我省的油料作物主要有三种：花生、大豆和油菜。大豆、花生都是春播夏种的作物，如果扩大这两种油料作物面积，就是缩小春播夏种的粮田，缩小一亩春播夏粮的粮田，高产地区要少收六七百斤粮食，低产地区也要少收二三百斤粮食。当然，在有条件种花生、大豆、芝麻等油料作物的地方，还是应当积极扩大这些作物的播种面积。但是，扩大油菜面积比扩大大豆、花生的面积就有更多的有利条件，它可以利用冬闲田，种植面积比较容易安排，同时，油菜籽出油率高，茬口也好，群众愿意多种一些。所以，扩大油菜播种面积，是增加油料生产的一个比较切实有效的措施，只要加强领导，大力推广直播，减少移栽期劳动力不足的矛盾，大力积肥，满足越冬追肥的需要，完成油菜规划的面积和产量是可能的。

三、绿肥：

冬季绿肥的种植面积，省计划800万亩，各地计划为1 000万亩，预计实收面积为800万亩，比今年实收面积增加近50%。

会议认为，逐步扩大冬季绿肥的播种面积，是逐步解决春夏播作物基肥的最有效的办法。全省春播夏种作物有7 0C0万亩左右，播种时间只有二三个月，基肥的使用量很大，时间集中，特别在旱谷地区和棉田地区，历年来都是基肥不足，有30%—50%的面积是白田下种。要解决这个问题，单靠家畜积肥和人粪尿是不行的，因为这一类肥料都是随积随用的，不可能把一年的肥料全部贮存起来用于一季，同时，这一类肥料的增长速度，还要受到家畜发展速度的限制，不可能一下子增加很多。所以，要解决这个问题，必须逐步扩大冬季绿肥的面积。冬季绿肥花工少，产量高，肥效好，可以在春播夏种期间集中使用，只要种得好，一亩绿肥可以解决二三亩春播夏种作物的基肥。绿肥还可作饲料，绿肥种得多了，可以推动畜牧业的发展。全省如果能有1/3的土地，也就是2 500万亩左右，种上冬季绿肥，春播夏种的基肥问题就可以解决。当然，还不是一下子可以办到的，必须逐步实行。但是，这个方向必须坚持，特别在绿肥种得特少的徐淮地区，现在就应该注意这个问题。

在今年的秋播规划中，全省留出了2 100万亩左右的冬闲田，这是必要的。如果不留出一定数量的冬闲田，就要减少春玉米、春山芋、春大豆等高产作物的面积，就要扩大夏玉米、夏山芋、夏大豆等作物的面积，这些夏种作物比春播作物产量要低得多，而且要加重夏收夏种中的劳动力紧张情况，耽误农时，影响全年的收成。当然，按照这个规划，今年的冬闲田已经比去年大大地减少了，去年全省冬闲田是3 100万亩,比今年多1 000万亩,这就要求我们很好地进行安排。经过初步匡算,全省明年春播作物为2 874万亩(包括300万亩中晚稻的秧田在内),计划在麦田套种600万亩(棉花400万亩,大豆150万亩,花生50万亩),冬闲田上种2 100万亩,提前翻绿肥200万亩,这样,明年的春播面积还是可以安排下来的。

实现今年的秋播规划,采取以下几个措施:

一、从上到下,从干部到群众,认真总结今年夏季丰收的经验。通过总结夏季丰收的经验,订好秋播规划,根据各地季节不同,分别在7月份,8月份,把秋播面积、产量、增产措施落实到队、到田。

今年夏收作物的大丰收,在规划布局方面、技术措施方面,都有很丰富的经验教训,必须立即从上到下开展一次全民讨论,认真加以总结。既要总结高产的经验,也要找出低产的原因。大面积的高产要总结,小面积的高产也要总结。通过总结,肯定夏季大丰收的成绩,教育干部群众,继续鼓足干劲,力争上游,正确树立广种多收和高产少种相结合的思想,正确接受综合平衡、安排茬口以及深耕、密植、施肥等方面的经验教训,合理进行作物布局,订出技术操作规程。分别在七八两个月内,把产量包到队,面积定到田,措施落实。并在讨论总结的基础上,立即进入行动。在扩大油菜的地方,规划布局定了以后,要立即采取训练班、现场会议等方式,传授栽培技术,防止到时措手不及。

二、作好秋播的各项物质准备,认真贯彻八字宪法。重点是:

第一抓耕畜、农具。今年秋播面积扩大,对畜力、工具的需要更多。因此,必须大力改善耕畜的饲养管理,养好、管好、用好,切实建立责任制度,防止跌膘和劳役过度的现象。瘦弱的耕牛要加工喂养,保证在秋播前复膘。同时还要注意搜集青贮饲料。播种工具缺乏的地方要增添,坏了的要立即在秋播前修好。现有的机械农具,要注意保养检修。随着产量、面积的落实到队,每个生产队就要作出秋播工具的具体规划，及早行动。

第二抓水利。要采取一切必要的措施，扩大灌溉面积，降低地下水位。在有水源可以灌溉的地方，秋种前就要把土地平整好，做好渠道工程。在没有水源和经常受旱的地方，要保墒蓄水，做好抗旱播种的准备。在地下水位高的地方，要开好排水沟，及早排除地面积水，降低地下水位，以便适时播种。

第三抓基肥。基肥不要单纯追求数量，要强调质量，讲究肥效。全省要求每亩平衡施精肥 30—50 担，消灭白田下种。必须从现在开始就作好准备。办法是：千方百计扩种夏季绿肥，全省计划种夏季绿肥 342 万亩，北部地区的夏季休闲田，除了必须蓄淡洗碱的外，都要力争种上绿肥。早秋作物收起以后，除了抢种晚秋粮食外，还要抢种绿肥。提倡在玉米、高粱等田中间作夏季绿肥。种夏季绿肥，现在就要进行规划，安排面积，传授技术，筹集种子，投入行动。要利用夏季草源丰富的条件，大积堆肥、沤肥，积极发展养猪。要大搞田头水粪塘，特别是远田，做了水粪塘以后，既可以大量积肥，又可以节省运肥的劳力，这是积肥的一条极其重要的措施，必须抓好。

第四抓深耕。去年的经验证明，深耕肯定是增产的，问题是耕的深浅要适当，要根据人力、畜力、工具等条件规定深耕任务，不要因为深耕而耽误农时。深耕，可以耕六寸、七寸、八寸、一尺左右。对哪种田可以深耕，哪种田不能深耕，哪种田要耕的深一些，哪种田要耕的浅一些，能深耕多少亩，都要根据各地不同条件，在秋播前做出具体规划。有些田不能深耕的，也要一般地耕一下，消灭板茬下种。

第五抓密植。密植要合理，一般每亩播种量可在 20 斤到 30 斤，少数地方也可以少于或者多于这个数量。要保证每亩出 20 万—30 万苗，每株苗平均长 2—3 个分蘖过冬。要尽量用工具播种，减少手工播种，使种子分布均匀，深浅一致。在棉麦套种、豆麦套种的地方，要实行条播，以利于后作。

第六抓种子。主要是做好留种、选种和种子处理工作。（1）种子要留足，要自选自留自繁自用。少数夏熟粮食作物较少，留种不足的生产大队，由公社或县根据等价交换的原则，加以调剂，调剂要越早越好。种子必须保管好，防止霉烂和当作口粮吃掉。绿肥种子，全省还缺100万亩，要发动群众搜集野生绿肥种子，如野荠荠、苦菜等，在蚕豌豆产区，可以动员群众少吃一些，国家征购的蚕豌豆，也要拿出一部分做种。如果这样还不能解决，种一些大麦作为绿肥也是好的。（2）品种布局不要太单一。品种单一，播种期缩短，增加劳力紧张，容易耽误农时。一个品种种的时间太久，也容易丧失抗病能力。油菜必须积极推广良种，淘汰多病、低产的劣种，这是提高油菜单位面积产量的关键。（3）建立种子田。在秋种布局时，就把种子田定下来，认真进行培育。

第七抓药械。在秋播前，对浸种、拌种、防治地下虫害所需要的农药、毒饵，都要准备好。对秋播以后，防治赤霉病、秆锈病、吸浆虫等需要的农药械，也要及早准备，决不可以因为今年夏收作物病虫害较少，就不重视这一极其重要的增产措施。

三、采取一切措施，保证不违农时。

保证不违农时，主要是根据各种作物播种季节的早晚，合理安排茬口，特别是季节较早的三麦，要安排在较早的茬口上。全省匡算，今年可以用于秋播的早秋茬有989万亩，计划全部用来种麦子。中秋茬2 492万亩，计划拿2 150万亩种麦子，50万亩种蚕豌豆，148万亩种油菜，143万亩种绿肥。晚秋茬2 161万亩，拿961万亩种麦子，50万亩种蚕豌豆，202万亩种油菜，656万亩种绿肥。这样安排，全省麦子有80%的面积种在早、中秋茬口上，可以不误农时，还有20%的面积种在晚秋茬口上，只要劳力、工具安排得好，也可以保证适时播种。当然，这只是一个大体上的安排，各地在安排的时候，还应从实际情况出发，因地制宜。为了保证秋播不误农时，在秋播期间，可以拿出20天左右的时间，把秋收秋种作为压倒一切的中心任务，集中80%以上的劳力投入抢收抢种。

四、在播种期就要动手防止产生三类苗。

根据几年来的经验，三类苗的形成，主要原因是茬口晚，播种不及时。也有些是土壤、水利条件较差的薄田、远田。因此，在秋种前，就要对各种田排一个队，预计哪些可能形成三类苗，在播种的时候，就采取措施：(1) 及时播种，(2) 施足基肥，(3) 改良土壤，(4) 改善水利条件，等等。当然，在播种以后，还要注意做好田间管理。

五、继续实行基本田制度。

种好基本田，可以带动大田的生产，并为少种高产多收创造条件。因此，这种基本田制度应该继续推广，并且要逐步扩大面积。在秋种中，对各种农作物，都应当选择10%、20%、30%左右土壤、水利条件较好的田，作为基本田，定出较高的增产指标，适当增加人力和生产资料，认真贯彻八字宪法，以带动大田生产。基本田所采取的各项技术措施，必须是当地可靠的增产经验，不可靠的技术措施，不能盲目采取。种基本田，一定要计算成本，讲究经济核算，不能过多地集中使用劳力和资金，不能因为种基本田而影响大田生产。

六、从种到收，建立起一整套的生产责任制。

结合秋种规划，就要建立秋种作物的生产责任制，从头负责到底。责任制的内容，主要有二：一是三包，二是把面积、定量定到组，措施定到田，责任定到人，普遍建立起责任田的制度。从秋种准备开始，分工人员就要对他们管理的麦田负起责任。

七、为了鼓励生产单位多种油菜，会议认为可以向群众宣传：油菜要按规划的实收面积、产量和国家的统购任务，层层包到专区、县、公社，包到基本核算单位和包产单位，在正常年景的情况下，完成包产指标和国家统购任务的，就按标准供应食油。完不成包产指标和国家统购任务的，食油供应按比例照减。超过包产指标的，超额部分国家不征购，由包产单位自行处理。此点，建议财贸部拟定具体方案，公布施行。

以上报告，如无不当，请省委批转各地、市、县委研究执行。

中共江苏省委农村工作部

1959 年 7 月 14 日

根据江苏省档案馆档案刊印

中共江苏省委批转省委农村工作部《关于整顿社办工业的意见》

（1959 年 7 月 19 日）

各地、市、县委，并报中央农村工作部：

省委基本同意省委农村工作部关于整顿社办工业的意见，现在印发给你们，希即研究贯彻执行。

去年以来，社办工业有了很大的发展，对农业生产起了积极作用，这是好的。但是，在发展过程中，由于领导缺乏经验，许多地方把社办工业的步子跨大了一些，从而带来了若干矛盾，在一定程度上影响了农业生产和国营工业的发展。因此，必须根据社办工业为农业生产服务的方针，从有利生产，方便群众的原则出发，因地制宜，分别采取办、放、收、停的办法，进行整顿。

整顿社办工业，必须紧密结合生产进行。整顿开始，要妥善安排生产；在整顿过程中，要切实加强生产领导。不能因为整顿，而影响生产的正常进行。

整顿社办工业，是一项细致复杂的工作，各级党委要加强领导。要根据自己的情况，制订整顿计划。组织农业、工业、商业等有关部门的力量，先进行试点，在取得经验后，再普遍推开。争取 8 月底能够结束这一工作。

为了使社办工业能够更好地和农业生产紧密结合，省委决定把社办工业划归各级党委的农村工作部管理，原来在工业部门管理社办工业的干部，也应该转到农村工作部。

各地党委在整顿社办工业和把社办工业划归农村工作部管理

的同时，还必须加强对城镇（工业、手工业、商业）工作的领导。

中共江苏省委员会
1959年7月19日

附：省委农工部《关于当前社办工业的情况和今后整顿社办工业的意见的报告》

（1959年7月16日）

省委，并报中央农村工作部：

兹将当前社办工业的情况和今后整顿社办工业的意见报告如下：

（一）

全省人民公社化以后，社办工业有了很大发展。3月份统计，全省有3.1万多个社办工厂，80多万工人。这些工厂办起来以后，生产了许多为农业生产、为人民生活、为城市工业和基本建设、为国家出口需要的物资和产品，既增加了公社现金收入，又支援了农业生产，活跃了城乡经济，支持了国家工业，并且开始培养出一批技术力量，和初步摸索到了一些公社办工业的经验。但是，在发展社办工业的过程中，由于领导缺乏经验，有些地方又没有认真贯彻执行中央关于社办工业的方针，工作中也产生了一些缺点。这就是，有些人民公社不考虑自己的劳力、资金、原料和技术设备等条件，不根据需要与可能，贪多、贪大、贪洋，盲目发展，步子过大，把不应集中的集中了，不该办的办起来了，该小办的大办了，该缓办的急办了，有的还办了一些不是直接为农业生产服务的工业，这样，就把有限的资金、原料分散了，不必要的多占用了一部分劳动力，结果，不仅不能促进农业生产的发展，反而引起了工农业生产之间、公社工业和国营工业之间的若干矛盾。主要表现在：

第一，有些公社的社办工业，过多占用了农村劳动力和农业生产资金，影响了农业生产的发展。全省现在社办工业月的劳动力，平均占公社劳动力总数的5%，部分公社占到15%，少数公社高达30%以上，这些人，绝大部分是青壮年，把他们集中起来以后，有些社办工业又不能正常开工，停工待料，工人闲着没事做，结果就造成了巨大浪费。吴县光福公社有3个工厂，57个工人，3个月没有生产出一件产品，反而赔本3 700元。在资金方面，全省1至5月份，农业贷款3.9亿元，社办工业占用的就有6 682万元，占17%强，另外还挪用了商业流动资金3 000万元。吴江湖滨公社用于社办工业的资金达2.9万元，其中除占用公共积累6 000元，贷款7 000元外，有1.6万元是拖欠社员的各种物资和劳动工资。这次清理旧账，还清债务，社办工厂的资金就光了。

第二，有些公社的社办工业集中过多、过死，把许多原来是副业生产的也当工厂办了；有的是把原来是小集体所有制的，变为公社大集体所有制了。结果弊多利少。常熟县的花边，本来是一种家庭副业，分散生产，去年不适当的把一部分转为社办工业，集中生产，既影响了群众的收入，又没有完成国家加工的计划，今年第一季度产量比去年同期下降了15%。南通县金国公社把小手工业都集中起来生产，生产率普遍降低50%，纺织厂工人未集中生产之前，除做新衣外，还兼营修补，每人每月可得加工费十三四元，集中起来以后，群众做衣服和修修补补，都要跑很远的路，既不方便，工人每人每月的收入又减少，只有六七元。还有些地方把原来分散在下面的钻木技术工人，全部集中起来了，把口粮加工也集中起来了，结果增加了社办工业统一生产与队和社员的分散需要的矛盾，有些地方修件把小农具，往返一二十里路。常熟县古里公社群众反映说："请个木工提漏（修理屋顶漏雨），要跑到公社请批，做件衣服要到镇上排队，修件农具不知要等多少时间，花一天的功夫还办不了一件事。"

第三，部分社办工业与国营工业争夺原料，影响国营工业的发展。不少地方把原来供应国营工业的原料，留下来自己用，有的甚至挂牌收购，抬价抢购。常熟县已经有个县办酿酒厂，设备能力全年能加工 24 万担，原料本来就不足，而全县公社又办了 32 个酿酒厂，这样一来，原料供应上就更紧张了，大家都吃不饱，停工待料，这些社办工厂实际上形成停顿状态。

以上情况说明，发展社办工业是必需的，但发展步骤不宜过急，特别是当前粮食、棉花、油料作物生产还未过关的情况下，人民公社的主要任务，应当是集中力量解决农业问题，不应当也不可能把很多劳动力和资金摆放到社办工业方面。而且现在的社办工业中，有许多生产项目，本来就是农村副业，还没有必要采取工厂生产的形式。过分强调社办工业，势必影响农业生产的发展，增加各方面的矛盾。这样，并不利于人民公社的巩固，不利于活跃城乡经济，不利于工农联盟，也不利于公社工业化的建设。因此，社办工业这种摊子过大的现象，必须迅速加以整顿。

（二）

社办工业，必须坚持为农业生产服务的方针。整顿社办工业，必须在为农业生产服务，不影响农业生产的前提下，分类排队，该办好的办好，该下放的下放，该停办的停办，该收回的收回。总的说来，就是要根据各地不同的情况，根据各种工业的不同特点，采取

“办、放、收、停”四个字的原则，分别进行处理。

第一，今后的社办工业，主要是经营：(1) 简单的农具制造和大型农具缮修，这是社办工业的首要任务；(2) 农副产品的简单加工；(3) 当地传统的产品制造；(4) 小型的矿产开采和砖瓦等建筑材料的生产。不能经营城市工业品能够供应的，以及同城市现代工业争原料，影响城市工业正常发展的工业。在现有社办工业中，应当根据上述原则，根据公社的劳动力、资金、技术、设备、原料等条件，认真加以整顿，凡是合乎上述原则，又有条件办的，应当积极办好，条件差的，可以少办；没有条件的，也可以不办。

第二，现有的社办工业，大部分应当下放，因为其中多数工厂，实际上是农村副业，不应当集中起来采取工厂生产的形式。属于这类的社办工业，凡是已经集中起来的，应当坚决下放，该放到生产大队的就下放到生产大队，该放到生产队的就放到生产队，该下放给社员的就下放给社员作为家庭副业，分散经营。具体说来：

(1) 凡是直接为农业生产服务，为社员生活服务，适宜于分散经营，设备简单，原料主要是就地取材，从业人员都是亦工亦农的社员，生产上又是季节性的小型工业，例如，农具的修理，部分粮食、饲料的加工，以及其他宜于大队或者是生产队经营的工业，原则上都应当下放给生产大队或生产队经营。生产大队或生产队经营这些工业，收入由生产队统一分配，工厂一般不作为基本核算单位。

(2) 凡是可以利用社员在集体劳动以外的空隙时间经营的手工业，流动性的服务业，例如，织席、打草包，做草鞋、补锅、修盆、修鞋，以及其他小手工业等等，原则上采取社员分散经营的形式。有的可以由社员自己备料，自己生产，收入归自己所有；有的可以由生产队委托社员加工，付给社员加工费；有的可以采取包工、包产、超产奖励的办法，交给社员去分散经营。已经集中的，要下放，已经停办的要恢复。有些传统的手工艺生产，如花边、刺绣、绢织等，除了可以由公社或生产大队集中少数技术较高的人员集体生产外，多数也应当分散生产，作为社员的家庭副业。

(3) 在现在的社办工业中，有一部分是原来的手工业，这部分，还是恢复小集体所有制，单独建立基本核算单位，他们除了向公社上交一定的公共积累以外，其收入应当归基本核算单位自行分配。

第三，现在社办工业中，有些规模较大，技术较高，需要资金较多，原材料又主要依靠国家供应，实际上在一个公社范围内无法经营的工厂，例如大型精密的机械制造、金属冶炼、高级化工、较大规模的采矿，原来是地方国营、公私合营下放的工厂，由国家收回；是公社办起来的，改为地方国营，或暂由国家代管。

第四，有些工厂，既不能下放，也不能上交，公社又不能继续开下去的，应当坚决停办。这些工厂，主要是办得很不好，或者是原材料供应不足，生产极不正常的，或者是技术条件太差，产品质量太低的，或者是资金不足，经营亏本的。

我们预计，社办工业经过这样整顿以后，大部分将转为副业生产，下放给生产大队、生产队和社员经营，一部分将要停办，还有少数将转为县办工业，保留下来的社办工厂不会太多。这样，有利于集中力量办好那些确实应该办的工厂。

（三）

整顿社办工业，宜早不宜迟。社办工业与农业在生产资金和劳动力上的矛盾，集中生产与分散经营的矛盾，国家工业与社办工业在原料上的矛盾，越早一天解决越有利。因此，我们的意见，在夏收夏种结束以后，趁农业生产上有一个比较空闲的时间，组织一部分力量，对社办工业进行一次全面的整顿。7 月份各地、市、县委应该立即进行试点，然后分批展开，争取 8 月底结束这一整顿工作。

整顿社办工业，是一项比较细致复杂的工作，究竟哪些该办，哪些该放，哪些该停，该办的如何办好，该放的如何放法，这些问题都必须慎重研究，切实解决。因此，各地除了要认真进行试点外，县和人民公社都要制订一下整顿方案，有计划有步骤地进行整顿。

为了加强整顿社办工业的领导，建议各级党委成立一个专门小组，协助党委领导这项工作。鉴于社办工业刚划给农村工作部管理，农村工作部对这方面的情况还不太熟悉，建议地委和县委，在原来管理社办工业的部门中，抽调一批熟悉这方面工作的干部到农村工作部，适当加强这方面的工作。

以上意见，如果可行，请省委批转各地、市、县委研究执行。

中共江苏省委农村工作部

1959年7月16日

根据江苏省档案馆档案刊印

中共江苏省委转发《关于江苏省高等师范院校制订教育计划若干原则的意见(草案)》

（1959 年 7 月 22 日）

现将省教育厅、高等教育厅党组《关于高师院校会议的报告》和《关于江苏省高等师范院校制订教育计划若干原则的意见（草案）》转发给你们，请参照办理。

中共江苏省委员会
1959 年 7 月 22 日

附 1：江苏省教育厅、高等教育厅党组《关于高师院校会议的报告》

（1959 年 7 月 15 日）

宣传部并报省委：

我们于 6 月中旬在苏州市召开的高等师范院校教学工作会议上，着重研究、讨论了关于高等师范院校制订教育计划若干原则的意见，并交流了自教育大革命以来部分学校在教学工作上的经验。会议期间还讨论了中等以上学校教师进修提高问题和高师今年招生任务问题。

通过会议讨论，大家进一步明确了高师的任务、培养目标、学制、课程设置等都必须根据师范的特点来确定。并决定由南师、江师、扬师分工负责制订高师本科和专科各专业指导性的教育计划和主要课程的教学大纲（南师主要负责中文系、生物系、化学系、地理系、生化科的，江师主要负责数学系、历史系、物理系物理科、数理科的，扬师主要负责中文科、数学科、历史科、化学科、文史科的）。各教育计划（草案）于 8 月 15 日以前完成，教学大纲（草案）于今年年底以前完成。

会议开始和结束，陶白同志都作了发言。会后我们又修改了《关于江苏省高等师范院校制订教育计划若干原则的意见（草案）》，因全省 12 所高师院校中，除南师和江师外，大多数属于新改院或新建校，为着提高高师的教育质量，有必要将若干共同性的问题，在中央教育部未作统一规定之前，在省内大体上先统一起来。现将《关于江苏省高等师范院校制订教育计划若干原则的意见（草案）》报请省委审阅，如省委认为可行，请转发各地各校参照办理。

附件：关于江苏省高等师范院校制订教育计划若干原则的意见（草案修改稿）

江苏省教育厅党组
江苏省高教厅党组
1959 年 7 月 15 日

附 2：关于江苏省高等师范院校制订教育计划若干原则的意见(草案)

1958 年以来，我省各高等师范院校都积极地贯彻执行了党的“教育为无产阶级政治服务、教育与生产劳动相结合”的教育工作方针，取得了很大成绩，也摸索了不少经验。为了进一步贯彻党的教育方针，深入地进行教育革命，不断提高教育质量，在制订高师教育计划方面，提出如下意见，供各校参考。

第一，制订教育计划所依据的原则：

(1) 全面地贯彻党的“教育为无产阶级政治服务、教育与生产劳动相结合”的教育工作方针，加强对学生的政治思想教育和生产劳动锻炼，并正确地贯彻执行理论联系实际的原则，大力提高教育质量。

(2) 体现以教学为主的精神，全面地、妥善地安排教学、生产劳动、科学研究及学生生活。

(3) 体现高师的特点，密切联系中学实际，加强对学生的教育科学知识与技能的培养。

第二，培养目标：

高等师范院校应该根据党的教育方针，培养有社会主义觉悟、有一定马列主义的理论水平、有较高的文化科学知识和有一定教育技能、身体健康的中等学校教师。

(1) 在政治思想方面：培养学生具有社会主义共产主义的思想和道德品质，并能贯彻执行党的教育方针，全心全意为人民教育事业服务。

(2) 在文化知识方面：使学生牢固地掌握比较深广的系统的专业知识，并必须具备较高的语文水平。本科毕业生应掌握一门外国语，能阅读外文专业书籍，并具有一定的从事教育科学及本专业范围内科学研究工作的能力。

（3）在教学水平方面：使学生具有一定的教育科学水平和教学的技能，能胜任中等学校的教育与教学工作。

（4）在体育锻炼方面：使学生有强健的体格，能够从事体力劳动，和担任保卫祖国的职责。

第三，学制：

（1）学习年限：本科四年（主要培养高级中等学校师资）

专科二年（主要培养初级中等学校师资）

（2）本科以设单科为原则。在安排课程时，应注意安排与本专业有联系的辅助课程（如中文系科开设历史课程等），以便学生毕业后，能担任中学一门以上的课程。

专科为适应当前中学的情况，除中文、数学外，可以设主副科。

（3）有条件的师范学院，可以招收研究生，培养高师的师资。

第四，教学、生产劳动、科学研究及假期的安排：

（1）总安排：

本科每年教学时间为8个半月左右（37—38周），生产劳动不超过2个月（7—8周；第四学年生产劳动可适当减少），假期一个半月（7周）。

专科每年教学时间，为9个月左右（38—39周），劳动一个半月左右（6—7周），假期一个半月。

每年暑假一般为4周半至5周。寒假结合春节放假1周半至2周，另外安排机动假半周。

学生的学习时间，每天9小时左右，每周共54小时左右（包括分散劳动）。学生睡眠时间每天8小时。每周课外活动时间大约18小时，其中9小时可以安排必要的会议（如党、团组织生活）和体育、文娱、军事训练等活动，其余由学生自由支配。

（2）教学时间的安排：

本科四学年课堂教学124—130周（系实足教学时间，如安排分散劳动，则教学周数应有增加），考试12—16周（每学年3—4周），教育实习6—8周。专科二学年课堂教学63—68周（系实足教学时间），考试6—7周，教学实习4—6周。

本、专科每学年可留一周机动时间，作为学生参加计划以外的政治活动、学习活动、调整教学进度或派其他必要的用场。

（3）生产劳动的安排：

高等师范学校学生参加生产劳动的目的，主要是通过劳动锻炼，改造思想，获得工农业生产的基本知识和技能，并在将来毕业担任教师后能指导中学生进行生产劳动。

学生参加生产劳动的基本形式有三种，即：在学校举办的农场和工厂中参加劳动；学校安排下厂下乡劳动；社会公益劳动。低年级主要参加一般性的劳动，高年级尽可能结合各专业的特点进行。文科以农业劳动为主，并可多安排去人民公社劳动，但也应安排一定的时间下厂劳动。理科除工业劳动或野外工作外，也应安排一定的时间下乡劳动。劳动时间的安排，各校可根据本校和各专业的具体情况在不超过全年规定的劳动总时间内，分别采取集中或分散使用的办法，进行教育实习的一个学期，以不采取集中在一个时间劳动为宜。

（4）科学研究的安排：

高师学生参加科学研究的目的，主要是通过科学研究活动，密切联系中学教育实际，丰富所学的教育科学理论知识和专业知识，培养独立工作的能力。本科三、四年级在教育计划中可安排一定科学研究时间（一般可安排60—200小时），可以集中或分散使用，并可结合实验学习、下厂下乡等进行。本科一、二年级及专科的教育计划，原则上不安排科学研究时间，但部分学生可结合教学和生产劳动在课外开展一些必要的科学研究活动。

第五，课程设置与时数：

（1）总学时与周学时（每学时是以 50 分钟计算）：

本科课内周学时数：文科四年平均每周 19—20 学时，理科四年平均每周 22—24 学时，四年中最高周学时一般控制在 26 学时以内。

专科课内周学时数：文科二年平均每周 21—23 学时，理科二年平均每周 23—25 学时，二年最高周学时一般控制在 28 学时以内（如每周安排分散劳动，则周学时数相应减少）。安排时低年级可稍多，高年级应少些，以便高年级学生能有较多的独立自学时间，并有一定时间选课或参加科学研究工作。

本科总学时数（包括科研时间）：文科大体上可定为 2 300—2 700（不包括外语专业），理科可定为 2 700—3 200。专科总学时数：文科可定为 1 300—1 600，理科可定为 1 400—1 700。

（2）课堂教学与课外自修的比例：

为了合理的控制学生的学习负担，保证学生有一定的自修时间，各科课堂教学与课外自修应有适当的比例。目前，本科低年级一般可按照 1∶1—1∶1.5 安排，高年级一般可按 1∶1.5—1∶2 安排。专科均可按 1∶1—1∶1.5 安排。文科的自修时间一般应稍多些。

（3）公共课的设置：

① 政治课：

本、专科各专业的政治课程均应包括马列主义基础理论与经常性的时政教育二部分，其中马列主义基础理论部分，本科应开设社会主义和共产主义、中共党史、政治经济学、哲学四门课程。专科则以开设社会主义和共产主义、哲学或政治经济学两门课程为宜。

政治课程的时数，平均每周上课 4 学时（自修时间在外），其中马列主义基础理论的教学每周 3 学时。“形势和任务”每周 1 学时(分散安排,集中使用)。

② 教育课程:

本、专科各专业均应开设心理学与教育学二门教育课程。本科心理学开设一学期,每周 3 学时,约 50 学时,教育学开设一学年,每周 3 学时,约 100 学时。二者合计 150 学时左右。

专科心理学开设一学期,每周 2 学时,30—35 学时。教育学开设一学年,每周 2 学时,70 学时左右。二者合计 100 学时左右。

如果没有条件开设心理学课程的,可以暂时不开,主要把教育学教好。

③ 中国语文:(除语文系科外)本、专科一年级开设语文课(包括语音基础知识),每周 3 学时(如目前师资有困难,亦可暂不开设)。

④ 外国语课程:本科各系在第一、二学年开设外国语课程(俄语或英语),每周 3 学时,约为 200 学时。第三、四学年应将外国语列为选修课程。

⑤ 体育:本、专科均应开设体育课,本科在第一、二学年开设,每周 2 学时,约 130 学时。专科在第一学年开设,每周 2 学时,约 70 学时。新建高师,体育课可以每周 1 学时。

以上公共必修课程在教学总时数中的比例,本科一般为 35%,最多不超过 40%,最少不低于 25%。专科一般为 30%,最多不超过 35%,最少不低于 20%。

(4) 专业课程的设置与增减原则:

① 必须符合培养目标的要求,切合当前中学教学的需要,使学生基本上掌握中学教学工作所必须具备的专业知识。并应开设专业教学法课程,使学生掌握系统的教学法理论,懂得如何根据不同专业知识特点,进行教学工作。

② 必须保持科学本身的系统性与完整性,注意课程之间的相

互联系。某些课程为了便于克服不必要的重复，可以考虑适当进行合并和调整，但为不影响教学质量起见，在未经重点试验，取得足够的经验前，一般不宜在课程系统上变动过大。

③ 适当结合当前生产实际和科学技术发展的情况，使学生具有现代科学的基本理论知识。

④ 文科课程应贯彻“厚古薄古，古为今用”的原则，合理安排今古比例。

⑤ 本科有条件的系科可开设专业选修课程，专科以暂不开设选修课程为宜。

（5）每学期课程门数：

一学期内同时进行教学的课程门数不宜太多。一般除公共课外，每学期专业课以 2—4 门为宜。

（6）教育实习：

本、专科均以一次实习为宜（教育系为二次）。本科可安排在第 7 学期，时间 6—8 周。专科可安排在第 4 学期，时间 4—6 周。实习的内容一般以课堂教学和班主任工作两个方面为主。除进行集中实习外，各系科又可结合学生下乡下厂，协助工厂、公社等办学，以锻炼学生的实际工作能力。

第六，教学方式：

（1）课堂讲授：高等师范院校的教学，应以课堂讲授为主，大力提高课堂讲授质量，并可结合课堂教学组织教育参观、见习。在必要与可能的条件下，也可适当组织现场教学等，以达到相辅相成，相互补充与提高的目的。此外，教师对学生还应进行必要的课外辅导。

（2）课堂讨论：在教学过程中，必须贯彻群众路线，既要发挥教师的主导作用，又要发挥学生的积极性与主动性，使师生在党的领导下相互结合，教学相长，某些课程根据教学的需要，可在学生个人钻研的基础上，适当的组织讨论、辩论，使学生更好地获得完整的知识。

(3) 习题课：理科的习题课，在帮助学生消化，巩固所学的理论知识，培养学生解决实际问题的能力方面有一定的作用，因此不宜取消，应在教学计划中，按课程的需要，安排一定比例的习题课时间。

(4) 课堂实验与教学实习：理科的课堂实验、教学实习等，均按教学需要，妥善安排，其中有些内容可以与生产劳动相结合的，应与生产劳动相结合，但不能完全以生产劳动代替实验、实习。

(5) 学年作业与毕业论文：学年作业对总结与巩固一个阶段所学的知识，培养学生独立工作能力，也有重要作用，有条件的学校，可以安排一定的学年作业时间。少数学校并可创造条件，准备进行毕业论文。

(6) 考试考查：各门课程均应举行考试或考查，其方式可按课程的性质与要求，采取笔试、口试、考查和笔试与口试相结合等不同方式。每学期考试课程，一般以二门到四门为宜。

第七，制订教育计划应注意的问题：

(1) 在制订教育计划的过程中，必须反复阅读中共中央、国务院关于教育工作的指示及中央几次教育工作会议的文件，认真领会党的教育方针的精神，并在总结去年经验的基础上进行制订工作。

(2) 要贯彻群众路线的工作方法，发动广大教师认真进行研究，并适当吸收学生参加。

(3) 教育计划既应有统一性，又应有灵活性，因此，在制订教育计划时，既需根据高师教学总的要求，又需从各校、各专业现有基础出发，使教育计划切实可行。

(4) 在制订教育计划的同时，要结合考虑教学大纲的内容，使教育计划所订的教学时数建立在可靠的基础上，并在计划制订完毕时，进一步仔细研究和制订教学大纲，以使其符合教育计划的要求。

（5）省属及专区、市属各高等师范院校的教育计划，需分别报省及专区（市）教育行政部门批准后执行。

根据江苏省档案馆档案刊印

中共江苏省委批复苏州地委《关于发展副业生产中若干具体政策的请示》

（1959 年 7 月 22 日）

苏州地委，并各地、市、县委：

省委同意苏州地委关于发展副业生产中若干具体政策的请示的意见，并转发各地参考。苏州地委所拟订的发展社员家庭副业的各项政策是积极的，对生产的发展是有利的，各地、市、县都要像苏州地委一样，根据省委 7 月 21 日批转省委农村工作部关于发展社员家庭副业的情况和今后意见的报告的精神，参照各地自己的情况，作出若干具体规定，以便在发展集体生产的同时，更好地促进社员家庭副业的发展。

苏州地委请示中提到卖猪留肉的问题，应当按照省委批转省委农村工作部的报告中所规定的办法执行。

中共江苏省委员会

1959 年 7 月 22 日

附：中共苏州地委《关于发展副业生产中若干具体政策的请示》

（1959 年 7 月 10 日）

省委并告各县委：

为了进一步发展家畜、家禽等副业生产，我们除了坚决贯彻执行中央 6 月 11 日 4 条指示外，根据公养私养并举，两条腿走路的方针，对若干具体政策，提出如下意见：

（一）关于社员能不能养母猪的问题。社员主要饲养肉猪，但在保证不耽误对集体生产应该担负的出工数和不另给特殊照顾的条件下（不另外拨给饲料田和额外多拨饲料），可以允许养母猪。

（二）关于自留地和饲料田的问题：（1）对社员养猪，拨给自留地后，不另外再划给饲料田。因为自留地内已经包括了种植饲料的土地。如果自留地的数量太少，可适当增补一些，但其总数仍按原来高级社章程规定，不超过每人分地的 5%。（2）对生产小队集体养的猪可以划出一部分饲料田，按现有肉猪每头不超过五厘，母猪不超过一分分配。（3）为了充分利用水面，发展水生饲料，全区除去养殖水面和因航运交通不能利用的水面外，还有可能利用的水面 30 万亩，划出 10 万亩分给社员种植水生饲料或作其他用途，其余 20 万亩水面，分配给生产小队种植利用。（4）自留地上的零星树木应该归种植自留地的社员所有。对自留地上的桑树，可以采用两种办法处理：一是桑树归社员所有，与社员签订包产包购合同；二是桑树归集体所有，实行包产、包工、包本包给种植自留地的社员经营培植。

（三）为了照顾社员经营自留地和生产队经营饲料田的需要，社员可以使用所积家肥的 10%—20%（包括家禽、家畜的灰粪肥和人粪)，其余 80%—90%肥料折价归生产队集体使用，生产队可以使用集体养猪所积肥料的 5%—10%，其余 90%—95%肥料交队集体使用。

（四）农业副产品的分配：（1）国家供应的商品饲料，分类按头数分配，公养私养的一视同仁。（2）农作物的秆、秸、壳等副产品除集体需要(包括国家收购任务、用于集体饲养和燃料用草等)以外，其余口粮分配给社员。（3）社员口粮部分加工的副产品全部退还给社员。

（五）为了鼓励集体和社员个人养猪的积极性和鼓励出售肥猪、大猪给国家，规定收购肥猪给养猪者留肉的办法：（1）根据 7 月 5 日《中共中央、国务院关于肥猪收购和农村食油供应问题的几项通知》中的精神，在掌握上，商业部门对收购生产队或社员的肥猪，按出肉率留给养猪者 10%的猪肉(包括猪油在内)，发给证明，凭证供应。（2）以公社的生产大队为单位计算，在完成国家的肥猪派购任务后(国家下达的派购任务，应既有头数，又有斤数，把头数和质量结合起来)，可以自宰自食，如果出售，必须出售给国家，国家可以把 50%的猪肉留给生产大队。（3）机关、团体、厂矿、部队等单位所养的猪，留肉的比例一律为 60%，商业部门只收购其 40%，国庆节以后，这些单位自养的肥猪，除了自愿卖给国家以外，全部归本单位自食。（4）城镇居民养猪，如有自留地的，按农村办法留肉；如没有自留地的按机关、团体等单位的办法处理。

（六）猪灰折价问题。社员的猪灰要按质论价，每担在 0.25—0.4 元，过低影响社员积极性，过高增加农业成本都是不适宜的。猪灰钱付给现钱或分期付还。

（七）支持穷队和困难户养猪。对穷队可以在支持穷队的款项中拿出一部分支持养猪；对困难户可以由公社赊给猪苗、预付猪灰钱和由国家预付猪的收购订金与贷款等办法解决。

（八）组织苗猪、苗禽交易市场。为了促进群众养猪积极性和调剂余缺，恢复公社化前的苗猪、苗禽交易市场。可以公社为单位，由供销部门组织进行。但必须注意：（1）先在县范围内进行，在专区内县与县交易须通过商业部门。（2）服从当地市场管理，不得搞黑市。

（九）关于社员经营家庭手工业的问题。社员利用业余时间经营小手工业的所得归社员所有，社队不得加以限制和从中提成取利。

以上意见，是否有当，请省委指示。

中共苏州地方委员会

1959 年 7 月 10 日

根据江苏省档案馆档案刊印

中共江苏省委、江苏省人民委员会关于全日制普通中学学生供给问题的通知

（1959 年 8 月 8 日）

关于全日制普通中学学生的供给问题，今春省委已根据中央的指示作了具体规定。为了适应人民公社管理体制改变和分配制度调整以后的新情况，并解决明年夏季分配以前学生供给问题上存在的暂时困难，现决定 1959—1960 学年度在学的社员子女伙食费用，凡家庭能负担者应由学生家庭负责，家庭负担确有困难者除原来的人民助学金继续遵照省委 2 月 20 日规定执行以外，暂从农业税社会减免中提出一部分给予补助。现对有关问题通知如下：

一、筹款办法：公社基层核算单位应从农业税社会减免中提出一部分上缴县（市）统一调度使用。提成总额以不超过农业税社会减免的 50％为限，具体比例由县（市）根据实际需要研究确定报专（市）备查。专（市）对个别经济特别困难，在学社员子女人数较多的县（市）应在分配农业税社会减免时适当照顾。

有夏征任务的地区因今年夏征已过，如从秋征社会减免中提出 50％不能解决问题时，可在农业税附加地方分成中调度解决。

二、补助对象：只限于在国家办的全日制普通中学住读自缴伙食费有困难的社员子女（包括本县在外县上学需要补助的社员子女），走读的社员子女确有困难者亦应适当补助。

三、补助办法：与人民助学金结合使用。由县（市）根据各个学校的不同情况统一分配。学校根据学生家庭困难程度，按照人民助学金的评定办法分等评定。外地学生伙食费应由社会减免补助

部分，由学校评定后通知学生家庭所在地的县（市）人民委员会审查按期汇交学校。

四、以上规定自1959年暑后开学起实行。秋征以前所需经费，由县（市）财政部门设法临时调度。在今年7月底以前的学生供给问题仍应遵照省委原规定执行。如社、队和家长归还欠款确有困难时，亦应从农业税社会减免的提成中适当照顾。

五、从农业税社会减免中提出一部分补助社员子女学生伙食费的办法，是在当前情况下的一种临时措施。因此，必须加强政治思想工作。教育学生认识到党和国家对青年学生的关怀；教育家长认识负担子女的上学费用，是家长应尽的责任，以克服学生和家长要求国家和集体包下来的依赖思想和平均主义思想。

六、各地（市）县委和各专署（市）县人民委员会接本通知后应责成有关部门具体核算，在秋季开学前将这项经费落实到学校以便学生作具体安排，保证巩固学额。并希各地于8月底将贯彻执行情况向我们作一次报告。

中共江苏省委员会
江苏省人民委员会
1959年8月8日

根据江苏省档案馆档案刊印

中共江苏省委批转轻工业厅党组《关于上半年盐业生产、基本建设等工作情况和下半年主要打算的报告》

（1959 年 8 月 11 日）

徐州、盐城、南通地委，新海连市委：

省委同意省轻工业厅党组关于上半年盐业生产、基本建设等工作情况和下半年主要打算的报告，兹发给你们参照执行。第三季度是下半年盐业生产的主要季节，现在 7 月份已经过去了，机不可失，时不再来，请你们抓紧八九月，进一步发动群众，继续鼓足干劲，大力开展增产节约运动，力争完成和超额完成今年盐业生产任务。

中共江苏省委员会

1959 年 8 月 11 日

附：省轻工业厅党组《关于上半年盐业生产、基本建设等工作情况和下半年主要打算的报告》

（1959 年 7 月 30 日）

省委并省委工业部、中央轻工业部：

现将上半年盐业生产、基建等工作情况和下半年主要打算作一报告：

（一）

上半年盐业生产在省委和中轻部指示下，开展了声势较大的“百日大战”运动。这个运动大体上分为三个阶段：第一阶段主要是充分发动群众，明确任务，掀起盐业生产“六比”的社会主义红旗竞赛运动；第二阶段主要是抓卤水关键。集中力量，突破卤水不足的紧张形势；第三阶段主要是抓两头，召开现场会议，总结经验，突击的研究与天时作斗争的经验。总的来说整个运动的特点是动员面广，气氛强烈，群众干劲足，取得了一定的成绩。但因开晒前，准备工作做得较差，开晒后又受了不利的天时限制，因而计划完成得是不够理想的。

原盐生产：按原来计划上半年任务 110 万吨，实际完成 808 029 吨，占上半年计划 73.46%，占年度计划 144 万吨的 56.11%，较去年同期实绩增长 8.82%。

农肥化工：主要是芒硝、钾镁肥、钠镁肥等，上半年完成 27 368 吨，占上半年计划 31.5%，较去年同期实绩增长 88.4%。

运销方面：上半年计划销售 80 万吨，实际运销 519 624 吨，占上半年计划 64.95%，为年销盐计划的 38.62%，比去年同期运销量增长 70%。

基建方面：上半年投资连同上年结余款 1 143 万元，实际完成 886 万元，占投资的 78%，建滩 10 126 公顷，占上半年计划 40%，由于动力设备还未完全跟上，因此大部未投入生产，上半年新滩仅产盐 1 万多吨。

可以看出，上半年各项计划均未完成，但也均比去年有不同程度的增长。其原因除了原来计划指标偏高外，还有下列三点：

1. 天时较去年坏，增加露天产盐不利因素。旺季以来，阴雨连绵，连晴天少，二季度降雨量为272.9公厘，比去年同期增52.4公厘，特别是在五六月份产盐黄金季节内降雨13次，降雨量240.1公厘，比去年同期大一倍多。由于降雨频繁，卤水几进几出，损失严重，尤其4月4日、5月4日两次暴雨损失卤水达175 000 立方米，每次雨后均在7天到10天才能基本恢复；同时，由于降雨次数多，池板浸淡暄软，降低了制卤效率。

2. 由于某些必要的生产物资事前未能列入国家和省供应计划，以后虽追加一部分列入计划，也一时难满足需要，如淮北地区共有800余辆风车损坏待修，计需170 立方米木材和一部分毛竹、铅丝等材料，至今未有解决，影响旺季打水；又如赣榆县和新海连市盐场所需盐席除自己设法解决外，还需要200万张，至今只解决1/3，不仅淌化了部分盐斤，更重要的是影响了一部分职工生产情绪；运销上有416只驳盐船需要修理，所需木材400 立方米，也未能如数解决。

3. 去冬今春生产准备工作做得不好，特别对制卤工作抓得不紧，开晒时卤水比去年同期减少30％多，因之，上半年卤水一直是供应不上，经常处于一套卤水不足的紧张情况，虽也遇到一些连晴天，但因卤水不足无法增加晒格，上半年结晶面积利用率最高仅为70％，对生产影响之大，可见于此。

另外，关于原盐运销问题，除火车、轮船未能拨足外，圩内运输力量不足，是重要原因之一，盐区共有船1 144只，外调未归的41只，已坏待修的416只，实际在圩内运盐的只有780只，目前水大时期每月最高也只能运12万吨，按完成运销集坨计划，每月尚差3万吨运力；又加上运盐河道淤浅，多年未修，也影响了满载驳运。

（二）初步体会的几个问题

1. 依靠党的领导，充分发动群众，是最基本的一条。今年以来，各级党委对制盐工业均加强了领导。自省委在全省盐业生产“百日大战”誓师广播大会上发出号召后，各地均先后成立了盐业生产“百日大战”指挥部、指挥所等战斗组织，领导亲自挂帅到生产第一线抓关键，在运动的紧张阶段，各级党委的负责同志亲临盐区指导并帮助解决实际问题，赣榆县委书记看到盐场缺水，就从工厂抽调柴油机给盐场打水；淮阴地委书记来盐场检查工作，帮助解决粮食品种和风车篷布等物料，所有这一切，均大大地鼓舞了职工的干劲。各盐场党委也同时不断深入场区抓关键、做样板、抓两头、带中间，及时地召开各种形式的一竿子到底的现场会议，推动运动的进展。解决或缩小各场之间、工区之间、小组之间不平衡的现象。由此，各盐场职工，一般的是情绪饱满，斗志坚强，在历次雨后恢复工作上，经常连夜突击，恢复速度一般都比往年提前半天到一天；此外，盐区家属以及财贸、交通、学校等部门也都发动起来支援“百日大战”，如财贸部门做到了“六送”（送工具、工资、燃料、粮食、日用品、医药）到滩；灌东场职工家属中的老奶奶小学生在大雨后用家里木桶、洗脸盆等参加排淡，大大加速了雨后恢复工作。整个运动可以说是深入人心，新海连盐场职工说得好：“百日大战战鼓敲，冲锋号角响云霄，男女老少齐上阵，英雄好汉看今朝。”

2. 抓好卤水关，是保证增产的重要环节。由于在去冬生产准备期间偏重改滩工程，有些场的工人调去支援筑路和大炼钢铁，有些场在冬准时间仅余劳力 30%，加上淮北机构变动，精力不集中，也影响了正常制卤；而开晒初期对制卤又抓得不狠，所以在上半年中，卤水一直在紧张，五六月份旺产期间，晒格仅在 2.5 万块以下，日产盐 1.5 万吨左右，较去年同期日产盐减少 25%。这种现象一直到“百日大战”开始才有了扭转，但时间已蹉，卤水始终还是紧张，这对我们教训是深刻的。

3. 掌握气象规律，充分利用有效天时，是盐业生产的突出环节。由于江苏盐场的气候特点是连晴天较少,短晴天较多,大面积的露天生产必须钻天的空子与天争盐。据徐圩气象站 1952—1958 年 7 年的气象资料,4 月份降雨量在 50 公厘以下的 3 年,50—100 公厘的有 3 年,100 公厘以上的只有一年(1958 年);5 月份降雨量 7 年全部是在 100 公厘以下,其中 50 公厘以下就有 4 年;6 月份降雨量在 100 公厘以下的有 4 年,100 公厘以上的有 3 年;7 月份降雨量 7 年全部是 100 公厘以上,其中 200 公厘以上就有 5 年;8 月份亦全部是 100 公厘以上,其中 200 公厘以上的有 4 年;9 月份 50 公厘以下的有 4 年,50 公厘以上的有 1 年,100 公厘以上的只有 2 年。全年降雨量以七八两个月最多,7 年中,4 月份平均降雨量 53.9 公厘,5 月份平均降雨量 53.7 公厘,6 月份平均降雨量 132.4 公厘,7 月份平均降雨量为 273.8 公厘,8 月份平均降雨量为 210 公厘。全年以二季度为产盐最旺季,其中 4、5 月份天气较好,但 4 月份蒸发量低,而 6 月份雨量虽大,但蒸发量高,所以五六月份为产盐黄金季节。在三季度中以 9 月份天气最好产盐较有利,而气温已开始下降,蒸发量低于二季度。七八月份天气多变不易掌握,对产盐最不利。根据这一规律,我们意见:(1) 除了利用全年中一切可以利用的有效天时产盐外,应着重抓住二季度大力产盐,其中五六月份因蒸发量强,在制卤上应认真推广"深水制卤""深卤结晶",到七八月份就要灵活掌握,不能一般的再提深水深卤问题了,主要应该是充分利用短晴天突击产盐。(2) 盐业生产既然受气象很大限制,所以在旺季期间战斗性就很强,因此,一方面要依靠群众,聘请老工人做"气象参谋",雨前召开"战前民主讨论会"等;另一方面领导上要当机立断,既不轻率泡碴撤格,又不能盲目硬抗。做到能抗就抗,得扒就扒。如台北场在 5 月 10 日天气预报转坏,老工人认为没有大雨,场指挥部就坚持没有撤格,结果约比其他撤格的单位要多产盐 3 000 吨左右。(3) 经常有一定组织和力量来研究和掌握气象变化情况非常重要。目前由于气象台(站)预报对局部地区很难做到准确(特别是雷阵雨)所以必须采取土洋结合观测气象变化,特别观测当时当地的气象,以补充气象台(站)预报的不足,如省研究所、灌西场用泥鳅、蚂蟥、烟叶等动植物的动态及老盐工的生理感应经验来观测天气变化趋势,根据上半年实验效果一般的准确性在90%以上。

4. 盐业生产设备落后,劳动负荷重,手工操作占80%,要改变这个落后生产方法,必须要抓紧技术革命与技术革新;其重点应该是改进制卤操作和工具改革两个方面。所谓改进制卤操作主要就是大压蒸发池,大面积制卤、深水制卤等;所谓工具改革,要掌握由土到洋逐步改革,某些操作过程有可能和有条件的就用机械和半机械来代替,目前主要还是研究和推广风车综合利用、扒盐大耙化、推盐车子化,从而减轻劳动负荷,提高工效,以求缩短工时,多产盐。上半年对新技术新工具的推广是不够好的。首先是对以技术革命和技术革新这个中心环节来发动群众苦干加巧干,达到提高劳动生产率,体会得不深刻,抓得没力,只是一般号召,群众中是苦干有余,巧干不足,影响了技术革新运动的进展;其次,对已肯定好的操作技术、好的工具,时抓时丢,决心不大,可以说:"红花朵朵,没有满园开放";再次,部分同志强调困难,好大求新,眼高手低,对不花钱或少花钱,不花料或少花料,自力更生,以土为主还认识不足,没有很好的从现实条件出发来积极克服困难,大力推广。这是三个原因,也是三个教训。

5. 在基本建设上必须全面规划,明确重点,分期分批进行,防止普遍开花的现象。今年上半年的盐业基建的教训是:

第一,战线拉得太长,摊子太大,形成沿海1 000多华里长的地区16个县、市和10个农场动员十几万人普遍搞盐场,对农业春耕生产劳力紧张考虑不够,结果造成某些地区海堤未打成,农忙季节又到来,骑虎难下,这样既影响了个别地区的农业生产,又影响了基建进度。上半年建成滩只占计划40%，投入生产是极少数。

第二，在施工步骤上，首先应执行先海堤后建滩，边基建边生产的原则，尽量避免盐业生产和农业生产的矛盾，射阳盐场在上半年基本建设中建滩和打海堤齐头并进，结果到汛期前海堤尚未竣工，盐滩也未建成；沂河农场先拣条件较好的地方建滩，并且一分一分的清，建成一分投入生产一分，因而效果很好，去年冬天开工，4月份即逐步投入生产，至6月底已产盐2 276吨。两者对比，还是沂河农场的施工步骤效果为好。

第三，本省沿海地区的气象情况，南北差别较大，据沿海五年各气象台(站)资料：4、5、6三个月平均总降雨量为南通沿海(312.4毫米)、射阳沿海(253.8毫米)、原淮北的徐圩(244.2毫米)，由此可以看出二季度，淮北地区雨量比南通、射阳沿海要少到4%至22%。在目前条件下，根据投资小、收效快的原则，一般的应在气象条件较好的地区先行逐步扩建，而后再根据条件和可能向气候较差的地区逐步伸展，这也是在保证重点，分批建成的精神下的一个具体原则。

(三)

下半年的盐业生产，必须在接受上半年的经验教训中继续鼓足干劲，大力开展增产节约运动，掀起一个更大跃进的生产高潮，力争完成下半年原盐64万吨及6万吨化工任务，并要完成销盐82万吨的运输任务，以缓和某些市场上原盐供应的紧张形势。

下半年产盐主要时间在三季度，正值雨汛季节，天时多变应很好掌握。七八月份应以“三防”制卤、保卤、保盐为中心突击产盐，结合做好保养滩地；9至11月应大力产盐；积极进行基建扫尾工程和冬季生产准备工作；具体的要抓好以下几项工作：

1. 应狠狠的抓住雨季生产经验，紧密结合三防工作，积极与天时作斗争，坚决贯彻“以卤为帅，气象先行”的原则，切实做好贯彻雨前、雨中、雨后措施，抓好连晴天，充分利用短晴天产盐，做到阴天制卤、保养池板；雨天保盐保卤排淡；晴天突击产盐。要求不浪费一个有效结晶日，雨后天晴做到一天得卤，两天得盐，三天大干，千方百计的力争完成下半年原盐生产任务，并要专人分工抓好化工任务的完成，解决化工生产中的原料、运输、安全储备及各项消耗定额等问题。

2. 确保原盐不受损失，加强运销工作。目前圩存盐有 60 余万吨，加上下半年产盐任务，至少在 110 万吨，集坨每月运输能力，仅在 12 万吨左右。这样下半年就缺少 40 万吨以上的运力，而外省需盐很急。因此，必须加强运输工作的领导，将外调的运盐船只全部归队，增加一批新船和拖轮运盐。为了发挥现有船只的潜力，建议将已经划给地方党委领导的驳盐船，仍归盐场统一领导，保证完成每月 13 万吨以上的外销任务。

3. 基本建设方面：

下半年基建投资约有 1 300 万元，建滩 1.5 万公顷，土方工程有 1 300 万立方米。

(1) 应本着“缩短战线，保证重点”的精神迅速进行扫尾项目排队，盐城只限在射阳盐场以内工程，南通按已紧缩后的扫尾项目进行善后结束工程，其他地区均限制在基建会议上的确定项目进行。不再扩大。重点明确后就扫一批，清一批。

(2) 加强物资调配供应工作，检查物资设备情况，尚缺物资，应自力更生设法解决，已有着落的物资应逐项核实，做到尽量节约和合理分配。

(3) 妥善安排施工力量，根据农业季节来组织施工，一般的要农忙时小干，做到少动或不动农业劳力，农闲时也要有步骤的干，做到生产基建同时跃进。

(4) 必须大搞技术革新,不断提高工效,缩短建设时间,减轻劳动负荷,施工单位应力求做到车子化,尽量压缩非生产性投资,在保证质量的基础上,力求少用三大材料。

4. 做好冬季生产准备,为明年打下物质基础,在观念上要明确要得明年原盐增产,决定于今冬明春准备工作的好坏,要求秋产结束后,至明年2月底止要积水5 760万 m^3,制卤684万 m^3。

(1) 凡淤塞的引潮水、导水沟要在11月底前基本疏浚完成;对于必要的排淡工程要在明年开晒前结束。

(2) 坚决实行低温冰下抽成,高温流动蒸发;加强滩地和压平整工作,蒸发池的硬度要力求达到结晶池的标准,并增加储卤设备,保证卤水全部储存好。

(3) 改建滩地要在不影响制卤修滩的前提下进行,但改滩一定要有步骤,不能普遍开花,要改一分成一分,接受去年改滩工程的被迫下马,半途而废的教训。

(4) 做好生产工具的添修和物资准备工作,有关明年生产的物资材料,如维修器材、盐席等,要提早列入国家计划,并签订合同落实下来。

此外,我们计划于8月下旬召开全省制盐工业“百日大战”总评比会议,通过会议,掀起一个更大的秋季生产高潮,布置冬季准备工作,以促进全年生产、运销、基建等计划的完成。

以上报告如无不当,请予批转有关各地。

江苏省轻工业厅党组

1959年7月30日

根据江苏省档案馆档案刊印

中共江苏省委批转省计委等党组《关于加速高等学校基建进度的意见》

（1959 年 8 月 18 日）

各地委、南京、无锡、徐州、南通、常州、苏州、新海连、扬州市委：

省委同意计委等四个党组关于加速高等学校基建进度的意见，希督促有关部门执行。

中共江苏省委员会

1959 年 8 月 18 日

附：江苏省计划委员会、江苏省城市建设厅、江苏省商业厅、江苏省高等教育厅党组《关于加速高等学校基建进度的意见》的报告

（1959 年 8 月 14 日）

省委：

今年本省高等教育事业有较大的发展，9 月初开学后将增加学生 14 315 人，共需增添校舍 21.79 万平方公尺，基建投资中央确定为 1 060 万元。由于计划迟迟未定，教育部分配材料少、施工力量安排的也不够，地方材料和运输方面也存在问题，因此工程进度十

分缓慢，基建计划完成情况极差。据省高教厅统计，截至7月底实际完成投资仅为102.37万元，只达全年计划投资数的9.6%。截至8月底（即下学期开学以前）预计累计完成的建筑面积为数更少，仅为1.3万平方公尺，只达全年计划面积的6%。这1.3万平方公尺的建筑面积，仅能解决3 200来个学生的宿舍，就是说开学后将有1.1万余人没有宿舍可住。今年全省高等学校共需增加学生宿舍5.05万平方公尺，而开学前完成的面积只相当于所需学生宿舍面积的1/4。现距离开学只有20天，而学生宿舍预计大部分不能完成；其他学生生活上的必须用房如饭堂等亦因学生宿舍不能如期完成而不得不推迟下来；最主要的教学用房如教室、实验室等在开学前后基本上没有着落。从目前情况看，如不采取紧急措施加速高等学校基建进度，开学后无校舍使用，将会造成教学秩序的混乱，影响教育工作的正常进行。为此经会同研究后，特提出如下意见：

一、希望各地、市委切实加强对当地高等学校基建工作的督促检查，对高校基建项目立即进行施工排队。目前已经开工的项目应查明工程进展缓慢的原因，并协助解决存在的问题，以加强施工力量；目前尚未开工的项目应进行材料排队落实，并立即列入施工计划，采取紧急措施并责成施工部门按期完成工程进度，以保证高教事业的需要。

希望各地、市委对当地高校基建工作，应从征地、设计、地方统配材料和市场物资的调配和供应、运输、施工排队、国家统配材料的预借和规格上的调换等各方面予以统筹安排和大力协助解决。

二、高等学校基建用三大国家统配材料由省计划委员会和高教厅负责统一调拨。现已到货并分配到各基建单位的统配材料计有：钢材584吨，占全年总数55%；水泥4 379吨，占全年总数57%；木材6 000立方公尺，占全年总数50%。估计各地进度加快以后，国家统配材料需要量增加，原分配高教厅材料，尚缺少钢材485吨，水泥 3 281 吨、木材 6 100 立方公尺由省计委先予调度，高教厅安排，尽可能适应工程的需要。各地高校如果国家统配材料一时供应不上，应由当地计委先行调度借用，以保证高等学校基建的正常施工。

三、高等学校基本建设施工力量的安排由省城市建设厅立即会同省高教厅和地区城建部门对各高校基建项目逐一排队落实，具体规定开工和完工日期，并责成各地城建、施工部门，切实加强措施，按期完成措施计划。

四、高等学校基本建设所需地方统配材料如砖瓦砂石等和市场供应物资如铅丝洋钉、毛竹、棕绳等由各地负责统一安排解决。

五、各有基建任务的高等学校应切实加强对基建工作的领导，院校长中应有一人专门负责这方面的工作，经常向省高等教育厅和当地有关部门联系和反映情况和问题，以保证基建任务的如期完成。目前除千方百计力争加速基建进度外，在校舍使用上还应作必要准备，克服困难，采取临时措施，对学生生活和学习的用房预作妥善安排，以免影响开学。

以上意见如无不当，请批转各地、市委和省有关厅、委研究执行。

江苏省计划委员会党组
江苏省城市建设厅党组
江苏省商业厅党组
江苏省高等教育厅党组
1959 年 8 月 14 日

根据江苏省档案馆档案刊印

中共江苏省委关于进一步开展夏秋季爱国卫生运动的指示

（1959 年 8 月 22 日）

各地、市、县委：

根据中央 8 月 4 日转发《中央爱国卫生运动委员会、卫生部党组关于进一步开展夏秋季爱国卫生运动的报告》的指示精神，结合我省具体情况，省委要求各地在大抓八九月生产工作当中，进一步加强对除害灭病工作的检查和领导，从现在开始，到国庆节前，在全省范围内掀起一个以除害灭病为中心的夏秋季爱国卫生运动高潮。既要轰轰烈烈，又要踏踏实实，使除五害、讲卫生运动取得更大的成绩，以保障人民身体健康，保护劳动力，保证当前生产任务的胜利完成。做到干干净净、健健康康地欢度国庆十周年。并为实现除害灭病、讲卫生的长期计划进一步打下基础。

今年上半年，我省除害灭病工作，在各级党委的领导下，是有很大成绩的，春季以来曾经在我省许多地区发生和流行的麻疹、浮肿等传染病和多发病，基本上得到了治疗和控制，但是从总的情况来看，今年爱国卫生运动的声势和劲头不如去年，不少地区还比较普遍地存在着畏难、松劲现象。对于除五害、讲卫生、劳动保护等经常性的预防工作，一般地还抓得不紧。在不少地区，目前苍蝇、蚊子还很多；浮肿、消瘦等病症，在部分地区又有新的发展；痢疾、伤寒、乙型脑炎等季节性传染病的发病人数，逐有上升，比去年夏季要多。部分地区，还发生疟疾暴发性流行。毫无疑问，这对于人民身体健康，对于完成当前紧张、繁重的生产任务都是不利的。

为了迅速有效地控制和扑灭当前已经发生的疾病，并制止其新的发展，希各级党委切实加强对当前除害灭病工作的领导。把除害灭病工作，列入当前工作的议程，结合生产和各项中心任务统一安排进行，并把卫生工作和生活安排、劳逸安排结合起来考虑。在除害灭病工作中，必须明确中心，抓住重点，分清主次缓急。当前应着重于大力灭蝇、灭蚊，切实管理好污水、粪便、垃圾，处理蚊蝇孳生场所；继续防治季节性传染病和多发病，特别是防治浮肿、消瘦和妇女子宫脱垂等病症；大力搞好环境卫生，特别是要加强集体场所的饮食、饮水卫生和劳动保护工作。同时，在地区上，要着重城市和交通要道，特别是向外宾开放的城市和单位。

在具体进行中：（一）必须紧密结合生产，做到有利于生产，不是妨碍生产。这就要求措施切实有效，计划周密具体，妥善地安排劳力和时间，把经常工作和突出运动紧密结合起来，防止一般化的布置。（二）要鼓足干劲，克服右倾松劲思想，运动要有声势，要认真地做好宣传教育工作，并切实地把卫生防病常识教给群众，使群众自觉地执行各项预防措施。（三）各级卫生部门要当好党委的参谋，组织医疗、防疫人员深入现场进行技术指导。并组织有关部门力量，层层进行检查督导，发现典型和总结经验，及时交流推广，使运动逐步深入开展。（四）加强请示汇报制度，要求各地、市委每5天向省除五害爱国卫生运动领导小组办公室汇报一次。

通过这次运动，要求各地蚊蝇密度大大的下降，环境卫生的面貌要有显著的改善，现有的浮肿、消瘦及其他各种季节性传染病和多发病要基本上控制和消灭，新病人不再发生或极少发生，使全省人民干干净净、健健康康地欢度国庆十周年。在国庆节前要求各地组织一次秋季爱国卫生运动检查，可以由各县（市）自己组织检查，也可以以专区为单位，组织各县（市）相互检查。以促进运动的不断向前发展。在国庆节后要求各地党委对这项工作每个月抓一次。请各地在9月上旬把这项工作部署下去,并将贯彻执行情况向省委作一次书面汇报。

中共江苏省委员会

1959年8月22日

根据江苏省档案馆档案刊印

中共江苏省委批转省电业局党组《关于当前安全生产上存在的问题和改进意见的报告》

（1959 年 8 月 22 日）

各有关地、市（县）委：

省委同意省电业局党组关于当前安全生产上存在问题和改进意见的报告。兹发给你们，望参照执行。关于电业部门设备维修的技术力量和设备归队问题，以及制造一些备品的问题，希电业局、重工业厅两党组及有关部门、有关地区进一步研究协商，迅速作出具体规定。

中共江苏省委员会

1959 年 8 月 22 日

附：省电业局党组《关于当前安全生产上存在的问题和改进意见的报告》

（1959 年 7 月 4 日）

省委并省委工业部：

今年以来，我省各电业单位经过深入贯彻中央以安全生产为中心的四查指示和省委九比竞赛运动，以及我局召开了一系列的专业会议与专业训练班，进一步贯彻了各项安全措施，因此，在安全生产上有了一定的好转，1—5 月事故次数比去年同期下降 17%，其中发电事故下降 52%，枣庄、戚墅堰电厂等都保持了 300 天以上无事故，新海、镇江等电厂保持了 100 天以上无事故，成绩较为显著。由于事故少送电量比去年同期增加 3.6 倍。

但是，目前安全发供电的基础并不牢固，主要的问题是：

（一）技术管理混乱，责任制度不明确，生产秩序不够正常。各单位的现场规程都很混乱，各种行之有效的技术制度和反事故措施执行松懈，今年以来，天生港 2 号机、盐城柴油机，常州、无锡、泰州主变压器事故等，都是由于不按规程办事所造成的。新设备增加很多，掌握这些设备的技工人数既少，水平又低，培训工作跟不上。化学监督存在的问题极为普遍和严重，下关、韩庄、戚墅堰、扬州、泰州、东台等电厂汽水品质不良，引起锅炉腐蚀，汽机结垢，直接威胁安全生产。

此外，有些单位在抓安全生产中，对生产与基建缺少全面安排，如徐州、常州、苏州、无锡等地供电部门因农灌任务重，把力量过于集中在基建方面，个别单位的生产工作几乎处于无人负责的状态，致安全情况不好，如常州供电所 1—4 月份发生了 16 次事故，领导亦未深入分析原因。

（二）检修力量和技术装备调出过多，对生产影响很大。去年从电业部门调到本省其他单位工作的工程师约有 15 人，技术员 20 多人，技工则在 400 人以上，检修用的加工设备和试验设备也大部分并入了电机制造厂。这种情况以常州、南京地区为最突出，去年常州调出的技工便达 201 人，南京为 51 人，加工、试验设备全部随同调出，而两地供电变压器各有 18 万千伏安之多，目前这些设备的经常维修和定期试验，因为没人没设备，已无法开展。

南京地区虽谈好由变压器厂负责修理工作，但由于制造任务重，常常把修理工作挤掉。戚墅堰电厂的检修技工，现在只有机炉检修时需要量的40%左右，对检修工期和质量影响很大。常州电气公司由于检修力量削弱过多，情况更为严重，发电机检修一再返工，缺陷仍未消除，再加上有些附属设备未能抓紧解决，致目前两台1 500千瓦的机组出力不足，增加了地区供电的困难。此外，还有一些单位，如新海、镇江、扬州、淮阴等电厂原有的技术力量就较薄弱，现在又进行机电设备制造，力量更为分散，直接影响了正常生产和安全运行。

（三）地区负荷紧张，发供电设备停不下来，电业的计划检修无法正常进行，部分设备带病运行。如韩庄电厂2台8 000千瓦机组自1957年4季投入运行后，因地区负荷重，一年多来未能停炉大修，遇到问题才临时抢修几天，结果不能彻底解决问题。今年以来该厂锅炉方面接连暴露了不少薄弱环节，5月25日省煤器第二次漏水，被迫停炉，限电1.2万千瓦，影响工业生产。

（四）备品、备件和必要的检修材料缺乏，有些厂连维护材料也备得很少，设备发生故障后，便四处搜罗，往往影响抢修时间或则造成事故扩大。很多地区的柴油机备件，原由上海、无锡、常州等地机器厂协作加工的，现在这些关系都中断了，发生故障停机后，到处奔走求救，有时还得不到解决。灌云、灌南、宿迁、新沂、靖江、宝应等地，都先后发生过这种事情。

（五）有些新设备的制造质量不够好。如下关8号机与韩庄60吨/时炉在安装时即发现叶片角度不对，炉管开裂等缺陷，苏州、无锡的11万伏31 500千伏安主变压器散热器管中清理出铁屑有两桶之多，无锡的11万伏31 500千伏安主变压器，制造厂在安装吊心过程中，跟广州的一台调错，结果次级电压不合要求。此外，无锡的2台5 600千伏安变压器质量也不好，都须返工检修。新海变压器制造厂制造的变压器几乎没有一台是合格的，一般只能运行几天便要发生故障，有的根本不能运行，又如常州变压器厂制造的变压器质量也不好，油中有水分，漏油，渗油极为普遍。

为了确保安全发供电，我们认为当前需要解决以下几个问题：

（一）切实做好增产节约的整改工作。当前应当首先整顿、巩固与提高企业管理，进一步贯彻党委领导下的厂长负责制和以厂长为中心的各级行政责任制。根据电业安全生产的要求和当前存在的问题，在企业管理的整改中又应当以加强技术管理为重点，同时相应地改善计划管理、财务成本管理，改进体制机构和领导作风。在加强技术管理方面，必须紧紧抓住运行、检修、培训和季节性事故预防工作。进一步明确总工程师责任制，充实技术部门的力量，发挥总工程师的参谋助手作用。根据边学、边修、边贯彻的精神，大力整顿规程制度，严肃执行运行、服务、安全作业、事故处理等四大规程；定期检查与分析运行记录，以提高安全经济运行水平。切实做好检修前的准备工作，严格按照检修规程办事，制订技术措施和质量标准，进行技术交底，明确检修要求，加强三级验收，确保检修质量。根据按级负责和缺什么补什么的原则，继续推行反事故演习，现场考问等行之有效的培训方法，以提高工人的技术水平。抓紧完成季节性事故的预防措施，检查防雷、防台、防汛、防暑降温工作。及时补课，确保设备安全过夏。此外，还要加强化学监督和电气预防性试验，加强继电保护运行管理和定期试验工作，认真追查分析事故原因，吸取教训，提高警惕。

（二）迅速将电业部门调出的检修力量和技术装备设法归队，经和重工业厅协商初步确定归队的原则是：

1. 凡是以电厂的技术工人、技术干部和技术装备而成立的制造厂应一律归队，改为电厂内部的修理工场，如镇江、扬州、新海、南通、淮阴等地。

2. 凡是电厂或供电所支援一部分技术工人、技术干部给制造厂的应抽调回一部分技工、技干，以充实检修维护力量，归队的人数大体上等于支援人数的50%左右，如南京、常州、无锡、苏州等地。

3. 凡是电厂或供电所过去支援制造部门的技术力量中属于汽轮机、锅炉检修工及供电安装方面的人员原则上应全部归还电业部门。常州电站设备制造厂虽本身有承制汽轮机的任务，但仍应本着检修和制造双方兼顾的原则，具体协商解决。

此外，我们要求电业部门过去调出的技术装备和南京、常州、无锡等地的试验设备和仪器，希望全部归还，如其中有多余的表计仪器，可以留给制造部门使用。同时将电业的修配部门和制造厂分开，以免工作扯皮，任务不能落实。

化学方面的技术干部电厂原来就不足，抽调后困难更多，而化学监督又为确保安全生产的重要工作之一，目前急须加强，要求能大部分调回。

（三）认真贯彻计划检修，及时消除设备缺陷。目前负荷紧张，停电检修对工农业生产确有一定影响，但设备长期运行不加修理，一旦发生事故，影响更大，因此，发供电设备必要的计划检修还是不可缺少，希望各地大力支持，调整负荷，以便及时消除设备缺陷，确保安全生产。电业部门也要采取各项有效措施，如提高检修质量，适当延长检修间隔，缩短检修工期，积极推行带电工作，加强备品工作，尽量减少设备停用时间，争取多发电、多供电。

（四）迅速解决备品的制造与储备工作。各地电业部门除积极发挥修配车间潜力，设法制造一部分本厂必须的备品外，有关电业部门无法制造的备品，希望重工业厅统一安排，指定有制造修配能力的制造厂负责加工制造，以扭转当前备品空虚，加工困难的情况。备品原则上由各单位自己储备，但根据备品的种类很多，目前资金器材又较紧张的情况，有些同类型的机炉设备和通用材料，亦可采取分头储备，互相支援的办法，以减少资金积压，最大限度地发挥备品的作用。

以上报告，是否有当，请予核示。

江苏省电业局党组

1959年7月4日

根据江苏省档案馆档案刊印

中共江苏省委员会办公厅、江苏省人民委员会办公厅关于进一步贯彻全国档案资料工作先进经验交流会精神的通知

（1959 年 8 月 24 日）

各地、专、南京、无锡市委、人委办公室，省委各部委，各厅、局办公室：

全国档案资料工作先进经验交流会结束后，我省不少地区按照本厅 7 月 16 日通知，已经认真传达和贯彻了这次会议精神，并讨论制定了今年下半年继续跃进的档案工作计划。常州、扬州、徐州 3 个专区和无锡市、省级机关一般都开了 3 天以上的档案工作会议。在会议中，对今后档案工作方针，大家都作了比较认真的讨论，进一步明确了当前工作继续前进的方向和奋斗目标，并且表示：要继续鼓足干劲，在“进一步提高档案工作水平，积极开展档案资料的利用工作，为社会主义事业服务”的工作方针的指导下，把工作做得更踏实，更细致，更好地为党的中心工作和各项工作服务。但是，也有一些同志，由于对会议的精神领会不深刻，对方针的理解不全面，因而，有的同志对今年的工作任务抱着无所谓的态度，认为可以慢慢来；这一种思想情况，在目前看来是主要的。另一方面，也有个别同志认为今年的工作要求比去年高，工作比去年难做，存在畏难情绪。我们认为，这些思想问题的存在，如不及时解决，将会影响这一方针的正确贯彻和工作任务的完成。为此，特提出如下意见，供你们参考：

一、已经召开过会议进行传达讨论的地区，应该经常注意了解和掌握档案干部的思想情况，抓住主要问题，及时帮助解决。如果认为对方针等问题讨论得还不够深透，可以采用业务学习小组、协

作小组等形式进行补课，一定要把会议精神和工作方针学深学透。尚未召开会议传达贯彻的地区，仍应抓紧时间，采取不同方式，把会议精神如期贯彻下去。最近出版的《档案工作》第七期的社论，对档案工作方针作了进一步的阐述，各地应认真进行学习。同期所载关于开展利用工作、县档案馆和技术档案的几篇文章，都是这次全国会议上带有总结性的发言，档案工作人员也应认真学习，从而把业务水平提高一步。

二、各地专和省级机关各部委厅局办公室应该根据会议的精神，妥善安排档案工作，并抓紧今后工作计划的执行，加强检查督促。县档案馆也要订出切实可靠的跃进计划，很好执行，以求计划的全面实现。各县档案馆和机关档案室都要做出显著成绩，来迎接伟大的国庆十周年。

三、为了进一步提高档案工作水平，各地应及时总结工作中的经验，特别是对县档案馆的工作，必须认真加以总结；其他关于某一具体工作，如利用工作、鉴定工作和统计工作等也要进行专题总结。各个专区应该有重点地选择一二个县、市档案馆和人民公社，具体帮助他们总结工作，并积极推广先进经验，可以召开一些小型现场会，交流经验，以达到普遍提高的目的。

此外，望各地将贯彻全国、全省档案资料工作先进经验交流会的情况，在最近期内书面告诉我们（常州、徐州专区、无锡市已报来），以便综合上报省委和国家档案局。

中共江苏省委员会办公厅
江苏省人民委员会办公厅
1959 年 8 月 24 日

根据江苏省档案馆档案刊印

中共江苏省委批转省农林厅党组《关于全省水产会议的情况报告》

（1959 年 8 月 27 日）

各地、市、县委：

省委基本上同意农林厅党组关于全省水产会议的报告，现批转各地研究执行。

中共江苏省委员会

1959 年 8 月 27 日

附：江苏省农林厅党组《关于全省水产会议的情况报告》

（1959 年 8 月 5 日）

省委：

我们从 7 月 7 日到 11 日，根据省委的指示，召开了全省水产工作会议，讨论了整顿渔业生产组织和完成今年下半年渔业生产任务的措施等问题。现将这个会议的主要情况，报告如下：

（一）

会议首先研究分析了今年上半年的渔业生产情况。今年，中央水产部下达我省的全年水产品计划任务是46万吨。上半年全省生产实绩是10.8万吨，虽然比去年同期增产了5 000吨，但是，只完成了全年计划任务的23.5%。按照历年的规律，上半年的产量一般占全年产量的35%到45%。今年上半年，渔业生产任务完成不好的原因，是多方面的，例如：春季海洋渔汛受到严重的风灾；投入捕捞的渔船、渔具和劳动力不足，渔需物资供应紧张，等等。但是，最根本的问题，还是在于渔业生产方面贯彻中央郑州会议和上海会议的精神不够，渔民的生产积极性没有被充分的调动起来。在体制方面，生产组织规模过大，公社权力集中过多，水面管理过严过死。例如，东台县弶港公社，把12个高级渔业社并成1个渔业大队。吴县原来有3个水上乡，现在也并成1个太湖公社。武进、宜兴间的滆湖，过去鱼虾的日产量在万斤以上，人民公社实行禁捕和联合放养以后，日产量下降到千斤以下。十分明显，这些做法，与目前渔业生产还是用手工操作、在分散的渔场上进行流动生产的特点不相适应。在收入分配方面，"一平二调"，不执行等价交换，不实行按劳分配的现象比较普遍。武进县东清人民公社，1958年渔民的总收入，上交公社50%，上交大队25%，积累12%，实得只有13%，渔民的生产情绪低落，即使捉一点鱼，也大部分偷卖、私分掉了。赣榆县海头公社梁山大队，农业劳动日的实际单价只有0.26元，渔业劳动日的实际单价达1.11元，渔农拉平分配以后，渔民不但不能增加收入，有80%的户要欠大队的债。由于这种情况，这个县已经有6 000个小取渔民放弃渔业生产了。在产品分配方面，不少地方扩大了自给部分，降低了商品率。昆山县茜墩公社将社内45只船所生产的鱼虾全部安排作为社内消费，不准渔民到社外出售，这样，既减少了市场供应，也影响了渔民收入。

（二）

会议认为，虽然今年上半年的渔业生产任务完成得不够好，但是，下半年的增产潜力很大：各地普遍反映，鱼虾的密度比往年为厚；淡水养殖投放的鱼种比上年增加近3亿尾，气温高，成长快；同时今年鱼苗完成了55亿尾，比去年增长一倍以上，夏秋期间可以补放一批夏花，只要培育得好，可以争取在年内养成成鱼起捕。因此，完成今年46万吨的计划任务，仍然大有希望。当前的首要关键，是要像整顿农村人民公社一样，认真贯彻郑州会议和上海会议的精神，对渔业生产组织进行一次整顿。通过整顿，切实解决体制、分配等问题，以进一步调动广大渔民的生产积极性。

对于如何解决体制问题，会议认为，必须采取以下措施：（1）坚决贯彻权力下放、分级管理的原则，对现有的渔业生产组织，根据当地的情况和渔业生产的特点，进行适当调整。在渔民渔船较多而又集中的渔港、渔区，可以单独建立以渔业为主的人民公社；在渔民、渔船较少但比较集中的地区，可以在农村人民公社中建立渔业大队；在渔民、渔船不多而又比较分散的地区，可以在农村人民公社的生产大队之下建立渔业生产队。渔业生产大队都是基本核算单位，它的规模应大体相当于原来的渔业生产合作社。一般的渔业生产队，是包产单位，生产大队对他们实行超产奖励；但农业生产大队中的渔业生产队，如果是由原来的专业渔民组成的，应当和农业分开，单独核算，自计盈亏。（2）农村人民公社的内塘养殖，除大水面由公社经营外，一般都应当下放给生产大队经营，零星分散的小沟、小塘，可以下放给生产队作为生产队的部分所有制。（3）在农村人民公社中，有一部分社员历来以捞鱼摸虾作为家庭副业，对于这些社员，应当鼓励和帮助他们在不妨碍集体生产的前提下，继续开展这一方面的生产活动。（4）对于历来是自由捕捞的水面，所有禁令，一律取消，恢复自由捕捞。

对于如何贯彻按劳分配，等价交换，会议认为，必须采取以下措施：（1）贯彻少扣多分的原则，合理安排公共积累和社员消费，在不断扩大生产的前提下，保证90%以上的社员能够逐年增加收入。淡水渔业社、队，生产费用和基本建设投资较小，分给社员部分一般应占总收入的55%—65%，公共积累占10%—20%，生产费用占25%左右。海洋渔业社、队，虽然收入较高，但生产费用和基本建设投资较大，分给社员部分可以稍低一些，但一般应占总收入的40%—50%，公共积累占20%—25%，生产费用占35%左右。基本核算单位所提留的公共积累，大部分应留在本单位使用，小部分上交公社。（2）在一个渔业基本核算单位之内，生产队、组之间，由于船只网具不同，捕鱼种类不同，技术不同，产量相差很大，在收益分配中应当承认这种差别，对产量高、产值大的生产队、组给予适当的照顾。例如在帮别、船具差别较大的渔业生产大队中，对各个生产队可以采取“以产计工”的办法来代替“三包一奖”，等等。但也要注意，在一个基本核算单位之内，生产队、组之间的差别也不宜搞得过大。（3）在有条件的渔业生产大队中，可以实行工资制和供给制相结合的分配制度，但工资部分应当占分给社员部分的60%—70%，供给部分控制在30%—40%。条件很差的大队，也可以暂不实行供给制，仍旧采取完全按劳动日分配的制度。工资部分的分配，应当坚决贯彻多劳多得的原则，对那些技术较高的船老大等，可以实行固定的工资制或者在技术补贴方面给予必要的照顾。实行供给制的单位，提倡实行供给制劳动底分的制度。（4）渔业生产大队的分配，应当根据渔业生产收益较快的特点，以及社员生活的需要，可以实行按汛预分和按月预支的办法。（5）在农业生产大队中，不作为基本核算单位的渔业生产队的社员，以及从事内塘养殖的专业组织的社员，都参加大队的统一分配，但是，也要有一些专门的奖惩制度，劳动好、产量多的，要保证他们有较高的收入，有技术的人员也要给予一定的技术补贴，以鼓励他们的生产积极性。（6）不论是渔业人民公社或者农村人民公社，所有集体生产的水产品的分配，都要认真执行国家计划，完成出口任务，要努力提高商品率，合理安排自给部分，切实扭转浪吃浪用等不良倾向。(7) 渔业社、队的旧账问题，也应当根据中央和省委关于农村人民公社算旧账的有关规定，进行一次清理。

会议建议，上述整顿渔业生产组织的工作，最好在 9、10 两月抓紧进行，争取在 10 月中旬结束，以便更好地促进下半年的渔业增产。

(三)

为了保证完成今年的渔业增产任务，除了必须大力整顿生产组织而外，会议还认为，必须进一步加强党对渔业生产的领导，加强生产指导，大抓渔需物资，积极做好水产品的购销工作。

会议建议，在渔业生产比重较大的重点县、市，要有一个书记或常委抓渔业工作，在一般县、市，也要有一个委员或部长负责这一方面的工作，以便及时贯彻党的方针政策，巩固渔业生产组织，促进渔业生产发展。

在加强生产指导方面，当前着重要做好以下几个工作：(1) 抓紧时机，大力开展捕捞生产。要继续组织渔船、渔民归队，合理安排渔场，改进捕捞技术，开展增产竞赛。(2) 继续搞好内塘养殖。要进一步建立和健全生产责任制，加强技术指导，做到精养细喂，加速鱼的成长。在干旱地区，在做好农作物抗旱保苗的同时，也要做好抗旱保鱼的工作，采取戽水灌塘、移塘、并塘等办法，尽量减少死亡损失。(3) 有条件的地区，继续争取多放鱼种，力争当年收益，增加产量。(4) 做好改革弶网、开辟鱼池、认真扩养和收集亲鱼等工作，为明年增产更多的鱼苗做好准备。

大抓渔需物资，积极增补渔业生产资料，这是当前发展渔业生产的重大问题。必须根据地方自筹和国家支持相结合的精神，大力组织货源，合理分配物资，并要认真检查使用情况，保证专材专用。渔船、渔具的修补，要固定劳力，保证如期修好补足，以便及时投入生产。

水产品的购销，要合理掌握地区差价，增设收购站、点，保证及时收购。

以上意见，如果可行，请省委批转各地研究执行。

江苏省农林厅党组

1959 年 8 月 5 日

根据江苏省档案馆档案刊印

中共江苏省委办公厅关于撰写人民公社优越性的文章的通知

（1959 年 8 月 28 日）

为了驳斥国内外敌人和党内右倾机会主义分子对于人民公社的攻击和诬蔑，长自己的志气，灭他人的威风，中央拟编一本书，像 1955 年编的《农村合作化社会主义高潮》一本书那样。在这本书中，将刊载各地典型的办得最好的人民公社的材料。我们要求每一个地、市委都要作两个公社的调查，写好两篇文章。

文章内容，主要是反映人民公社的优越性。党的八届八中全会关于开展增产节约运动的决议中指出人民公社的优越性，包括组织规模大，活动范围广，可以统一筹划全社的生产和分配，可以比农业生产合作社更有效地充分动员和合理安排农村劳动力，可以兴办农业生产合作社所难以兴办的建设，便于加快农林牧副渔和工农商学兵的综合发展，便于实现农业机械化，便于实现农民收入的稳定增长和加快农村整个生活的进步，便于发展公共食堂、托儿所等集体事业，在分配中可以有一定的供给制成分，等等，所有这些优越性，将越来越显著地发挥出来。各地、市委可以根据具体情况，选择各方面都好的公社或者选择某几个方面、某一个方面有特点的公社，作为调查和介绍的对象。

调查材料要准确，经得住检查，不能夸大，也不要缩小。文字以四五千字或七八千字为宜，要既扎实又生动，做到情（情况）文并茂，引人入胜。同时要拍摄一些照片，以配合文章发表。

各地、市委要立即抽调干部，组成工作组，由各地市委指定负责同志担任组长，专门进行这项工作。省级机关有关部门已抽调一批干部协助这项工作，统一归各地市委领导。我们要求各地在9月20日以前要先写好一篇文章，由组长送到省里来。各地、市委对这篇文章，要反复核实和修改，送到省里来时是成品，以便按时在国庆节之前发送中央。

省委由孙加诺同志和吴镇同志负责领导这项工作，新华社江苏分社孙振同志负责具体的事务联系。新华社江苏分社的电话号码是：42571。

中共江苏省委办公厅
1959年8月28日

根据江苏省档案馆档案刊印

中共江苏省委转发省科委党组《关于响应八届八中全会号召在科技界开展增产节约运动的意见》

（1959 年 8 月 31 日）

各地、市、县委：

省委同意科委党组关于响应八届八中全会号召在科学技术界开展增产节约运动的意见，兹转发给你们，请督促科学技术部门遵照执行。

中共江苏省委员会

1959 年 8 月 31 日

附：省科委党组《关于响应八届八中全会号召在科学技术界开展增产节约运动的意见》

（1959 年 8 月 28 日）

省委：

为了热烈响应党的八届八中全会的号召，在科学技术战线上，动员全省科学技术工作者进一步开展增产节约运动，反右倾，鼓干劲，为完成和超额完成今年的跃进计划，为提前三年完成第二个五年计划的主要指标而斗争，我们提出以下四点意见：

第一，在有条件的地区，尽可能由当地科委、科协联合召开各种形式的科学技术工作者大会（或有代表性人物的座谈会），动员科技工作者响应八中全会的号召，反右倾，鼓干劲，积极投入增产节约的群众运动。会议时间不宜过长，一般以半天为宜。这种会议，专区科研机关可以和专署所在地的市、县科研机关联合召开。可以单独召开，也可以与其他有关的会议合并举行。地方党委负责同志和科委、科协负责人应出面讲话。

第二，为了配合掀起增产节约运动的新高潮，各级科委、科协应立即行动起来，动员和组织科技工作者在农业战线上，围绕以战胜灾害、力争丰收的抗旱、治虫和加强田间管理为中心的群众运动，工业战线上围绕以高产、优质、低成本为目标的群众运动，运输战线上围绕多装、快装、快卸，抓紧提前运输和短途运输的群众运动，密切结合生产中存在的技术关键问题，动脑筋，想办法，广泛而深入地开展科学技术活动，以新的辉煌的劳动成果，迎接伟大的国庆十周年。

第三，各级科委应立即对各科学研究机构和高等院校承担的研究课题，分别轻重缓急进行一次排队，凡是对完成第三季度和今年生产任务直接有关的研究课题应放在第一位，保证完成和提前完成，对完成第三季度和今年生产任务直接有关但原规划漏排的课题，应立即安排，保证完成；虽属生产上需要解决但对完成第三季和今年生产任务关系不迫切的研究课题，可稍推迟；属于长远的尖端性质的研究课题，当前应摆在第三位。

目前应抓紧对完成今年生产任务密切有关的研究课题的研究工作，以后再腾出手来完成后两种研究课题。

第四，为了检阅科学研究工作的成果，向伟大的国庆十周年献礼，各地应尽可能地举办科技成就展览会，这种展览会能起评比竞赛、互相促进的作用。

科技成就展览会可以单独举办，也可以与其他有关展览会合并举办。科研工作中小试验和中间试验的初步成果，也可展出（内部展出，不对外开放）。在有条件的地方，可以把科技成就展览的工作经常化起来。

以上报告，如无不妥，请批转各地执行。

省科委党组

1959年8月28日

根据江苏省档案馆档案刊印

中共江苏省委关于抓紧雨后有利时机把超产运动推向新高潮的指示

（1959年9月2日）

各地、市、县委，公社党委，并报中央、上海局：

这次台风，从8月29日影响我省，9月1日，从本省过境入海。台风带来了喜雨，一般地区都下了30—40公厘、50—60公厘、70—80公厘，赣榆、灌南、涟水、泗阳、淮阴、沭阳、滨海等县下雨100公厘以上。全省除常州专区、南京市和南通专区一部分县，由于前一个时期塘坝干枯或者是下雨较少，现在水源仍然不足，有100万亩水稻还要抗旱外，在旱谷地区、棉田地区，旱情在大部分地区已经基本解除，其余部分旱情也已减轻。晚秋作物播种进度加快了，9月1号一天，全省就冒雨种了20多万亩。有了这场雨，还为冬种提供了较好的墒情。当然，台风过境时，也带来了一些损失，但损失不是很大的。据各地反映，棉花受损较重，一般每棵落铃一二个，较严重地方落二三个；高秆作物普遍倾斜，一部分中稻倒伏。有些地方倒了一些房屋。南通专区漂失了少数渔网。这方面的损失，现在正在检查。总的说来，这次台风大雨，利多害少，有了这场雨，争取今年大丰收的条件更好了，我们必须紧紧抓住这一有利时机，大战9月份，把农业超产运动推向新的高潮。加强中晚秋作物的田间管理，继续战胜旱、涝、风、虫灾害，狠抓晚秋作物播种，做好秋播的准备工作，妥善处理台风过境后的遗留问题。总之，要鼓足干劲，力争上游，不遗余力地奋战到底，使农作物的产量，比原计划再超一、二成，以弥补前一时期因旱减产的损失，争取今年各项农作物全面大丰收。为此，省委特作如下指示：

一、继续组织干部群众学习党的八届八中全会公报和关于开展增产节约运动的决议，反右倾，鼓干劲，以此为动力，普遍开展社社队队超包产，亩亩超指标，人人超定额，收好分好早秋，管好中秋，种好晚秋，准备好冬播，发展好副业的“三超、五好”增产竞赛运动，切实防止在降雨以后可能产生的新的麻痹松劲情绪。

二、加强水稻、山芋、大豆、棉花等中晚秋作物的后期管理，继续战胜各种自然灾害。在旱情已经解除的地方，要进一步加强田间管理，看苗促进，争取更大丰收。在旱情没有完全解除的地方，要继续引水蓄水，提水灌溉。在受涝的地方，要在最短的时间内排除积水。

三、抓紧雨后有利时机，抢种晚秋作物，超额完成晚秋播种计划，并尽量多种一些蔬菜。为了弥补有些地区因为旱灾所受到的损失，只要不影响冬播茬口的安排，应当尽量争取多种一些胡萝卜，茬口安排有困难的地方，也要多种一些秋菜。

四、对于已经成熟的中秋作物，要组织抢收，保证颗粒归仓，防止雨后霉烂损失。在收打过程中，要把场头管理工作切实加强起来，做到上场登记，脱粒过秤，入仓记账，支付有据，并同时做好产量的核实工作。

五、积极做好秋播的一切准备工作。秋播面积还没有落实的地方，应当赶快落实。全省 4 200 万亩夏收粮食和 350 万亩油菜的秋播任务，必须坚决完成，不能动摇。在淮北地区，要抓紧雨后有利时机，边收边耕边耙，松土保墒，以防秋旱。

六、迅速处理台风过境的善后问题，如：整修房屋、船只、农具，收拾渔网、渔具，培好吹歪的树木，加固堤岸、埝坝上的险工，整理防台物资，等等。

以上指示，希立即贯彻执行，并将贯彻情况及时报告省委。

中共江苏省委员会

1959 年 9 月 2 日

根据江苏省档案馆档案刊印

中共江苏省委关于加强农作物收获场头管理制度的通知

（1959 年 9 月 2 日）

各地、市、县委，公社党委：

加强场头管理，是保证丰产丰收，颗粒归仓的一个重要环节。在今年秋收中，必须把这一工作切实加强起来，确保秋收作物完全过好“收好”这一关。根据已有的经验，要做好场头管理工作，必须着重解决以下几个问题：

第一，要有足够的场地，以便于堆放庄稼。集中打晒，减少抛散损失。场地的建立，应当从便于管理出发，以生产队为单位，建立一个或几个。但一般说来，一个场地的面积宜大不宜小，一个生产队的场地块数宜少不宜多。原来场地过小和过于分散的，有条件的话，要适当并大。原有场地不足或没有场地的，要利用冬闲田，增辟新场。场地选择，要注意交通方便和防水、防火等条件，以节省运输劳力，和防止发生意外损失。各个公社和生产大队，对于目前场地准备情况，要立即进行一次全面检查，督促那些还没有准备好的生产队，赶快准备，不要耽误秋收。

第二，要发动群众，民主讨论制订出一套切实可行的场头管理制度，以保证打、晒、运、管等工作有秩序地进行，这套制度的要点：（一）庄稼上场要登记。（二）脱粒以后要过秤。（三）粮食入库要记账。（四）调拨粮食要有手续。（五）仓库要指定专人看管。（六）各个生产队要按品种逐项建立日报制度，并且要做到过秤、记账、保管三不见面。为了解决社员口粮，可以而且应当边打边分一部分粮食，但这一部分粮食，也必须过秤记账，然后分配。

第三，要建立场头工作专业组，实行专人专管，加强责任制度。(一) 生产大队和生产队的干部，在秋收期间，要分工专人领导场头工作，并且把场头记账员、仓库保管员，在一定时间内固定下来，负责到底。(二) 建立场头专业组，实行“几定”(例如定质、定量、定人、定工分等)和节节验收的责任制，以保证工作质量。(三) 做好防火、防潮、防偷的场头、仓库保卫工作，防止发生意外损失。

各地应根据以上各点，制定具体办法，公布施行。

中共江苏省委员会

1959 年 9 月 2 日

根据江苏省档案馆档案刊印

中共江苏省委批转轻工业厅党组《关于保证完成和力争超额完成今年肥皂产量计划的措施意见的报告》

（1959 年 9 月 7 日）

省委同意省轻工业厅党组《关于保证完成和力争超额完成今年肥皂产量计划的措施意见的报告》，请有关地、市委结合本地区具体情况，认真组织贯彻。另三、四季度所需米糠油、烧碱、纯碱、松香、硫酸镍等材料，请省计委、商业厅、粮食厅迅速研究安排。

中共江苏省委员会
1959 年 9 月 7 日

附 1：省轻工业厅党组《关于保证完成和力争超额完成今年肥皂产量计划的措施意见的报告》

（1959 年 9 月 1 日）

省委并省委工业部、财贸部：

最近我们在南京召开了 10 个厂（车间）的肥皂会议，根据鼓干劲、反右倾、厉行增产节约的精神，检查了 1—8 月份生产计划完成情况，交流了经验，着重研究了完成全年肥皂产量计划的具体措施。

今年全省肥皂产量计划为2万吨,1—8月中旬实际完成9 051.65吨。全年时间已经过去2/3,而产量计划只完成45.25%,还有一半以上的产量要在今后的4个月的时间内去完成。任务十分繁重。

能否完成这一繁重的任务?在会议期间作了反复的研究讨论,排措施、算细账,最后一致认为:只要我们千方百计,充分依靠群众,挖掘设备潜力,大抓原材料供应,认真贯彻党的八届八中全会的决议,今年的肥皂生产计划,还是可以力争完成与超额完成的。

一、当前肥皂生产的潜力还很大。每锅肥皂的煮皂时间,光华化学厂要90小时,南京肥皂厂要76小时,一般厂的煮皂时间也在50—60小时之间,而苏州裕华厂只要43小时。因此,全省生产能力较大的光华和南京两厂如果能把煮皂时间缩短,接近或达到裕华厂的水平,则光华厂的日产量可以提高一倍以上,南京厂的日产量也可提高77%。如全省肥皂厂的煮皂时间平均缩短1/3(从现实情况来看是有可能的),则全省肥皂日产量就可以由73吨提高到109.5吨。在今后的4个月中,按100个生产日计算,即可产肥皂10 950吨,加上1—8月的预计产量9 500吨,全省产量就可以达到20 450吨,超过了年计划产量。

但是,在缩短煮皂时间,提高产量的同时,肥皂的质量难以控制,甘油的损失略有增加。对于这些问题,裕华肥皂厂已有初步经验,各厂应该很好的学习研究,发动群众去解决。

二、要尽一切努力搞好"后勤"工作,大抓原材料,做到:生产跃进、"后勤"先行。今年以来肥皂生产计划完成差的主要原因是原材料时常脱节,不能及时供应生产需要。为此,供销工作必须领导亲自挂帅,在工作中要抢时间,抢运输,大搞协作。原料在运输过程中还必须有人押运,以减少差错。同时,由于国家分配的原材料还不能满足生产需要,必须千方百计寻找原料和组织原料供应:(1)与各市、县接洽肥皂加工任务,多方面争取来料加工;(2)积极组织野生油料和牛、羊油的收购，为肥皂生产开辟油源；(3) 收集和利用罐头厂、皮革厂以及其他方面(如大菜馆等)的废弃的油脂，增加油脂供应。

三、在保证质量的原则下，适当改变配方，节约原材料，增加产量。目前各肥皂厂生产的洗衣皂，脂肪酸含量大都在53%以上，这种肥皂的质量较好，每吨肥皂需耗用564公斤左右的油脂。从当前本省绝大部分地区的实际情况来看，并不需要这样好的肥皂，脂肪酸含量一般在47%即能满足消费者对质量的要求。裕华肥皂厂当前就是生产这类肥皂，消费者并无坏的反映。据了解上海市也在大量生产这类肥皂。脂肪酸含量由53%降低到47%，生产每吨肥皂就可以节约60公斤油脂。如果我们在今后4个月中，以80%的产量生产脂肪酸含量47%的肥皂，即可以节约480吨油脂。用这些油脂可以生产800余吨肥皂。足够480万人用一个月(每人半块)。

生产脂肪酸含量47%的肥皂，必须选用泡花碱作填充剂，不可用白土和滑石粉作填充剂，以保证质量。

四、加强计划管理，计划与措施要和群众见面，必须狠抓生产，分秒必争，按日按班按组的抓生产进度，各厂必须在完成和超额完成国家计划的前提下，制定出本厂每天的生产进度。在确保产量计划完成的同时，要密切注意质量的提高和原材料消耗定额的降低，以及安全生产，做到高产、优质、低耗和安全的全面跃进。

五、全省10个肥皂厂(车间)在肥皂会议上初步提出了今后4个月的生产计划(见附表)，需要各地加以支持和督促，使他们实现自己制订的计划。

六、要进一步安排原料供应。完成9—12月份的生产计划，需要主要原料：米糠油(或棉毛油)7 441.691吨，烧碱872.741吨，纯碱373.889吨，松香1 982.412吨(详见附表)。除去三季度已作安排的原料要求各有关部门保证供应外，三季度及四季度需要数为：

米糠油(或棉毛油)5 832 吨,烧碱 871 吨,纯碱 427 吨,松香 1 958.7 吨,硫酸镍 15.75 吨。要求省计委、粮食厅、商业厅迅速研究安排。

以上意见如属可行请批转各专、市县及省级有关部门贯彻执行。

江苏省轻工业厅党组

1959 年 9 月 1 日

附 2：9 至 12 月份需要主要原料数

单位名称	单位	9 月份需要原料					四季度需要原料				
		生产计划	米糖油	松香	烧碱	纯碱	生产计划	米糖油	松香	烧碱	纯碱
全省合计	吨	2 696.30	1 609.691	428.712	188.741	80.889	9 770.58	5 832	1 553.70	684	293
南京肥皂厂	吨	611.50	365.065	97.229	42.805	18.345	2 600	1 552	413.4	182	78
无锡电化厂	吨	143	85.371	22.737	10.01	4.29	607.72	362	97	42.50	18.40
万里香化工厂	吨	200	119.40	31.80	14	6	540	322	86	38	16
新浦肥皂厂	吨	61.80	36.895	9.826	4.326	1.854	220	131	35	15.40	6.60
光华化学厂	吨	720	429.84	114.48	50.40	21.60	2 938	1 754	467	205.60	88
扬州油脂化学厂	吨	30	17.91	4.77	2.10	0.90	180	107.50	28.60	12.50	5.40
唐闸油脂化学厂	吨	300	179.10	47.70	21	9.00	600	358	95.4	42	18
常州油脂化学厂	吨	180	107.46	28.62	12.60	5.40	653.86	390	104	45.80	19.60
镇江油脂化学厂	吨	120	71.64	19.08	8.40	3.60	360	215	57	25.2	11
裕华肥皂厂	吨	330	197.01	52.47	23.10	9.90	1 071	639.5	170.30	75	32

附 3：重点肥皂厂 1—8 月份计划执行情况及今后四个月生产计划安排

地区及单位名称	单位	肥皂年度计划	1—8 月份预计完成				9 月份计划				10—12 月份计划				全年预计完成			
			肥皂	甘油	硬化油	完成%	肥皂	甘油	硬化油	完成%	肥皂	甘油	硬化油	完成%	肥皂	甘油	硬化油	完成%
全省合计	吨	20 000	7 984.52	151.63	108	39.92	2 696.30	52.78	130	13.48	9 770.58	176.958	920	48.85	20 461	364.318	1 158	102.30
南京肥皂厂	吨	6 420	3 236	95.39		50.40	611.50	15		9.52	2 600	46	180	40.49	6 447.50	156.39	180	100.42
无锡电化厂	吨	625	249.28		15	39.88	143	1.86	85	22.88	607.72	6.60	300	97.23	1 000	8.06	400	160
徐州专区	吨	1 426	593.43			41.61	261.80			18.35	760	20.10		53.29	1 625.23			113.96
其中：万里香化工厂	吨		377.10	3.15			200	5			540	13.50			1 119.10	21.65		
新浦肥皂厂	吨		216.33	7.32			61.80	1.80			220	6.60			506.13	15.72		
光华化学厂	吨	4 800	1 258.66	26.27		26.22	720	16.12		15	2 938	71.258	120	61.21	4 916.66	113.648	120	102.43
扬州油脂化学厂	吨	615	91			14.80	30			4.88	180			29.26	301			48.94
唐闸油脂化学厂	吨	1 000	362.81	1.5		36.28	300	3		30	600	9		60	1 262.81	13.50		126.28
常州专区	吨	2 024	616.48			30.45	300	3		14.82	1 013.86		180	50.09	1 930.34			90.46
其中：常州油化厂	吨		390.14				180				653.86		180		1 224		180	
镇江油化厂	吨		226.34	1.65			120	3			360	9			706.34			
裕华肥皂厂	吨	2 965	1 576.86	16.35		53.18	330	4		12.24	1 071	15		36.12	2 977.86	35.35		100.40
苏州油脂化学厂	吨				93				45				140				278	

注：以上计划数是根据各厂在 8 月 24 日南京肥皂会议自报的。
计划完成百分比是指肥皂生产计划。

根据江苏省档案馆档案刊印

中共江苏省委关于农村宣传贯彻八届八中全会公报、决议开展增产节约运动的情况报告

（1959 年 9 月 11 日）

主席、中央、上海局：

党的八届八中全会公报、决议公布之后，各地都根据中央关于立即在工厂、矿山、企业、公社中，深入讨论提前和超额完成今年生产计划问题，开展增产节约运动的通知和省委 8 月 25 日电话会议指示精神，召开了公社党委书记会、四级干部大会、公社、大队的万人大会、社员大会、广播大会，迅速地向广大干部、群众进行了宣传贯彻。到 8 月底，全省已经普遍地贯彻到群众，农村 90%左右的基层党员干部和 80%左右的群众都受到了教育。广大农村干部、群众热烈拥护公报、决议，普遍反映："公报是喜报""公报是及时雨""是统一意志的公报，团结的公报，继续跃进的公报""总路线是灯塔，公报是指针""读了公报，头脑清醒了，方向明确了，腰杆硬了，增加了干劲"。对于调整后的国民经济计划，一致认为：是既讲条件，又讲干劲的跃进计划，是完全能够实现的计划。对于三个提前，特别鼓舞人心，昆山县的群众反映："听了公报有四喜：一喜工农业生产大跃进，二喜五年计划提前三年完成，三喜缩短五年时间在主要工业产品产量方面超过英国，四喜四十条农业发展纲要大大提前实现。"金坛县的干部说："三提前，我们的腰背硬起来，敌人的腿软下去了。"农村中报纸的发行量比平时增加三五倍、上十倍，到处传播公报、决议的消息。在公报、决议的鼓舞下，干部群众到处集会，红旗招展，锣鼓喧天，纷纷写保证书、决心书，摆擂台、打擂台，决心超

产，以实际行动来响应党的伟大号召，来向国庆十周年献礼，广大农村出现了一片新气象。

广大干部、群众在学习公报、决议时，一致认为，响应党的号召，实现“三提前”。认为实现“三提前”，必须坚持总路线，坚持大跃进，坚决人民公社的道路。纷纷列举亲身经历，肯定党的建设社会主义总路线的正确，肯定1958年大跃进的成就和今年继续跃进的形势，肯定人民公社的巨大优越性。常熟县白卯公社的干部群众说：“去年有了总路线，工作敢想敢说敢做”“三麦赶水稻，水稻翻一番”“十分指标，十二分措施，二十四分干劲”“人人干劲冲天，困难个个败退，工作节节胜利，生产突飞猛进，取得了史无前例的大跃进”。苏州专区2 995个生产大队，经过检查评比，与去年对照，有四种类型，第一种，去年生产搞得好，今年干部干劲更大，志气更高，确立了再接再厉，继续跃进的信心和决心，在整社中正确地接受了去年的经验教训，作风更加深入，工作更加踏实，因而生产搞得比去年更好的占56.4%；第二种，去年生产不够好，今年在公社统一领导和支持下，干部发奋图强，立下了“不怕条件差，只要干劲大”“地穷潜力大，人穷志气高”的大志，千方百计克服困难，因而使生产超过了去年的占24.8%；第三种，去年生产搞得不差，但由于干部激长了骄傲自满情绪，或者是整社中被社员提了一些意见，是非界线没有分清，因而麻痹松劲，甚至错误地认为“多做多错”，干劲不足，结果生产反比去年落了后的占10.8%；第四种，去年生产不好，今年干部仍然干劲不足，不图上进，因而今年生产落后面貌仍然没有改变的占8%，这个鲜明的对照，充分说明坚持总路线的、干劲足的生产就飞跃发展。正如群众反映的：“条件条件，主观努力为先”“执行总路线，一日千里，忘掉总路线，寸步难行”。对大跃进的成就，人民公社的无比优越，干部群众从生产上、生活上摆出许多事实，批驳了诽谤大跃进、诽谤人民公社的谬论。南京市郊区雨花人民公社社员说：“几十年没有过的干旱，在我们这里根本看不出来。要不是大炼钢铁，工农业生产大跃进，我们今年哪有30多台抽水机，要不是人民公社，我们哪有那么多人齐心协力抗旱。”昆山县茜墩公社跃进大队，过去历来增产幅度平均每年只有5%，去年大跃进增产二成多，72岁姓顾的社员说：“去年大跃进，粮食大增产，从盘古开天辟地以来没有听到过，哪个说共产党领导没有功劳，就是昧了良心说胡话。”金坛县城东公社社员夏洪保回忆对比过去的情景说：“民国23年，我家5口人，种了23亩田，干旱了46天，庄稼全部干死，结果把3个孩子卖掉，老婆病死了，只剩下我一人。今年旱的时间比那年长，还可以取得丰收，公社化真了不起。”这个公社的社员说：“大跃进成就铁证如山，风吹不倒，人民公社优越性胜似黄金，火烧不掉。”

广大干部通过对公报决议的学习，深深地体会到右倾思想，确实是当前工作中的主要危险，并初步揭发和批判了形形色色的右倾思想。普遍反映：“党中央、毛主席英明、伟大，中央指示及时、正确。”原来有右倾思想的人感到公报、决议是一剂良药，是一记警钟。他们反映：“右倾思想不反不得了，不反，方向不明，信心不足，干劲不高，怕苦畏难，见难后退，再这样下去，就会变成群众的罪人。”铜山县拾屯公社原来有11个干部长期不做工作，现在已有8个转变了态度，大队副李伯友半年多没有工作，并且到处散布消极论调，这次学习后说：“党挽救了我，不然我就要犯大错误了。”当即参加抗旱突击队，带领40多个社员苦干一夜，灌浇了18亩土地。

各地根据“机不可失，时不再来”和“三春抵不了一秋”的精神，采取了边学习公报决议、边行动的办法，狠抓当前，大干9月。纷纷召开现场会，检查评比，树标兵、插红旗，在一类苗乘风破浪，二类苗分寸不让，三类苗迎头赶上的口号下，分类促进，普遍深入地开展了轰轰烈烈的以超产为中心的增产节约运动。江阴县开展了“实产超包产、劳动超定额，穷队赶富队、三类苗赶一类苗，层层比收入”的二超、二赶、一比的增产节约运动。泰兴县开展了“队队超包产、亩亩超指标、人人超定额，收好分好早秋、管好中秋、种好晚秋、准备好秋耕秋种、发展好副业”的三超、五好竞赛运动。泰州县提出“千方百计，鼓足干劲，努力增产，厉行节约，力争口粮、饲料、烧草、用钱四自给”的战斗口号，开展了以战胜自然灾害为中心三突击运动，突击种好晚秋，突击搞好中晚秋管理，突击完成早秋征购。指标升级了，措施加码了。苏州专区常熟、太仓、昆山、吴县等 4 个县 108 个公社排队，有 2 个公社决定超产五成，有 2 个公社决定超产四成，有 5 个公社决定增产三成，有 16 个公社决定超产二成以上，有 65 个公社决定超产一成以上，有 17 个公社决定力争超产一成，只有一个公社由于受旱严重完不成包产指标。扬中县力争在 1958 年大跃进的基础上增产三成到四成。兴化县经过自上而下排队，对全县几十万亩晚稻亩产指标决定由原来的 400 斤基础上增产三成到四成。全县下放了 51 个公社党委书记和 383 个公社级、2 246 个大队级干部到领导薄弱、生产落后的地区去当生产队长，加强领导，定期改变局面。昆山县石牌公社社员提出：“要苦干 30 天，一天顶二天，夺取大丰收，迎接国庆十周年”，全社增添 3 429 部水车，日夜抗旱，做到水稻不脱水，旱情还没有解除的地方，群众提出：“只靠公社不靠天，旱得凶，抗得透，战胜干旱保丰收。”泰州县开展“三突击”后，全县生产日进度，割稻田每天 2 000 亩增加到 4 000 亩。播种晚秋由每日 2 700 亩增加到 9 000 亩，晚稻治螟点诱蛾灯由 8 000 多只增加到 3 万多只，5 天中诱蛾 2 500 多万只。徐州专区一手抓当前，一手抓明年，雨后突击抢耕、抢耙冬播田，至 9 月 4 日止，已抢种 400 万亩，占冬播计划面积的 50%，占已腾出的秋茬田和夏休田面积的 80%以上。粮食征购工作有了推动，丰县赵庄公社原订 96 万斤早秋征购任务，可是大队干部都说完不成，谁也不肯接受，这次学习，检查了右倾思想和本位主义后，各大队自报完成 110 万斤。睢宁县朱睢公社 33

万斤玉米征购任务，开始安排不下去，学习八中全会精神后，一天就完成了任务。泗阳县临湖等 4 个公社共 67 个大队，原报缺粮要统销的有 58 个大队，余粮的只有 7 个，自给的 2 个，开展增产节约运动后，缺粮队减少到 40 个，余粮队增加到 19 个，自给队增加到 8 个。副、渔业生产也有发展。扬中县公报、决议公布后，全县增养各种鱼苗 300 多万尾。目前，各种形式的超产竞赛运动，正在全省范围内广泛深入地展开。

我们认为，当前农村形势是继续大跃进的大好形势，继夏季丰收之后，早秋作物又获得了大丰收，全省已拿到手的粮食达 105 亿斤左右，比去年增产 21 亿斤，即增产 30%。中晚秋粮食作物还有 4 347 万亩，虽然比去年(4 863 万亩)减少 510 多万亩，但增产潜力很大。特别是晚秋、晚玉米和夏山芋，离收获季节还有三四十天、四五十天的时间，只要大抓后期田间管理，精收细打，颗粒归仓，中晚秋粮食作物的产量分别比去年多收一二成、二三成，是完全可能的。棉花，一般生长良好，现在正一面开花，一面结桃，争取每株多一个桃子，就有希望增产一二成。其他蚕茧、猪子、家畜、水产等生产也都有了发展，蚕茧，春夏两季已产 17.7 万担，比去年同期增产 28.4%；茶叶，已产 6 100 担，比去年同期增产一倍多；果品，已产 50 万担，比去年同期增产一倍多；生猪，8 月底圈存量达到740.4万头，比 6 月底上升了 14.6%，家禽，到 8 月底已经发展到 5 000 万只，比 6 月底增长46.6%；水产，虽然春季海洋渔汛受到严重风灾，没有完成计划，但比去年同期也有了增长。大抓今后的淡水捕捞旺季生产，仍有可能完成和超额完成全年生产计划。

当前的任务，就是要充分利用这一有利形势，抓紧时机把超产竞赛运动推向新的高潮，达到全面完成和超额完成农、林、牧、渔、副各项生产计划。全省要求，粮棉在 1958 年核实产量的基础上增产一成到二成，粮食尽一切努力达到 320 亿斤，争取 335 亿斤，棉花达到 460 万担，争取 500 万担，油料达到 4.63 亿斤，争取 5 亿斤，蚕茧达到 32 万担，争取 35 万担，茶叶 8 000 担，争取 1 万担，果品 150 万担，争取 200 万担，生猪年终圈存量确保 900 万头，争取 1 000 万头，水产确保 46 万吨，争取 50 万吨。

我们要求各个地委、市委、县委根据这些要求，分别提出自己的奋斗目标。一般来说，粮棉生产，在没有受过旱或基本没有受过旱的太湖、里下河、沿江、沿湖地区，要求在 1958 年的基础上，争取增产三四成以上，一般受过旱的地区，也应当争取增产二成以上；过去受旱较严重，现在旱情还没有完全解除的地区，要千方百计，力争不减产或者少减产。

为了实现今年的这一增产计划，必须进一步地组织干部、群众学习党的八届八中全会公报和关于开展增产节约运动的决议，反右倾，鼓干劲，以此为动力，克服整社中遗留下来的某些方面的消极因素，充分调动各方面的积极性，红旗挂帅，现场促进，不断树立标兵，组织打擂比武，把社社队队超包产，亩亩超指标，人人超定额，收好分好早中秋，管好晚秋，种好晚秋，准备好冬播，发展好副业的“三超、五好”增产竞赛运动推向新的高潮。

以上报告，如有不当，请中央、上海局指示。

中共江苏省委员会

1959 年 9 月 11 日

根据江苏省档案馆档案刊印

中共江苏省委关于工业战线贯彻八届八中全会开展增产节约的情况报告

（1959 年 9 月 12 日）

中央并报上海局，抄各地、市委：

自从中央关于反对右倾思想的指示和八届八中全会文件下达后，我省工业战线各部门各厂矿企业，从领导到群众都进行了学习，并以中央指示为思想武器，检查总结了生产和工作，批判了右倾松劲情绪，因而广大干部群众的精神大为振奋，干劲更高，他们坚决拥护中央的指示，热烈响应党的号召。纷纷表示要鼓足干劲，力争上游。许多厂矿的领导干部都亲临前线，深入车间，指挥作战。广大职工群众普遍反映："东风又吹来了""要乘东风大干特干""要轰轰烈烈扎扎实实的大干一场"。常州市的工人提出要"大战 9 月份，9 月超 8 月，九月开头红，生产满堂红"。有的厂工人提出生产要"天天满堂红，厂厂满堂红，人人满堂红""要全面提前超额完成今年首先是九月的跃进计划，迎接国庆十周年"。现在，整个工业战线上全线沸腾，竞赛的擂台大摆，锣鼓大敲，红旗大飘。一个新的增产节约的高潮正在迅速形成，生产正在蒸蒸日上。全省 8 月份的工业产值比 7 月份增加 17.7%，其中 8 月中旬比上旬增长 41%，8 月下旬又比 8 月中旬增长 45.3%。钢的生产水平一跳再跳，以 7 月日产水平为 100（吨），8 月上旬是 133（吨），中旬是 221（吨），下旬是 265（吨）。平均日产量 8 月比 7 月增长 97.2%，9 月 6 日又开始创造了日产 442 吨的新纪录。钢的质量也显著提高，平均合格率已达 92.7%，比 7 月份提高 19.11%。生铁的平均日产量比 7 月份提高 19.45%。机械工业，8 月份产值比 7 月份增长 51%。化学工业，

8月份产值比7月份增长32%。煤、轻工和其他产品的产量和质量也都显著提高。从几个主要地区的情况来看：南京市8月份工业产值比7月份增长18%。无锡市、镇江、苏州、南通等专区，8月份比7月份工业产值分别增长15%到25%。群众中成倍成几倍的突破定额的先进事例，如雨后春笋，层出不穷。

这次运动的特点是行动迅速，群众发动快，对生产抓得比较全面，收到了立竿见影的效果。

最近，各地区、各部门、各厂矿企业，对今年生产计划都重新进行了研究，并作了修改，省委根据各地的汇报，对全省工业总产值指标，也作了研究，初步意见，把原订的81亿的计划指标，提高到88亿元至93亿元，比去年增长23.94%至30.98%。

我们的措施是：

一、在干部中继续学习八届八中全会文件，深入开展反右倾斗争，继续鼓干劲。据苏州市委对222个企业792个领导骨干的排队：干劲足、执行党的指示坚决、善于联系群众、勇于克服困难的209人，占36.59%；基本上干劲足，但水平低、办法少、有些畏难情绪或作风上有些缺点的420人，占53.01%；干劲不够足、思想作风上毛病较多的74人，占9.39%；有严重右倾保守思想、干劲很差的8人，占1.01%。各地对所有厂矿企业干部都在这样排队，做到领导上心中有数，以便更好地发动群众，领导与群众相结合，准确地、深入地对右倾思想进行坚决的批判，并在此基础上，调动各类干部的积极性，使绝大部分干部都鼓足干劲，力争上游。

二、全面地抓计划、抓指标、抓关键。在反右倾鼓干劲的基础上，首先发动群众，讨论和修订今后四个月的生产计划，确定如何完成计划的办法。然后抓住关键问题，采取领导干部、工人、技术人员三结合的办法，集中力量，群策群力，解决关键问题。我们的口号是要抓得早，抓得狠，抓得深，抓得细，抓得具体。从全厂到车间、班、组、个人，从月到旬、日，从产量、质量、品种、成本到劳动生产率，都要求做到按时、按人、按计划完成并争取提前超额完成任务。

三、在群众中大讲成绩，大鼓干劲，大立跃进思想，大搞竞赛，大搞技术革命和技术革新。召开现场会议，树标兵，找差异，找对手，掀起一个学先进、赶先进、超先进的竞赛运动。省内各行、各业，近几天已连续召开了广播大会，进一步掀起运动的高潮，并采取一系列的组织措施，使竞赛向纵深发展。

在大比大赛中，提倡苦干、实干、巧干，防止过多地延长工作时间和劳动强度，同时，注意安全生产，注意关心群众的生活，使运动健康持久地向前发展。

四、加强工农之间、地区之间、部门之间的大协作活动，组织物资调剂工作，继续清理仓库，清理在制品、残次品，回收废旧材料。在坚持全国统一计划的原则下，强调千方百计，克服困难，自力更生。

五、领导干部亲临前线，加强政治思想工作，加强对生产的具体领导，加强企业管理，全面的接受大跃进以来的经验，及时发现问题，及时解决问题。

以上报告，是否有当，请中央指示。

中共江苏省委员会

1959 年 9 月 12 日

根据江苏省档案馆档案刊印

中共江苏省委关于市场情况的报告

（1959年9月14日）

泽东同志、中央并报上海局：

党的反右倾、鼓干劲，厉行增产节约的号召以后，八中全会的公报和关于开展增产节约的决议公布以后，我们立即在全省范围内展开宣传教育运动。当公报决议一向群众宣传，群情大为振奋，干劲迅速高涨，各条战线上都很快地掀起增产节约运动的新高潮。大好形势，反映在市场上：副食品和日用工业品的生产、收购和供应，都有增加，货币回笼也有增加，市场供应较前稳定。8月份的情况是中旬比上旬好，下旬又比中旬好；从月份来看，8月比7月好，9月上旬的情况又比8月好。随着增产节约运动的继续开展，生产的不断增长，市场将出现更好的情况。现在把市场情况简报如下：

副食品生产和供应方面，有显著增长，城市蔬菜生产和供应已超过去年同期的水平。10个市（市区人口为346万）今年春夏季种植蔬菜22万亩，种植面积比去年秋季增加49%。8月份，我省大旱、大热，但是城市蔬菜供应仍比去年同期增加60%，城市蔬菜自给程度比过去任何时候都高。在8月抗旱时期，为了抢种“伏菜”，农民日夜浇水，城市人民热烈支援，群众说：干劲压太阳，人力大似天，战胜旱老虎，保证菜丰收。依靠这种顽强的斗志，使得城市在大伏天还有比较充分的青菜供应，这是奇迹。8月底得雨以后，在5天时间内，仅10个市的郊区又抢种了5.7万余亩蔬菜。今年秋菜面积可以达到33万亩，比春夏季将再增加50%。鱼虾捕捞，也打破了过去“伏天不下网”的常规，8月份水产收购量比去年同期增加50%，除调京、调沪和出口外，市场供应量也增加15%，现在城市每人每月可以吃到鲜、咸鱼一斤左右。商业部门采购副食品的干劲很大，8月中旬的采购量比上旬增加11%，8月下旬有些地方又组织千人大军，深入社队突击采购，采购量又比中旬增加47%。生猪收购量在9月1日至8日的8天内，平均每天已达1.464 7万头，比去年同期增加30%，9月份生猪调沪可以达到5万头，为七八月份调运数的4倍多。生猪饲养，8月份增加26万头，目前圈存量已达740万头，预计到年底可以达到900万头，争取1 000万头，超过去年年底800万头的水平。家禽已发展到5 000万只，超过了去年同期的水平。总的看来，副食品生产、收购、外调、出口、供应等情况都已经好转。当然，目前粮食、油料还没有过关，生猪、蛋品生产还没有完全恢复，供应也还比较紧张，省内各城市平时不供应家禽、蛋品，猪肉每人每月二至三两。因此，副食品生产还必须继续鼓足干劲，在巩固现有成就的基础上，组织全面增产。城市力争在明年6月底以前达到基本自给，农村要在今冬明春大力发展多种经营，支援城市和满足出口需要。

日用工业品生产和收购数量大大增加，供应情况平稳。轻工业和手工业方面在8月份扭转了前一时期生产一度下降的状况，供应比较紧张的商品，都有大幅度的增产，如肥皂比上月增产35%，比去年同期增加19%；铁锅比上月增加74%，比去年同期增加3倍；日用工业陶瓷比上月增产172%，比去年同期增加近5倍；各种小商品生产一般比去年同期增加50%以上；农村小农具的生产和供应也已经基本上能够适应需要（只是由于中碳钢、木材等原料不足，有的质量不如去年）。百货商店今年8月份经营的品种，已比去年6月份增加12%，缺货情况已经改善。各地名产、特产多数已经恢复，手工业生产职工人数已接近去年8月的数字。商业部门收购日用工业品的数量，8月中旬比上旬增加68%，下旬又比中旬增加32%，群众看到商店货架上堆满商品，品种比较齐全，供应比较充足，对日用工业品的紧张心理也就逐渐消除。对日用工业品的生产，今后还要千方百计地克服原材料的困难，挖掘生产潜力，增加产量，增加品种，提高质量，降低成本。同时把现有从事日用工业品、手工业品生产的人员、设备固定下来，把原材料供应比例固定下来，保持经常生产，避免脱节中断现象。

压缩城市购买力的措施已经收到效果，勤俭节约的风气已经初步形成。到8月底止，多余的职工已经处理50万人（1958年末人数为218.5万人）；8月份行政机关的管理费用比5月份减少22.53%。压缩购买力所取得的效果还集中地表现在以下两个方面：第一是全省商业系统8月份销货总额比7月下降6.38%，比去年同期下降13.7%（其中城市减少22.5%）；第二是银行6至8月份差进（回笼）现金3 518万元，而去年同期则差出（投放）2 726万元，市场货币流通量已经大为减少。在银行差进的现金中，约有20%是属于群众储蓄存款的增加数。自从进行增产节约的宣传教育以后，在干部和群众中，一些不正常的、过高的消费要求已经有所转变，怪话也已逐渐消失。勤俭节约的教育，还必须在长时期内经常进行，坚持勤俭建国、勤俭办社、勤俭办一切事业、勤俭持家的方针。

工商业布局和管理体制的调整，保证了生产和经营都能够全面发展，能够适应人民多方面的需要。在日用品工业和手工业生产上，我们实行了低、粗、小和高、精、大同时发展，生产设备归队，生产专业化，制造和修理同时发展，修理人员归队等措施。这些措施执行的结果，生产品种大大增加，人民经常需要的日用陶瓷、炊事用具、小五金等等都有专业单位进行生产。修理业务的恢复，更受到群众的热烈欢迎，坏了有修，破了有补，价格合理，服务周到，人们对于购置新东西的需要就大为减少了。商业管理体制调整以后，基层收购、供应单位增加，群众感到买卖东西方便了，原来的合作商店、合作小组前一时期曾经改为统一计算盈亏、拿固定工资，现在大部分已经调整为各自核算，按劳分配，他们的经营积极性和服务态度也有了显著的提高。服务性行业也增设了点，服务行业人员大部已经归队，现有人员已接近去年8月的水平，能够适应需要。现在，城乡之间的商品调拨，基本上已经能够按照国家计划进行，“开后门”“物物交换”等现象已大大减少。

从中央“六一”指示以后，特别是增产节约高潮以来，市场情况已经大大好转，成绩是巨大的。但是，工作的发展还不够平衡，不够全面，不够巩固；而安排人民经济生活的工作又是一项重要的、经常的、长期的任务，不能脱节，不能中断；因此，在今后工农业生产继续大跃进中，我们将继续经常地关心有关人民经济生活的□方面工作，经常地进行经济宣传工作，加强这方面工作的领导和力量配备，加强各个经济部门的协作，调节各方面的关系，务必做到随着工农业生产的大跃进而使人民生活逐步地有所改善，更好地完成1959年市场工作的任务，从而鼓起群众更大的干劲，保证社会主义建设的继续跃进。

当否？请予指示。

江苏省委

1959年9月14日

根据江苏省档案馆档案刊印

中共江苏省委员会关于庆祝建国十周年的补充通知

（1959年9月16日）

中华人民共和国成立十周年即将到来，这是一个具有伟大历史意义的胜利节日。各地党委除必须执行《中央批转中央宣传部关于庆祝建国十周年的通知》中的各项规定以外，省委再作如下补充通知：

一、全省各地均应从现在起以一个多月的时间，集中地、大张旗鼓地向干部和人民群众进行一次宣传教育。遵照中央通知中的规定，并结合我省具体情况，着重宣传十年来我国社会主义革命和社会主义建设所取得的伟大成就；宣传党的八届八中全会的公报和关于开展增产节约运动的决议的重大意义；宣传党的鼓足干劲，力争上游，多快好省地建设社会主义的总路线的伟大胜利；宣传1958年大跃进的辉煌成就；宣传人民公社化的优越性和伟大历史意义；宣传继续跃进的有利形势和我们的光荣战斗任务。进一步动员江苏全党和全省人民，在以毛泽东同志为首的党中央领导下，同心同德，团结一致，坚持总路线、坚持大跃进、坚持人民公社的光荣旗帜，战胜前进道路上的一切困难，反对右倾思想，继续鼓足干劲，把正在轰轰烈烈开展着的增产节约运动不断地推向新的高潮，为今年完成第二个五年计划的主要指标而奋斗！为在10年左右时间内在主要工业产品的产量方面赶上英国而奋斗！为提前和超额完成十二年农业发展纲要40条而奋斗！

二、今年国庆节的庆祝规模应当比往年隆重热烈。省和南京市将在节日前夕举行庆祝大会，在节日当天举行庆祝游行，在节日前后举行文娱活动。各市和县城庆祝活动的规模和形式，由各地党委根据中央通知的精神，自行决定。不驻在城市的机关、团体、部队、企业、事业单位及人民公社，亦须集会庆祝并进行宣传教育。各种庆祝和宣传活动，要隆重热烈，丰富多彩，力求节约，加强保卫工作，确保安全。

三、各地自编的宣传材料，当地报刊发表的庆祝文章，以及文娱节目、展览会、宣传牌、画廊等内容，都必须责成有关负责同志认真审查。有关全国性的问题的宣传，应以中央宣传部编发的《宣传参考资料》和《人民日报》、新华社最近发表的材料为依据。有关全省性统计数字，应遵照省委宣传部编的资料（尚在审核中，数日后才可发下）和《新华日报》发表的各有关部门负责同志所写的纪念文章中的数字。

四、各城市以及对外宾开放的地区（中央规定为南京、无锡、苏州、宜兴）和单位，应当进行必要的市容整顿和环境布置，做到美观大方，整齐清洁，但应防止铺张浪费。

以上通知，希即执行。

中共江苏省委员会
1959 年 9 月 16 日

根据江苏省档案馆档案刊印

中共江苏省委批转城市建设厅党组《关于全省市、专建筑安装企业、县区建筑组织和自营基建队伍整顿劳动组织的情况报告》

（1959 年 9 月 21 日）

各地、市、县委：

省委原则上同意城市建设厅党组《关于全省市、专建筑安装企业、县区建筑组织和自营基建队伍整顿劳动组织的情况报告》。兹转发给你们，希参照执行。

中共江苏省委员会

1959 年 9 月 21 日

附：省城市建设厅党组《关于全省市、专建筑安装企业、县区建筑组织和自营基建队伍整顿劳动组织的情况报告》

（1959 年 8 月 30 日）

省委：

现将全省市、专建筑安装企业、县区建筑组织和自营基建队伍整顿劳动组织的情况和我们的意见，分别报告如下：

一、关于市、专建筑安装企业

据各地汇报，全省10个市和盐城、淮阴两专区建筑安装企业，7月底全部职工尚有34 542人。1到7月共减少了10 337人，约占去年新增职工数的40%。对于被减人员的安排，基本上做到了各有所归。其中约70%为去年新吸收的来自农村的临时工，仍回到了农村。

以去年8月到年底的劳动生产率水平来衡量，现有力量和任务基本上相平衡。今年8月到年底5个月，计划工作量约共有8 000万元，7月底全部职工除附属厂站工人、管理人员和服务人员外，建筑安装工人约共有21 400人。但由于今年1到7月份劳动生产率水平较低，因此8月到年底的劳动生产率必须比前7个月平均提高62%。这不仅是必要的，也是可能做到的，应该千方百计保证实现，并力争超过这个要求。目前建筑安装队伍更加精干，劳动组织更加合理，面临的形势，也和其他厂矿企业一样十分有利。特别是最近各地在中央发出继续鼓足干劲、反对右倾保守、厉行增产节约的战斗动员后，在省委和各地党委的领导下，群众干劲大增，劳动生产率正在逐步提高，新的增产节约高潮已开始形成，完成和力争提前完成全年任务的信心和决心很强。这是力量的泉源。

按照省委有关指示的精神，结合当前任务和力量的实际情况，全省今年8月到年底的平均人数和年末人数，应该控制在7月底总数的水平上。但前一个时期，有些地区由于任务尚未完全落实，或对提高劳动生产率的潜力估计不足，因而对所需劳动力的计算不够准确。为此，多数地区的人员应该不超过7月底在册人数；部分地区（如南通、盐城、淮阴、新海连）尽可能低于7月底在册人数为宜。

建筑企业由于本身的特点，劳动力时多时少，调动频繁。在年内高峰时期，有些地区可能还要增加一些临时工，应在所确定的年内平均人数内，能少时则少，该多时则多，自行调度解决。各地应适当改进劳动力管理，做到既有控制，又便于调度。

二、关于县、区建筑组织

根据各地汇报，全省有56个县级建筑公司。南京、无锡和徐州等市，均有区建筑公司。大部分是去年下半年在集体所有制的基础上上升起来的。去年年末共有35 937人，7月底尚有26 975人，已减少的人员约占去年新增人员的38%。最近，少数县、区建筑公司已正式宣布为集体经济组织，多数尚未明确，正在按照省委有关指示进行贯彻。

县、区建筑公司需要改为集体经济组织的，和不需要改为集体经济组织的，应从实际出发确定。一些市县合一、城镇人口较多且工业基础较强、发展条件较好、基建任务又较大的县，而所在地市、专的建筑力量难以支援的情况下，经地、市委批准，现有建筑公司的一部或全部可以继续保留为地方国营公司。区和一般县的建筑公司，改为集体经济组织较为合适。这对于全省和各个地区建筑力量与任务的平衡，国家建设和民修民建的兼顾，劳动力的合理使用，都是有利的。当然，不应改的如果改了，那也将会引起不良的后果；但应改的不改，对整体是不利的。

县、区建筑公司改为集体经济组织，在经济上自负盈亏，不能认为是恢复过去，而是在进行必要整顿的基础上逐步提高。因此，在改为集体所有制以后，仍由县、区直接领导，上级业务部门进行业务指导。领导骨干应该继续保留，管理人员要力求精干；基本成员原则上应限于依靠建筑为生、自愿参加、政治和健康条件较好的城镇人口；对于来自农村的“五匠”，原则上应回农村，来自各地建筑站人员，也应回原建筑站，必要时可就近洽调。积累的使用，应该主要用于添置生产设备、武装自己；部分以旺养淡，小部分可举办集体福利事业。应该建立和健全民主管理制度，财务收支，定期公布和报告。取费、分配和福利等问题，应该根据有利于国家、集体和个人利益的统一，内外团结的加强，工农联盟的巩固的原则，在整顿提高的基础上，因地制宜，照顾习惯，逐步加以解决。

市、专建筑公司和县、区集体建筑经济组织的经营范围，应该根据统筹兼顾的原则，作适当的分工。原则上，国家建设和重要工程任务应由前者承担，当地零星基建、简易建筑和民修民建任务由后者承担。但双方从有利于工程任务完成和共同提高出发，应根据需要与可能加强协作和相互支援。各地应按照上述原则因地制宜加以具体规定。目前在县、区建筑人员中，应巩固的树立为零星新建和房屋维修服务的经营思想和端正不怕分散、便利用户的服务态度；克服和批判某些人员中那种“好大嫌小”“喜建厌修”的不正确的思想和作风。

三、关于自营基建队伍

据省统计局材料，全省自营基建力量去年有了很大发展。去年年末共有 4.8 万人，约超过市、专建筑安装企业同期数的 10%。今年 6 月底，仅限额以上建设单位自营力量尚有 4 万人左右。其中：煤炭系统约 2.3 万人，水利系统约 9 900 人，冶金系统约 2 800 人，南京铁路局约 4 800 人。

自营的产生原因是多方面的，看来基本上有两个：一是由于缺乏承包力量而任务又很迫切，在此情况下进行了自营，这部分数量大，但单位不多；再一种基本上不是由于缺乏承包力量，而主要是建设单位打小算盘，临时招兵买马进行自营，这部分力量不大，但面广、单位多，时有时无，时多时少。

应该肯定，自营弊多利少，不是方向。现有自营力量，原则上必须予以结束。对于上述限额以上的建设单位自营力量，建议省有关部门加以通盘考虑，或加强省专业承包力量，或在地区建立分支机构接受承包任务，以结束现有自营队伍。对于零星分散基建工程的自营力量，可待正在施工的工程项目竣工后结束，由原单位负责整顿交给当地专业部门接管，今后任务由专业部门承包。但有些较大的厂矿企业原有修缮房屋的少量工人，则应继续保留。为了严格控制自营力量的发展，个别工程在特殊情况下确需自营时，应经省批准。

以上报告不当之处，请指示，并请批转各地、市、县委。

江苏省城市建设厅党组

1959年8月30日

根据江苏省档案馆档案刊印

中共江苏省委关于开展短途运输群众运动的指示

（1959 年 9 月 22 日）

一、随着工农业生产的继续跃进，运输任务特别是短途运输任务势必更大。去年为解决短途运输，曾动员了上百万人和 20 万吨左右的民间车船，单第四季度就完成近 1 400 万吨短途运输任务。而今年第四季度地方运量可达 4 000 多万吨，除专业运力担负外，尚有 1 600 余万吨短途运输任务无力承担，解决这个矛盾的最有效、最现实的办法，是依靠群众，组织民间运力开展一个短途运输的群众运动，那些专等国家增添工具解决短途运输问题的想法与做法都是不现实的，因而也是不对的。

二、当前组织短途运输的群众运动，主要是以下几个方面：

第一，公社办运输是解决短途运输的关键，因为农副产品面广量大，从分散到集中，这些短途运输任务，必须靠公社办运输来解决。因此，公社需要组织起适量的运输队伍，担负经常运输任务，并有一批预备队以担当临时的突击任务。

当前首先要把副食品，早、中稻征购集运任务突击完成。

第二，厂矿区的短途运输，是生产过程中不可缺少的环节，目前也是最薄弱的环节，随着生产的跃进，任务更大，因此各厂矿应根据生产需要建立健全自己的运输体系，积极充实常备运力，并积极的改善运输条件，如搞溜槽、轨道、修好道路港站，等等。

目前物资已有积压者，应组织群众性的突击运动搬清积压物资。

第三，目前有许多港、站（包括企业自有码头和专用线）工地常因装卸力不足，严重的浪费了运力。这些地方必须要有适应经常任务需要的装卸能力，凡劳动力不足者应予配足；另外应像常州那样组织居民或公社的后备队伍，遇有物资积压时，随时组织突击运动解决之。

第四，目前各地公路、航道和港口码头有的急待整修，以提高通过能力。对此，各地、市、县委应视情安排劳力，组织突击整修。

三、上述几方面所需劳力最多可占到农村劳动力的 2.6%—3%（中央计算全国的比例为 3.7%—4.5%）。各地应依任务情况因地、因时制宜地通盘考虑，根据农事与交通运输需要统一安排。

四、组织群众运输必须贯彻按劳付酬支付运费的办法。关于定价标准，可以各地现行运价为基础，按吨公里计算。为适当照顾群众工具载重量较小、效率较低并鼓励群众办运输的积极性，如按现行运价确实收入太少，可予适当调整，但也要防止过高，大体上每个劳动力每日收入在 1 元左右为宜。在收益分配上，也要很好掌握处理集体与个人之间的比例关系，既要照顾公共积累，也要贯彻多劳多得的原则，以鼓励社员个人的劳动积极性。

五、为使运动顺利开展，各级党委必须加强领导，应由分管交通的书记挂帅，并指定一个专员、县长、社长经常掌握。各级运输指挥部亦应相应的充实力量，作为这个运动的具体办事机构，处理日常工作。公社内要建立运输管理组织，指派专人负责。有关交通建设和车船修理的材料，应本自力更生，就地取材的办法解决，各物资管理部门也应尽力协助解决。

中共江苏省委员会

1959 年 9 月 22 日

根据江苏省档案馆档案刊印

中共江苏省委关于制订三年农业发展初步规划的指示

（1959 年 9 月 23 日）

各地、市、县委，并报中央、上海局：

今年 3 月以来，在全省范围内开展了大规模的整社运动，人民公社迅速走上了健全发展的道路；8 月底，全省又自上而下的开展了对党的八届八中全会的公报和决议的学习，通过学习，大大鼓舞了广大干部群众的积极性，横扫右倾，大鼓干劲，农业生产的□□潮已经起来了。为了更好的贯彻党的八届八中全会的决议，为了适应农业生产全面高涨的新形势，为了迅速改变我省农村的经济面貌，省委认为，有必要从上到下，层层制订从 1960 年到 1962 年的三年农业发展规划，明确第二个五年计划后三年的奋斗目标，以便进一步调动广大干部、群众的积极性，把全党全民动员起来，为迅速改变我省的农村面貌而努力奋斗。为此，省委特作如下指示：

（一）关于生产指标问题。1960 年到 1962 年，是第二个五年计划的后三年，这三年的农业生产，必须在 1958 年和 1959 年两年大跃进的基础上，继续跃进。并且用比较多的力量来加强某些薄弱环节。总的目标是：争取提前 5 年，即 1962 年实现农业发展纲要所规定的粮、棉、油等主要产品指标，力争 1962 年粮、棉、油的产量在 1957 年（即第一个五年计划的最后一年）的基础上增长一倍以上，并带动林、牧、渔、副业和社办工业全线大跃进。全省要求达到：粮食总产量 1959 年 320 亿—340 亿斤，1960 年 370 亿—400 亿斤，1962 年 500 亿斤左右，使全省城乡人口平均每人有粮食 1 000 斤。棉花总产量 1959 年 460 万—500 万担，1960 年 530 万—580 万担，

1962 年 700 万—800 万担，实现亩产百斤棉。油料总产量 1959 年 4.6 亿—5 亿斤，1960 年 9 亿—10 亿斤，除完成外调任务外，争取全省城乡人民每人每月能吃半斤油，1962 年 13.5 亿—17.2 亿斤，使全省城乡人民每人每月能吃一斤油。猪子的年终圈存量，1959 年 900 万—1 000 万头，1960 年 1 300 万—1 500 万头，1962 年 3 000 万—4 000 万头，做到两亩半田一头猪。水产总产量，1959 年 46 万—50 万吨，1960 年 60 万—70 万吨，1962 年 120 万—130 万吨。林特产总面积（包括桑、茶、果、竹、用材林、芦苇、药材、香花等）1959 年 1 000 万亩（其中用材林 500 万亩），1960 年1 290万亩（其中用材林 600 万亩），到 1962 年 1 800 万亩（其中用材林 800 万亩）。蚕茧产量，1959 年 32 万担，1960 年 40 万—45 万担，1962 年 65 万—70 万担。公社工业总产值 1959 年 7 亿—8 亿元，1960 年 10 亿—12 亿元，1962 年 20 亿—25 亿元（各种农作物和林、牧、渔、副的产量指标附后）。

实现了这个规划，全省农业和公社工业的总产值，1959 年为 58 亿—62 亿元，1960 年为 70 亿—76 亿元，到 1962 年为 105 亿—120 亿元。

（二）三年规划，是一个跃进的规划。是一个振奋人心鼓舞士气的规划。为了满足广大农民迫切要求翻身的强烈愿望，和国家工业发展对农产品日益增长的需要，实现这个规划是必要的。1958 年大跃进的经验证明，实现这个规划也是可能的。1958 年广大干部群众在总路线的鼓舞下，苦干、实干、巧干，全省普遍出现了大幅度、大面积增产的红旗单位。这些单位，在农业生产战线上，高高举起了跃进的旗帜，指出了前进的方向。1958 年泗阳县 20 万亩棉花，平均单产 102 斤，比 1957 年的 40 斤增长了 156%。1959 年苏州专区 286 万亩三麦，平均单产 240 斤，比 1957 年 123 斤增长了 95%；扬中县 10 万亩三麦平均单产 362 斤，比 1957 年 183 斤增长了一倍；海门县的26万亩春玉米，平均单产520斤，比1957年206斤增长了152%。拿公社来说，这种先进典型就更多了。这些单位有的是一年，有的是两年，大面积产量都翻了一番，甚至翻了一番以上，可见“翻一番”并不是件难事。这些单位能够做到，为什么别的单位做不到？即使一两年做不到，有三五年的时间也应当做到。全省各级组织和全体干部群众都应当有一个赶先进超先进的志气，给自己提出一个跃进的、经过出大汗、出大力能够实现的指标，采取有力措施，为实现跃进指标而努力奋斗。

（三）制订规划，要以粮棉油带头，带动林牧渔副和社办工业、手工业的全线大跃进。制订规划，要全面排队，从各地的不同条件出发，因地制宜，明确重点，抓住关键，限期翻身。只有这样，才能充分发挥有利条件，改变不利条件，全面的高速度的发展生产，才能分期分批地改变面貌。从粮棉油生产方面来说，苏州、常州、扬州3个专区，要大力抓水稻，抓三麦，抓油菜，逐步把这块地方建设成有高度商品率的粮食、油菜基地。徐淮平原、通扬沿江的杂粮区，要以三麦挂帅，抓好杂粮，积极地实行旱改水，适当的发展以棉花为重点的工业原料作物，提高小麦的商品率，改变粮食不足的状况，增加社员现金收入。在南通和盐城专区的沿江沿海地区，除继续种好棉花，不断提高单位产量外，要适当扩大粮食种植面积，逐步减少粮食供应，做到粮食完全自给或者基本自给。在多种经济方面，所有地方都要抓好畜牧业，发展猪、牛、羊和家禽，镇扬丘陵区、徐淮沙荒区、沿海草滩区、湖泊河荡区，更需要充分利用当地资源，“靠山吃山，靠水吃水”，养蚕，种果，种茶，种树，栽竹，捕鱼，养鱼。所有的人民公社，都要积极发展社办工业和手工业。

（四）为了实现三年规划的增产指标，必须坚持贯彻执行广种多收和高产少种相结合的方针。今后三年，播种面积不能缩小，并且要适当扩大，全省农作物的播种面积必须保持在1.3亿亩左右。

其中粮食播种面积不能少于 1 亿亩，棉花不能少于 800 万亩，油料作物扩大到 700 万亩，其他作物的播种面积，要在保证粮棉油种植面积的前提下，合理安排，要大力开荒，扩大耕地面积。在适当扩大播种面积的同时，必须坚持种好高额丰产基本田。各地应在今年春季土壤普查的基础上，对现有土地进行全面排队，分别一、二、三类，一类田作为基本田加工培植，力争高额丰产。二类田要进行彻底改良，限期追上一类田。对三类田也要积极地加以改良，地多人少的地区，也要实行广种多收，决不能随便抛荒。随着基本田面积的不断扩大，逐步建设有高度商品率的粮食、工业原料、副食品等商品基地，以便使国家更容易地取得各种农产品，供应城市，支援工业。

为了实现三年规划的增产指标，要大力增添和修理农具，增加农业机械，逐步实现农业机械化和半机械化。到 1962 年，要求全省拖拉机从现有的 1 002 台增加到 1.96 万台，机耕面积从现有的 3% 发展到 25%左右，排灌机械从现有的 32 万匹马力增加到 70 万—80 万匹马力，机械排灌面积占总耕地面积 60%—70%。3 年内逐步实现运输车船化，基本做到或者大部分地区做到脱粒、治虫、农副产品加工等的机械化和半机械化。

为了实现三年规划的增产指标，必须大力兴修水利。要求在 1960 年基本上消除一般性的旱涝灾害，到 1962 年基本上消除比较严重的旱涝灾害，3 年内计划兴修水利 40 亿—50 亿土石方，把灌溉面积扩大到耕地面积的 80%以上，抗旱能力达到 60 天。今冬明春先做 8.5 亿—10 亿土石方，争取 12 亿—15 亿土石方。

为了实现三年规划的增产指标，还要大力增积肥料，进行积肥基本建设。积肥，应以自然肥料为主，以绿肥厩肥为重点，普遍推广草塘泥和堆肥，同时，要积极增产化肥。到 1962 年，要求全省绿肥面积，在南京地区占耕地面积 1/3 左右，北部地区占耕地面积 20% 左右；根据各地不同情况，分别做到：1 亩田 1 头猪，2 亩田 1 头猪，

3亩田1头猪。3年内全省计划兴建小型化肥厂18个，年产化肥32万吨。

此外，还要积极进行深耕土地，改良土壤，保养繁殖耕畜，切实进行农业技术改革，全面贯彻农业八字宪法。

（五）实现三年规划，是江苏全党全民光荣伟大的政治任务和经济任务。要保证这个任务的实现，必须在加强人民公社的组织建设，发挥人民公社的优越性的基础上，坚持政治挂帅，大搞群众运动。右倾机会主义分子反对政治挂帅，反对大搞群众运动，而事实恰恰相反，过去二年大跃进的经验证明了，这是高速度发展农业生产的根本保证。所谓政治挂帅，就是说，要保证党对农业生产的绝对领导。地委、县委的第一书记要亲自挂帅，领导农业生产。要对广大农民加强经常性的宣传教育工作，使他们认清跃进形势，提高思想觉悟，鼓足革命干劲。大搞群众运动的中心环节，是开展"几超""几比""几查"的红旗竞赛运动，定期检查评比，现场促进。用评比的方法，用群众自我教育的方法，把农业增产运动不断推向高潮。在竞赛运动中，要抓两头带中间，重点是抓先进。要提倡明赛，而不是暗赛。要遍地插红旗，分项树标兵。全省每一个专区都要选择一个或几个县，每一个县选择一个或几个公社，加以重点的帮助和支持，使他们在全面完成增产计划方面，或者在完成某一项生产任务方面，保持领先地位，作为大家学习的榜样。在抓先进的同时，还必须分类排队，分类促进，做到"一类的乘风破浪，二类的一着不让，三类的迎头赶上"。这样，大跃进的运动，就能够始终保持着生气蓬勃的局面。

以上指示，希各地、市、县委，各公社党委认真研究执行，并结合本地区的情况，在秋收前后迅速制订自己的三年规划，把制订三年规划当成冬季整社的主要内容之一，充分发动群众进行讨论，把规划变成群众自觉行动，把农业增产运动不断的推向新的高潮。为提前并超过省委的三年规划而奋斗。如有不当，请中央、上海局指示。

附：江苏省1960年到1962年农业发展规划表。

中共江苏省委员会

1959年9月23日

附：江苏省1960—1962年农业发展规划表

（主要的产品产量）

（表一）

项　目	计量单位	1957年实绩	1958年实绩	1959年预计		1960年规划		1962年规划	
				必成数	期成数	必成数	期成数	必成数	期成数
粮食	亿斤	227	290	320	340	370	400	470	500
棉花	万担	317.6	467.2	460	500	530	580	700	800
油料作物	亿斤	5.2	4.35	4.6	4.93	8.9	9.91	13.5	17.2
麻类	万担	64.8	65.1	93	95	190	200	210	□
生猪	万头	902	800	900	1 000	1 300	1 500	3 000	4 000
家禽	万只	3 155	1 904	4 000	5 000	5 000	6 000	8 000	10 000
水产	万吨	28.5	37.39	46	50	60	70	120	130
蚕茧	万担	20.1	23.2	32		40	45	65	70
果品	万担	82.2	84.5	150	200	200	220	250	300
茶叶	万担	0.38	0.43	0.85	1	1.5	2	4	6
木材	万立方米	3	4	5		6		10	12
毛竹	万根	50	100	100		150		200	250
社办工业	亿元		4.6	7	8	10	12	20	25

（主要的产品产量比 1957 年增长幅度）

（表二）

项　目	1958 年比 1957 年增长％	1959 年比 1957 年增长％		1960 年比 1957 年增长％		1962 年比 1957 年增长％	
		必成数	期成数	必成数	期成数	必成数	期成数
粮食	27.7	41	50	63	76.2	107	120.3
棉花	47.1	44.8	57.4	66.9	82.6	120.4	151.9
油料作物	—17.3	—11.5	—5.2	71.2	90.6	159	230.8
麻类	0.5	43.5	46.6	193.2	208.6	224	285.8
生猪	—11.2	平	11	44.4	66.5	233	344
家禽	—30	26.7	58.4	58.4	90	153.5	217
水产	31.2	61.4	75.4	110.5	145.6	321	356.1
蚕茧	15.4	59		100	124	223	248
果品	2.8	82.4	143.3	143.3	168	204	265
茶叶	13.1	123	163	295	426	952	1 480
木材	33	67		100		233	300
毛竹	100	100		200		300	400
社办工业							

（农作物和林特产面积）

（表三）

单位：万亩

项　目	1957 年实绩	1958 年实绩	1959 年实绩	1960 年规划	1962 年规划
全年播种面积	14 864	12 598	11 815	13 167	14 170
其中：粮食(包括大豆)	12 462	10 625	9 526	10 160	10 050
棉花	880	757	748	800	800
油料	415.8	324.5	274.7	630	700
其他工业原料作物	61.7	64.8	96.3	170	200
绿肥	301	430	532	1 000	2 000

续 表

项 目	1957年实绩	1958年实绩	1959年实绩	1960年规划	1962年规划
林特产总面积	627	770.7	1 000	1 290	1 800
其中：桑园	78.5	81.1	100	130	200
茶园	5.2	6.5	12	20	50
果园	10	38.5	103	200	200
竹园	23	74	90	110	250
用林材	345.3	405.5	500	500	800
其他	165	165	195	230	300

根据江苏省档案馆档案刊印

中共江苏省委关于开展家家户户种“油菜王”运动的通知

（1959 年 9 月 28 日）

各地、市、县委：

目前正是油菜的播种季节，为了从多方面增加油料生产，各地除应大力抓好当前油菜播种，完成油菜播种计划外，省委号召每个农户利用自留田和“十边”隙地培植 10 到 20 棵“油菜王”，开展一个家家户户种油菜运动，种的油菜，谁种谁收，不计征购。这是增加油料生产的一项重要措施，搞得好，一户可以产 3、5 斤油菜籽，全省可以产 3 000 万—4 000 万斤。希望各级党委立即部署，把这个运动迅速开展起来，并将部署的情况向省委作一次报告。

中共江苏省委员会

1959 年 9 月 28 日

根据江苏省档案馆档案刊印

在江苏省暨南京市各界人民庆祝中华人民共和国成立十周年大会上的讲话

（1959年10月1日）

惠浴宇

同志们、朋友们：

中华人民共和国成立十周年的伟大节日到来了。全国各地、全国各族人民，都在热烈欢呼我们祖国十年来社会主义革命和社会主义建设的辉煌成就，热烈欢呼社会主义建设总路线、大跃进和人民公社的巨大胜利，这真是举国同庆、万众欢腾的时候。今天江苏省和南京市的人民，在这里举行盛大的集会，来庆祝这一伟大的节日，我们内心充满着无比的欢乐和兴奋。今天和我们一起欢度节日的，还有尊敬的贵宾，我们表示热烈的欢迎！

中国人民在中国共产党和中国各族人民的伟大领袖毛主席的领导下，经过长期的艰苦曲折的斗争，在十年以前，终于推翻了国民党的反动政权，建立了中华人民共和国。这是继十月社会主义革命以后的一个伟大历史事件。中国革命的胜利，把帝国主义的东方战线冲破了，占人类总数1/4的中国人民从此站立起来了。在全国解放以后，我们国家彻底地完成了民主革命，取得了社会主义革命的决定性的胜利，使我国社会生产力获得彻底的解放，社会主义建设随着飞跃地发展起来，从而迅速改变着中国贫穷和落后的面貌。特别是在1958年，在党的鼓足干劲、力争上游、多快好省地建设社会主义总路线的光辉照耀下，我国国民经济出现了空前的大跃进，农村中实现了人民公社化，各个战线上都取得了巨大的成就。1958年，全国工农业总产值比1957年增长48%，为1949年的4.4倍。我国的钢产量（不包括土钢），1958年比1957年增长49.5%，为1949年的51倍。煤产量1958年比1957年增长108%，为1949年的8倍多。粮食产量1958年比1957年增长35%，为1949年的2.3倍。棉花产量1958年比1957年增长28%，为1949年的4.7倍。今年我国国民经济各部门，在去年大跃进的基础上继续跃进，上半年工业总产值比去年同期增长65%，夏熟作物和早秋作物又获得了丰收。我国国民经济这种高速度的发展，不仅是旧中国根本办不到，就是最发达的资本主义国家也是望尘莫及的。这里，让我们来比较一下：钢产量从500万吨增长到800万吨，我国只用了1年的时间，而美国却花了5年，英国却花了11年。煤产量从1.3亿吨增长到2.7亿吨，我国也只用了1年的时间，而美国却花了14年，英国却花了32年。从1949年到1958年的粮食产量，我国增长了131.3%，而美国只增长了23.2%。至于棉花产量，我国增长了372.5%，而美国却下降了28.1%。我国社会主义建设的伟大成就，使我们的朋友高兴，使我们的敌人震惊。现在，我们的祖国欣欣向荣，生产建设蓬勃发展，人民生活日益改善，人民民主专政的政权空前巩固和强大，全国人民的政治觉悟和组织程度空前提高。国家的政治经济情况极为良好。我们江苏人民，同全国人民一样，都为这些光辉而伟大的胜利感到光荣和自豪！

十年来，我们江苏人民，在中国共产党和毛主席的英明领导下，取得了社会主义革命的伟大胜利，一日千里地把社会主义建设事业推向前进，使旧江苏的面貌发生了翻天覆地的变化。大家回想一下解放以前的情况吧！过去江苏工业一般说是比较多的。但在帝国主义和官僚资本主义的掠夺和垄断下，民族工业得不到应有的发展，根本没有什么重工业。即使是轻工业，大都集中在宁沪铁路沿线和长江北岸的几个主要城市，很多设备、原料、材料都要依靠从国外进口。解放以后，我们不但彻底改造了旧的企业，发展了新的企业，建立了重工业的基础，而且在苏北、苏南城乡各地创办了各种地方工业，建立了许多新兴的城市，从而根本改变了半殖民地工业的畸形状态。解放前，我省根本没有钢铁工业。经过去年大炼钢铁的运动，已经初步建立起钢铁工业的基础。全省的钢产量，今年将要达到 9 万吨。解放前，我省煤炭工业只有少数矿井。现在我们已建立起许多新的矿井，1958 年年产量达到 355 万吨。解放前，我省的机械工业只能修修配配，连最简单的机床也不能制造。现在我们已经能够生产像汽轮发电机、自动机床、载重汽车等大型的、高级的、精密的产品。解放前，我省只有部分市、县有发电设备。解放后，一座座的电站建立起来了，现在，全省每个县城和部分集镇，都有了电力供应。1958 年全年发电量达 9.88 亿度，比 1949 年增加了 7.9 亿度。今年一年全省电站建设的规模，就远远超过了解放前 46 年的电站建设的总规模。化学工业、纺织工业、食品工业和手工业等，也都有了很大的发展。全省工业总产值，1958 年比 1949 年增长 3.5 倍，今年 1 至 8 月，又比去年同期增长 50%。全省工业部门职工人数，1958 年比 1949 年增长 3.12 倍。由于工业的发展，使许多落后的消费城市改造为先进的生产城市。就南京来说，解放之前只有 38 个破烂不堪的官僚资本主义的企业和一些小型的私营工厂。现在全市工厂林立，百人以上的工厂，就比 1949 年增加了 11 倍。职工人数增加了 12 倍，工业总产值增加了 37 倍。所有这些，都标志着我们江苏正在社会主义工业化的道路上大踏步地迈进。

我省农村的情况，已经发生了根本的变化。在彻底消灭了封建剥削的土地制度之后，全省农民，在党的领导下，经过互助合作的道路，迅速地组织起来。在 1958 年，又进一步实现了农村人民公社化。十年来，我们的农业生产得到了迅速的恢复和发展。1958 年是我省农作物获得特大丰收的一年，全省粮食产量比 1957 年增长 28.9%，比 1949 年增长 1.4 倍。棉花产量比 1957 年增长43.2%，比 1949 年增长 8.6 倍。林、牧、副、渔也都得到了全面的发展。农民的经济收益逐年增加，生活一天天好了起来，摆脱了解放以前那种穷苦的境遇。在这 10 年中，国家用于我省农业生产的资金，共达 8.2 亿多元。我们先后建立了 152 个拖拉机站和拖拉机队，购置了各种拖拉机 1 500 多台（折合标准台）。我们建立了 1 100 多处农田灌溉站，增加了排灌机械 27.8 万匹马力。我们进行了巨大规模的水利工程建设，共完成土石方 35 亿公方，兴办了大量的小型农田水利工程，治理了沂、沭、淮、泗的河道，整修了江海河湖的堤防，疏浚了原有的水道，开辟了新的河流，兴建了像三河闸、射阳河闸、九圩港闸等这样现代化的涵闸 120 多座，中型水库 57 座，小型涵闸 8 万多座，并且在苏北辽阔的平原上，开始了河网化工程的建设。江苏本来是河渠纵横、土地肥沃的地区，在解放以前，由于国民党反动派的长期统治，水利年久失修，河流淤塞，水旱灾害不断发生，生产力遭到严重的破坏，人民生活极端困苦。现在，我们兴办了这些水利工程，在防洪、挡潮、蓄水等方面发挥了巨大作用，大大增强了抗御旱涝灾害的能力，并且使几千万亩土地得到了灌溉，保证了农业生产的增产。现在，我省历史上最大的"导淮入沂，淮水北调"的现代化水利工程，正在兴建。这一工程完工以后，就可以永远解除里下河地区的洪水威胁，使徐淮地区广阔的土地得到灌溉，就可以综合利用淮河的水利资源，使历史上危害最大的淮河洪水变为最大的水利。解放了的人民，就是这样地在改造自然、征服自然，使自然驯服地为社会主义建设服务。

1958 年，是我国国民经济大跃进的一年。在党的社会主义建设总路线的鼓舞下，在全国社会主义建设大跃进形势的推动下，广大群众政治觉悟和社会主义积极性空前高涨，我省农村在不到两个月的时间里，就迅速地实现了人民公社化。经过去冬今春的整顿，人民公社已经走上了巩固和健全发展的道路。人民公社是大规模的、工农商学兵相结合的、政社合一的社会基层组织，它具有比高级社更大的优越性，可以更好地组织、利用各种力量和资源，举办许多高级社所不能举办的基本建设，更有利于战胜自然灾害，贯彻执行农业“八字宪法”，全面地发展农、林、牧、副、渔等生产，并推进农村文化教育事业和集体福利事业的发展。就以今年的抗旱斗争来说，今年我省旱情是 30 年来所少见的，最严重的地区 100 多天没有下雨，受旱面积达到 2 000 多万亩。由于人民公社发挥了组织力量，进行大规模的抗旱协作，利用了十年来的水利工程建设，终于战胜了旱灾，保证了早秋作物和中秋作物的丰收，晚秋作物长势也很好，丰收在望。这是人民公社优越性的一个生动有力的证明。

十年来，我省的财贸金融和交通运输事业取得了很大的成就。在商业工作方面，我们完成了私营商业和小商小贩的社会主义改造。国营商业和供销合作社有了很大的发展，商业网遍布城市和乡村，统一的社会主义的市场已经形成。物价长期稳定。商业部门为了促进生产建设、满足需要，积极收购产品，扩大商品供应。今年我省商品供应总额将比 1950 年增长 12.2 倍。财政金融部门，在积累资金、增加建设投资等方面做了很多工作，并认真贯彻执行了“取之于民，用之于民”的方针。随着生产的迅速发展和人民生活的不断改善，我们的财政收入逐年增长。1958 年本省财政收入比 1950 年增加了 3 倍多。其中来自社会主义企业的积累比重不断上升，而来自农业税的比重，则不断下降。本省每年向农民征收的农业税，几乎全部用于农村的生产和水利建设。在交通运输方面，我们已经改变了解放以前线路支离破碎、设备破烂不堪、分布极不平衡的状况。现在，全省公路通车里程达 1 万多公里，比 1949 年增加 2 倍以上；通航水道达 2.4 万多公里，比 1949 年增加了 1 倍以上；邮电事业也有了很大发展。规模巨大的南京长江大桥正在兴建，京杭大运河江苏段的开拓工程正在进行。

十年来，我省的科学文化教育事业，也得到了迅速的发展，出现了技术革命和文化革命的高潮。旧的江苏，号称是“文化发达”的地区。但是解放初期的在校学生，也只有大学生 7 000 多人，中学生 11 万人。在旧社会里，劳动人民被剥夺了受教育的机会，90%以上的工农群众都是文盲。经过解放十年来的教育大革命，特别是贯彻执行党的教育为无产阶级政治服务、教育与生产劳动相结合的方针以来，我省教育事业有了很大跃进。现在，我们的小学教育已经基本普及，在校的中学生达到 103 万人，大学生达到 6 万多人。大中学校里工农成分的学生逐年增长，现在已占学生总数的 70%以上。我们已经建立起从幼儿教育到高等教育，从全日制学校、半日制学校到业余学校一套比较完整的教育体系。十年来，我省高等学校和中等技术学校毕业生达 13 万多人，全日制中学的毕业生 70 多万人。在劳动人民中，几百万青壮年已经摆脱了文盲状态。1958 年，我们的教育事业又进行了深刻的革命，大办半耕半读的农业中学，在全日制学校里，开始把生产劳动列入教学计划，使我们的学校能够更好地培养优秀的社会主义建设人才和具有社会主义觉悟的有文化的劳动者。在卫生工作上，群众性的爱国卫生运动已经取得了显著的成效。长期以来严重危害我省人民健康的血吸虫病，大部分地区已基本上消灭。医疗病床已经达到 2.5 万张，为解放前的 7 倍半。党的“百花齐放，百家争鸣”的政策，促使我省社会主义的科学文化事业日益繁荣和蓬勃发展。旧知识分子的自我改造已经获得了重大的胜利。大量的年青的知识分子正在生长，一支新的强大的工人阶级的知识分子队伍正在逐步形成。

我们江苏地处沿海，十年来，人民解放军驻江苏部队，不仅英勇地保卫了社会主义革命和建设，而且直接参加了社会主义建设。从将军、军官到士兵，积极参加兴修水利、防汛、抗旱、积肥、治虫和工业劳动，做了许多义务劳动日。部队还在物资、器械和运输工具等方面，给工农业生产单位以有力的支援。

同志们！十年来，我们社会主义革命和社会主义建设的成就是伟大的。我们能够取得这样的伟大成就，是由于我们有了中国共产党和毛主席的英明领导。中国共产党是我们的事业的领导核心，在每一个重要的历史时期，党总是及时地向我们提出了正确的路线、方针和政策，领导我们从一个伟大的胜利走向另一个伟大的胜利。

十年来，我们的伟大成就，是马克思列宁主义的胜利。马克思列宁主义的普遍真理和中国革命实践相结合，就产生了巨大的力量，成为我们战胜困难、走向胜利的锐利的思想武器。

十年来，我们的伟大成就，是全体人民共同努力的结果。人民群众在保卫祖国，巩固人民民主制度，恢复与发展国民经济各方面，发挥了高度的积极性和革命的首创精神，在党的领导下，团结一致，形成一个不可战胜的力量。人民群众的力量是无穷无尽的，永远是我们取得一切胜利的源泉。

十年来，我们的伟大成就，也是同伟大的苏联和其他社会主义兄弟国家以及国际无产阶级给予我们的援助和支持分不开的。我们的事业是正义的，我们的斗争不是孤立的，始终能够得到全世界一切爱好和平的人民的同情和赞助。

同志们：我们十年来的成就是伟大的。在这十年当中，我们已经在社会主义革命方面取得了决定性胜利，在社会主义建设的道路上迈进了很大一步。但是，我们决不能满足于既得的成就。由于我们原有的经济和文化水平很低，我们在工作中还有一些缺点和个别错误，特别是目前的成就，与我们建成社会主义社会和实现共产主义理想，还有很大的距离。因此，我们还要继续做许多伟大而艰苦的工作。同时，我们深深懂得，在我们前进的道路上，还有许多困难和斗争，国内外的敌人总还是要千方百计的来破坏我们的事业，我们必须继续加强人民民主专政，把社会主义革命进行到底。我们有中国共产党和毛主席的领导，我们经过了十年来的斗争和经验，我们对于自己的事业具有坚强的信心。我们一定能够战胜敌人，克服困难，取得比过去更新更大的成就，我们一定能够很快地把我国建设成为一个具有高度发展的现代工业、现代农业和现代科学文化的伟大的社会主义国家。

同志们！正当我们庆祝建国十周年的时候，我们的国家又跨进了一个新的胜利的阶段。现在，全国各族人民正高举着总路线、大跃进、人民公社的光辉旗帜，热烈地响应着中国共产党八届八中全会的伟大号召，反右倾，鼓干劲，正在掀起一个轰轰烈烈的增产节约运动的新高潮，为在今年内完成和超额完成第二个五年计划的主要指标而奋斗，为在 10 年左右的时间内在主要工业产品的产量方面赶上英国而奋斗，为提前和超额完成 12 年农业发展纲要四十条而奋斗。我省人民和全国人民一样，精神振奋，斗志昂扬，创造了出色的成绩，向建国十周年作了最好的献礼。最近，中共江苏省委召开了第三届第十次全体会议（扩大），根据党的八届八中全会的精神，向全党和全省人民提出了新的战斗任务。今年全省工业总产值指标，要求比去年增长 25%—30%。农副业总产值指标，要求比去年增长 15%—20%。在今年内完成和超额完成国家给予我省的第二个五年计划的光荣任务。

为了实现这个任务，我们江苏全省 4 000 多万人民，在中国共产党和毛主席的领导下，在党的总路线的光辉照耀下，必须团结一致，同心同德，奋勇前进；必须坚持政治挂帅，以生产为中心，带动各项工作一道前进；必须立大志，鼓大劲，大搞群众运动，大搞社会主义劳动竞赛，把增产节约运动推向新的高峰；必须彻底批判和克服右倾机会主义的思想，坚决反对以资产阶级老爷式的态度对待革命的群众运动，为保卫总路线、大跃进、人民公社的光辉旗帜而斗争。

目前国际形势的发展，对我们的事业极为有利。我们正处在一个“东风压倒西风”的伟大时代，敌人一天天烂下去，我们一天天好起来。以苏联为首的社会主义各国的力量和他们之间的团结合作日益增强；亚洲、非洲和拉丁美洲的民族独立和人民民主运动，其他资本主义各国的人民革命斗争日益发展；帝国主义国家的内部困难以及他们相互之间的矛盾日益增加。最近苏联发射的第二个宇宙火箭成功地到达了月球，开辟了人类攀登其他天体的新纪元。这不仅证明了苏联的科学技术力量以绝对优势压倒美国，而且更加显示出社会主义制度的强大生命力，进一步鼓舞了全世界一切爱好和平的国家和人民为争取世界和平而斗争的信心。

当我们今天在这里庆祝中华人民共和国成立十周年的时候，我们决不会忘记：美帝国主义还霸占着我国的领土台湾，在我们祖国的周围建立了许多军事基地，经常对我国进行军事威胁和军事挑衅，这是我们所绝对不能容忍的！我们坚决反对美帝国主义的侵略政策和战争政策，坚决维护我国的主权和领土的完整，一定要解放台湾，完成祖国的统一，为保卫世界和平的神圣事业而斗争。

大家都知道，今年春天，印度的扩张主义分子，曾经利用西藏叛乱事件煽动反华活动。最近，西方帝国主义势力及其在印度的代理人又利用中印边界事件，煽起新的反华运动，力图破坏中印两国的友谊。我们江苏人民，坚决拥护我国政府关于处理中印边界问题的立场、态度和方针，为维护和平共处的五项原则而努力。

同志们！我们回顾过去 10 年，成就十分伟大，展望将来，前程无限光明。让我们高举马克思列宁主义的旗帜，更加紧密地团结在中国共产党和毛主席的周围，以不断革命的精神，鼓足干劲，力争上游，为加速建成社会主义社会和实现共产主义的伟大理想而英勇奋斗！

伟大的中华人民共和国万岁！

伟大的中国各族人民大团结万岁！

全世界人民大团结万岁！

以苏联为首的社会主义阵营万岁！

伟大的中国共产党万岁！

中国各族人民的伟大领袖毛主席万岁！

根据江苏省档案馆档案刊印

在省委召开的工业书记会议上的讲话*

（1959 年 10 月 5 日）

江渭清

省委召集这次各地、市委与 10 个县委的工业书记会议，会议的要求是要具体贯彻八届八中全会的决议精神，提前和超额完成今年的生产和建设计划（这是最基本的、最具体的），逐步做好明年生产和建设的准备。国家准备在 10 月下旬召开计委会议研究明年计划。

八届八中全会以后的情况，充分证明中央抓住了我们当前工作中主要的、突出的矛盾，打中了要害。八九两月，生产、建设、各项工作又出现了一个新的局面。如果不开八届八中全会，原订计划不但不能完成，而且对坚持贯彻党的总路线也要受到很大影响。总路线要求我们鼓足干劲、力争上游、多快好省地建设社会主义，而六七月份我们在精神上或者说思想上，一般地说，虽没有动摇总路线，但实际行动上、客观上对总路线是摇摆了。这个时间很短，中央就抓住了这个突出的矛盾，提出反右倾、鼓干劲，提前和超额完成今年的计划把局面迅速的改变过来。有些同志对落实的基本精神领会不全面，怎样叫落实？经过努力千方百计可以做到的事情，我们积极地去做，这就叫落实；经过最大努力仍然做不到的事情，而我们勉强地去做，就不叫落实。我们国家虽已建国 10 年，成就也很大，但是，我

* 此为记录稿。

们这样一个伟大的国家，有 6 亿多人口，政治上是彻底翻身了，而经济、文化还是落后的，人民的生活水平，十年来是有了很大的改善，但还是很低的。我们必须坚决贯彻党的总路线，因为党的这条总路线是合乎我们国家实际情况的，是党中央、毛主席把马列主义的普遍真理与中国革命的具体实践相结合，是创造性地发展马克思、列宁主义的范例，是合乎全国人民要求迅速改变“一穷二白”面貌的强烈愿望的。坚决地贯彻这条总路线，我们就一定能够多快好省地进行社会主义的建设。

我们有没有多快好省地进行社会主义建设的条件呢？完全有条件，最基本的有以下几点：

第一，我们有以毛泽东同志为首的党中央的正确领导，有一条建设社会主义的总路线。党提出的这条总路线不是凭空臆造的，而是根据中国的实际情况提出的。它完全符合客观情况的要求，合乎人民群众的愿望，得到全国人民的热烈拥护。我党 30 多年来的历史证明，特别是从遵义会议以后，凡是坚决执行毛主席的路线、方针、政策、指示的，胜利就大，否则胜利就小。我们有党的正确领导，有总路线，一定可以多快好省。这是最基本的条件。

第二，有 6 亿多人口，人多力量大，好办事，工人阶级通过共产党领导解放了的人民，靠两只手、一个脑子，什么事情都可以做。

第三，物产丰富，地下、地上、水面上的资源都很丰富。

第四，有第一个五年计划与去年大跃进的基础。还有苏联等兄弟国家走在我们的前面，我们可以学习他们的经验，少走弯路。

有了这几个最基本的条件，我们就可以多快好省。

如果不经常研究有利条件，信心就不高，决心就不强，干劲就不足，经常看到我们的有利条件，信心就高，决心就强，干劲就足。干劲足不足，首先要看你信心高不高。有了信心还要有决心。有的人信心虽高，但决心不强，信心就不能巩固，经常摇摆。如果信心高，决心又强，干劲就足。所以，要干劲足就要提高全党、全国人民的信心，加强决心。（江渭清同志在这里举了淮海战役中歼灭黄伯韬兵团时，六纵队消灭一百军的实例，说明信心高、决心强就可取得大胜利。例略）所以，决心很要紧，要顽强。“难”字当头，寸步难行；“干”字当头，一日千里。有没有困难？应当承认有困难，不承认困难是不对的；但是，要把困难的性质搞清楚，我们的困难是发展中的困难，是前进中的困难，因此是可以克服的困难。社会主义国家的困难不同于资本主义国家的困难。社会主义国家的困难是有强大的生命力条件下的局部的、暂时的困难，是可以克服的；资本主义国家的困难是命运要结束时的没落时期的、整个的困难，是不能克服的困难。所以，分析困难要用阶级观点。最近两个月的活生生的事实摆在全国人民的面前，原来说市场困难，那时有一些人悲观，而中央、省委则根本不悲观，我们提出六七两月小转，八九两月大转，现在就转过来了。

看看我们的生产，7 月份，铁降到 3 万多吨，东也叫困难，西也叫困难；而 9 月份，达不到 6 万吨，也有 5 万吨。同样的设备，同样的人，同样的技术，这真是怪事。这里有一个鬼，一个右倾思想的鬼在作怪。7 月份的产值降到 5 亿多元，那时我在庐山开会，就打电话回来督促，3 月份能搞 9 亿元，为什么 7 月份却只搞到 5 亿多元？3 月份材料并不比 7 月份好，7 月份为什么产值下降？是松劲了。而八九月份一反右倾，干劲来了，不但产品数量增多，质量也提高了，成本也相对地降低了。而且，新产品也多了，劳动生产率也提高了。这是很明显的。干劲一来，钻劲也来了，要懂得，干劲中出技术。所以，不是说没有困难，而是首先要把困难的性质搞清楚。

有困难采取什么态度？原材料困难，是多生产原材料来解决，还是在困难面前唉声叹气？如果唉声叹气，那么，原材料就要越来越困难。解决原材料困难的最基本的办法是增产节约。粮食也是一样。既然江苏的粮食紧张，就只有增产；如果把粮食指标降低就越困难。我们解决困难的办法是积极的，而不是消极的。比如江苏铸造生铁不够，我们采取增加生产的办法，今年产铁 65 万吨，超额 5 万吨，这样，除调上海 2 万吨外，可以拿 3 万吨来搞铸造，困难就解决了。我们有许多东西没有跟上，当然，省委要负责，但是省委同样一句话，有的同志则领会不同。在 6 月份省委扩大会上我就提出产值增长 30%左右，您说积极不积极？是积极的。我说，铸铁设备要积极的搞，准备国家多给我们煤，叫我们多炼一些铁；如果设备不抓紧突上去，一旦国家多给煤，就不好办。这也是积极的，但有些同志则领会不清楚。

我们要提前、超额完成全年计划，各地区、各产业、各厂矿都要排一下队，分别情况，有的快些的可以提前一个月，中等的提前半个月，最差的也要提前十天完成全年计划。提前、超额完成计划靠什么呢？还是老经验：

第一，是政治挂帅，即是党的领导挂帅，总路线挂帅，马列主义思想挂帅。要加强党的领导，充分发动群众。党的领导首先就是政治领导、思想领导，其次是技术领导。政治领导就是经常要在群众中进行政治教育，把总路线在群众中扎下根。思想领导就是要加强思想教育，要使大家经常精神饱满，干劲足，对各种右倾情绪、右倾思想、右倾活动要进行批判，必要时，对个别重点分子要做斗争。任何东西都要拿到群众中去讨论，依靠群众解决问题。群众运动包括劳动竞赛、创造发明、合理化建议、帮助领导克服各种困难，爱护机器、爱惜和节省原材料，等等。人人都树立主人翁的态度，事情就好办了。政治领导、思想领导不是喊几句口号，而是要经常分别不同对象进行教育。群众发动得越好，群众积极性就越高，创造发明就越多。增加产品、提高质量、降低成本等等不是靠增加人，而是靠技术革新、技术革命，不断改进设备，改进操作规程，不断发明创造，提合理化建议。一个好的合理化建议可以使生产率提高一倍或几倍。加强技术领导，要政治与技术相结合，经常总结经验，不断地改进和提高技术，对新生事物要爱护培养。

省委提出本省工业发展的方针是充分利用（包括技术革命），积极发展（有计划地按可能与需要发展），是完全符合我省的实际情况的，应当坚决地贯彻执行。

第二，要认真地抓原材料。对于原料材料的解决，在省委来说，要千方百计地尽可能多地支持各地；在各地来说，要千方百计自力更生。为了扩大再生产，就要增产节约，搞技术革新，我们要以八成材料做出十成产品。要少出废品，报废越少就是最大的节省。要合理使用原材料和利用各种代用品。要加强协作，除了省内协作以外，也可以和外地协作。各县和外地协作，县委要加以掌握，反对无政府主义，要经过党的组织搞协作。

第三，数量和质量要并重，最近质量有很大进步，但是要防止在跃进中又降低质量。

第四，积极支援农业。江苏轻工业比重大，农业搞得越好，工业发展就越快。江苏今年粮食、棉花、油料的收割、收购等各个方面都要抓紧。要精打细收，把粮食都收起来。多收10亿斤，只要拿出一两亿斤来酿酒，不仅可以增加产值，而且可以增加财政收入（1亿斤粮食酿酒可以增加2 000万元财政收入）。各地生产许多水果也可以搞酿造，好好安排一下。我们油困难，今年就准备把各地的米糠榨油，退回饼做饲料。除外调和供应城市的粮食以外，其余的粮食各地可就地加工。我们要积极支援农业，省委已作了研究，具体的意见将由计委告诉你们。

要提前、超额完成今年的生产任务，还必须关心职工群众的生活。我们要提倡发扬共产主义风格，单靠物质刺激是会助长资本主义思想，但今天我们基本上还是按劳付酬的。在共产党员、积极分子中要进行共产主义风格的教育，这是很重要的。共产党员参加革命的目的不是为了几块钱，是为了把民主革命进行到底，把社会主义革命进行到底，建设强大的社会主义国家，在将来还要建设共产主义。对于职工群众，既要不断提高他们的共产主义觉悟，又要经常关心他们的物质生活，在生产中要尽一切可能防止和减少工伤事故，尽一切可能提高技术，防止提高劳动强度，不能经常加班加点。必要的、一个短时间的突击是可以的，但要注意安全卫生、劳动保护。关心工人阶级的生活疾苦，是考验一个共产党员、一个领导者群众观点、阶级观点强弱的重要标志之一。

关于今年的工业产值，我们要求能在今后 10、11、12 这 3 个月中，分别达到 10 亿元、11 亿元、12 亿元。省委要求全年工业产值保证达到 88 亿元。到 9 月底我们已完成 59 亿元，还差 30 亿元。我们一定要求达到 90 亿元、93 亿元，超额 2、3、4 亿元，这样，领导与群众就更加主动了。

国家计委提出明年计划安排的精神大体是：坚决贯彻执行总路线，鼓足干劲，力争上游，政治挂帅与群众路线相结合，农业生产以粮棉为纲，带动其他作物，工业生产以钢为纲，加速重工业发展，解决工业内部薄弱环节，坚决发展轻工业，大力支援农业，不仅为 1960 年，而且要为今后的继续跃进创造条件。这是我们十年来，特别是大跃进以来的经验总结。明年发展速度，工业增长 25％，27％，28％—30％；农业增长 12％—18％。这个速度是计委提出的，中央讨论过两次，认为可以再积极一些，国家计委正在进一步研究。

从江苏来说，我讲几个问题，供同志们研究。江苏有 4 000 多万人口，全国要工业化，要加速重工业的发展，江苏在全国统一计划下，也必须也有可能加速重工业的发展。江苏这样大的省，要农业机械化，就要使重工业的比重加大，所以加速发展重工业很重要。我们的重工业就是这几项：钢铁、矿山、机械（包括农业机械）、化工等，这也是江苏的薄弱环节，要加速发展。同时还要积极发展轻工业。轻工业要在充分利用的基础上根据国家需要和可能以及我们自己的需要和可能积极地发展。江苏轻工业资源是丰富的，要发展轻工业，就要大力支援农业。轻工业供应城乡人民生活资料和一部分生产资料，可以积累资金，投资少，收效快，一定要大发展。各级领导干部，一定要冲破中游思想，立个大志。江苏的条件好，各方面都有基础，但是，这种好的基础又易于使有些同志变懒，满足于现状。事情就是这样的怪：原来底子薄、越苦、越困难的地方现在就搞得越好，而原来越有基础的地方就越容易满足，发展不快。人绝对不能满足于自己的进步，对生产的发展也绝对不能满足。江苏历来工业占全国第四位，现在第四位很危险。我们虽不能爬上第三位，但一定不能低于第四位。江苏人口也占全国第四位。大家要有志气。个人的雄心不可有，革命事业的雄心必须有，这是为人民造福利的雄心。

明年到底搞多少？我们可以搞两本账，也可以搞三本账。如果今年搞到 90 亿元工业产值，明年准备搞 115 亿元，争取 120 亿元。到 1962 年达到 180 亿元。全省 4 500 万人口，平均每人要有 400 元的产值。产值、产品、品种、质量、成本等要全面的抓，单纯追求产值是不对的，不注意产值也是不对的。

领导生产宜早不宜迟，要抓得早。大家自己可以排一个队。今年要做好准备，必要的重工业设备赶起来很重要。比如炼钢设备、矿山设备，各方面要抓紧。财政与经济是统一的，经济越发展，财政收入越增加。如果仅仅从财政看，不看经济发展是片面的，是不对的；但是单看经济发展，不管财政也是不对的。

照顾大局很重要。江苏，是全国的一部分，我们在人力、物力、财力上支持全国越多，越光荣。人力中包括干部与技术力量。各地也要养成这样的精神，遇事要照顾大局，照顾整体。在兄弟地区之间的关系上，要加强协作，要有自己吃点亏的精神，凡是吃得起亏的人总是站得稳的，遇事想讨人家的便宜，最后就要吃大亏。

根据八届八中全会精神要进行新的整风运动。新的整风运动，在前次省委扩大会上只是抓住了从吸取彭德怀事件的教训对右倾思想进行了批判，而对个人主义方面，我们还批判得很不够。因此要注意一下对个人主义、本位主义、自由主义以及某些地方情绪的批判问题。这些都是障碍革命事业发展的。在省委全会上，我们批判了对总路线有些摇摆、对大跃进有些怀疑、对人民公社、对市场的看法不全面等等错误思想认识，对本位主义也有了一些批判，效果很好，比如收购工作，过去收购的猪子，送到省、上海市、中央的都是60斤左右一头的，这次批判以后，9月份就收购到每头100斤、200斤、300斤，甚至1 000斤以上的猪子了，而且100斤以上的占大多数。这说明政治挂帅很重要。

9月份我们成绩很大，进步很大。六七月份是一个小马鞍形，这是教训，我们接受了这个经验教训，反右倾，鼓干劲，生产又日益高涨起来。坏事变成好事，这也是我们的成绩。

县社工业要抓紧，要支持秋收。因为社办工业带季节性，在秋收以后，今年11月到明年3月这五个月期间要狠狠抓，为明年农业生产做好准备。现在社办工业不是多而是少，要发展是肯定的，问题是如何发展。要增加农民收入就靠粮食、经济作物、副业、社办工业。人民公社第一个特点是工农商学兵，农林牧副渔，其中就包括工。县工业的发展方向，要根据各县不同的具体情况来定，有些县基本上是为农业服务的，有些县是在为农业服务的基础上又为其他方面服务的，有些县则为全国、全省服务的。假如占全省1/3的大县今年超额完成任务，每县增加五六百万元产值，那全省就可增加

1 亿元产值。中等县要求增加三四百万元产值，小县要求增加百把万元产值。你们可以分别情况来讨论一下。

今天这个会是继续跃进的会，是一个促进会。江苏是大有可为的，人多，物资丰富，设备、技术有基础。四季度是黄金时代，现在天气不冷也不热，希望同志们鼓足干劲，把工作做得更好。

根据江苏省档案馆档案刊印

对中国科学院江苏分院教育研究所工作的指示*

（1959 年 10 月 14 日）

陈　光

教育研究所，目前的任务是读书、参观、研究。这三者都是统一的。一个科学研究人员，要深入地认识问题，掌握大量可以信服的资料。经过分析、批判、概括，得出正确的结论来，就必须认真读书，不读书是不行的。不读书就不能全面的深入的认识问题，就不能承继前人所留下来的经验结晶，因而也就不能进行科学研究工作。每位同志必须结合工作和个人的业务水平，从实际出发，订好读书计划，认真执行，这是开展科学研究工作最重要的一步。但是光读书也不行，读久了会头昏脑涨，食而不化，因为读书是获得一些间接知识，是一种比较静止的工作，还必须与参观相结合。参观就是看人家怎样做的。看，就是运动，就是去调查访问，亲身体验；有了运动就触动思想，发现问题，发生研究问题的兴趣。读书、参观、研究结合起来，认识问题就会比较深入，比较全面，就能顺利地开展科学研究工作。

教育研究所是一个研究部门，当前研究的主题是什么？首先要明确“厚今薄古”的道理，研究古、今、中、外的东西，使古为今用，也

---

* 本文系根据时任中共江苏省委书记陈光对教育研究所全体同志的谈话记录，未经本人审阅。

就是为了帮助我们更加顺利地处理当前教育事业发展上的理论和实践问题。因此，在研究的程序上应该是先今后古，先中后外，研究"今"的问题，就必须以教育大革命、大跃进为主题。我国教育大革命大跃进是马克思、列宁主义与中国实际相结合的毛泽东同志的教育理论发展的结果，教育研究所必须围绕着这一具有巨大历史意义的科学理论，深入的系统的研究以下几个基本问题：（一）教育为无产阶级政治服务，教育必须由共产党来领导。这个问题的重要意义在于明确教育发展的方向，在于改造旧知识分子，培养工人阶级的知识分子；（二）教育工作中的群众路线，全党全民办学；（三）教育与生产劳动相结合，理论与实践相结合；（四）教育工作中的两条腿走路。这个问题，应该是教育研究方面的一个最突出的问题。

在研究上述这些基本问题中，不妨结合古、今、中、外教育家的一些教育主张的研究。前面已经说过，研究古代的、外国的教育学说，乃是为了揭示教育的本质及其阶级性和历史性，进一步明确在社会主义制度下教育所以一日千里朝气蓬勃的大发展的根本道理，我们搜集古今中外的教育资料，研究孔子、孟子、康有为、孙中山等人，以及封建主义、资本主义的教育学说的目的，是以马克思、列宁主义的立场、观点、方法，分析批判他们的教育学说，去其糟粕，取其精华，吸取其对我们有用的好东西，抛弃反动的和过了时的东西。

对苏联和其他社会主义国家的教育理论和教育经验，我们应该认真的系统的深入的学习和研究，运用他们的经验，加速我们的教育事业的大发展。

关于研究力量的问题，应该贯彻党的群众路线的精神，有目的、有计划、有组织地和本省高等学校挂钩，吸取他们的科学研究的经验，邀请一些教授、专家共同商量，摸索些办法，慢慢的搞起来，教育研究所一定要把1960年的研究工作规划大纲修订好。根据研究项目邀请有一定研究水平的人员参加工作，可以考虑给被邀请者以

"特约研究员"的名义。我看,这个法权还是可以用的。

此外,关于师范教育问题。近来中师和高师录取的学生,第一、二志愿的几乎没有,成绩大多是三流四流的,程度高的学生不愿报考师范。入学后,有些学生专业思想不巩固,不安心读师范,这个问题值得注意,值得研究。这样下去,会影响中小学教学质量的提高,因此,我想,调整中师的教学计划,加强语文、数学、理化等主要课程的教学时段,增添外国语(俄语、英语)使其具有与全日制高中相同的水平。中学毕业后继续升入高等师范,这样既能巩固学生专业思想,又能提高质量,搞得好,还能培养一批研究生。目前可挑选条件较好的个把中师作为试点,取得经验后再行推广。

根据江苏省档案馆档案刊印

中共江苏省委员会江苏省人民委员会关于贯彻执行中共中央、国务院《关于试验改革学制的规定》的指示

（1959年10月16日）

自从1958年9月19日中共中央、国务院关于教育工作的指示中指出现行的学制需要积极地和妥当地加以改革之后，全省各地共有中学、师范59校，小学115校，进行了学制改革的试验。试验名目繁多，要求不一。普通中学的试验，有五年一贯制、四年一贯制、高中文理分科、半工半读等；师范学校有五年一贯制、四年一贯制、五年制专科等；小学有四年一贯制、五年、七年、九年一贯制等。在试验过程中，有些学校是认真研究制定教学计划、教学大纲，编写教材，来进行工作的，但是大部分学校却是采取删减课程、压缩教材、增加课时和增加学生课外作业的作法，以求达到缩短年限的要求。学制改革的试验是教育事业中的一件大事，必须有组织、有领导地进行。上述情况如果不加以纠正，势必影响到这些学校的教学质量，学制改革试验也难以取得预期的效果。因此，省委曾责成教育厅对试验学制改革的学校进行调整。各地学制改革试验的工作情况有了不少改进，但仍有一些地方未能认真贯彻。为了很好地贯彻执行中共中央、国务院的规定，把我省学制改革的试验工作做得更好。省委特再作如下指示：

一、学制改革的试验，决定由江苏师范学院附属中学、省泰州中学进行中学四二制（初中四年、高中二年）的试验，南京师范学院附属小学、江苏省扬州师范附属小学进行五年一贯制的试验。其他进行试验的学校一律停止试验，恢复原来的学制。在停止试验时应

注意做好师生的思想工作，过去试验中主要学科所缺的课，应设法补上。

二、指定进行试验的学校应根据中学试验四二制、小学试验五年一贯制这一目的要求制定教学计划、编写教学大纲和教材，不得随意变动。不论中学或小学，原有的试验班级升级后都应续招新生，不可中断。俾使从连续教学中研究问题，总结经验。为了加强试验工作，学校应建立一定组织，并指定专人负责，配备较强的教师到试验班级去任教。

三、试验学制改革是教育事业中的一件大事，各级党委必须严肃认真对待，加强领导，并责成教育行政部门加强业务指导工作。江苏师范学院、南京师范学院和江苏省扬州师范学校对所属学校的试验工作应具体负责指导帮助。扬州师范学院应负责对泰州中学进行指导帮助。必须认真积累资料，总结经验，以便提供中央研究制定适合我国教育方针的学制。

各地接指示后，希认真进行一次研究，明确目的要求，制订和修订学制改革试验的计划、方案，积极贯彻执行。并于11月中旬，将计划方案和工作进展情况报省委宣传部和教育厅。

中共江苏省委员会
江苏省人民委员会
1959年10月16日

根据江苏省档案馆档案刊印

中共江苏省委批转省教育厅党组、共青团江苏省委《关于赣榆县夹山农业中学的情况的调查报告》

（1959 年 10 月 16 日）

各地、市、县委：

现将教育厅和团省委关于赣榆县夹山农业中学的情况的调查报告发给你们一阅。

农业中学办得好与不好，基本问题决定于公社党委的领导和教师的干劲，而其中特别重要的是领导问题。通过人民来信，检查了夹山农业中学的工作，这条经验又一次地得到了证明。目前夹山农业中学所以办得较好，就是由于夹山公社党委政治挂帅，采取积极态度，切实帮助农中解决实际问题的结果。

无数事实说明了：那些以为农业中学不受群众欢迎，农业中学迟早总要垮台的说法，是毫无根据的，因而也是一种错误。农业中学只要坚持半工半读，使学生既读到书，又搞好了生产，群众——特别是广大劳动人民一定是拍手欢迎，积极支持这种学校。这是农业中学能在农村生根立足的重要条件之一。

关于农业中学领导骨干的配备，要注意质量，不要滥竽充数。校长应由公社党委书记或社长来兼，一社数校的，如党委书记、社长兼不过来，由党委委员分别兼任为好；生产大队书记和大队长，由于受水平的限制，最好不要兼农业中学校长。农业中学专职副校长，可在农业中学教师中选拔政治条件较好、业务能力较强的人担任。

中共江苏省委员会

1959 年 10 月 16 日

附：省教育厅党组、共青团江苏省委《关于赣榆县夹山农业中学的情况的调查报告》

（1959 年 10 月 12 日）

省委：

团中央转来赣榆县夹山农业中学教师吴瑕的来信后，根据陈光同志的指示，我们即派人去该校调查。现将调查的情况汇报如下：

赣榆县夹山人民公社夹山农业中学，现有学生 106 人，其中男生 94 人，女生 12 人，除 3 个地、富家庭出身外，都是中、贫农子弟。学生的年龄是：13 岁至 16 岁的 53 人，占学生总数的 50%；17 岁至 18 岁的 47 人，占学生总数的 44%；18 岁以上的 6 人，占学生总数的 6%。学生中有共青团员 6 人，少先队员 29 人。现有教师 2 人，均系共青团员，都是去年分配到徐淮地区的南京市的高中毕业生。

该校在开办初期，特别是在公社化以后的一段时期内，办得还是不错的，教学正常，学额巩固，并能开展一般的劳动活动，曾得到县的表扬。但是，今年上半年却遇到了不少问题，这些问题主要是：(1) 没有足够的校舍（只有 3 间破屋），而且迁移的次数过多，校址不稳定。该校开办以来，已先后迁移 4 次，每次迁移以后，学生数都有所减少；(2) 没有土地和经常的劳动场所；(3) 教学不正常，只开设语文、算术两课，一学期中，语文只教了 11 课，不足全册课文的一半，作文只做了一篇；(4) 教师的思想情绪极不稳定，消极苦闷，等待学校垮台，个别的开小差逃跑回家（原来有 4 名教师）；(5) 学生流动很大，原有 80 多人，后来减少到 23—24 人，最少时只有 16 人，学校几乎处于垮台状态。群众和学生都极为不满，说："这像什么学校。"有的家长说："上农中有啥用，不如回来多做些工分。"学生反映："各方面根本不把我们学校当学校看待。”以吴阴(查无此人,是用假名写的)为名写给中国青年报的一封信,就是反映了这个阶段的情况。产生这些问题的原因,主要是今年上半年公社党委忙于领导生产、兴修水利和整社工作,放松了对农业中学的领导。没有积极帮助农中解决校舍和劳动安排等问题,对农中教师的思想领导较差,在教师思想紊乱并发生个别教师逃跑,也不及时抓紧教育,公社党委不肯去农中上政治课,甚至在学生思想很不稳定的情况下,个别公社干部还把自己在农中读书的女儿拉出来担任公社的电话员,更加引起学生思想波动。公社党委虽然有办好农中的意愿,但前一段时期对农中工作具体帮助不够,个别分工管农中工作的公社干部对农中的意义认识不足,还有畏难情绪,信心不足,认为农中迟早总要“垮台”,这也影响到生产队的干部在劳力紧张时,便不让农中学生经常到校读书。

今年 6 月和 8 月,县委两次召开了有关农中工作的会议。会后,夹山人民公社党委重视加强了对农中的领导,决定采取这样几条措施:(1) 花了 200 元在公社的中心地区租了 19 间房子,将校舍固定下来;(2) 计划由各生产大队负责为农中盖一间房子;(3) 组织学生至附近林场劳动,并计划拨出土地 30 亩;(4) 将部分离校 5 里以外的学生集中在校食宿,准备明春以前达到伙食自给。此外,还指定专人分管农中工作,并派一生产大队书记兼任农中校长。由于公社党委抓紧了对招生工作的领导,考生十分踊跃,全乡 90%以上未升学的应届高小毕业生都考入农中,超额完成县里分配的招生任务。在这批新生中,还有远离学校 12 至 20 里以外的山东葛南县的学生 21 人(因葛南县与夹山公社毗连地带没有普通中学和农业中学,为照顾邻省关系,便利学生就近入学而吸收的)。现在学校已按时上课,教学和生产劳动都较正常,学生出席率达 100%,学习情绪较高,教师的情绪也大有转变,教学很认真,学校呈现出一片欣欣向荣的气象。

但是,目前还有一些问题没有解决:(1) 领导问题。校长还未到校履行职务；(2) 教学问题上，政治课和农业知识课尚未开设起来；(3) 开展经常性的生产劳动和逐步达到自给问题，还没有制订具体规划，土地还未划给学校；(4) 对教师的思想领导问题还没有很好得到解决。公社常委对农中教师做了许多工作，特别是注意了对南方教师生活上的照顾，这是必要的，但是思想领导抓得不紧，对他们的错误思想和行动进行教育、批评很差，在教师中团的组织生活也极不正常。据该校高加禾同志反映，到校一年多只参加过一次组织生活。

根据以上情况，我们分别与公社党委和教师研究了一些改进的意见，这些意见是：(1) 迅速建立农业中学校务委员会，并在最近一周内召开会议，明确分工，建立制度，并讨论解决当前农中迫切需要解决的问题。(2) 兼任校长应切实加强对学校的具体领导。(3) 建立正常的教学秩序，把政治课和农业知识课开起来。政治课由公社党委的同志和教师讲授，农业知识课在没有配备专职教师以前，请有经验的老农和附近水上保持站的技术员来教。(4) 土地迅速划给学校，并帮助解决工具、技术指导和生产管理等问题，开展农业试验活动及订出生产自给的规划等。(5) 加强对教师的思想领导，经常向他们传达党的中心工作和生产任务，并对他们提出一定的要求。建立农中团的组织，正常组织生活。党委和团委负责同志应经常和他们保持接触，进行教育帮助。

对以上意见，公社党委十分重视，第一书记李思祚同志表示，拟在最近期内将有关事宜处理完毕，并将向省委作一次报告。

江苏省教育厅党组
共青团江苏省委
1959 年 10 月 12 日

根据江苏省档案馆档案刊印

中共江苏省委批转团省委《关于在农村青年中开展热爱农业劳动、建设社会主义新农村的教育活动的请示报告》

（1959 年 10 月 17 日）

各地、市、县委：

省委原则上同意团省委关于在农村青年中开展热爱农业劳动、建设社会主义新农村的教育活动的报告。报告中，对农村青年外流情况的分析，和今后的措施，精神和原则，基本上都是好的。

今冬明春，在农村深入贯彻八届八中全会精神，开展社会主义、共产主义教育运动中，结合着对农村青年进行一次热爱农业劳动、建设社会主义新农村的教育，通过总结十年来特别是去年大跃进以来的伟大成绩，进一步阐明党的建设社会主义总路线的完全正确，宣传人民公社的优越性，宣传继续大跃进的形势很好，讲清眼前利益与长远利益的关系，个人利益与集体利益、国家利益的关系，指出农村光明灿烂的前景，树立青年热爱农业劳动，鼓起更大的干劲，发扬敢想敢说敢做的共产主义风格，为改变农村的贫困面貌而奋斗。

中共江苏省委员会

1959 年 10 月 17 日

附：共青团江苏省委《关于在农村青年中开展热爱农业劳动、建设社会主义新农村的教育活动的请示报告》

（1959 年 10 月 8 日）

省委：

党的八届八中全会向全党全民发出了伟大的号召，全省广大青年，在党的领导之下，正以英勇顽强的姿态，投入了增产节约运动的新高潮。为了引导农村青年更深入的学习和贯彻党的八届八中全会精神，进一步提高思想觉悟，鼓足革命干劲，在新的生产高潮中作出更为出色的贡献，我们打算在农村青年中开展一个热爱农业劳动，建设社会主义新农村的教育活动。

（一）我省的农村青年，在党的教育与培养下，已成为农业战线上的一支积极力量，特别是 1958 年社会主义建设大跃进以来，青年们劳动热情很高，革命干劲很足，发扬了敢想、敢说、敢干的共产主义风格，为农业生产全面跃进作出了出色的贡献，已成为一支建设社会主义新农村的突击队。一年多来，由于党的教育和各项运动的锻炼，他们在政治上、思想上、技术上、工作上的进步和提高也超过以往任何一年。但是在青年中也还存在一些问题，比较突出的是轻视农业劳动的观点还没有从根本上得到解决，在一部分青年中，这种观点还表现得比较严重。根据我们在沛县、睢宁、泰兴、无锡、镇江等县市调查，农村青年热爱农业生产，积极从事农业劳动的，约占全体农村青年的 25%；基本上安心农业生产，但是对农业劳动认识不全面，有时表现不安心的，约占全体农村青年的 50%；不安心农业生产，不积极从事农业劳动，寻找机会盲目流入城市和边疆的，约占全体农村青年的20%。后面这部分主要是一些历届的毕业生、整编回乡的新工人和青年复员军人。去冬今春一度时期内，盲目外流的现象较为严重。沛县敬安公社从去年12月到今年6月，盲目外流的农村人口有2 002人，其中青年1 212人，占总数60%以上，睢宁县去冬今春外流了1.5万人，根据该县13个公社外流的1 394人中统计，青年有568人，约占总人数的40%。外流的人往年大都是铁路沿线和城市郊区，今年则分布较广。历年来很少有外流的淮阴专区，今年也走了不少。外流的地点也很广泛，除去本省大、中城市外，还流向江西、新疆、黑龙江、陕西、青海、甘肃等省。最近一个时期，由于党采取了一系列的措施，外流的情况已经有了好转，外流的人也已回来了一大批，但是思想问题并没有得到根本解决。许多人还在托亲拜友，找寻外出的门路，有些整编回乡的新工人，长时期内户口迁移证不交，也不参加农业生产，而是互通情报，互相商量，筹借钱款，待机外流。近来外流的现象也还时有发生。例如8月份，江西省劳动大学向无锡县的杨市、藕塘、洛社、王祁、钱桥、查桥等6个公社发来了招生简章，几天之内就有1 168个青年去江西。9月份的一天，丹阳的陵口车站，有100多个青年买好车票去江西，被公社党委书记发觉劝阻回去；镇江市的黄墟公社龙山大队，今年8月27日至9月24日又连续走了四批，共计28人，其中青年13人，占全队青年的12%。

（二）我们认为，农村劳动力有计划有组织的外调，是符合我国社会主义建设的客观需要的，解放以后历年来，有大批农村青年支援边疆，转向工业生产和到各类学校学习，这是我们祖国的经济和文化蓬勃发展的反映。今后仍将有大批的农村青年要到边疆和城市中去参加建设，我们应该根据党的指示，满腔热情的去做动员和组织工作。同时，由于我国目前还存在着城市和农村、工业和农业、脑力劳动和体力劳动的差别，青年们对这些差别不满，要求改变农村的贫困面貌，也是完全可以理解和应该积极加以引导的。问题在于少数青年采取不正确的态度，不安心农业生产，不积极从事农业劳动，成批的盲目外流，形成了劳动力无计划、无组织的大流动，这种流动，不管是农村流向城市，或是内地流向边疆，对于农业生产都会产生极其不利的影响，有些地方已经发生了比较严重的劳力不足的现象。例如无锡县钱桥公社晓星大队共计 1 331 人，其中青年只有 50 人，占总人口的 3.7%，这 50 个青年中，8 月又流去江西 34 人(已回来 20 余人)。由于外流的青年大部分是有一定文化的，其中又有相当一部分是党、团员和积极分子，他们是建设新农村中的骨干力量。因此，对于当前农村工作和今后农业逐步实行机械化电气化，也将产生不利的影响。这种无组织的外流，还影响到劳动部门对劳力的调配和管理，无计划的增加了城市人口，造成副食品供应紧张。有些人由于找不到工作，流浪街头，讨乞行窃，影响社会治安。

青年不安心农业生产的原因，从他们的思想认识上分析，主要是对于农业劳动的重要意义认识不够，他们不了解，工业和农业是社会生产不可缺少的分工，是有着最密切的联系的两个部门。从事农业劳动和从事工业劳动一样，都是建设社会主义的光荣豪迈的事业。其次是对待暂时的困难缺乏正确的态度，不是立下雄心大志，用自己的双手辛勤劳动，改变农村贫穷落后的面貌，而是采取消极逃避的态度。再次是由于受到社会上不良思想的影响和敌对阶级分子的煽动、勾引；有些家长经常怂恿子弟外出，希望他们出去干轻活、赚大钱，使全家享福。有些青年外流又回来了，遭到了家庭的白眼，说他们没出息、不长进。此外，有些单位不经过组织随便招工；今年上半年以来右倾思想的抬头；我们的思想工作上缺乏有力的措施，宣传教育内容上的某些片面观点；以及某些基层干部对外流现象采取自由主义的态度等等，对不安心农业生产思想的滋长也有一定的关系。

根据以上情况，我们认为，在全党全民学习和贯彻党的八届八中全会精神的过程中，集中的对农村青年着重进行热爱农业劳动的教育是有积极意义的。青年是农村生产上的一支重要力量，他们热爱农业劳动，就能够发挥出冲天的干劲和无穷的智慧，对农业生产作出重大贡献。

（三）教育的中心要求是在农村青年中树立热爱农业劳动，为建设社会主义新农村而艰苦奋斗的思想，从而鼓足青年的革命干劲，发扬敢想敢说敢干的共产主义风格，积极参加当前的增产节约运动，为争取今年的农业大丰收而奋斗。我们的口号是“青年们！英勇劳动，顽强学习，为建设社会主义新农村而奋斗。”

教育内容是以党的八届八中全会精神为纲，总结十年来特别是去年大跃进以来的伟大成绩，向农村青年宣传党的建设社会主义总路线，宣传大跃进的伟大成就，宣传人民公社的优越性；向他们指出农村的光明前景；向他们讲农业劳动的重要意义和青年在建设社会主义新农村中的重大责任，要用自己的双手去辛勤劳动，改变农村贫困落后面貌，创造幸福和美好的生活，逐步缩小以至消灭三个差别。号召青年把创造人类历史的伟大责任担当起来。做一个名符其实的社会主义建设的突击队，做一个合格的共产主义接班人。

由于不安心农业生产的情况不仅在青年中存在，在壮年中也存在。根据我们的调查，壮年的外流也占外流总人数的50%左右。某些基层单位的党、政领导，对于青壮年不安心农业生产，以至盲目外流的情况缺乏足够的认识，因而缺乏积极的措施，错误的埋怨城市招工和消极的等待上级“关门”。我们建议，进行热爱农业劳动教育，应该在更广泛的群众中同时开展，使全体农村人民树立起农业劳动光荣、建设社会主义新农村光荣这样一个强烈的社会风气；还必须向基层干部讲清，农村人口不断向城市集中，这是社会主义事业发展的自然趋势，今后仍要动员大批农村劳动力支援边疆和充实工人阶级队伍。因此,希望上面“关门”是不可能的,而应该采取积极教育的态度,建立起经常的工作,而不要消极畏难,依赖上面解决。对于某些敌对分子的煽动勾引,应该在群众中揭发批判,个别情节恶劣的应该依法给予制裁。

(四)为了顺利的开展这项活动,并且取得成效,我们认为:

1. 必须在党的统一领导下,和各有关方面密切配合,分工合作。

2. 必须和当前的中心工作紧密的结合起来,教育活动要围绕当前生产去进行,要把经过教育后青年的积极性引导到生产中去,组织劳动竞赛,开展各种生产活动。同时,通过教育活动,要把团的经常的思想工作、组织活动等建立起来。

3. 要采取各种各样的教育方法,例如做报告、讲历史、讲远景、树标兵、宣传先进、参观访问、举办展览、回忆对比等,在提高觉悟的基础上,激发青年摆建设擂台、表劳动决心,大搞社会主义劳动竞赛。

4. 必须造成强大的声势。要像1954年对高小、初中毕业生进行劳动教育那样,在党的领导下,动员各有关方面的力量,利用各种宣传工具,运用各种教育方法,使得这项活动在青年中留下深刻的印象,在社会上也造成强烈的舆论。为此,我们打算:

(1)省里开一次广播大会,请省委负责同志做指示,向全省青年发号召,并且邀请青年先进人物讲自己的先进事迹、先进思想。团省委表扬和介绍一批热爱农业劳动,在平凡岗位上作出出色成绩的先进人物,作为全省农村青年的学习榜样。

(2)团省委在《新华日报》上发号召、写文章,请《新华日报》发表言论,不断的登载一些农村青年先进人物的特写,造成一个强烈的气氛。在《江苏青年报》上组织讨论,请青年发表自己的感想、体会;报道基层开展这项教育活动的经验,组成一个农村先进青年观摩团或者讲师团,到各地去宣传促进。

(3) 在明年春季召开一次农村青年社会主义建设积极分子大会。

5. 为了有组织、有领导、有计划的开展这项活动，我们打算在10月下旬召开一次团省委三届七次委员会议，详细的进行讨论，并且做出决议。

如果这项教育活动取得成功，我们这样设想，农村青年的思想觉悟定会大大提高，热爱农业劳动的思想定会大大发扬，轻视农业劳动的社会风气定会大大转变，农村青年将会在农业战线上出现一个热火朝天冲锋陷阵的劳动热潮，为实现今年的农业生产指标，为大大提前实现农业发展纲要而奋战的局面。同时，农村团组织的战斗力，通过这个教育活动，也一定会得到很大提高。在这个活动中也可能出现些问题，比如，个别地方提出一些不恰当的口号，采取一些简单生硬的做法等等，这些都必须注意防止。我们的意见，在教育内容上不提那些与支援边疆相矛盾，容易助长地方主义的口号，在方法上坚持正面教育、循循善诱，对于那些外流回来的青年，要满腔热情的帮助，不准讽刺、打击、插白旗、开斗争会。只有这样，才能提高青年的觉悟，团结青年的大多数。

上述意见，是否有当，请省委批示。

共青团江苏省委

1959年10月8日

根据江苏省档案馆档案刊印

中共江苏省委员会江苏省人民委员会关于在农村中继续扫除文盲和巩固发展业余教育工作的指示

（1959年10月19日）

1958年，在工农业生产大跃进形势的推动下，广大农民迫切要求学习文化，全省掀起了一个轰轰烈烈的扫除文盲的群众运动，参加学习的青壮年941万人，扫除文盲827万人；在扫除文盲运动的基础上，创办了大量的业余文化技术学校，参加学习的人数一度曾达到700多万人。这是文化战线上的一个巨大跃进，成绩十分显著。今春以来，有些地方由于领导重视，将学习和生产统一领导，统一安排，因而使农民业余教育坚持下来，不仅巩固了扫盲成果，而且业余文化技术学校也得到了进一步的巩固和发展；但是也有很多地方，对农民业余教育的重要意义认识不足，产生了右倾思想，对生产和学习缺乏妥善安排，致使农民业余教育处于停顿状态，已脱盲的学员回生复盲现象，相当严重。这一情况，必须引起足够重视。应当指出，在成人中认真扫除文盲，组织各种业余学校，实行普及教育，逐步提高他们的政治、文化和技术水平，这是劳动人民知识化的一个重要步骤，也是文化革命的重要内容之一。同时必须看到，在全省农村中，人民公社经过几次整顿，已经走上巩固和健全发展的道路，农业生产上出现了更新更大的跃进形势，随着生产管理的组织性、计划性的加强，技术革命的发展，公社工业化和农业机械化、电气化的逐步实现，人民生活的不断改善，广大农民对于科学文化知识的要求愈来愈强烈了，人民公社对于具有一定科学文化水平的技术人员和管理人员的需要也愈来愈迫切了。通过业余教育，提高广大农民的科学文化水平和大量培养技术人员和管理人员，这是一项带有战略意义的任务。各级党委必须充分认识这一形势，根据八届八中全会决议和中共中央、国务院《关于在农村中继续扫除文盲和巩固发展农民业余教育的通知》的精神，抓紧当前有利时机，大力恢复、整顿巩固和发展农民业余教育。要求从现在起，经过两个冬春，基本上完成扫除农村中青壮年文盲的任务，并逐步建立起业余教育体系。为了实现上述任务，特作如下指示：

一、恢复、整顿巩固和发展农民业余教育，必须根据不同地区、不同季节的生产情况，提出不同的要求。各地原有扫盲学习组织和业余文化技术学校，现在学习已经停顿的，应迅速地恢复起来，没有停顿的应加以整顿巩固，在整顿巩固的基础上积极发展，在那些原来事业发展不足的地区，则应大大地发展。目前农村处于秋收秋种时期，以大力恢复、整顿原有学习组织为重点，秋收秋种结束，应配合冬季大生产和整社运动，全面开展冬季学习运动，掀起学习高潮。明年春耕春种以后，转入经常持久的常年学习。各地党委应当首先将当前农民业余教育的情况进行排队，把恢复整顿工作立即抓起来，并做好以下几个工作，为秋后大搞群众学习运动作好准备。(一)做好思想动员工作。从检查总结工作入手，总结去年以来扫盲工作大跃进的成绩和经验，拿出一套办法，召开必要的会议，或采取其他适当方式，向广大干部特别是公社基层干部和扫盲干部，反复说明继续扫盲和开展业余教育的重要性和有利条件，批判和克服右倾保守思想，号召大家鼓足干劲，发动群众，限期掀起扫盲和业余教育的高潮。(二)采取“以民教民”和“能者为师”的办法，解决师资问题，对原有的民师队伍要进行一次整顿，并充实一批新生力量。可以公社为单位对他们进行短期的分批集训，使他们能掌握一定的教学方法，以提高教学质量。(三)编写教材。识字教材由各县市负责编写，业余小学的课本由省教育厅负责编写；业余中学暂用农业中学的教材；县市和公社应结合当前形势和生产、中心工作编写补充教材。人民出版社和新华书店应保证做好出版发行工作，及时供应。（四）整顿组织。县市和公社原有的扫盲专职干部，应认真管好业务，已经调做其他工作的，应即调回；每个生产大队和生产队都要设立一个不脱产的文化教员，负责管理扫盲和业余教育；遇有水利工程和生产上分线作战的情况，应配好几套干部和教师，以便继续开展学习，不使学习中断。在进行这些工作时，各级教育行政部门应充分发挥主动积极性，做好党委的助手。

二、今后一个时期（1962 年以前），扫除文盲仍然是一个重要的艰巨的任务，必须教育干部坚持下去，反复地抓紧进行，以竟全功。同时要注意大力发展业余小学，有条件的积极发展业余中学。农村扫除文盲的对象为 40 岁以下的青壮年，并以 35 岁以下的青壮年和基层干部为重点。在今冬明春期间，要求把回生复盲的学员，尽快地提高到扫盲毕业水平，并吸收未脱盲的青壮年文盲、半文盲入学。对于已经脱盲和具有高小毕业程度的青壮年，要积极地组织他们进入文化技术学校的高小班和初中班学习。为了适应当前形势迅速发展的需要，应十分注意组织基层干部和党员学习，并要求他们学得更快更好，在学习中起模范带头作用。

三、农村扫盲和业余教育工作，在任何时候任何地区，都必须坚决服从并服务于生产和中心工作。教学内容必须继续贯彻政治、文化、技术三结合的原则，统一学政治，分班学文化，分业学技术。既要突出当前生产的内容以促进当前生产任务的完成，又要照顾长远需要，注意系统的基础知识教育。在学习组织上应当尽可能地把学习组织和生产组织统一起来，并注意按文化程度编班，以利教学。各地必须根据生产运动和中心工作妥善地安排学习和休息的时间，在一般情况下应保证社员每天有两小时的业余学习。

四、加强党对扫盲工作的领导，是搞好扫盲和业余教育的根本保证。各级党委特别是公社党委，必须有一个书记分工管理扫盲和业余教育，生产大队和生产队领导也必须层层有专人负责。社队领导在抓思想、抓生产、抓生活的同时，必须对扫盲和业余教育进行统一部署，统一安排。在农村扫盲和业余教育工作中，各级教育行政部门、农村工作部门，各级共青团组织和民兵、妇女组织，必须充分协作，共同做好这一工作。

各地、市、县委在接到本指示以后，应即认真进行一次研究，结合当地情况，对今冬明春扫除文盲和巩固发展业余教育的工作，作出全面部署，立即行动起来。并于11月上旬向省委、省人委作一次报告。

中共江苏省委员会
江苏省人民委员会
1959年10月19日

根据江苏省档案馆档案刊印

高举党的教育方针的红旗，巩固与发展教育革命

（1959年10月25日）

陈　光

去年9月，党中央和国务院发布了关于教育工作的指示。这个指示，根据我们党和毛主席的一贯主张，根据建国以来教育工作的经验，根据社会主义建设总路线和大跃进的形势，更加明确地和系统地提出：我国的教育方针是“教育为无产阶级的政治服务，教育与生产劳动相结合”。这是我国教育发展史上的一件大事，也是我国彻底进行社会主义革命的一件大事。从那时到现在，已经一年多了。在这一年多的时间里，我们江苏的教育事业，在党中央和毛主席的正确领导下，密切配合工农业生产全面大跃进，坚决贯彻执行了党的教育工作方针，进行了深刻的教育革命，取得了辉煌的成就。我省中等学校学生从1958年的59.8万人发展到89万，增加49%；小学生从1958年的404万人发展到603万人，增加36%。今年比去年，中学生又增加了25%；小学生又增加了5%。这种发展的速度，是任何资本主义国家所不能比拟的，当然更不是在旧中国的条件下所能梦想的。这充分证明了社会主义制度的优越性，证明了党的“鼓足干劲，力争上游，多快好省地建设社会主义”的总路线是完全正确的。

在这个深刻的教育革命的过程中，我省的教育事业，不仅在数量上而且在质量上都得到空前飞跃的发展，整个教育事业的面貌已

经起了根本的变化，教育行政干部和广大师生的精神面貌也起了极为深刻的变化。广大干部一般能够站在无产阶级的立场，运用马克思列宁主义的观点、方法，正确处理教育工作上的问题，坚持党的领导，坚持党的教育方针，坚持党的群众路线，深入工作实际，与群众打成一片，大破资产阶级教育思想，大立无产阶级教育思想，进一步巩固了党对教育事业的领导权。广大师生，在党的形势任务的教育下，在党的马克思列宁主义的理论教育下，都深刻地认识到确立无产阶级的世界观、同资产阶级世界观彻底决裂的重要性，绝大部分人都拥护党，拥护社会主义，热爱劳动，热爱学习，热爱工作，向着党所指示的又红又专的道路前进。目前在教育战线上，已经涌现出许多先进人物和模范事例。

由于我们全面地贯彻执行了党的教育工作方针，进一步加强了党的领导，坚持政治挂帅，加强了政治思想工作，把生产劳动列入正式课程，在教学中贯彻了理论与实践统一的原则，改进了教学方法，因而彻底改变了过去那种教育脱离政治、脱离生产、脱离实际的现象。各级各类学校，在党的领导下，在教学相长的原则下，建立了新的师生关系，发挥了教师的主导作用和学生的学习积极性。由于学生参加了生产劳动，不仅加强了劳动观点，改造思想，同时扩大了知识领域，增强了独立工作的能力，对于所学的东西也能够较深较透地理解，并用之于实际，教育质量比过去更加提高了。无数的事实证明，贯彻执行党的教育方针，是一场具有伟大历史意义的教育大革命。

在我省各地贯彻执行中央教育工作指示的过程中，有一部分干部和教师，也曾经发生过一些这样和那样的误解和错误，这些误解和错误往往牵涉到教育工作中许多带根本性的问题，这些问题我们有的已经解决，有的正在解决。现在我想就这些问题发表一些意见，和大家讨论。

一、驳"学校消灭论"

有人提出教育消灭、学校消灭的问题。他们为什么提出这个问题,让我在本文稍后一点再分析。现在先就这个问题本身来谈一谈。看来,为了弄清这个问题,要从什么是教育说起。从人类历史上来看,教育是年长的一代把积累的经验传授给年轻一代的一种形式,它是世世代代的人们参加生产劳动和社会生活所必不可少的。人类的知识,不能遗传,也不能每一代人都从头摸索,只能依靠前一代向后一代传授,后一代继承前一代的知识成果,并加以发展,一代一代地积累起来。这是社会不断前进和发展所绝对必需的。所以有人类存在,就必然有教育存在。从这种意义上说,教育是一种社会现象,是与人类社会共同存在的。

但是,每一个社会形态都有自己的教育;教育是一定社会基础的上层建筑。每一个社会形态都有自己的经济基础,每一个经济基础又都有适合于自己的上层建筑,上层建筑是由经济基础产生并为基础服务的。基础变革了,上层建筑也就发生变革。作为上层建筑之一的教育,它的目的、内容和形式,就是这样为一定的经济基础即生产关系所决定的。在阶级社会里,教育是有阶级性的。在无产阶级取得革命胜利之后,资本主义的基础和上层建筑为社会主义的基础和上层建筑所代替。无产阶级在不断革命的过程中,取得了政权,取得了经济战线和政治、思想战线上社会主义革命的胜利之后,还要继续在政治战线和思想战线上彻底取得社会主义革命的胜利,兴无产阶级的思想,灭资产阶级的思想,使上层建筑与新的经济基础相适应,并为它更好地服务。教育,在无产阶级手里,是改造旧社会、建设新社会的强有力的工具。所以,无产阶级在社会主义革命的过程中,所要消灭的是资产阶级的教育,同时创立无产阶级的教育而决不是消灭教育本身。教育在建设社会主义和共产主义的过程中，起着巨大的作用，无产阶级是极其重视教育工作的。

有人这样设想：上层建筑具有历史的暂时性，它的寿命不是无限的，而是有限的。到共产主义社会，既然阶级和政党消亡了，国家机器将丧失作用，逐步消亡，那么，作为上层建筑的一部分的教育，不是也会消灭吗？不会的，不但不会消灭，而且将来会发展得更完善更高级。这里有几点需要讲清楚。（一）到将来国家是会消亡的，但是那是将来的事。在目前，国家机器的作用，不但不会削弱，而且只会加强。因为国外的帝国主义还存在，国内的反动势力还存在，帝国主义者及其走狗，总是敌视我们的社会主义事业的。为了保卫祖国，保卫社会主义的建设，保卫世界和平，我们的国家，正在日益强烈地发挥着它的人民民主专政的作用。它具有专政的职能，用以对付国内外的敌人；它对人民内部，则实行民主制度，负担着进行经济组织工作和文化教育工作的职能。到了共产主义社会，阶级消灭了，作为阶级统治工具的国家机器的专政职能随着也将消亡，那时候，再也不存在专政的问题，国家的职能由专政的职能变为管理经济、教育、文化、艺术和科学的职能。（二）正如前面所说，教育作为上层建筑，它的目的、内容和形式，是随着社会形态的发展、变化而起变化的，但是教育作为社会现象，它是永远存在的。到了共产主义，人们不是不要读书、看戏，不要进行科学研究了，相反的，将来人人都要读书，从小学一直到大学，用在这方面的时间将会更多，对文化、科学生活的要求将要更高。因此，教育还是存在，它为人类征服自然界服务，为不断提高生产力，不断发展文化科学服务。有教育存在，学校也就同时存在。当然，那时学校的组织形式，可能有某些新的变化，但是无论如何变化，学习总是需要的，学校总是存在的。学校的这一种或那一种形式是一回事，作为传授知识和培养人才的教育机关的学校的实质又是一回事，这两者不能混淆。孔夫子的私人讲学是一种学校，封建时代的书院，是一种学校，私塾是一种学校，近代的学校也是一种学校。《孟子》上说“夏曰校，殷曰序，周曰庠，学则三代共之”（滕文公），说的正是学校的名称和形式虽然不同，但进行教学这一点则是共同的。可见尽管学校的形式在人类历史上有多么巨大的变化，但是“学”则历代“共之”，不能认为到了共产主义只需要教育，而不需要有进行教育的机关。

这里必须指出，有些人看到我们的工厂、公社、机关、部队都在大办教育，觉得教育已经超出学校的范围，以为教育已经为其他的事业所代替，学校也已失去了它特有的性能和形式，所以说什么教育会消亡，学校也不需要了。这是极大的误解，或者是一种歪曲。其实我们这样做，是实行教育事业上两条腿走路的方针，是为的更多、更快、更好、更省地发展教育，建立学校，而不是为了取消教育，消灭学校。在我们这里，那些“学校消灭论”者，有的人是由于水平低，学习不够，思想方法片面，不懂得马克思主义的教育理论，因而发生误解和错觉，这是属于认识问题；有的人则是由于受了资产阶级教育思想的影响，观点错误，或者站在资产阶级立场来对待无产阶级的教育事业，这是立场、观点问题，世界观问题。美国杜威的实用主义教育学说，就是否定学校的作用的，他从他的主观唯心论出发，用生物学的观点来解释社会现象，否定青年一代掌握系统科学知识的必要性，否定学校的必要性，主张教育即生活，学校即社会，或者主张天地即学校，从做中学，企图消灭学校。这个学说，是站在维护资产阶级利益的立场，欺骗和愚弄劳动人民，抵制无产阶级革命思想的传播，把资本主义说成是不可改变的好制度，从而达到为资产阶级培养驯服的工具的目的。这种实用主义教育学，是垄断资产阶级的思想工具，是现代最反动的一种教育学说。我们要坚决彻底地肃清它的影响。

这里还有一个问题。这就是：既然说教育是与人类社会共同存在的，那末，社会主义教育与资本主义教育是否有根本区别呢？

根本区别在哪里呢？答复是：有根本区别，在教育目的、办学路线、教学的原则和方法等等方面，社会主义教育与资本主义教育都存在着根本的区别。

我们的教育的目的是为无产阶级的政治服务的，资产阶级的教育是为资产阶级的政治服务的。这就是说，我们的教育是为社会主义革命和社会主义建设服务，为消灭一切剥削阶级和一切剥削制度的思想残余服务，为逐步消灭城乡差别和脑力劳动与体力劳动的差别服务，为实现共产主义服务；而资产阶级的教育，则是资产阶级用来剥削劳动人民的工具，专为它的高额利润服务。我们主张教育必须由党来领导，资产阶级主张教育由资产阶级“专家”来领导。我们主张教育必须和生产劳动相结合，理论必须和实践相结合，资产阶级则主张劳心和劳力分离，理论和实践分离，主张劳心者治人，劳力者治于人。

我们的教育，是要使受教育者在德育、智育、体育几方面都得到发展，使其成为有社会主义、共产主义觉悟的有文化的新型劳动者，就是说：我们的教育是培养具有工人阶级的阶级观点、群众观点和集体观点、劳动观点、辩证唯物主义观点的人，他们具有坚定的共产主义世界观，既能从事脑力劳动，又能从事体力劳动，是全面发展的新人。资产阶级的教育专门培养官僚、地主、资产阶级自己的子弟成为本阶级的统治者，他们是偏私的发展，唯利是图，鄙视劳动和劳动人民，抱着唯心主义和形而上学的观点，充当资产阶级的继承人和辩护士。

我们的教育是向工农开门的，是为普及和提高劳动人民的文化水平、推动技术革命和文化革命服务的；我们主张全党全民办学、贯彻群众路线，实行两条腿走路。资产阶级则把工农子弟拒绝于教育大门之外，知识商品化。我们主张全面发展，因材施教，他们则主张天才教育，“以儿童为中心”。我们主张在党的领导下，在教学相长的原则下，充分发挥教师的主导作用，建立社会主义的平等的团结的师生关系，他们则认为学生不能“批评先生”。我们主张厚今薄古，古为今用，他们则主张厚古薄今。我们对师资的要求是德才兼备，又红又专，能者为师，资产阶级则是重才轻德，片面强调资格学历。

从以上所说，我们可以得到一个明确的结论：教育是一种武器，是阶级斗争的工具。这个工具如果掌握在无产阶级手里，它就为人民特别是广大劳动人民造福；反之，如果掌握在资产阶级手里，它就成为少数人压迫和剥削多数人的工具，劳动人民不但在物质上受到剥削，而且在文化上也被置于愚昧落后的境地，失去受教育的权利。应当看清，资产阶级的“为教育而教育”的口号，是一个骗子的幌子！

二、驳“劳动即教育论”

有人说，生产劳动就是教育，能够代替教育。这种说法看起来好像是赞成生产劳动的，其实不然。持这种说法的人，大致有两种人，一种人是对教学与生产劳动的内在联系和相互区别认识不清；另一种人，则是别有用心，故意歪曲，实质上是否定了生产劳动与教育的区别，也就否定了教育与生产劳动相结合的必要，最后还是否定了各类学校都必须恰当地进行生产劳动。为了坚持教育与生产劳动相结合的方针，对于这种论点大有批判的必要。首先要指出，把教育和生产劳动结合起来，这是教育大革命的中心问题，是一个有巨大历史意义的深刻的革命。在这方面，我们已经取得了巨大的成绩，今后还必须继续贯彻执行这个方针，取得更大的成绩。应当肯定，生产劳动能使人受到很大教育，起着一部分极为重要的教育作用。从知识的来源来说，人类的生产活动和阶级斗争，是知识的源泉。但是这一切都不能得出结论说劳动可以完全代替教育。实践是一切知识的基本来源，生产劳动中出知识、出科学，这是真理。但是生产劳动中出的知识要经过抽象和概括，要由感性上升到理性，才能成为系统的科学，要达到这个目的，就需要掌握一定的文化知识，就需要教育；同时，知识要传授，又需要教育。人们不能只依靠劳动就能很快地获得人类历史上积累下来的知识成果。比如一个不识字的工人、农民，从事生产几十年，应当肯定是有很多生产知识和科学经验的，但是他们要总结、要提高，就要接受知识遗产，就处处都感到受教育的重要性。我省有个青年工人，名叫周南兴，只读过初中一年级，通过生产实践，创造了用火花鉴别钢铁成分的经验，否定了日本教授樋谷繁雄关于钡元素的错误理论。南通蛇医季德胜，本来不识什么字，但他制造的蛇药却灵验无比，远销东南亚13个国家。无锡市的杨子才，原是面粉厂储运工人，只读过三四年书，他在除四害爱国卫生运动中，研究了各种老鼠的习性，捕捉了大量的老鼠。现在，季、杨二人都被聘请为中国医学科学院特约研究员。他们的创造性的成就，是长期实践经验的积累，但是一旦当他们要总结、提高这些实践经验时，就感到受教育、掌握科学文化的迫切性。例如周南兴在准备写书的时候，遇到过很多困难，首先是文化关难过，用他自己的说法，举笔千斤重，后来他还是进一步学习文化，一边悉心钻研，一边请教老师，突破文化科学关，尽了很大的努力，才把书写成。像周南兴这样的事例，在社会主义的新中国是很多的，这说明了在党的领导下，在优越的社会主义制度下，劳动人民已经迫切要求受教育，掌握科学文化，以便总结和提高自己的劳动经验，更好地进行劳动。他们是懂得劳动不能完全代替教育的。

再说，几千年来，我国世世代代农民有着丰富的生产经验，但是由于在剥削阶级的长期压迫之下，学不到文化，只能祖祖辈辈在小块土地上进行着笨重的劳动，没有办法把劳动生产经验很好的总结和提高；历史上也有过一些劳动人民出身的科学家，可是为数极少，而这些人，也只有在他们突破了剥削阶级所设的藩篱，经过刻苦自学，具有了一定的文化基础知识以后，才有所成就。所以，散布“劳动代替教育”的说法无异是叫人民群众不要受教育，不要学习文化，永远安心于缺乏文化的落后状态中，操持着落后的生产工具，进行笨重的劳动。这是一种资产阶级欺骗群众的“理论”，是资产阶级垄断教育的愚民政策。

我们共产党从来没有主张只要劳动不要教育，而是主张教育与生产劳动相结合。列宁曾经说过，在一个文盲充斥的国家，是不能建成共产主义的。我国是一穷二白的国家，穷，就是经济落后；白，就是文化落后。我们今天的任务，就是要改变这两个落后现象。经济落后和文化落后是相互关联、相互影响的，文化科学的发展要以经济作基础；而经济的发展，又要以文化科学为条件。所以我们建设社会主义，就要经济、文化双跃进。如果以劳动代替教育，那末脑力劳动与体力劳动的差别，不是越来越缩小，而是越来越扩大，因而就缺乏一个向共产主义过渡的条件。为了将来向共产主义过渡创造条件，就必须使我国工农业生产的装备逐步现代化，使物质产品更加丰富，这就需要不断发展教育，提高人民的文化科学知识，用更多的现代化的机器来代替人工的笨重的劳动。不积极发展教育事业，就不能达到这一点。现在我们的任务是要遵照毛主席的指示，消灭历史上遗留下来的工人农民文化落后的现象，给他们以文化科学知识，使他们能够把文化科学知识和劳动经验结合起来，成为既能从事脑力劳动又能从事体力劳动的新人，加速建成社会主义，并为将来的共产主义社会过渡准备条件。照我们一些同志的主张，劳动代替教育，那结果会怎样呢？我们的国家就只能永远是一穷二白，不能变落后为先进，不能把祖国建成为一个有高度发展的现代工业、现代农业和现代科学文化的伟大的社会主义国家。

前一个时期，我们批判和克服了教育工作中脱离生产、脱离实际，只强调教育，不注意劳动的缺点，大力贯彻了教育与生产劳动相结合的方针，这是完全正确的，并且收到了很好的效果。现在我们仍然认定在一切学校中，必须把生产劳动列为正式课程，这对学生来说，不论在德育、智育和体育方面都有好处，这是培养全面发展的新人的一条正确的道路，不容许有丝毫的动摇。有些人对各类学校中必须进行生产劳动的动摇，实质上是对党的教育方针的动摇，是对坚持社会主义教育、反对资产阶级教育的动摇。我们应当看到，有人是直接反对在学校中进行生产劳动的，但是还有一些人却绕了一个弯子，说什么劳动可以代替教育，意思就是说："索性全部劳动吧，还要什么教育呢！"请看，这不是用另一种形式表现出来的反对生产劳动是什么呢？我们是很清醒的，我们坚决地坚持教育与生产劳动相结合，同时正确地安排教学与生产劳动的关系。我们马克思列宁主义者不会给他们引上错误的途径。我们既要反对只读书不劳动，也要反对只劳动不读书，毛主席曾经指示我们"一切比较完全的知识都是由两个阶段构成的：第一阶段是感性知识，第二阶段是理性知识，理性知识是感性知识的高级发展阶段"。又说："有什么办法使这种仅有书本知识的人变为名副其实的知识分子呢？唯一的方法就是使他们参加到实际工作中去，变为实际工作者，使从事理论工作的人去研究重要的实际问题，这样就可以达到目的。"这就是要我们必须把教育与生产劳动结合起来，必须与实际斗争结合起来，学到比较完全的知识，既学基础知识，又学生产知识，既懂得原理，又懂得实战。

"学校消灭论"是没有根据的；"劳动即教育论"也是没有根据的。

三、学校以教学为主还是以劳动为主

有的同志问，学校实行教育与生产劳动相结合，究竟以教学为主还是以劳动为主？我想，对这个问题要作具体分析。现在我们有三类主要的学校，就是：全日制、半日制和业余学校。既然有三种不同形式的学校，那末学校对教学与劳动的安排，就不能笼统地讲以什么为主了，应当区别不同的学校，提出不同的要求。

我认为：全日制学校应以教学为主，结合劳动，它不同于半日制和业余学校。去年强调教育必须与劳动相结合的时候，有些人误认为只要劳动，不要教学，后来，又有些人误认为只要教学，不要劳动。这两种错误倾向都是对党的教育方针的曲解。只要教学不要劳动是错误的，只要劳动不要教学也是错误的。中央指示是教育与生产劳动相结合，全日制学校应以教学为主，结合生产劳动，但是有的同志却把"结合"两个字取消掉了。试想一想：一个学校只劳动不学习，那不就变成一个普通的生产队了吗？如果只教学不劳动，那不是又走回头路，走向资产阶级的教育道路上去了吗？

半日制的学校，如农业中学和各种职业中学，是我国国民教育制度上的一个创举。很明显，这类学校在发展生产，促进教育事业的大发展、大跃进，以及在满足劳动人民的学习文化的要求上，都起着极为重要的作用。这种学校应该坚持半工半读制度，也就是说用一半时间劳动，一半时间学习，这个"半"字当然不一定恰好就是1/2，比如农业初中一年级，从今年开始，今后每年都是招收本届高小毕业生，他们的年龄一般较小，因此在教学、劳动的安排上，就要照顾到这种情况，他们的学习时间就应当比 1/2 多一点。所以学校教学时间和劳动时间的安排，要看具体情况，如劳动工种、学生的年龄等来决定。现在各校都根据自己的特点和当地的生产门路，因地制宜地办了各种工厂和农场，因而在教学、生产劳动上都取得了很大的成绩，但是也有少数学校由于在教学与劳动安排上抓得不好，因而缺课太多，使学生产生误解，认为不如回家种田好，这个问题必须引起重视。半日制学校，生产必须搞好，教学工作必须搞好。

业余学校应以生产为主，这是人们的一般常识，早就已经很明确了。但是我们不能因重视了生产而挤掉学习，必须概括生产劳动的任务和具体情况，利用一切空隙时间，作恰当的安排，使劳动、学习和休息，有节奏的进行，既要努力完成生产任务，又要考虑结合完成学习任务。业余学习要有□性，要因地、因时、因人制宜。至于教和学的方法，应该灵活多样，可以在课堂上教，也可以在车间、田头、工地学习。总之，业余学习是要坚持的，但只能以生产为主，不能以学习为主，要有利于生产，不能不利于生产，我们要善于辩证地处理教学与生产的关系。

总之，教育与生产劳动相结合的方针，必须坚决贯彻执行，各级各类学校，都应该按照自己学校的形式、类型，积极地切实地把教学与劳动作适当的安排，使它们二者密切结合起来，大力地保证提高教学质量。

一些具有资产阶级教育思想的人，认为“学校过去劳动搞多了”“去年大炼钢铁劳民伤财”“得不偿失”“影响了教学质量”等等，这种说法，显然是错误的，是资产阶级的教育思想的表现，其目的是企图否定教育与生产劳动相结合的方针。教育结合生产，是马克思主义教育理论的根本原则，是党的坚定不移的方针，去年学校开展教学与生产劳动相结合的活动，特别是参加大炼钢铁活动，不但炼了钢，而且炼了人，教育质量不是降低了，而是大大提高了。这种伟大的意义和成绩，是谁也否定不了的。在全日制学校开展生产劳动，完全是正确的和必要的，不仅过去要搞，现在要搞，而且今后还要继续搞下去。任何借口以教学为主，企图取消教育与生产劳动相结合，都是不允许的。

看来很明显，教育与生产劳动相结合的方针，是对各类学校都普遍适用的原则，不能有丝毫的动摇。至于主次问题，就要按几类学校的特点进行具体分析，具体安排，而教育与生产劳动相结合的形式，原是多种多样的，是因时因地制宜的。

四、坚持两条腿走路，反对独脚跳

有的同志说，既然半工半读有那么多的优越性，全日制学校就没有存在的必要，可以一律改为半日制了。也有些同志觉得全日制的学校好办，半日制的农业中学不好办，想把半工半读的农业中学改成全日制的普通中学。这两种想法，都是片面的。教育革命以来，我们在教育事业上，进一步发展了群众路线，根据统一性与多样性相结合的原则，使全日制学校与半日制学校并举，大大促进了教育事业的发展，这是在办学方针上实行两条腿走路的结果。半日制学校有它产生的历史条件和特定的优越性的。这种学校，适应了我国目前的生产水平较低的状况和社会主义建设的需要，满足着当前国家和人民对文化科学的要求，照顾到劳动人民的经济负担能力和劳动力情况，在经费方面，它很少需要或者不需要国家负担，对师资问题又能按照“能者为师”的原则，比较易于解决。所以大量举办半日制学校，从目前这个时期来讲，是完全必要的。但是却不能因此否定全日制学校，而把全日制学校改为半日制学校。半日制学校和全日制学校都是我国三类主要学校之一，它们在统一的培养目标之下，采取着不同的办学形式，在我国社会主义建设中分担着不同的任务。半日制学校，拿农业中学来说，它是在公社党委领导下，为公社社员集体举办的，其主要任务是为公社培养工农业生产所需要的中、初级技术人员和社队干部，将来农业高中毕业生虽然有些人可以升农学院、师范学院等高等院校继续深造，公社也可以根据建设需要保送部分学员升入其他高等学校学习，但只能是一部分。而全日制学校却担负着提高的任务，它要为高一级学校提供更多的较高质量的学生来源，为国家培养高级科学技术人才。这两类学校都要提高，但是又有分工，所以全日制学校的存在和发展，也是为国家和人民所需要的。全日制学校今后不仅有存在的必要，并且还要继续发展，努力提高教学质量。再说，全日制学校中的小学和初中，特别是小学，无论从学生的学习任务或者年龄和体质条件来考虑，都不能实行半工半读，因为他们正处在长身体、长知识的时期，应当让他们多学一些基础知识，参加劳动的目的主要是培养劳动观点。所以对于初中和小学的全日制学习，我看现在否定不了，将来也不一定否定它。至于高中以上全日制学校的学生，他们虽然已经有了一定的基础知识，身体也发育长成了，可以适当多参加一些劳动，比如高中学生可以比初中学生每周多劳动两小时，但是为了提高，也应该以学习为主。

又有人说全日制学校好办，农业中学难办。这种看法，应当说是缺乏辩证唯物主义观点。好办与难办，并不是绝对的，问题的关键在于有没有干劲，在于我们去不去做工作。世界上的任何事情，有些看来是轻而易举的，但是假如你不去做，一味等待观望，仰赖他人，即使本来是好办的事情，也会变得不好办；反过来说，也有许多事情，看来虽然很难办，但是只要你正视现实，努力去做，艰苦奋斗，不屈不挠，即使是最难办的事情，也会变成好办的。俗话说："事在人为""天下无难事，只怕用心人""只要功夫深，铁杵也能磨成针"，就是这个道理。

当然，好办与难办，也是有客观界限的，并不能一概抹煞。比较起来说，有的事情确实好办一些，有的事情确实难办一些。全日制学校是国家办的，历史较久，原有基础和条件较好，经费不成问题，自然要好办一些，农业中学和其他民办学校，由于创办伊始，经费要靠群众自己筹措，学生劳动经和公社适当补助，又因为缺乏现成经验，遇到的问题就较多，自然要难办一些。但是，话又得说回来，事物是发展的，不是固定不变的；客观条件固然很重要，而主观能动性的作用却更不可忽视。一年多来的实践表明，我省许多地方的农业中学，由于党委重视，教师积极教学，学生认真学习，努力生产，就能把学校搞得生气勃勃，有声有色，他们不仅解决了或正在逐步解决着学校的经费自筹问题，而且教学质量也有很大的提高。现在全省已有82所学校经费全部自给，185所学校经费大部自给，459所学校经费半自给，不少农业中学的语文、数学等主要课程的成绩已经接近和达到全日制中学同年级学生的水平。

由此可见，那些以为全日制学校好办、农业中学难办的说法是站不住脚的。这实质上是一种干劲不足、怕苦畏难的表现。如果因此而想把半日制的学校改为全日制学校，那更是对教育实行两条腿走路的方针和对农业中学的性质、任务缺乏应有的理解。我们认为，全日制学校是要办的，随着国民经济的发展，还要有很大的发展，数量将逐年增长；但是，根据我国目前的经济条件以及人民对文化教育的迫切需要来说，不能只依靠国家办学这一条腿，还必须依靠公社和群众集体办学这一条腿，使农业中学和其他民办学校继续地有较大数量的发展，才能解决问题，如果以为现在只要国家办学不要群众办学，为了卸"包袱"，企图把农业中学和民办学校挤掉，那显然是一种误解，而且是十分错误的。

我们要采取两条腿走路的方针，全日制学校与半日制学校相辅并存，一起在文化革命中发挥自己的作用，为社会主义建设服务。无论哪一种一条腿走路即独脚跳的想法，企图把全日制学校一律改成半日制学校，或者把半日制学校一律改成全日制学校，都是不正确的，不利于多快好省地发展社会主义的教育事业。

五、到共产主义社会还会有成人的业余教育

我国的三类主要学校，除去全日制、半日制学校外，就是业余学校。这三种学校构成我国的教育体制，缺一不可。这三种学校联起来，将能够大大促进知识分子劳动化和工农群众知识化。但是现在有些人不重视业余教育，认为它是暂时的，可有可无。这种看法是

不对的。就目前成人业余教育的任务来说，主要是扫文化盲，这是一个艰巨的任务，这是改变我国一穷二白的状况，实现工农群众知识化的一项具有战略意义的工作，我们必须有计划有步骤地完成它。如果这个任务完成了，那末在扫文化盲的基础上，还要扫科学盲，所以工厂、机关、公社都应该大办业余学校，把业余教育坚持下去，并且发展提高起来。业余学校有着远大的前途，随着工农业生产的发展，随着工农业生产技术、装备的提高和改进，劳动和学习将会给我们带来更大的幸福。我国普及教育的目标，有着宏伟的计划，我省要在相当长的时间内，基本上做到使全省青年和成年人，凡是有条件的和自愿的，都可以受到高等教育。各种形式的业余教育，对实现这个目标，将要起很大的作用，这种作用，是和实现共产主义的远大理想相联系着的。

应当看到，就是到了共产主义社会，业余教育也还会存在，为什么呢？因为，那时固然人人都有很高的文化科学水平，人人都有学习的条件和进入各种学校学习的机会，但是人们在进行生产和同自然界作斗争中，必然会出现许多新的科学成就和创造发明，而任何科学发明，总是由少数人开始发现和研究，经过刻苦钻研，逐步获得成功，然后再为广大的群众所学习和掌握，这就必须采取业余教育的方式，而不是让人们都再进校学，去学习这些新科学。同时，对于新科学的学习和研究，各人的需要是不尽相同的，各人的兴趣也是不一样的，决不可能统一于一个兴趣和一种研究方式中，因此，除进学校学习之外，会有更多的人在业余时间进行自学。业余学习，不是半工半读和全日制所能代替的。现在，我们很多同志就是劳动、学习，学习、劳动，循环往复，不断提高，做到老，学到老。业余学习不仅能学到新的科学知识，而且还能创造新的科学。

现在有的同志只看到暂时的局部的利益，缺乏共产主义的远大眼光，不重视业余教育，认为生产忙，难安排，可以办也可以不办，采取放任自流的态度。也有人片面强调困难，看不到机关、工厂、企业所存在的潜在力量，而不主动进行工作。因而在这些地方，业余教育就不能很好开展起来，群众的学习积极性受到挫伤。这是一种脱离群众的态度。他们不关心群众的要求，不懂得业余教育对培养人才、对国家建设的重大作用。必须指出，今天我国的劳动人民，为了建设自己美好的生活，比以前任何时代都更加需要文化知识，需要提高生产技术，需要充分利用和发展科学知识，以求多快好省地建设社会主义，并向共产主义过渡创造条件。正因如此，我们党一贯就是十分重视业余教育、提倡业余学习的。谁看不到这一点，就要犯错误。

六、普及与提高不能割裂

有的同志说，我国人民的文化落后，现在只要普及，不要提高。还有的说，全日制学校才能提高，半日制学校不能提高。在这里，我们首先要正确认识普及与提高的关系。

毛主席说："人民要求普及，跟着也就要求提高，要求逐年逐月地提高。""我们的提高，是在普及基础上的提高；我们的普及，是在提高指导下的普及。"又说："我们所说的普及工作不但不是妨碍提高，而且是给目前的范围有限的提高工作以基础，也是给将来的范围大为广阔的提高工作准备必要的条件。"这些指示使我们明确地认识到，普及和提高是不能分割开来的，我们在普及与提高的问题上，一方面要大量发展主要担负普及任务的半日制学校和业余学校，并且使这些学校在巩固的基础上逐年逐月地提高；一方面要努力提高全日制学校的知识质量，并从中挑出一批学校作为重点，使之成为骨干，带动其他学校的提高。根据江苏省教育事业规划，到1967年在校大学生将达到16.2万人，这就需要大量的高中毕业生。这许多高中毕业生从哪里来呢？首先是来自全日制学校，其次是半日制学校。所以，普通中学要提高，半日制和业余学校也要提高。

我们的学校，提高与普及要有分工，但又不能绝对分工。一般说来，普通中学提高的任务要大些，但不能绝对化，认为只有普通中学才能提高，业余的和半日制学校就不能提高。比如农业中学今年已经开始创办高中班了，将来还要办大学。业余文化技术学校逐年提高以后，也要办业余大学。这些学校的提高就是时间要长些，总之是都要提高。目前既要抓住普及，又要抓住提高；大学是提高，也要普及。普及并不妨碍提高，而且给目前提高以基础，为将来提高准备条件。

七、坚持政治挂帅和教师的提高

有人说，现在是大力提高教学质量的时候，对教师应着重提高他们的业务水平，思想改造可以放松一下了。这种说法对不对呢？有对的一面，也有不对的一面。在这个问题上，我们要看得全面一些。

为了提高教学质量，提高教师的业务水平是必要的，但不是唯一的。教师的提高，包括业务和政治两个方面的提高。我们要求他们备好课，教好课，改好作业，做好辅导工作，在党的领导下，在教学相长的原则下，在教学工作中起主导作用。但是政治是灵魂，是统帅，教学工作没有政治挂帅，就要迷失方向，走到重业务、轻政治的“白专”道路上去。这是一条危险的有害的道路。应该承认，许多年来，教师们在党的领导下，通过政治锻炼，劳动锻炼，和理论学习及自己的业务实践，绝大多数人的政治觉悟、思想水平都有了很大的提高，他们热烈拥护共产党，勤勤恳恳地为社会主义教育事业服务。其中有些先进分子已经光荣地参加了中国共产党。但是旧的知识分子要进一步彻底地同资产阶级的世界观决裂，真正掌握工人阶级的世界观，还需要一个较长的时期。以为旧知识分子不需要再进行改造，或者把思想改造的工作放在次要地位，看得轻而易举，都是不对的。事实证明：由于各种社会的、历史的、思想的根源，在资产阶级知识分子中，存在着不少的个人主义、自由主义、无政府主义、平均主义和民族主义等等的思想，资产阶级反社会主义的思潮，在知识分子中还是有市场的。因此，我们必须加强党的领导，加强对他们的思想改造工作。这是一项长期的艰巨的复杂的工作，必须坚决进行到底，不容有任何动摇和妥协。

资产阶级知识分子和我们在教育方针上的斗争，是两条道路的斗争。这个斗争现在并没有彻底解决，还要持续下去，才能使教育革命的成果得到巩固，并进一步地得到发展和深入。我们采取的公式是“团结—批评—团结”；我们采用的方法是处理人民内部矛盾的方法。我们的目的是，使资产阶级知识分子中的极大多数成为又红又专的无产阶级知识分子。既要提高他们的业务水平，又要提高他们的政治觉悟，这样才能使他们更好地为社会主义建设服务。一个共产党人，如果不坚持政治挂帅，放松对资产阶级知识分子的思想改造，这就是一种右倾。我们对资产阶级知识分子必须坚持团结—批评—团结的原则，帮助他们进行自我改造，调动他们的积极因素，使之全心全意为社会主义和共产主义事业服务，这才符合党的团结、改造知识分子政策的精神。

上面所讲的几个问题，对于大多数干部和教师来说，经过一年多的教育大革命，解决了很多问题，因而各人的思想觉悟有了很大的提高，我们的事业也取得了很大的成就。但是在少数人的身上，这些问题并没有根本解决，或者还是有解决。两年多来，根据我个人的体会，在文教系统中，贯彻党的方针政策，往往不是那么雷厉风行的，有时是有阻力，很难一下子贯下去，这首先应当从阶级根源上去找解答。教育界是知识分子成堆的地方，有一部分人资产阶级立场并没有得到改变，他们的世界观还是资产阶级的世界观，不是无产阶级的世界观，因而在一些带根本性的问题上，他们的立场和方法，同我们总是格格不入、针锋相对的。此外，从领导工作上看，少数干部朝气不足，右倾情绪较为严重，组织观念薄弱，缺乏原则性、斗争性和不断革命的精神，执行党的政策立场不鲜明，也造成了工作上一些不应有的损失。

党的八届八中全会教导我们，当前的主要危险是在某些干部中滋长着右倾机会主义的思想。这个指示，有极其重要的现实意义。我们做文教工作的干部，对这点尤其要注意，应该百倍地警惕自己。目前我省文教系统的全体工作人员和全国全省人民一道，正在蓬蓬勃勃地开展着一个学习党的八届八中全会文件的高潮，在这次学习活动中，我们一定要坚持政治挂帅，反对右倾，大鼓干劲，提高觉悟，统一认识，加强团结，进一步开展两条道路的斗争，检查和克服教育工作中的右倾思想和右倾情绪，继续贯彻党的教育方针，大抓教育质量，把教育革命继续深入一步，把我们的工作搞得更加出色！

1959 年 10 月 25 日

根据江苏省档案馆档案刊印

中共江苏省委批转公安厅党组《关于连续发生重大灾害事故的情况报告》

（1959 年 10 月 26 日）

各地、市、县委：

省委同意公安厅党组这个报告，现转发给你们，希即研究执行。在增产节约运动中，必须切实注意安全生产，关心职工生活。应该把安全生产列为评比生产、表扬先进的重要条件之一。各地对于安全生产大检查中曾经发现而尚未解决的问题，必须继续抓紧整改。对于某些重大问题，即使目前还不可能彻底解决，也应该迅速采取必要的改进措施，以防发生灾害；并且要积极创造条件，求得进一步解决。不论城市和农村，当前特别要做好防火工作。

中共江苏省委员会

1959 年 10 月 26 日

附：省公安厅党组《关于连续发生重大灾害事故的情况报告》

（1959 年 10 月 15 日）

省委、中央公安部、省安全卫生委员会、省委政法小组：

9 月以来，少数厂矿企业单位连续发生重大的治安灾害事故，有的是相当严重的事故，造成了很大损失。

9 月 5 日，镇江市生产西力生的农药厂，发生 33 名职工集体中毒事故。这个厂由于缺乏必要的安全设备，在安全大检查运动中市委决定停止生产，要他们采取安全措施后再恢复生产，但他们没有采取任何措施，在 9 月 4 日恢复生产，第二天就出了事故。

同一天，镇江市益群布厂发生火灾，烧掉一个烘间和 200 多包棉纱，损失 5 000 多元。起火原因是烟囱走火，这个漏洞在安全大检查运动中已经发觉，但没有及时整改。

9 月 9 日，无锡牙刷厂赛璐珞燃烧引起火灾，烧掉两个主要车间的 11 间厂房和 30 万把牙刷。这个厂的全部生产资金只有 20 万元左右，一把大火，就损失 16.4 万多元，被迫停止生产。这个厂在安全大检查中，就查出储存的化学易燃物品管理不善，极易自燃，公安分局曾经 5 次向厂领导提出整改的建议，都未被采纳。

9 月 27 日，江浦县大桥公社红砂矿炸药库失火，爆炸了 54 斤炸药，炸死 2 人。这个小仓库是用茅草盖成的，在安全大检查中，曾经建议迁移，但没有整改。这次两个农民在仓库旁吸烟把烟蒂丢在茅屋上造成火灾。

9 月 29 日，扬州姜家桥汽油转运站一条运油木船烧饭起火，引起船上油桶爆炸，延烧到岸上的油站，烧了 5 个小时，死亡 12 人，烧掉汽油和柴油1 278吨，烧毁7只运油船，损失折款达170万元。这个转运站在安全大检查运动中没有进行检查，装满汽油的油桶，露天堆放在50多亩地的大空场上，既没有必要的安全设备，也没有采取任何安全措施。

造成这些重大事故的隐患、漏洞，大多数在安全大检查中就已经发现了，只要及时抓紧整改，这些事故本来都是可以避免的。

应当肯定，经过前一时期安全大检查运动，暴露和解决了大量的问题，安全生产方针得到进一步贯彻，安全状况大大改善，这就为增产节约运动提供了更加安全的条件。现在的问题是有些单位的领导上满足于安全大检查运动的成绩，产生了新的麻痹松懈情绪，甚至又把增产节约运动和安全生产对立起来，认为“要搞增产节约运动，就很难顾得了安全”。因此，经常对职工进行安全教育、布置和检查安全工作做得不够；对于安全大检查运动中暴露出的一些问题，特别是一些关键性的问题，应该整改也有条件解决的没有坚决整改；已经发生的一些事故没有认真接受教训，对于个别严重失职造成重大事故的人，也没有进行严肃追查和作必要的处理。特别应当指出的是：有些公安机关，在增产节约运动新高潮中，对继续加强安全工作缺乏高度的责任感，产生了松劲畏难情绪，应该坚持的没有坚持，尤其是没有把关键整改和对重点单位、重要项目的复查鉴定工作抓到底。因此，第三季度厂矿、企业单位发生灾害、事故的次数虽然显著下降，但仍然发生了重大灾害、事故174起，死104人，伤3 100人，经济上可统计的直接损失达457万多元。这种情况仍然是值得重视的。

根据上述情况，我们提出几点意见：

一、在增产节约运动中，必须继续坚持贯彻党的安全生产方针。通过加强安全工作，为增产节约运动提供更加安全的保证，同时，在增产节约运动新高潮中，进一步创造更加安全的条件。把生产和安全密切结合起来，经常对广大职工进行安全生产教育，布置生产，布置安全，检查生产，检查安全，总结生产，总结安全。把安全生产列为评比生产、表扬先进的重要条件之一。

二、对于安全大检查中检查出来的关键性问题，应该继续抓紧整改。应该解决可以解决的一定要下决心解决，务使措施落实，决不应该搁置不理，听之任之。

三、对于重点厂矿、科学研究单位和爆炸、易燃物品的仓库等重要项目，公安机关应当配合有关部门逐项地一个一个地再进行一次彻底复查，作出安全状况的鉴定，针对查出的问题，采取确保安全的措施。务必保证这些要害单位，不再发生重大事故。

四、要认真接受已经发生的重大事故的教训。对于因严重失职或屡戒不理，以致酿成重大灾害事故的当事人，应当追查责任，报请党委作必要的处理，借以进行教育，增强责任感。

以上意见，请省委审查，如无不妥，请批转各地党委。

江苏省公安厅党组

1959年10月15日

根据江苏省档案馆档案刊印

中共江苏省委关于召开农村工作会议的情况报告

（1959年10月27日）

中央、上海局：

我们在10月10日到13日，召开了一次农村工作会议。参加会议的有地、市委的农业书记和农村工作部长，县委的农业书记或农村工作部长。会议根据中央的指示精神，着重检查了“四秋”工作，研究了第四季度发展多种经济的问题，会议确定必须在全省范围内继续深入地开展增产节约运动，进一步反右倾，鼓干劲，做好秋收、秋种、秋季分配、秋季征购等四秋工作，以粮棉油生产带头，大搞林牧副渔，大搞社办工厂。会议修订了第四季度发展林牧副渔业生产和社办工业的规划，要求第四季度的林牧副渔业总收入比原计划增加2亿元到4亿元，即增加64%到129%，平均每户增加23元到46元，每人增加6元到12元，使全年农副业总产值从原计划的48.5亿元增加为50.5亿元到52.5亿元，比1958年增加15.6%到20%。社办工业在第四季度要完成1.63亿元到2.13亿元，全年达到5.5亿元到6亿元，比1958年增加20%到30%。

（一）

会议首先分析了当前的农村形势，进一步揭发和批判了右倾思想。从当前的情况看，农村形势很好。在党的八届八中全会精神贯彻以后，农村中以富裕中农为代表的资本主义思想和一部分干部的右倾思想受到了初步的批判。一度刮起来的歪风邪气开始压下去了，正气得到伸长，广大干部群众的生产积极性越来越高，干劲越鼓越足。政治思想战线上的大丰收，促进了增产节约运动的新高潮。农村中到处呈现着一片继续大跃进的景象。在农业生产方面，继夏熟和早秋作物大丰收之后，中秋作物又获得了大丰收。苏州专区230万亩中稻，单产达到840斤，比去年增加三成。今年的棉花群众形容是“前拾后开，左拾右开，一片银海”。现在已经收获和收购的棉花都比去年同期增加一倍以上。总产量预计可达到460万担，收的好还可以更多一些。山芋、晚稻等晚秋作物正在收获，丰收大有希望。今年的秋收秋种，进度快，质量好。秋收一般都做到了及时收割，精收细打。秋种，到25日为止，已播种粮食、油菜、绿肥3 741万亩，占计划的70%，为去年同期播种面积2 000万亩的187%。秋耕深度，一般都在五六寸；肥料一般要比去年增加20%到30%，白田下种的现象大大减少。在林牧副渔业生产方面，也出现了新的跃进局面。9月底，全省生猪圈存量已达715万头，比去年年终圈存量增加1.5%；家禽圈存量已达4 520万只，比去年年终圈存量增加131%；水产品已完成25万吨，比去年同期增加15.7%；蚕茧已完成20万担，比去年同期增加19%；果品、茶叶都要比去年同期增加一倍左右。社办工业经过整顿以后，也已走上健全发展的道路，到9月底止，总产值已达3.87亿元（不包括队办工业），为去年总产值的84%。以上情况说明，我省今年的农副业生产，又是大跃进的一年，有些项目是特大的跃进，从发展趋势来看，今后仍然是一个继续大跃进的形势。

在这样一个继续大跃进的形势面前，有些人的思想跟不上形势的发展，存在着不同程度的右倾思想。在秋收秋种方面，有些人满足于已得的成绩，只和去年比，和落后单位比；不和今年、明年的更大跃进计划比，不和先进单位比；因而就自满起来。在发展林牧副渔业生产方面，有些人认为抓了粮棉油，就顾不上林牧副渔，两头只能抓一头；有些人强调困难，说什么发展林牧副渔业生产有“九怕、七难”，又是缺乏资金，又是没有物资，又是劳力不足，又是没有技术等等。他们有无穷的忧虑。因而，在这些地方就普遍存在指标偏低，措施不力的现象。社办工业，在前一时期的整顿当中，有些地方也出现了“收摊子”的现象。这些右倾思想已成为进一步开展农村增产节约运动的阻力。会议首先批判了这些右倾思想，具体分析了第四季度发展林牧副渔业生产的有利条件。会议认为，在今后二个月内，大抓林牧副渔业生产，不仅是十分重要，而且是基础好，形势好，时机好。这二个多月，有大量的母畜要产仔、配种，家禽要秋孵，水产捕捞正是旺季，林木也到了修枝、收获的季节。有山有水的地方增产潜力很大，平原地区增产潜力也很大。比如，新海连市的云台山可以采集的药材就有 300 多种，洪泽湖今年水浅草旺鸟多，可以大搞打猎，即使无山无水的丰县，也找出了很多门路，他们提出第四季度的林牧副渔业收入，平均每人可以达到 15 元。事实证明，处处有宝藏，县县有门路。发展林牧副渔业生产特别有利的条件是，人民公社经过前一时期的整顿，已走向健全发展的道路，人民公社可以在更大范围内统一筹划发展林牧副渔业所需的资金，可以更加合理地安排劳力，可以更加充分地利用自然资源，为全面发展林牧副渔业生产开辟了广阔的前途。在秋收秋种以后，又可以腾出较多的劳动力从事多种经营。今年粮棉油生产的大丰收，又为发展多种经济提供了较好的物质基础。以上情况说明，第四季度发展林牧副渔业生产的条件十分有利，大有可为，只要深入贯彻社会主义总路线教育，彻底反掉右倾，鼓足干劲，林牧副渔业生产一定能够出现更大跃进的局面。

（二）

在统一思想的基础上，会议修订了今年的增产计划，具体安排了第四季度的农村生产任务。要求在第四季度认真做好“四秋”工作，以粮棉油带头，大搞林牧副渔业生产，大搞社办工业。几项具体任务的要求如下：

1. 做好秋收工作。要求及时抢收，精收细打，颗粒归仓。粮棉油固然要突出收好，林、牧、副、渔业产品也要收好，大批的主要产品要收好，零星的次要的产品也要收好，为此，要掌握天时，安排好劳力、建立责任制，建立一整套的从场到仓的场头管理制度，开展评比，评选丰产单位，总结丰产经验。还没有收获的晚秋和晚晚秋作物，要求继续做好田间管理，不到收获不停止，力争高产多收。

2. 做好秋种工作，要求做到保面积，保季节，保质量。全省 4 200 万亩三麦和蚕豌豆、323 万亩油菜、800 万亩绿肥的播种任务，要坚决完成，一分不少，完成播种任务以后，对于冬闲田只要不影响明年的春种，要尽可能的多种一些三麦、油菜和蔬菜，明年的春茬田也要耕出来，多种绿肥，在种好基本田的前提下，实行广种多收。当前要求立即开展一个抗旱播种、抗旱保苗运动，确保及时播种、苗全苗壮。在不误农时的前提下，要坚持深耕、足肥、合理密植、防治地下虫害。秋播作物一种下去，就要立即建立专业队，实行“田长制”，固定劳动力，加强田间管理。

3. 做好秋季分配和秋季征购工作。秋季分配要继续贯彻书记挂帅、全党动手、一竿到底、民主分配、全面安排、一次兑现的方法，加强具体领导，把分配工作抓深、抓透、速战速决，力争在 11 月中旬基本结束。在分配中，要突出地抓好公共积累的提留和使用问题。在保证 90%以上社员增加收入的前提下，尽量多留一些积累。同时，要抓好粮食征购和其他农副产品的交售工作。妥善安排国家、集体、个人三者关系。

4. 发展林牧副渔业生产：

（1）畜牧业。生猪，9 月底已达 715 万头，第四季度繁殖苗猪 371 万头至 443 万头，屠宰肥猪 163 万头至 190 万头，上市量占

50%左右，其中国家直接收购的确保70万头，争取90万头，年终圈存量确保900万头，争取1 000万头。家禽，9月底有4 520万只，第四季度孵苗禽1 500万只至2 000万只，宰杀1 500万只至2 000万只，上市量占50%左右，其中国家直接收购的确保695万只，争取1 000万只。年终圈存量确保4 500万只，力争5 000万只。羊，9月底有195万头，第四季度繁殖苗羊68万至81万头，屠宰公羊47万头至55万头，上市量占50%左右，其中国家直接收购的确保22万头，争取30万头，年终圈存量达到250万头。主要措施是抓催肥，以保证屠宰和上市量的数量、质量，抓繁殖成活率以保证年终圈存量；抓配种，保证明年大发展。同时，要大抓饲料，加强饲养管理，保护幼畜幼禽安全过冬。

（2）渔业。9月底已完成25万吨，第四季度水产产量保证达到21万吨，争取达到23.3万吨，全年完成46万吨至48.3万吨，由国家直接收购的确保2.83万吨，争取3.5万吨。这就必须加强成鱼的饲养管理，提高起水率。同时又必须留足幼鱼□□种，为明年发展淡水养殖准备条件。要开展大捕大捞的群众运动。

（3）林业。蚕茧，9月底已完成20万担，晚秋蚕茧还可完成7.26万担至8.27万担，全年可达27.26万担至28.27万担。茶叶，9月底已完成8 000担，晚秋茶叶还可完成1 500担至2 000担，全年达到9 500担至10 000担。果品，9月底已完成135万担，还可完成10.6万担至11.5万担，全年可完成145.6万担至146.58万担。木材，已完成3.65万立方米，还可完成1.5万至2万立方米，全年可完成5.15万至5.65万立方米。竹子已完成200.8万根，还可完成131万根，全年可完成331.8万根。第四季度芦苇可完成980万担至1 124万担，薪材可完成723万担。这就必须抓好采收，养好晚秋蚕，抢收抢运晚熟果品，合理砍伐木材和竹子，同时，还要抓好拓植，抓好养护管理。

(4) 其他副业。包括短途运输,传统的手工业生产,采集、打猎等,第四季度的产值,保证完成1.8亿元,争取完成2亿元(包括水利工资3 300万元至4 140万元),完成这项生产任务的关键,是要充分利用当地资源,具体订出规划,安排必要的劳力。

5. 发展社办工业。9月底已完成3.87亿元,第四季度总产值要求完成1.63亿元到2.13亿元,全年可以完成5.5亿至6亿元。发展社办工业必须以为农业生产服务为中心,并且要为城乡人民的生活服务,为大工业和出口需要服务。要在国家计划指导下,就地取材,就地制造,就地销售,要切实解决资金和劳力问题,加强经营管理,不断改进技术,提高劳动生产率。

(三)

会议认为第四季度的生产任务是繁重的,时间是紧迫的,完成这个任务,领导上要抓好以下几个环节:

1. 必须坚持政治挂帅,进一步贯彻党的八届八中全会精神,深入的开展社会主义总路线的教育运动,批判以富裕中农为代表的资本主义思想,坚定走社会主义道路的决心,树立爱国主义思想和集体主义思想,树立不断跃进思想。教育广大干部群众,发展生产,必须从社会主义建设的大局出发,要服从国家计划,不要搞商业投机,要鼓起更大的干劲,力争超额完成增产计划。

2. 在发展生产,特别是发展林牧渔副业生产中,要切实贯彻自给性生产和商品性生产同时并举的方针。要提倡省吃俭用,提高商品率。发展林牧渔副业生产,不仅要抓眼前收益,还要对那些自给性的生产资料的生产和育苗造林等基本建设性的生产,不能认为没有现金收益就不去经营,在发展商品性生产中,还要注意在发展生产的基础上增加上市量,决不能"杀鸡取蛋""竭泽而渔"。发展多种经济中,要明确以发展集体生产为主。要积极地逐步的发展公社直接经营的集体副业，要积极发展生产大队（基本核算单位）的集体副业，要正确指导生产小队发展集体副业，对有零星分散的项目，不宜于集体经营的，可以由社员从事家庭副业生产。

3. 要在党委的统一领导下，实行分线作战，每条战线都有书记或常委挂帅，有专人管理。要统筹兼顾合理安排劳动力。既要确保粮棉油生产的需要，又要妥善安排林牧渔副业生产和社办工业必需的劳力。从事搞林牧渔副业生产和社办工业的劳力，要基本上固定下来，组织专业队，专业专管。同时，合理确定劳动报酬，组织协作。在工作安排上，在秋收秋种结束以前，全力突击秋收秋种。结合秋收秋种，层层订好第四季度发展林牧渔副业和社办工业的规划，同时抓好季节性的生产项目，秋收秋种基本结束以后，就可以拿出更多的劳动力，从事林牧渔副业生产。

以上报告，是否有当，请中央、上海局指示。

中共江苏省委员会

1959 年 10 月 27 日

根据江苏省档案馆档案刊印

中共江苏省委批转省委组织部《关于执行国务院颁发的〈国家机关工作人员病假期间生活待遇试行办法〉的若干问题的请示报告》

（1959 年 11 月 6 日）

各地、市、县委，省委各部委，省人民委员会各党组，各科学研究机关、高等学校党委：

省委原则上同意省委组织部《关于执行国务院颁发的〈国家机关工作人员病假期间生活待遇试行办法〉的若干问题的请示报告》中所提的补充试行办法，现转发给你们研究执行。

中共江苏省委员会

1959 年 11 月 6 日

附：省委组织部《关于执行国务院颁发的〈国家机关工作人员病假期间生活待遇试行办法〉的若干问题的请示报告》

（1959 年 11 月 5 日）

省委：

自从 1956 年国务院颁发《国家机关工作人员病假期间生活待遇试行办法》以来，各地和各单位一般已贯彻执行。但据检查，对于某些国家机关工作人员的“病假期间生活待遇经过任免机关批准，可以酌量提高”的精神没有贯彻。在执行扣发病员休养期中工资问题时，缺乏严格的批准手续，有的单位甚至由会计决定扣发病员工资。有些单位对病员的实际困难照顾不够，为了认真执行国务院 1956 年颁发《国家机关工作人员病假期间生活待遇试行办法》，使病员的实际困难，得到解决，特提出如下意见，作为掌握参考。

一、对于病员在休养期间，生活确有实际困难者，经过领导批准，可以少扣或不扣工资。

二、决定全部扣发、减少扣发或免予扣发工资，都必须经过该病员原任免机关批准后执行。

三、对病员在休养期中生活困难者，可由机关福利费酌予补助。

以上报告，如省委认为可行，请批转各地和各单位执行。

中共江苏省委员会组织部

1959 年 11 月 5 日

根据江苏省档案馆档案刊印

中共江苏省委关于严格控制增加劳动力的通知

（1959 年 11 月 19 日）

各地、市、县委：

1958 年底，我省职工人数为 218.54 万人（另外 1958 年年末漏报及今年上半年增加共约 10 万人）。经过今年整顿，到 8 月底，全省职工总数为 180.9 万人。9 月以来，各地又陆续增加一部分职工。据省统计局统计，10 月份增加到 186.5 万人（包括临时工 3 万多人）。其中工业基本建设增加较多，除部分以外大部未经省委批准。目前有些地区仍在招收新工人，如不严格控制，年末人数将会超过中央下达数过多。这不但浪费人力和国家开支，而且往往使企业的领导干部和群众，疏于改进技术、改善管理和劳动组织，因而使劳动生产率不能迅速提高。

中央 11 月 6 日指示：严格控制招收新工人。数目在国家计划以内的必须报告省、市区党委批准，超过预定计划的必须报告中央批准。至于原定今年要减少的工人，凡是可能减的必须坚决地缩减。根据中央指示与我省情况，当前必须严格控制劳动力的增加。增加生产主要应当依靠挖掘企业劳动潜力，提高劳动生产率，不能依靠增加人员。个别新建扩建单位必须增加的工人，应当从内部调剂解决。今后未得中央与省委批准，不得增加人员，严禁在社会上招工。至于原定要减少的工人，凡是可能减少的，必须坚决地缩减。各地对于 9、10 月招收人员情况和现有职工人数超过省委下达年末控制数的原由（包括1958年年末漏报人数及情况），应该迅速查明，于11月底以前报告省委。

中共江苏省委员会

1959年11月19日

根据江苏省档案馆档案刊印

中共江苏省委批转省教育厅党组《关于农业高中办理情况和今后工作意见的报告》

（1959年11月13日）

各地、市、县委：

省委同意教育厅党组关于农业高中办理情况和今后工作意见的报告。现转发给你们参照执行。

农业高中是一个新生事物，各地党委必须十分重视这一新事物的产生，认真加以爱护培养。农业高中和农业初中同样是公社党委领导下公社社员集体举办的教育事业。它可以吸收一部分不能升入普通高中的初中毕业生继续学习。它的主要任务是为公社培养农业生产方面所需要的中级技术人员和管理干部，并培养一批具有中等文化科学技术知识和具有一定的组织管理生产能力的新型劳动者。因此，学校必须坚持半工半读的制度，使学生既学好文化科学知识，又学好生产技术理论和实际生产技能。各地党委必须加强对农业高中的领导，正确掌握办学方向，抓好思想工作，抓好教学、劳动和学生的生活，并切实帮助学校解决具体困难问题。保证将现有的这批农业高中认真办好，从而树立旗帜，吸取经验，为进一步的发展创造条件。必须指出，今年各地农业中学招生计划一般都没有完成。据统计，目前全省没有升学的高小毕业生还有48 451人，没有升学的和未作安排的初中毕业生约有1万余人。其中有极大部分都是可以继续升学的，这说明不论农业初中和农业高中都有充分发展的可能。因此，各地在抓好现有农业中学巩固提高工作的同时，凡是农业中学办得不够的地方和有条件办的地方都应该继续招生或增加新校，积极做好发展工作。在尽量多办农业中学之后，如果还有部分高小、初中毕业生不能升学，也必须把他们组织到业余学校里学习，务使他们都能继续学习。争取早日普及初级中等教育。

中共江苏省委员会
1959 年 11 月 13 日

附：省教育厅党组《关于农业高中办理情况和今后工作意见的报告》

（1959 年 11 月 10 日）

省委宣传部并报省委：

在党的八届八中全会反右倾、鼓干劲的号召下，由于工农业生产继续跃进的形势的鼓舞和推动，今年秋季以来，各地在农业初中进一步巩固发展的基础上，先后创办了一批农业高中。共有 22 校，32 个班级，学生 1 368 人。这一批农业高中大都是基础较好的农业初中增设的高中班，也有个别的是由去年创办的农业大学转过来的。各级党委对这批新办的农业高中都很重视，为学校配备了领导骨干和水平较高的教师，增添了必要的设备，及时解决了许多具体问题。而在开学以后，学校又进行了一系列的工作：抓思想，抓教学，抓生产，抓生活。因而绝大多数学校都办得较好。

目前农业高中存在的主要问题：首先是办学方向和培养目标

还不十分明确。有些学校向普通中学“看齐”，文化基础课程的设置过分求全；教学内容，要求过高；着眼于培养学生升入高等学校。有些学校则向中等农业学校“看齐”。专业课的设置分得太细。这两种倾向造成学校课程门数多，教学时数多，影响生产劳动的正常开展。其次是学生思想还不十分稳定。农业高中招收的学生绝大部分来自普通中学，并且有很多学生是来自城镇的学校。他们从全日制学校到半日制学校、从城市到农村，是一个较大的变化。思想上准备不够，生活也不太习惯。到农中来读书，要求多学习文化，对农业高中能否学到知识有怀疑，能否升大学特别关心。再其次，是个别学校领导骨干的配备和教师工资等问题还没有妥善解决。

我们认为农业高中的创办，是农业中学的一个新的发展。它对农村文化革命和农业的技术改造，将起很重要的作用，同时对巩固农业初中和在农村中普及中等教育提供了极为有利的条件。各级教育行政部门必须十分珍视这一新事物的产生，大力加以培育，使它日益健康地成长起来。各地已经办起来的农业高中，一定要千方百计办好，保证一所不垮。为此，我们对今后如何办好农业高中的问题，提出如下意见：

首先，要做好思想教育工作，这是巩固农业高中的关键所在。就是要以共产主义教育为纲，结合工农业生产继续跃进的形势，向学生进行有关农业中学的性质、任务和培养目标的教育。要求他们认真学习和参加生产劳动，使自己成为一个脑力劳动和体力劳动相结合的全面发展的新人。并要向他们进行劳动建校、勤俭办学的教育，培养他们的劳动观点和艰苦朴素的优良作风，克服轻视农业生产和片面的升学观点。如皋县勇敢农业中学这样做了，收到很好的效果。进行教育时，要照顾他们刚从普通中学转到农业中学的特点，在思想上、生活习惯上必然有一个转变过程，不宜操之过急；但对于他们那种轻视生产劳动，轻视农业中学的资产阶级学习观点，同时必须进行正面教育和必要的批判。

第二,要明确办学方向和培养目标,农业高中和农业初中同样是公社党委领导下的公社社员集体举办的教育事业,是为公社培养工农业生产方面的中级技术人员和管理干部。农业高中学制三年,通过三年的学习使他们具有中等文化科学知识和生产技能,并具有一定的组织管理生产能力的新型劳动者。在他们毕业后,公社也可以根据需要保送一部分优秀的学生经过投考进入高等学校深造。根据上述培养目标,农业高中必须坚持半工半读的制度。课程设置,除政治课外,文化课可开设语文、数学等主要科目,有条件的可开设物理、化学,使他们在主要学科上能达到或接近普通高中毕业的水平。专业课程,一般可参考中等农业学校农作物专业的主要课程和当前农业生产大发展的需要设置。具体要求是培养学生具有农业"八字宪法"的基础知识,掌握本地区主要农作物丰产理论知识和实际技能。每周教学总数字 22 教时,最多不超过 24 教时。政治课 2 教时,文化课 15 教时左右,专业课 5 教时左右。文化课教材暂用普通中学的课本,专业课教材选用中等农业学校农作物专业的课本。专业课的师资,目前暂由农业初中专业课教师担任,或者请公社农业技术员兼课。为了农业高中进一步巩固提高和发展的需要,我们建议明年暑假后,从投考高校的落榜生中,挑选一批较好的学生,送农学院进行短期培训后来担任。

第三,必须抓好生产劳动。根据农业高中新生的特点,在生产劳动上采取循序渐进的办法是切合实际的。但必须保证学校半工半读的制度,保证必要的劳动时间。目前有一种倾向,即有些学校,有削减劳动时间,过多地增加文化课或专业课时间的想法和做法,这是不对的。必须加以纠正。据统计,开设农业高中班的学校,除个别学校外,都已达到了自给或半自给。今后农业高中对推广技术,促进生产方面负有更多的责任,在生产劳动中要注意提高效率和质量,更好的在农村中起着高额丰产的旗帜作用。此外,学校在抓好生产劳动的同时，还要注意对学生的生活作妥善安排。

第四，农业高中目前还在初创阶段，无论办学、教学上都可能遇到一些问题和困难。要求各级党委，特别是公社党委，应该及时地切实地帮助学校解决这些问题和困难。将首批农业高中认真办好，从而吸收经验，为明年农业高中的更大更好的发展打下基础。

以上意见，如无不当，请批转各地贯彻执行。

省教育厅党组

1959 年 11 月 10 日

根据江苏省档案馆档案刊印

中共江苏省委批转省委农村工作部《关于秋季分配工作情况和意见的报告》

（1959 年 11 月 13 日）

各地、市、县委：

省委同意省委农村工作部《关于秋季分配工作情况和意见的报告》，现批转各地研究执行。

对秋季分配工作的政策执行情况，各级党委应立即进行一次检查，对于那些暴露在分配方面的一些右倾思想和错误做法，应当给以批判教育，切实纠正。并且结合这次农村社会主义教育运动，把这些右倾观点，很好地辩论一次，以提高觉悟，保证党的分配政策的正确贯彻执行。

中共江苏省委员会
1959 年 11 月 13 日

附：省委农工部《关于秋季分配工作情况和意见的报告》

（1959 年 11 月 6 日）

省委，并报中央农村工作部：

我省人民公社的秋季分配工作，正在全面进行。到 10 月下旬为止，全省 2.503 7 万个大队中，有 27%的生产大队，钱、粮、草分配卡和分配通知书已分发到户；有 33%的生产大队已订好分配方案，正在进行归户计算；有 27%的生产大队，正在制订方案；其余的 13%的生产大队，正在清工结账。

从各地试点和全面估产试算的情况来看，今年秋季分配的特点是：今年农业生产的继续大跃进和党的八届八中全会决议的贯彻，为秋季分配提供了良好的物质和思想基础；因此，今年的秋季分配，在国家、集体与社员三者关系的安排上，一般较好。据苏州与常州两个专区各 10 个试点队、扬州专区和南京市各 1 个试点队的统计，今年生产大队一级的总收入，平均比去年增长 15.4%，其中农业比去年增长 11%，副业比去年增长 73%。在增产的地方，都能如数完成国家税收任务，基本还清到期贷款，在保证 90%以上社员增加收入的前提下，扩大了公共积累。这 22 个队的统计，共提留积累 41 万元，占集体总收入的 10.88%，比去年增长 96%，社员分配部分 188.4 万元，占集体总收入的 49.96%，比去年增长 16.6%，有 91%的社员比去年增加了收入。

今年秋季分配工作另一个特点是，群众发动比较充分，方法对头，政策一致。一般都贯彻了“书记挂帅，全党动手，一竿到底，民主分配，全面安排，一次到户”的做法。由于充分贯彻群众路线，大搞群众运动，实行民主分配，正确贯彻了党的分配政策，广大干部、群众极为满意。反映今年的分配是“收支挂牌，大家见底，合理分配，皆大欢喜”。因而进一步鼓舞了社员生产积极性，有力的推动了当前生产。昆山等县在分配方案公布以后，全县范围内立即掀起了一个“实产超包产，劳动超定额，收入超分配方案，保证丰产丰收，保证完成国家征购任务”的三超双保证的新的生产高潮。江阴县周庄公社第二生产大队，分配方案公布以后，4 天时间，积肥数量由原来平均每亩 17.5 担增加到 62 担。扬中县兴隆公社乐原生产大队，分配方案公布后，3 天积肥 7 万担，超过了前 3 个月的积肥总数。赣榆县金山公社石堰生产大队归户计算的结果，全队有 94%的户比去年增加收入，方案一公布，人人增干劲，劳动效率比过去提高了一倍。女社员刘笃香用土驴车送肥，一天干了二天半的活。

总的说来，今年秋季分配工作一般是抓得比较紧、比较细的，运动的发展是健康的。但是，由于前一时期有些地方反右倾搞得不深不透，因而在秋季分配工作中，仍然有一些向右摆的现象，值得引起注意。主要表现是：

(1) 有些地方，对增加公共积累的重要性，仍然认识不足，能多积累的也不多积累，该还而又能还的债务也打算不还或者想少还，只顾社员目前利益，不顾集体与国家利益。例如，镇江市丹徒公社前进生产大队，今年总收入比去年增加三成，纯收入比去年增加五成，而扩大积累的部分只占增收部分的 20%多一点，显然是少了。高淳县新桥生产大队，今年以总收入的 65%分给社员，社员收入就可以比去年增加 11.2%，而干部却还打算再少还贷款，用这个办法来更多的增加社员收入。

(2) 有些可以实行供给制的地方，也不实行供给制，或者不适当的压缩供给部分。如东县北坎公社第三生产大队，分配给社员的部分平均每人达 99 元，而供给部分只提留 16%。滨海县 323 个生产大队中，有 122 个大队（占 37.7%）准备完全按劳分配。海门县 403 个生产大队中，有 164 个大队（占 40.6%）不准备实行供给制。阜宁县 559 个生产大队中，有 291 个大队（占 52.1%）不准备实行供给制。这种情况显然是不正常的，也决不会是广大贫农和下中农的要求。

(3) 还有些地方，片面地强调多劳多吃，过分地强调物质刺激。例如，六合县龙袍公社新光生产大队，以人定量的口粮只占社员基本口粮 77%，按工分分配的口粮占 23%。这样一来，全队有 8.46% 的户，每人实有口粮低于三定标准 30%左右，再加上又“寅吃卯粮”一部分，实有口粮就更少了，结果就造成了人为紧张，而那些口粮分得多的户，粮食吃不了，有的就拿着多余的粮食进行投机活动。

(4) 还有些地方，压低产量，层层少报，瞒产私分。太仓县刘河公社 10 个生产大队，水稻估产偏低 30%左右，700 斤左右的一亩水稻，只报 520 斤。新沂县黑埠公社双池生产大队瞒报晚秋面积 885 亩，占全部晚秋面积的 16.2%。射阳县在经过核实的 358 个生产大队中，估产偏低的有 70 个大队，占 20%。六合县龙袍公社在小队长干部会上进行“一盘棋”“一本账”“一条心”的教育后，自动报出瞒报和私分的粮食达 108 万斤。

以上这些右倾表现，虽然不是普遍的大量的，但在不少一部分人民公社中，或多或少的存在着，如不坚决批判纠正，党的方针、政策就不可能得到正确的贯彻执行，三者关系就会失调。因此，在秋季分配工作中，必须强调政治挂帅，强调在干部、群众中深入地进行社会主义教育，批判这些右倾思想，保证正确贯彻执行党的分配政策。

（一）关于公共积累的问题。要坚持在保证 90%以上社员增加收入的前提下，尽量多提留一些。增收多的队可以多留一些，增收不多的队可以少留一些。社员分配的增长幅度，一般不应超过生产增长的幅度，应当把增收的大部分用作扩大积累。大队提留的积累，公社分成的比例，一般应按照社队各半，或者是社六队四，或者是社四队六、社三队七的原则进行分配。有些欠债较多的大队，上交公社的部分还可以再少一些。

（二）供给制是共产主义分配制度的萌芽，必须坚持实行。在今年的秋季分配中，除了极少数生产水平很低的生产大队，或者受到严重自然灾害或其他特殊原因，收入有限，可以暂不实行供给制以外，一般都应当实行工资制与供给制相结合的分配制度。供给部分占分配给社员消费部分的比例，一般可以定在30%左右，最多的一般不要超过40%，最少的也不应低于20%。这样，有些队的供给制虽然比较低，不能全部解决那些人多劳少社员的生活问题，对这一部分社员尚需另作安排，但是，把这个分配制度坚持下来，就可以为将来更好贯彻这一制度打下一个基础，在干部群众中培养共产主义思想。那种认为“供给部分少，无济于事”，就取消供给制的想法和做法，都是错误的，必须切实纠正。暂时不能实行供给制的地方，对“五保户”要实行“五保”；对人多劳少生活困难的社员，要酌情给以补助。同时，要积极创造条件，准备实行供给制。

（三）社员口粮的分配，应坚持实行以人定量的办法，在目前条件下，一般不宜过分强调“多劳多吃”。在分等定量时，应注意级差不要搞得过大，不要影响小孩和非劳力社员的口粮需要。在实行了口粮以人定量的办法以后，对劳动力强的人，已经给了合理的照顾，一般就不要再提倡“工分粮”。在那些口粮比较宽裕的地方，如果群众要求实行“工分粮”，可以在口粮中拿出一小部分按工分分配，但一般不要超过社员口粮总数的10%。现在规定过多的应加以纠正。

（四）必须认真核实产量。一个重要的方法，就是各级领导，深入下去，到几个不同类型的地区去进行调查访问，验收试打，做到心中有数。同时，要对干部、群众深入进行思想教育，讲明政策，消除顾虑，反复讲清核实产量的好处，说明瞒报私分的害处，发动干部、群众自觉报实产量。在收打分藏过程中，要建立一套切实可行的管理制度，例如庄稼上场要登记，脱粒以后要过秤，入仓要登记，调拨要有手续，分配要有监督，等等，以求尽量防止和减少瞒产私分现象的发生。

以上报告，如无不当，请省委批转各地、市、县委研究执行。

中共江苏省委农村工作部
1959 年 11 月 6 日

根据江苏省档案馆档案刊印

中共江苏省委转发省科学技术协会《关于召开全省农村科协工作现场会议的情况报告》

（1959 年 11 月 23 日）

各地、市、县委：

兹将省科学技术协会《关于召开全省农村科协工作现场会议的情况报告》转发给你们一阅。这个现场会议开得很好，报告中提出科协工作的五条经验，可供参考。

中共江苏省委员会
1959 年 11 月 23 日

附：省科学技术协会《关于全省农村科协工作现场会议的情况报告》

（1959 年 11 月 11 日）

为了响应党的八届八中全会号召，贯彻省委三届十次全体会议（扩大）精神，在科协工作上横扫右倾，大鼓干劲，促进各级科协组织在各级党委的领导下，动员全体会员，联系广大群众，在农业生产上大力开展群众性的技术革新和技术革命运动，更好地为农业生产服务，为完成今年农业生产任务和争取明年农业更大跃进贡献力量，我们于 10 月 10 日到 15 日在泰州县召开了全省农村科协工作现场会议，交流县和公社的科协工作为农业生产服务的经验。现场会议情况简要报告如下：

出席这次会议的有各专区、县和部分公社科协负责干部 218 人，全国科协特地派干部参加了会议，上海市科协及所属各县科协也派了 16 人列席会议。

会议是采取先务虚、后务实，以虚带实，虚实并举，逐步深入的办法进行的。

首先传达和学习中央对科协工作的两次指示、省委批转无锡市科协今年上半年工作情况报告的指示和全国科协今年夏季召开的三次座谈会的主要精神。接着就进行现场参观和经验交流。这是整个会议的中心环节。中共泰州县委书记陈元章同志作了关于县委如何加强科协工作领导的报告，泰州县科协和县农学会介绍了开展科协工作的情况和经验，现场参观了秦潼、苏陈公社等 6 个单位的科协活动和群众性的创造发明、技术革新的成就，并进行了漫谈讨论。

在提高认识明确任务的基础上，又重点交流公社科协和县级学会开展专业活动，为农业生产服务的经验，在会上作介绍的有灌云县小伊公社、镇江市江心公社、东台县时堰公社莫庄大队、大丰县农学会、海安县畜牧兽医学会等 17 个单位。

会议对当前科协工作(今冬明春)也交换了意见，并开展了革命友谊竞赛。在会上提倡议的有邳县、宿迁、泰州县科协，吴江、大丰、泰兴县农学会，建湖县颜单公社、泰州县秦潼公社、南通县金西公社、铜山县黄集公社等 23 个单位。大家表示坚决克服右倾思想，鼓足革命干劲，大干第四季度，根据党的中心任务迅速组织力量，投入战斗，广泛深入的开展群众性技术革新和技术革命运动，为完成今年的农业生产任务贡献力量。还要在这个基础上做好为明年第一季度生产服务的准备工作，争取明年更好更全面的跃进。

党的八届八中全会鼓舞了我们，同时有了中央和省委对科协工作的指示，全国科协三次座谈会精神作指导，又由于扬州地委和泰州县委的重视和关怀，这次会议是开得成功的。有些同志说“既是现场会，又是训练班”，“这次会议对打开全省农村科协工作的局面，将起重大的作用”。具体收获概括为三点：

（一）进一步明确了科协工作的性质、任务和方向。科协是项新的工作，而且许多同志都是新做科协工作的，对科协工作的性质、任务、方向不很清楚，通过会议的学习，大家对科协的性质、任务有了进一步明确，并认为方向对头是开展科协工作的根本问题，科协工作的政治方向是坚决依靠党的领导，贯彻群众路线，贯彻为生产服务的方针。它的业务方向应以科学技术的专业活动为纲，开展群众性的技术革新和技术革命运动。在省委的直接领导下，我省科协工作的方向是对头的，今后必须继续沿着这个方向前进，在各级党委领导下，积极主动地做好党的工具和助手。

（二）认清了科协工作形势，学到了科协工作经验。少数同志由于干劲不足，难字当头，认为科协工作不吃香，看不清科协工作的形势。通过现场参观，典型介绍，交流经验，认为科协工作形势很好，也已经出现了一个跃进局面，并认为泰州县科协工作有三大、五好。三大是：干劲大、声势大、成绩大。五好是：坚决依靠党委领导好、专业活动为生产服务好、宣传鼓动大搞群众运动好、由点到面波浪前进好、总结经验及时交流好。

（三）批判了右倾思想，鼓起了干劲，树立了信心和决心。通过学习中央、省委对科协工作的指示，看到了泰州县的现场和各地的经验介绍，大家根据“科协是党动员广大科学技术工作者和广大群众，开展技术革新和技术革命运动的工具和助手”来对照，觉得自己所做的工作太少了，和党所给予科协的任务要求来说，距离还是很远的。许多同志自觉的批判了自己的右倾思想和畏难情绪，纷纷表示决心，鼓足革命干劲，大干第四季度，做好明年继续大跃进的准备，更好地为生产建设服务，促使全省农村科协工作迅速出现一个全面跃进的新局面。

会议领导小组根据各地总结出来的科协工作经验，进行了分析研究，初步归纳了五条基本经验。

一、坚决依靠党的领导，坚持政治挂帅，是开展科协工作的根本保证。

坚决依靠党的领导，不是一般性的问题，而是最根本的问题。科协工作不仅要在方针政策上依靠党中央的领导，也不仅要依靠省、地、市、县委的领导，而且要依靠工作所在单位的党组织的领导，不仅要在政治思想上接受党的领导，而且在组织上、业务上都要接受党的领导。科协必须自觉地成为党的驯服工具。

依靠党的领导绝不是消极等待，必须按照党的方针政策，根据党的各个时期的中心任务，向党提出工作计划和建议，根据党的指示和统一安排，充分发挥主观能动性，创造性的进行工作，积极主动地做好党的工具和助手。例如：泰州县和秦潼、苏陈人民公社等科协组织，不仅在工作上勤总结、勤请示，发现问题随时向党委汇报，更重要的是百分之百地听党的话，从组织上、思想上、政治方向、业务方向等方面都坚决依靠党的领导。由于在党的领导下充分发挥了主动性，几个月来做了很多工作，组织了水稻、三麦等主要农作物的技术考察，工具改革的研究，丰产经验的总结和推广等等，因而受到党委的重视，科协工作也就迅速地开展起来。但有些地区和单位的科协组织，由于缺乏主动，难字当头，工作就显得冷冷清清打不开局面。

二、紧密围绕生产，按照当前当地生产中心，抓住关键性问题，积极开展专业活动，才能有力地贯彻为生产服务的方针。

为生产服务是科协工作的目的。但服务于生产绝不能一般化，应该更多的强调服务于当前当地的生产建设任务，应该根据党的各个时期的中心工作，抓住关键性的技术课题，调动各方面的技术力量，采用各种有效的活动形式开展工作，大搞技术革新和技术革命的群众运动，从科学技术上保证按质、按量、按时完成和超额完成本地区、本部门、本单位的生产建设任务。例如：泰州县秦潼公社党委在当前秋收秋种运动中，为了提高工效，解决劳动力不足的困难，指定各大队科协副主席专管工具改革，公社科协就以秋收秋种为中心，在湖北口大队进行脱粒机的研究，终于改制成功风车脱粒机（一部风车脱粒机每天可脱粒 22 亩水稻），公社党委召开了现场会议，加以推广，使该社基本上实现脱粒半机械化。又如东台县时堰公社莫庄大队科协，针对三麦播种规格、分蘖拔节、防治病虫害等生产关键，召开了各种现场会议。六队小麦发生秆锈病，科协分会组织了技术会诊，提出了防治措施，使 520 亩小麦消除了秆锈病的威胁，保证了小麦丰产。

但是科学技术工作不同于生产，它不仅有为当前生产建设服务的要求（当然这应该是主要的），而且有科学技术发展的要求。在首先为当前当地生产服务的同时，必须注意为增产开辟途径，为提高劳动生产率开辟途径的课题，要做到“远近结合”。

为更好地服务于生产，必须建立和运用专业活动的组织，各按特点，面向生产，把上级科协和基层科协的专业活动结合起来，上级科协的专业活动推动和指导基层科协的专业活动，基层科协的专业活动丰富上级科协活动的内容，做到专业为纲，上下相连。

专业活动的主要内容可以概括为“研、总、普、训”，即：群众性的科学研究活动；先进经验和创造发明的总结推广；科学技术知识的普及宣传；各种技术训练。开展专业活动可以采取多种多样的形式。如，技术考察、技术会诊、技术协作、技术表演、现场会议、座谈会、学术报告、学术讨论，等等。在工作中还可以因地制宜，创造更多的群众所喜爱的各种形式。

科协在开展专业活动时，应经常采取领导干部、工农群众和科技人员三者相结合的办法，进行实地考察、典型调查、科学分析来总结生产经验，这是提高工农业生产的科学技术水平，实现继续大跃进的重要方法。这样的“三结合”，保证在党的领导下实现领导与群众相结合、政治与业务相结合、理论与实际相结合、知识分子与工农群众相结合。这也是工农群众知识化，知识分子劳动化的一个途径。

三、贯彻群众路线，放手发动群众，大搞群众运动，是进一步开展群众性的技术革新和技术革命的关键。

为把群众性的技术革新和技术革命进一步开展起来，必须放手发动群众，继续发扬群众的敢想敢干的共产主义风格。放手发动群众的先决条件，在于坚决相信群众的无穷无尽的智慧和创造才能。对于群众的先进倡议，我们应及时热情地支持，大力鼓舞群众的积极性，帮助群众解决实际工作中的困难，提供必要的物质和技术条件，鼓励群众敢想敢干，刻苦钻研。例如：泰州县苏陈公社棉织厂并没有什么技术人员，科协组织在党的领导下发动全体会员和职工大搞技术革新，仅仅十天时间，就创造和仿制了平面自动换梭、全木结构的筒纡车等七项工具，使该厂由手工操作实现了半机械化，9月份的生产任务提前半个月完成。又如泰州县人民医院科协在党支部领导下，发动群众大搞创造发明和技术革新，提出“人人闹创造，个个搞革新”的口号，到10月上旬止，完成了160多个革新项目，有革新成就的达80多人(占全院总人数的2/3)，大大提高了医疗技术水平。发动群众不仅是发动工人农民和青年，这当然是基本的，对知识分子、专家教授也要发动起来，调动一切积极因素，只要他们放下架子，彻底进行思想改造，这部分力量还是很有用的。

四、必须在活动中建立、发展和巩固组织。

科协组织工作有两种不同的做法：一种是先抓活动，工作开展起来，逐步在运动中建立、发展组织；一种是不考虑如何开展活动，而只是孤立地抓组织。前一种做法是正确的。离开活动孤立地搞组织，科协工作就打不开局面。当活动开展起来了，组织工作必须随时跟上，组织一经建立，必须不断地充实新的活动内容，以保证工作正常地发展。例如泰州县科协采取了边活动、边建立、边发展、边整顿巩固组织的做法，活动搞开了、科协组织也随着建立、发展和巩固。东台县时堰公社莫庄大队科协分会在会员中开展五比（比干劲、比创造发明、比完成任务、比工作作风和方法、比参加劳动生产）红旗竞赛，使科协组织不断地巩固与发展，发扬了会员的积极性，发挥了科协组织的战斗作用。

五、“做出样子、树立标兵、现场促进、由点及面”，是开展科协工作的重要方法。

科协工作是一项新的工作，大家还缺乏经验，因而更加需要运用点面结合的领导方法。“做出样子，树立标兵，现场促进，由点及面”的领导方法，是当前反右倾、鼓干劲，发扬先进的有效方法。如泰州县科协首先在秦潼、苏陈公社摸索经验，做出样子，树立标兵，总结自己的经验，然后召开现场会议，由点及面地把科协工作发动起来，因而打开了科协工作的新局面，出现了科协工作的新时期。又如泰州县秦潼公社科协在秋收秋种运动中，发动群众改制成功风车脱粒机，立即在湖北口大队召开现场会议全面推广，收效很大。省科协在开展专业活动的方法上，总结了“采用三结合的办法进行技术考察”这一重要经验，立即运用报告会等形式向各地推广，半年来全省各地普遍组织了这种技术考察活动，对生产和科学技术的发展、提高，起了良好的作用。

上述报告当否请予批示。

江苏省科学技术协会

1959 年 11 月 11 日

根据江苏省档案馆档案刊印

在地市县委书记会议闭幕时的讲话*

（1959 年 12 月 3 日）

江渭清

（一）

我们这次会议开了 9 天，今天就要结束了。大家反映这次会议开得既紧张，又比较愉快。所谓紧张是不是两个原因，一个是会议开得很紧，两个星期天都没有休息，另外一个是不是大家感觉有一点压力。总的说来我们这次会议是开得好的，首先是以虚带实，从检查对今年工作的领导开始，讨论了今冬明春的工作，初步确定了明年各方面工作的规划，以后又就实论虚，虚实并举，讨论了反右整风问题和在农村中进行两条道路斗争和社会主义教育问题。这次以虚带实，就实论虚，虚实并举，思想、工作、学习三个方面穿插进行，对我们很有好处。通过这次会议，进一步反了右倾，鼓了干劲。这实际上是在前一时期贯彻执行庐山会议精神的基础上，又进了一步。大家进一步体会到右倾思想的危害，因此决心来彻底反掉自己身上和自己所在地区、部门和单位的右倾思想，而且大家一致认为今后要坚持不断革命，特别是要把政治战线和思想战线上的社会主义革命进行到底；通过这次会议，也帮助了某些同志更加坚定地来贯彻执行党的总路线，更加鼓足干劲，力争上游，坚决贯彻执行农业

* 此文为记录稿，有删节。

上的“八字宪法”和其他方面的技术措施，来争取今冬明春的工作的胜利和明年的继续大跃进。正如溧水县的同志所说：“我们情愿吃苦干的苦，再也不愿吃贫穷落后的苦！”扬州专区的同志认为过去工作中一条重要经验是“千变万变，大跃进的思想不能变；千比万比，一定要向先进比！”根据这样的精神，现在大家都订了明年的规划，决心争取明年大跳一步，省委同意你们的规划。现在的问题就是要抓紧领导，一步不松，一着不让，到明年这个时候来开省委扩大会议检查计划的执行情况，我们希望也有信心得出这样一个结论，一定能够完成计划，以至提前、超额完成计划。

（二）

今年我省的形势，各个地区虽有一定的不平衡性，但总的来说，是一个继续大跃进的形势。根据这次会议的汇报和不完全的预计和统计：全省农副业总产值据各地汇报可以达到 54 亿元，省委原定 50.5 亿元指标可以完成或有所超过，即比去年增长 15.6%至 20%。这是预计，还要我们努力。工业产值到 11 月 20 日止已完成 85 亿元，预计到年底原订 93.3 亿元的计划可以超额完成，包括社办工业可以达到 100 亿元左右，比去年增长 30%左右。工农业主要产品的产量：据这次会议汇报，粮食达到 309 亿斤，比去年增长 8%，如果加上胡萝卜，比去年增长 10%左右。棉花达到 500 万担，比去年增长 20%左右。油料总产量达到 4.6 亿斤，比去年略有增加。钢：原定 9.19 万吨的任务可以提前 10 天左右完成；铁：原定 50 万吨的任务已于 11 月 26 日完成，提前了一个月零四天完成了计划，产量可以大大超过；煤：原定 530 万吨的任务可以完成，以后追加的增产 20 万吨的任务要经过很大努力才能完成。财贸方面，到本月 28 号为止，已经征购粮食 78 亿斤，最近棉花收购进度不快，特别是油料收购成绩不好，我们要警惕。各种商品库存充分，比去年同期增加30%左右，这种情况是很好的。财政收入的跃进指标25.5亿元，可以完成。商品零售总额1至10月份与去年同期对比增长13.67%。物价一直是稳定的，零售物价总指数1至10月份比去年同期上升0.3%。地方交通货运量已完成9 700万吨，比去年同期增长57.72%。文化教育事业今年也有较大的发展，学龄儿童入学率较去年增长5.1%，中学生增长17.8%，大学生增长35%。这些数字在省委几个部的同志的发言中都有了，这里不详细谈。从各个方面来看，今年还是一个继续大跃进的形势，问题还是要我们善始善终，加最后一把劲，提前完成或超额完成任务。今年还有一个月，对工农业生产和财贸工作很有利，大家丝毫不能放松。

大家知道：今年如果不是在庐山会议以前的一段时间内来了一个"小小马鞍形"，如果不是农业生产方面发生了严重的旱灾的话，我们今年的成绩将会更大。当然，"小小马鞍形"也给了我们许多极其重要的教训，1957年来了一个"大马鞍形"，今年来了一个"小小马鞍形"，对我们的教育意义很大，这使我们对正确路线和错误路线有了一个比较。这在以后我还会讲到。

关于今冬明春和明年的工作任务，会上已有几个同志发了言，省委基本上同意他们的发言，关于今冬明春的农村工作，省委也有了指示，我不再重复了。现在的问题是团结江苏全党和全省人民大家积极努力去干。应该看到，我们明年争取继续大跃进的条件，是比今年更为良好的，这次会议上大家不是讨论了明年大跳一步有没有可能吗？我们明年大跳一步比今年有更加好的基础：（1）经过两年的大跃进，我们有了比较丰富的经验，包括思想革命的经验、经济建设的经验、正面的经验（这是主要的），同时也有反面的经验，这里特别要注意十个指头中九个指头和一个指头的关系问题，我们应该充分认识和估计九个指头；另一方面也要重视和不断克服一个指头的问题，一个指头的问题也要引起我们全党的注意，特别是我们领导上要注意。对成绩与缺点的关系要有正确的认识，要不断发展成绩，发扬好的经验，同时不断接受教训，克服我们工作中的缺点；(2) 工人、农民掌握技术的能力大大提高了；(3) 经济基础大为加强了，无论是物资、资金、装备的情况都比去年好得多了；(4) 特别是在反右倾、鼓干劲的基础上，各级干部和广大群众的政治热情和生产积极性日益高涨，随着反右倾斗争和社会主义教育运动广泛深入的开展，大规模群众性的增产节约必将更加蓬勃地开展起来。因此，我省 1960 年的经济建设和科学文化建设，一定能够在 1959 年的基础上获得继续大跃进。

为了争取今冬明春工作的胜利和 1960 年的继续大跃进，我补充讲几个问题：

1. 关于党委的领导问题，我们各级党委特别是县委以上的党委一定要把工、农、商、学、兵和农、林、牧、副、渔全面地抓起来，一定把工业、农业、财贸、文教和军事工作抓起来，我们党要加强对各个方面的领导。因为社会主义建设的各条战线、国民经济的各个部门都是互相联系、互为条件的，一项抓得不好，就会影响其他。同志们要把这个问题想通。当然我们所说的抓全，不是把这些部门的所有业务工作都统统抓过来，那是不可能的，也是不必要的。对于这些业务部门的业务工作，加强各部门的责任心和积极性就行了。党委主要是要抓紧这些部门的政治思想领导，包括党的总路线、方针、政策贯彻执行得怎样？干部的思想、组织状况及群众运动搞得怎样？主要指标和关键性的措施怎样提出？工作怎样统一安排？等等，都要有党委的统一领导，而不可各部门自行其是。省委、地委(市委)、县委、公社党委都要和破坏党的统一领导的分散主义、本位主义、不照顾大局的思想作斗争，同时，又要把各项工作全面地抓起来。

抓全，并不是样样都齐头并进去抓，而是要善于抓住它们的内在联系。首先要抓农业，大家知道，在我们这样一个地大物博、人口众多的国家中，农业是整个国民经济的基础。有了农业的跃进，就有了整个国民经济的跃进。农业的发展，不仅直接促进轻工业的发展，而且促进重工业、交通运输业和其他经济事业及科学文化事业的发展。不仅这样，而且农业的迅速发展，就可以保证我们国民经济的发展既是高速度的，又是按比例的。因为工业（重工业和轻工业）和农业是国民经济中的两个基本的物质生产部门，它们之间保持适当的比例，也就从根本上解决了生产资料生产和消费资料生产两大部类的比例关系。两大部类关系解决得好，我们也就可以一方面保证社会主义扩大再生产高速度地进行，另一方面保证人民生活的不断改善。这是一些理论问题，也是一些实际问题，我们要在思想上好好解决这个问题。

抓农业，应该以粮食为纲。大家都有这样的深刻体会：一个地区只要粮食工作主动了，其他工作也就容易取得主动；粮食工作被动了，其他一系列工作也就要陷入被动。在华东几个省中，我们粮食产量的提高是不快的，特别是苏北地区苏中大部地区和苏南部分地区。中央负责同志对此也很关心，最近两三年来，主席碰到我就问：渭清同志，你们徐淮地区搞得怎样呀？现在看来，苏北地区变低产为高产的问题，里下河地区的作物布局问题，镇扬丘陵山区的抗旱问题，已经成为我们当前提高粮食产量的最迫切的问题。我们希望这些地区的同志，不要因为今年的工作成绩不够好而垂头丧气，而应该有革命乐观主义的精神，正视落后，发奋图强，明年一定要干出一个显著成绩来。如果这些地区明年粮食大大提高一步，这对全省的粮食工作也是很大的支持。也只有这样，我们才能不辜负中央负责同志的关心和广大人民的愿望。特别是徐淮地区，明年是省委决议初步改变徐淮地区贫困面貌的最后一年，希望这些地区的同志们争一口气，明年徐淮地区要力争做到每人平均粮食 1 000 斤，社员每人平均收入 70 元上下。这个要求怎样？大家讨论一下，如果超过这个指标更好。至于其他地区，也不能因为工作有成绩而骄傲自满，骄傲自满一定会落后，骄傲自满本身就是落后。

当然，在抓粮食生产的同时，应该把棉、油、菜、糖、果、烟、茶、麻、丝、药、杂等，一起抓起来。这都是工业原料和人民生活所必需的，少了一项也不行。

过去我们党委抓农业，在地、县委来说，大都是单打一（地委或者管得全一点），工、商、学、兵都是委托一个部门或党委的某个负责同志在那里干的。今天形势不同了，这种工作方法不行了（这在过去来说，也不是好的工作方法）。今天农业和其他各方面的关系越来越密切了。农业方面就讲这一些。

再讲工业。逐步实现农业的四化：机械化、水利化、化学化、电气化，就是要用机器去逐步代替手工工具和畜力工具，用机械动力和电力去代替人力和畜力，并且大大地增加使用机械制造的肥料。因此，用现代化技术去装备农业，支援农业建设，促进农业生产的发展，就成为工业部门今后愈来愈严重的任务。搞工业的同志，应该树立起坚定的支援农业的观点，并且有积极的实际的行动。应当供应农业尽可能多的机械、肥料、农药、燃料、电力和建筑材料，帮助农业尽快地实现技术改造。这次省委提出了明年工业支援农业的大体规划，省级各部门和各地区应该保证实现，并且力争超额完成。工业支援农业，促进农业的发展，反转来也就能够使工业本身能够巨大的发展。同时，进一步巩固工农联盟。因此，工业支援农业，既是一项头等重要的经济任务，也是一项头等重要的政治任务。我们认为，今后衡量工业生产成绩大不大，首先一条就是看它支援农业的工作做得怎么样。

为了有力地支援农业，适应国民经济其他部门的需要，我省的工业生产应该在以钢为纲、全面跃进的方针下，本着充分利用、积极发展的原则，要努力加强几个薄弱部门：（1）冶炼，炼铁生产应该继续发展，但目前主要是炼钢、轧钢上不去，明年要下决心搞上去，力争年产钢20万吨（中央初步确定任务18.97万吨），钢材10万吨（中央初步确定任务9万吨）。（2）煤炭，和我们需要相差还很远，要争取1962年起能够自给。1962年我们能生产1 500万吨，中央再调给我们300万至500万吨，有2 000万吨我们就可以基本自给。（3）电力，除了争取中央装机以外，要把基本建设迅速搞上去，合理调整区内用电，节约用电，保证安全发电。同时，尽可能多造些小型电机。（4）交通，除了向国家争取铁路、汽车外，轮船、胶轮车等我们要自力更生多解决一些。（5）城市建设。

整个工业生产必须有全面观点，产品、产值、质量、成本、安全都要全面照顾到，我们搞工业生产的目的：一是为工农业生产和交通运输业服务，也就是为了不断扩大社会的再生产；二是为了逐步改善人民的物质生活和文化生活，而不是为了其他。现在某些地方又有了单纯追求产值的苗头，应当注意改正。这个问题是我们领导注意掌握的问题，不要到群众中去宣传，泼冷水。

工农业之间的联系都要通过商业。商业工作做得好，就可以促进工农业生产的发展；做得不好，就必然会影响到工农业生产的发展。商业工作方面的收购、销售、运输、调拨、储存的工作，等等，都是为了支持工农业生产的发展。有些做商业工作的同志，只有数字观点，利润观点，而缺乏党的观点、生产观点、群众观点。这是不对的。只有支持生产发展，收的东西才能越收越多，销售工作才能基本上满足人民的需要，库存才能适当增加，调拨才灵。利润才能越来越多。否则，收的东西就会减少，销售也不能满足人民的需要，库存会减少，调拨会不灵，你们看，是不是这样？

随着农业的技术改造，工业生产的高速度发展，都要求科学文教部门更好地为工农业生产服务。科学研究应该密切结合工农业生产的要求，取得更多更好的研究成果。教育工作应当坚决贯彻执行党的教育为无产阶级政治服务,教育与生产劳动相结合的方针,培养更多的有文化的社会主义劳动者,培养更多的技术人员和管理人员,适应工农业生产发展的需要。农业机械化要 4 年小解决,7 年中解决,10 年大解决,技术人才要相应地跟上需要。假如明年中央分配我省 12 万匹马力排灌机械,加上我们自己超产一点,就可以增加到 20 万匹马力,这 20 万匹马力的排灌机械,需要的技术力量就相当大,不仅要有使用的人,有时还要有修配的人。总之,机械化、半机械化越来越多,农村需要有社会主义觉悟的有文化的劳动者,也就越来越多。同时,今天我们还这样说,农民还是农民,还没有变成工人。农民要变成工人,既要进行思想改造,又要进行技术改造。思想改造和技术改造是统一的,技术改造好一些就促进思想改造快一些,思想改造快一些,又促进技术改造快一些。

军事工作各地也要抓。要抓紧对民兵的管理和教育,使他们既是生产的骨干,又维持社会秩序和保卫生产。不要在和平时期,滋长太平观念,不是我们不要太平,而是帝国主义还存在,国民党残余还盘据在台湾,滋长太平观念,遇到不太平情况,就转不过来。今年的征兵工作各地要认真去搞,分别前后,保证在春节前半个月完成任务,不能以为有了历年的经验,不成问题了,那就容易出问题。对驻在各地的人民解放军,要搞好关系。地方工作必须积极支援国防建设。

任务这样多,怎么抓,有的同志有些担心,这是不必要的。我们过去早就说过:“任务越多越高兴,责任越重越有劲!”任务多,正是反映了我们事业的繁荣,国家的兴旺。只要我们正确抓住它们的内在联系,妥善安排,在今冬明春来说,以开展反右整风运动和农村的两条道路斗争,以社会主义教育运动为纲,以生产为中心,带动各项工作一道前进,在党的统一领导下,分工负责,分线作战,依靠全党,依靠群众,我们的各项任务都是可以顺利完成的。

2. 关于不断进行政治思想革命的问题。政治思想战线上的不断革命和经济战线上的持续跃进是有密切关系的，是互相影响，互相促进的。我们的切身体验是：政治思想战线上的社会主义革命愈深愈透，经济战线上的跃进成就也愈大愈好；而经济战线上的持续跃进，必然会遭到资产阶级以及在它的影响下的保守力量的抵抗，因此要求政治思想战线上的不断革命为它扫清前进的道路。而如果我们在政治思想战线上稍一放松对于资产阶级影响的斗争，也就必然会在经济战线上反映出来，影响到持续跃进。

……

所谓"条件不好论"，有种种具体的说法，如农业方面有土质水利条件不好呀，人少地多呀，缺乏机械化的设备呀；在工业方面有原材料困难呀，设备陈旧呀，等等。一个共同的特点是他们只看到客观物质技术条件不利的一面，而没有认识到或者没有充分地认识到解放了的我国人民是改造自然、建设国家的决定性因素。我们说，条件是应该讲究的，不讲条件，认为人可以随心所欲、为所欲为，那是唯心主义。但讲究条件必须有马克思主义的分析。首先应该承认我们党的领导、人民群众的积极性和创造性是一个最重要的条件。有"条件不好论"思想的同志常常不把这个最重要的条件包括在他所说的"条件"之内的。对于客观条件，他们也有一种一成不变的看法，认为条件是天生这样的，不可改变的，或者不加分析地认为不管什么条件都要有很长的时间才能改变。不错，有的条件可以改变快一些，有的条件要改变得慢一些，有的要相当长的时间才能改变，而他们却不加分析，有一种一成不变的看法。实践证明这种认识是没有根据的。我这里举一个涟水县的例子（他们的经验已印成文件在会上分发）：涟水县，是历史上有名的老灾区。封建王朝曾经因为在这块地方刮不到什么油水，四次要废除涟水县建制。经过解放以后几年的工作，他们的情况虽有改善，但还没有基本改变，

1958年仍要国家供应粮食6 330万斤。从1958年下半年起，涟水县各级党组织开展了一个轰轰烈烈的社会主义教育运动，进行了大鸣大放大辩论，辩论了：我们穷要不要翻身？能不能翻身？怎样翻身？翻身依靠谁？等问题，按照他们的说法，这次辩论的结果，是横扫"穷迷""畏难"病，大破"条件""定局"论，树立了雄心壮志，鼓足了革命干劲，他们有个灰灯公社蔡口大队的干部群众20多人在桥头发誓："蔡口干群不畏难，气吞山河过粮关，今日桥头发下誓，再要供应非好汉！"同时，他们又针对当地两不好(土质不好，水利条件不好)、五缺(缺牛、缺猪、缺肥料、缺农具、缺良种)的条件，采取切实措施，大搞群众运动，治本与治标相结合，以粮食过关为纲，开展多种经营。最重要的还是县委第一书记亲自挂帅，搞一个穷队，为全县作出榜样，县委各书记分片负责，也各搞一个穷队，县委常委、公社党委书记也都要搞好一个穷队，从上到下，一心一德，都来和贫穷斗争。经过一年的努力，他们已经取得了显著的效果。今年粮食不仅不要调进，还可以调出1 000万斤，他们原有99个比较穷的生产队现在已有69个赶上或基本上赶上了当地的富队，有13个已赶上了一般队，其他17个队也比1958年增产了20%到30%。这99个生产队中不但有81个队粮食可以自给，而且还出卖了余粮817万斤，农副业的收入，每人平均在60元以上，已等于当地一般中农水平。因此，到处喜气洋溢，同声歌唱，有个高风池老先生说："神农皇帝教种田，一直穷了几千年，今日人民英雄胆，死残土变成了稻麦园，苦干一年改面貌，拔掉穷根乐陶陶，多亏恩人共产党，多亏毛主席领导好。"涟水县是一个很好的例子，说明了人的自觉的能动性的伟大作用。但和涟水条件差不多，或者条件比较好以至好得多的地方，因为有了"穷迷""畏难"病，因为有了"条件""定局"论，还不能翻过身来。

以上的情况说明了什么？说明了：条件大致一样，人的精神状态不同、干劲不同，所得的效果也就不同。条件虽好，由于人的思想落后，干劲不足，他们的工作也就落后；但只要他们觉悟了，思想转变了，干劲鼓足了，他们的工作也就会转变为先进。条件即使不太好，但只要人们的思想先进，干劲十足，他们就可以比较快地改变条件，克服不利条件，创造有利条件，使工作取得显著的成绩；但如果人们因为条件不好，思想也很保守，他们的贫困状态就不能很快改变，痛苦就会延长。当然也还有另外一种情况，原来虽然是工作先进的地区，因为遭受了保守思想的袭击，因而转化成落后了；原来工作落后，但却能正视落后，发奋图强，学先进、赶先进、超先进，结果就转化成先进了。例如江阴县，江阴县的同志自己也在会上发表了这样的意见，我认为他们的意见很好，他们原来是全省水稻产量最高的县，但今年因为有些满足于现状，有些措施不够得力，今年平均亩产只有九百零几斤，已是苏州专区的一般平均水平，有些县已赶到它的前面去了。所以，成绩好的地方要时刻警惕，要不断打破保守思想，要不断为自己提出新的任务，措施要更加得力。

有人或者会这样说：你这样说好像是主观能动性可以决定一切了？不是的。我们所强调的发挥主观能动性是发挥自觉的能动性，是说要我们去深刻地认识、掌握和运用事物的客观规律，最大限度地发挥主观能动性，最充分地利用有利条件和创造有利条件，最快地克服不利条件，去争取实现客观条件允许的最好的可能性，这不是提倡唯心主义，正是坚持了辩证唯物主义。

所谓“维持现状论”，就是有一部分同志认为：“今年能够保持去年的水平就不错了！”“再要增产是困难的了！”满足于已经取得的成绩，不敢再大踏步前进了。这些同志也缺乏无产阶级的雄心壮志，缺乏不断革命、持续跃进的精神。这些同志有两种情况，一种是认为自己的成绩不错，自满了，如有些地方认为“增产到顶了”。这是完全不应该的。我们的目标是要把我国建设成为一个具有现代工业、现代农业、现代科学文化的社会主义国家，现在离这个目标还相当远，更不用说把我国建设成为人类最美满幸福的共产主义社会了。因此，没有任何理由可以有丝毫的自满。应该时时刻刻注意扫除自己的右倾保守思想，进行不断的思想革命，同时不断地为自己提出新的更高的任务，创造新的更好的条件，使经济建设保持持续的跃进。我们应该不断革命，持续跃进。还有一种人是前进道路上遇到了困难，畏首畏尾，只想保持现状。但是事物发展的客观规律是这样的，“不进则退”，结果一定连现状也保不住。困难不应该阻挡我们前进，而应该更加激励我们克服困难的勇气。无锡的工人说：“困难像弹簧，看你强不强，你强他就弱，你弱他就强。”这是他们与困难斗争的经验的很好总结。社会发展的必然规律告诉我们，具有现代化的工业、现代化的农业、现代化的科学文化的社会主义的中国一定会在地球上出现。一切困难，不管是来自社会上的困难和来自自然界的困难，他们都不可能阻挡汹涌前进的中国人民。当然我们在具体和困难作斗争的时候，应该摸清楚困难的情况，分别采取切实可靠的措施，一个一个地、一批一批地把困难克服下去，赢得不断的胜利。

右倾情绪、右倾思想的表现是多种多样的，大家回去以后要认真发动全党和广大群众，一道来批判，要开大会小会，要做报告、写文章，要办好报纸、杂志，办好党训班，甚至编剧本、写歌谣，把这个批判工作做深做透，特别要注意通过这次斗争，培养自己的理论队伍。

坚定不移地贯彻执行党的总路线，不犹豫、不动摇，南通地区的同志在这次会议的讨论中总结了他们的几点经验，我们认为可以提供大家参考。他们认为：(1) 领导上要有坚强的决心，也就是说，要有马克思主义的雄心壮志；(2) 要看准问题，也就是说，要调查研究，摸清情况，抓到关键；(3) 任何事情要抓得早，抓到底，好比抓农作物，一种就管，一管到底；(4) 不要动摇，特别是党的领导核心和第一书记，在紧要关头，比如在运动中发生某些缺点的时候，或者在政治思想上有些风浪的时候，要硬着头皮顶住，坚守第一线，辨风向，插红旗，压住阵脚，绝不动摇。这四条体会是比较深刻的。

……

物资也要管起来。不能随便动用、调拨物资。

财政制度希望同志们好好坚持，财政是国家的，你那个工厂、你那个县都是国家的，不要看成是哪一个人的，不要任意动用财政。

这是三权：人权、物权、财权要统一，大家要注意。

其他关于这次运动的方针、方法和步骤，陈光同志报告中已讲得很详细，希望同志们很好研究掌握。

3. 关于继续大搞群众运动的问题。一切工作要依靠群众，大跃进更要依靠群众，在我国目前物质技术条件还比较落后的情况下，发扬人民群众的积极性创造性更是我们能够持续跃进的一个决定性因素。周恩来同志在《伟大的十年》一文中说得好："我国有极广大的人力，而作为劳动者和生产工具的创造者、使用者的人，是社会生产力中的决定性要素，是最宝贵的'资本'。"我们要持续跃进，当然是既要依靠人的因素，又要依靠物的因素，要依靠人的因素和物的因素的结合。可是，我们应该更重视人的作用，因为不管怎么样现代化的工具，包括电子计算机在内，它都要人去开动，才能工作的，没有人，任何工具都是一堆死东西。而且归根结底来说，一切工具，都是人的劳动的结晶，没有人的劳动，任何工具都不会产生。更何况现在的人民群众，不是旧时代的人民群众。我国人民是在政治战线、经济战线、思想战线上的社会主义革命取得了伟大胜利的人民，他们已经解除了政治上、经济上、思想上的种种束缚，他们已经做了社会的主人，而且立誓要做大自然的主人。我们紧紧依靠这样的人民群众，我们是一定能够攻无不克，战无不胜的。

为了充分发展人民群众的积极性创造性，在今冬明春必须在劳动人民中开展一个大张旗鼓的社会主义教育运动，不断提高他们的觉悟，进一步肃清资产阶级的影响。在农村必须同时开展两条道路的斗争，使劳动人民更加坚定地走社会主义道路，堵死以富裕中农为代表的资本主义道路。

必须继续正确处理人民内部矛盾，不断调整人民内部的关系，特别是领导者和被领导者、干部和群众的关系，不断克服一部分干部中存在着的官僚主义、命令主义作风。同时干部要坚持参加体力劳动的制度，彻底打掉官气，以平等态度待人，使劳动者都能心情舒畅地参加劳动。

必须继续采取评比竞赛、现场会议、抓两头带中间一套行之有效的群众路线的工作方法。要敢于向最先进的比赛，而且要是轰轰烈烈，扎扎实实的比，真正能够把先进地区的一套经验学过来，加以推广提高。

必须很好关心人民生活。党越是关心人民群众的生活，人民群众的干劲就越大，人民群众的干劲越大，党越要关心他们的生活。因此，从现在开始，我们要迅速把人民生活安排好。要使群众始终情绪饱满。各个地区要妥善安排统销，要提倡“富日子当穷日子过”“瓜菜半年粮”的精神，精打细算，细水长流。现在掌握得稍紧一些，以便明年3月以后有充分的粮食供应。特别在灾区，要把安排人民生活当作头等重要的事情来抓，开展生产自救为主，辅以政府必要的救济，使群众能够安渡寒冬腊月，尽一切可能使明年不发生大的春荒。

在这里我着重讲一个协作问题，我们争上游、争先进，同时必须要照顾大局，要有社会主义协作精神。……我们热爱我们的国家，我们热爱大集体，兄弟地区好，就是我们好，在和兄弟地区协作中多吃一点亏不要紧，老实一点好，如果不老实，太不老实，将来会算账的。

4. 关于贯彻技术措施和开展技术革新和技术革命问题。

农业生产上的“八字宪法”必须坚决贯彻执行，现在看来，“八字宪法”是和党的总路线有密切联系的，对“八字宪法”动摇了，实际上也就是对总路线动摇了，因为只有坚决贯彻执行“八字宪法”，才能做到多快好省。关于贯彻“八字宪法”的具体内容，省委关于冬春生产工作的指示中都讲了。当前应该认真总结今年涌现出来的高额丰产单位的经验，既总结他们的政治挂帅的经验，又总结他们的技术经验，树立标兵，掀起一个学先进、赶先进、超先进的热潮。

对于开展技术革新和技术革命的重大意义，我们应该有充分的认识。我们向自然斗争，单靠人的双手是不够的，因此就要创造劳动资料，来延长人的器官，增强人的征服自然的力量。有了起重机，好像人的手臂伸长了；机器上装了各种电讯仪表，好像人长了许多眼睛；利用电力、蒸气热能，好像人的力气大了许多倍。因此每一个技术革新和技术革命，都意味着增强了人征服自然的力量，减轻了人的体力消耗。不断进行技术革新和技术革命，而且是实现多快好省的关键。既要多快，又要好省，怎么办？一个重要的关键就是开展技术革新和技术革命，提高劳动生产率。

技术革新和技术革命不仅仅是工具问题，而且包括很广泛的内容。农业方面的“四化”和“八字宪法”中的许多方面；工业方面的改进设备，改进操作方法，改善工艺，改善产品设计，采取新的原料、材料和寻找代用品，实行手工劳动的机械化和半机械化等。

逐步实现农业的“四化”是保证农业持续跃进的重要条件，对“四化”表示消极，是绝对不允许的。但是我们必须清醒地认识到，我们当前主要还是依靠人力、畜力耕种，依靠手工工具，依靠自然肥料，如果两眼望住“四化”，放松当前的努力，不仅会影响当前的农业生产，也会推迟“四化”的实现。因此，必须继续动员和组织群众苦干，发展生产，迎接“四化”；必须大力保养和繁殖牲畜，维修和增添中、小型农具，特别要大力发展养猪。

技术革新和技术革命必须既抓关键性的又抓一般性的，既抓洋的又抓土的，既抓大的又抓小的，虽然是一般性的、土的、小的，只要对生产有利，就应该抓起来。因为积少成多，集腋成裘，看起来是一般性的、土的、小的，加起来就变成一个大成绩了。而且它是会发展的，一般性会变成关键性的，土的会变成洋的，小的会变成大的。

应该充分发扬敢想敢说敢做的共产主义风格，不怕失败，百折不挠，“天下无难事，只怕有心人”，铁杵也能磨成绣花针。

已经先进的要继续先进，不要自满，落后的要学先进、赶先进、超先进。要有计划地组织推广先进经验，迅速地把先进生产者、先进单位的水平提高到全社会的水平。

要互相学习，不可“技术保密”，我们是要共同提高，建设社会主义；不是资本主义仅是为了个人私利。

我们这次会议是一次重要的会议，是一次继往开来的会议，是继 1959 年的大跃进开 1960 年的更大跃进的会议。经过这次会议，我们江苏全党一定能够在思想上、政治上、组织上团结得更好，万众一心，鼓足干劲，更好地贯彻执行总路线，更好地实现继续大跃进。

根据江苏省档案馆档案刊印

中共江苏省委批转省委工业部、交通工作部《关于在工矿交通企业党员干部中继续开展反右倾的整风运动和在职工群众中进行社会主义教育运动的意见》

（1959年12月5日）

各地、市、县委：

省委同意省委工业部、交通工作部《关于在工矿交通企业党员干部中继续开展反右倾的整风运动和在职工群众中进行社会主义教育运动的意见》。望各地研究执行。

中共江苏省委员会
1959年12月5日

附：省委工业部、交通工作部《关于在工矿交通企业党员干部中继续开展反右倾的整风运动和在职工群众中进行社会主义教育运动的意见》

（1959年11月27日）

省委、中央工业工作部、中央交通工作部：

党的八届八中全会决议贯彻执行以后的4个月来，全省工业交通战线上是集中全力发动与组织广大群众，针对六七月份生产上出现的小“马鞍”形，揭发与批判了一部分干部中的右倾思想、右倾情绪和右倾活动。其中着重的是批判了在制订计划和组织实现计划方面的消极平衡思想，和所谓计划“不落不实”“越落越实”的错误观点，端正了对计划落实的看法；批判了强调困难、怕苦畏难思想，明确了发挥主观能动性与物质技术条件的关系，干劲对于克服困难的积极作用；批判了多快不能好省，好省不能多快的片面观点，明确了必须全面跃进的思想。在工人群众中则大讲有利形势，大讲跃进成绩，大谈跃进经验，广泛深入地宣传了“三个万岁”和“三个提前”，以及算跃进账，挖跃进潜力，大大鼓舞了群众的干劲。从而打退了右倾机会主义分子反对总路线、反对大跃进、反对人民公社的猖狂进攻，也教育和批判了一部分干部在贯彻执行党的总路线中动摇和夸大实际困难、放慢建设速度等等的右倾保守思想，取得了保卫总路线和生产继续大跃进的伟大胜利。

这次运动，来势猛、发展快。而且日益广泛和深入。一个星期左右，各个地区、各行各业运动便先后进入高潮，生产直线上升，工业产值 8 月比 7 月增长 18.9%，9 月比 8 月增长 50.55%，10 月比 9 月增长 45%，全省每个工人 10 月份的劳动生产率已达 1 594 元，比去年同期增长 74.98%，比去年上半年(大量增加新工人以前)增长 40.94%，比今年一季度增长 71.77%，比 7 月(庐山会议以前)增长 129.35%。全省地方交通运量 9 月比 8 月增长 35.24%，10 月比 9 月增长 49.92%。这是过去历次运动少有的现象。全面地贯彻了多快好省的方针，高产、优质、低耗、低成本、安全生产的单位不断涌现。劳动竞赛广泛深入，标兵赛，对口赛，对手赛，班组赛，机台赛，一条龙竞赛，同产业、同工种、同业务以及厂与厂、公司与公司、地区与地区之间比先进、学先进、赶先进、先进帮助落后、落后赶上先进的竞赛，搞得轰轰烈烈又踏踏实实。技术革新和技术革命蓬勃开展，全省60%—70%的工人突破了旧的定额，合理化建议有百万条以上，全省性的新产品120余种。共产主义协作之风大为发扬，技术、物资上的互相支援，经验、方法上的相互交流、相互促进的精神广为传播。领导作风有了转变：排差异，挖潜力，树标兵，帮助薄弱环节，抓思想，抓进度，抓后勤，现场评比促进，经验介绍，操作观摩，越抓越深，越抓越细。

但是运动发展得还不平衡，约有10%的企业单位运动开展得不好。同时，由于前一时期反对右倾思想的主要锋芒是针对生产上能否继续大跃进所暴露出来的大量的右倾思想，首先解决生产跃进上去的问题，因而对总路线、大跃进、人民公社等大是大非的问题，以及有关企业内部本身的带有根本性质的许多问题，都还没有得到彻底的揭发和批判。在工人群众中特别是在去年大量吸收的新工人中，也有一部分人对于总路线、大跃进、人民公社存在若干糊涂思想；在安全生产、劳逸问题、产品质量、品种、运输计划的安排等方面的片面观点，也开始露出值得注意的苗头。据初步排队：在厂矿交通企业党员干部中大约有10%的人右倾思想还没有得到扭转，其中约有2%的人具有严重的右倾思想、严重的个人主义和本位主义思想，还有少数人则是右倾机会主义分子。

鉴于上述情况，必须在全省厂矿交通企业党员干部中继续开展反右倾的整风运动和在职工群众中进行一次社会主义教育运动，一手抓政治，一手抓生产，彻底地粉碎右倾机会主义分子的进攻，彻底的批判各种右倾思想，只有这样，才能在厂矿交通企业的全体党员、全体职工中求得政治上、思想上、组织上的高度统一，才能使增产节约运动进一步巩固和持续不断的高涨，才能顺利地贯彻执行党的建设社会主义的总路线，取得生产的继续大跃进。

在厂矿交通企业中开展反右倾的整风运动，主要是针对党员干部中的右倾机会主义分子，有严重右倾思想和有严重个人主义、本位主义思想的人，此外，还有个别的阶级异己分子和坏分子。右倾机会主义者虽然为数不多，但是他们多数是党的老干部，占据着重要的工作岗位，有的还是企业中主要的领导骨干，有着较大的影响。他们攻击总路线、大跃进、人民公社，攻击大办钢铁和群众运动，进行反党反社会主义的活动，坚持走资本主义的道路。对他们的斗争，是党的社会主义革命和社会主义建设的两条道路的斗争，是一场激烈的、深刻的阶级斗争在党内的反映。因此，必须将这一斗争进行到底，取得彻底胜利。对多数人来说，则是通过运动提高社会主义与共产主义的觉悟，正确认识总路线、大跃进、人民公社对于加速我国社会主义建设的决定意义和作用，坚定不移的贯彻执行党的总路线，确立不断革命、不断跃进的思想。

厂矿交通企业中，党员干部的整风，结合企业的特点，应当围绕以下几个基本问题进行：(1) 对于总路线、大跃进、人民公社的认识和态度问题。(2) 党的领导，贯彻执行党委领导下的厂长(经理)负责制，加强党的团结，加强党的组织性、纪律性，在技术业务工作中坚持政治挂帅的问题。(3) 群众路线和大搞群众运动、“两参一改三结合”的问题。(4) 不断革命、不断跃进的问题，技术革命与文化革命的问题。(5) 工业支援农业，巩固工农联盟的问题。(6) 国家和集体的关系，共产主义协作的问题。

反右倾的整风运动，领导上决心要大，要敢于放手发动群众，大搞群众运动，反对关门整风。只有将群众充分发动起来，才能将存在的问题彻底揭露出来，将右倾反透。做法上分三个阶段进行。第一阶段：学习文件，提高认识，端正对运动的态度，明确运动的性质。同时做好各种组织准备。如充实党委领导整风的组织力量，干部情况的排队，特别是党政工团领导干部的排队，生产问题的排队，以便明确本企业主要解决什么问题，把整风和生产统一安排。第二阶段：重点批判。对于右倾机会主义分子，严重右倾(包括严重干劲不足),以及严重个人主义、本位主义,必须发动群众揭发和鸣放辩论,进行重点批判和斗争,这样才能有效地帮助他们改正错误,并且更好的教育大家。入手的方法应该是先从党委会内开始,认真地反深、反透、反全(应该批判的人一个不漏),这是运动的关键所在。然后再逐步扩大到全体党员科室干部。对于有一般右倾思想、右倾情绪和一般个人主义的同志,可以通过学习文件自觉地检查思想,开展批评和自我批评,提高认识,改正过来。第三阶段:系统学习提高。在这次反右倾的整风运动中,必须有破有立。破资本主义思想,立社会主义、共产主义思想。检查揭发批判主要是破,破中有立,破了以后还要立。因此,除了在反右倾整风运动开始要认真学习党的八届八中全会的决议和有关文件外,在重点批判搞深、搞透、搞全以后,要拿出一定时间,针对运动中暴露出来的各种思想,在内内外外开展一次系统的、具体的社会主义、共产主义思想教育运动,以进一步提高党员干部的思想觉悟,确立共产主义世界观。同时,还要通过这次反右倾的整风运动,坚决整顿加强企业党委的领导,建立起一个对党忠诚、同群众联系密切、有战斗力的领导核心,以便从组织上保证党的路线、方针、政策的执行。

在反右倾的整风运动中,领导掌握上应该坚持摆事实、讲道理,不要急于先做结论,不要轻易戴帽子。要将只有一般右倾思想的干部、暂时动摇不坚定的人,以及在个别问题上认识不清的人和右倾机会主义分子区别开来,要将完全从拥护总路线的立场出发,向党组织着重提出实际工作中的缺点错误的人和攻击总路线、大跃进、人民公社的分子区别开来,应当按照中央指示区别不同性质,划清界限,分别对待。作为重点批判的对象,必须经地、市委批准。对于非党干部,主要是正面教育,以学习文件,自学为主的方法进行。在他们当中如发现有个别反对总路线、大跃进、人民公社的分子,在运动期间，也暂时不要开展批判。

在工人群众中进行社会主义教育，主要是提高他们的政治觉悟，提高他们对总路线的认识，拥护党的领导，拥护总路线，拥护大跃进，拥护人民公社，从而鼓足干劲，搞好生产。确立积极劳动的思想；确立艰苦奋斗、克服困难，争取提早实现社会主义工业化的思想；确立敢想敢说敢于创造革新的思想；确立工农联盟，工业支援农业的思想。在方法上主要是采取正面教育，紧密结合当前形势和生产任务进行；宣传表扬与学习坚决拥护和执行总路线的模范人物的先进思想与先进事迹，发动群众大鸣大放大辩论，回忆、对比、算账、参观等办法，既帮助领导反右倾，又提高自己的觉悟。领导干部应当针对厂矿企业中存在的问题，上几次大课。一开始就应该注意把总路线教育与技术革命结合起来，组织他们提建议，搞革新，推广先进经验。同时还应当组织老工人、模范人物现身说法，做各种各样的小报告。发现个别工人有反对总路线、反对大跃进、反对人民公社的，也可进行重点批判，但一律不戴帽子。凡是对工人阶级队伍没有进行过组织清理的，在后期结合进行一次清理，对于那些混进工人阶级队伍的五类分子和坏分子，以及流氓阿飞，根据具体情况按照中央、省委有关的指示进行处理。

整个运动的时间，暂定为两个月，要求在春节以前大体结束。各个地区是一次展开还是分期分批进行，由各地党委自行决定。运动的整个部署，应当紧紧地围绕着四季度的生产和明年的生产准备工作妥善安排。运动的组织领导，有的地区在党委统一领导下，组织整风、生产、后勤三条线，专人负责，看来是好的。

对于县、镇工业，总的方面要求是一致的。但由于接近农村，小厂多，地区分散，领导力量也比较薄弱，因此在具体要求方面，要根据自己的情况特点选择重点，因厂制宜。不要硬搬大厂的一套。在方法上，要注意集中领导力量加强掌握，可以市镇为单位，分期分片地推开。

关于在民间运输业中进行社会主义教育的问题，将另作布置。

中共江苏省委工业部

中共江苏省委交通工作部

1959年11月27日

根据江苏省档案馆档案刊印

中共江苏省委关于当前基本建设工作的指示

（1959 年 12 月 7 日）

各地、市、县委：

今年以来，我省基本建设工作已经取得了很大的成绩，特别是在 8 月份中央发出了反右倾、鼓干劲，厉行增产节约运动的指示以后，成绩更为显著，投资额完成数逐月有较大的增长，3 个月来共建成大小项目 650 多个，其中限额以上项目全部或部分建成投入生产的有 13 个，工程质量一般是好的。到 11 月 20 日止，全省累计完成基建投资 8.035 亿元，占原计划 86.4%，其中地方部分，完成 6.923 亿元，为原定计划的 93.6%。但是，我们也必须看到，近几个月来，中央络续增加投资，省内也增加了一部分投资，连同原计划，今年投资额约为 11 亿元，未完工程尚有 3 亿元左右，其中重要项目未完工程还比较多，部门之间也不够平衡，特别有些事业部门的计划完成得不多。同时，目前新的水利年度又已开始，少数对国民经济关系重大的工程，如有些电站需要在今年提前开工，明年一季度和上半年开工的项目，现在就要做好必要的准备工作，任务是十分繁重的。当前在设备、物资、安装力量和运输力量方面还存在着一定的矛盾。为此，我们必须根据既定计划，继续鼓足干劲，力争更多更快更好更省地完成今年任务，同时，严格控制新的基本建设项目上马，并立即着手做好明年基本建设工作的必要的准备工作。

对于今年已经安排尚未完成的工程，必须本着统筹兼顾、统一安排的精神，力求国民经济各部门之间比较均衡地完成今年的基本建设计划。在各部门之内,都应当根据“抓住重点,带动一般”的原则,对那些快要完工的重要工程、技术改革措施,或投资少、收效快今年就可以发挥效用的项目,以及少数对明年工农业生产关系重大的并已确定在今年开工的项目,应当优先予以保证,然后再视条件,尽可能地力争多完成一些一般项目。因此,各部门各地区应当进一步进行排队,分别轻重缓急,以便把物资、设备、施工力量和运输力量更集中更合理地进行安排。对于今年已经安排的投资,如果确实完不成的,不要勉强使用,更不要乱购物资。对国家和省安排项目的投资,不经中央和省的批准不得挪用于其他项目。在今年确实用不了的投资,可以结转到明年继续使用。

为了保证计划内项目的完成,今年除已经安排的项目以外,一般不再安排新项目,不再增加新投资。按照中央规定,新增限额以上的项目,须经中央批准,限额以下的项目要经省委批准(省计委主办)。省级机关各部门安排的物资,除了节约的多余物资以外,未经省委同意,各地不得在部门之间进行调整。至于规格、品种、时间方面的调度,在互利的原则下,是可以允许的。供应生产和市场需要的统配物资,基本建设不得占用。

对于明年的工作,特别是明年第一季度开工的工程,省级各主管部门应会同各地,及早进行安排,作好计划任务书,选择厂址、勘察设计等工作,并对物资、设备的订货和施工力量的安排作好充分准备。

为了更好地做好当前的基本建设工作,各级党委必须进一步加强对基本建设工作的领导,要有一个书记或常委经常掌握这方面的工作。对于重要的工程,应指定专人负责,定人、定点,分工包干,按期完成。在基本建设战线上,也必须在党内继续贯彻反右整风运动,在职工中应大张旗鼓的开展社会主义教育,进一步深入发动群众,大搞技术革新和技术革命,切实改进企业管理,大力地推行快速优质施工方法，认真地做好冬季劳动保护工作。

以上意见，望各地迅速研究，切实贯彻执行。

中共江苏省委员会

1959年12月7日

根据江苏省档案馆档案刊印

中共江苏省委关于召开常委扩大会议的情况报告*

（1959年12月9日）

中央、上海局，并各地、市、县委：

11月22日到30日，我们召开了有地、市、县委第一书记参加的常委扩大会。会议先是以虚带实，后又就实论虚，采取虚实并举，思想、工作、学习穿插进行的办法，检查了今年的工作领导，研究了冬春的工作部署，确定了明年的初步规划，讨论了反右整风和社会主义教育运动问题。这次会议，开得紧，开得好。大家认为"这次会议，开得思想紧张，心情愉快，是非分明，干劲倍增"。

1959年，我省和全国各地一样，是继续跃进的一年。据会上初步预计，全省工业总产值将比去年增长40%左右；农副业总产值将比去年增长20%左右。农业生产上虽然遭受到30年来未有的旱灾和虫害，粮食总产量仍将达到310亿斤，比去年增长7%左右；棉花将达到450万担，比去年增长10%左右；油料将达到4.6亿斤，比去年略有增产。钢可以提前10天完成9.19万吨的任务，铁已于11月26日完成了50万吨的任务，煤也可以超额完成530万吨的原定任务。1至10月份商品零售总额比去年同期增长13.67%，地方交通货运量比去年同期增长50%左右。科学文教事业以及其他社会主义建设事业也都有了很大的发展。这一年是不平凡的一年，成绩是巨大的，经验是丰富的。一年来的实践使我们深刻体会到：

第一，政治思想战线上的不断革命与经济建设上的持续跃进是

* 本文有少量删减。

有密切关系的，是互相影响、互相促进的。政治思想战线上的社会主义革命越深越透，经济建设上的跃进成就就越大越好，政治思想战线上稍一放松对资产阶级影响的斗争，就必然在经济建设上反映出来。工业生产六七月份的“小小马鞍形”，正是这种情况的反映。若以今年1月份的工业产值为100，2、3月份逐月上升，4月份开始下降，6月份下降到84.1，7月份下降到77.9，8月份开始回升到91.6，9月份上升到150.5，10月份达到200。农业生产上也存在着不平衡状态。全省68个县市，粮食比去年增产不足10%的有18个县市，增产10%至20%的有17个县，增产20%至30%的有8个县市，增产30%以上的有5个县，平产的1个市，有19个县市有不同程度的减产，其中减产不足10%的有3个县市，减产10%至20%的有7个县市，减产20%至30%的有6个县市，减产30%以上的有3个县。减产的很大原因，是因为有些地区遭受严重的旱灾和虫害，但除此之外，主要是因为在“冷风”面前顶不住，一度产生松劲情绪。条件大体相同，干劲不同，结果就两样。武进县与苏州专区各县的自然条件大体相同，苏州专区因为基本上顶住了“冷风”，干劲高，继续大搞群众运动，所以早、中、晚稻平均单产达到910斤，常熟、江阴、昆山3个县的晚稻平均单产达到千斤以上。武进县因为没有顶得住“冷风”，干劲差，所以水稻亩产平均只有570斤。江宁、句容同是受旱严重地区，江宁今年粮食产量比去年增长7.5%，而句容却减产44.7%。通过这次检查，大家深刻认识到，要得生产大跃进，思想必先大跃进，有了跃进的思想，才能产生革命的干劲。真正的无产阶级战士，在任何时候，都应当充满着胜利的信心，保持着旺盛的斗志和革命的干劲。干劲不足是阶级性、党性不强的表现。一切“先进吃亏”“中游保险”“条件不好”“维持现状”等论调，都是右倾思想的反映。正如有些同志所说，一年来的一条重要经验就是“千变万变，总路线的方向不能变，千条万条，革命的干劲第一条”。

第二，要保证党的路线、方针、政策的正确贯彻执行，关键决定于党的委员会，特别是党委会的领导核心，即书记处和常委会是否有坚强的战斗力。事实证明，“冷风”所以能够在那里刮起来，是和那里的领导核心分不开的。掌舵人头皮不硬，资产阶级思潮就会在那里泛滥，就会使生产上受到较大的影响。凡是主要不是因为自然灾害而增产不大，甚至个别还有减产的县市，差不多在领导核心当中，都存在着比较大的问题。通过检查排队，大家深刻认识到，各级领导核心的成员，一定要是左派。这次整风首先要整好领导骨干，整好掌舵的人，“掌舵人一动，就会造成满船人惊慌”。到会同志一致表示，决心彻底反掉自己身上和所在地区、部门的右倾思想，坚持不断革命，把政治思想战线上的社会主义革命进行到底，以争取经济建设上的持续跃进。

第三，领导上坚强的决心和人民群众的积极性创造性，是取得持续跃进的决定性因素。领导的决心，反映了群众的强烈愿望，实现这个决心又必须依靠广大群众的力量。凡是有关路线、方针、政策、措施的贯彻，都要对人民群众进行教育，发动群众鸣放辩论，提高认识，统一思想，变成人民群众的自觉行动。这样，我们就能最大限度的发挥人的主观能动性，最充分地利用有利条件和创造有利条件，以最快的速度改变不利条件，争取实现客观条件许可的最好的可能性。涟水县在改变贫困面貌的斗争中取得很大胜利的事实，是一个很好的例子。涟水县是历史上著名的老灾区，封建王朝曾因为在这块地方刮不到地皮，四次要废除涟水县建制。经过解放后几年的工作，他们的情况虽有改善，但还没有得到根本改变，1958 年还要国家供应粮食 6 330 万斤。去年下半年，涟水县的各级党组织开展了一个轰轰烈烈的社会主义教育运动，进行了“要不要翻身？能不能翻身？怎样翻身？靠谁翻身？”的辩论，通过辩论，横扫“穷迷”病，大破“条件”论，树立了雄心壮志，鼓足了革命干劲。灰灯公社蔡口大队的干部群众20多人曾在桥头发誓:"蔡口干群不畏难,气吞山河过粮关,今日桥头发下誓,再要供应非好汉"。同时他们针对土质、水利两不好,牛、猪、种、肥、农具五缺的条件,采取切实措施,大搞群众运动,以粮食过关为纲,开展多种经营。最重要的是县委第一书记挂帅,亲自搞一个穷队,为全县作出榜样,县委书记、常委和公社党委书记各搞一个穷队,从上到下,一心一德,坚决向贫穷作斗争。经过一年努力,今年不但不要调进粮食,还可以调出1 000万斤。全县99个穷队,农副业收入每人平均达到60元以上,已有69个生产队赶上了当地的富队,13个赶上了一般队,其他的17个队也增产了20%到30%。因此,社员喜气洋溢,同声欢唱,有个高风池老先生说:"神农皇帝教种田,一直穷了几千年,今日人民英雄胆,残土变成稻麦园;苦干一年改面貌,拔掉穷根乐陶陶,多亏恩人共产党,多亏毛主席领导好。"这一事实,充分说明了人的主观能动性在改造自然的斗争中的伟大作用。在这次会议上,许多同志都立下了壮志,许下了宏愿。徐淮地区的同志表示,"决战1960年,每口千斤粮,每人70元,苦干实干加巧干,鼓足干劲赶江南"。苏州专区的同志表示,"戒骄戒躁,力争全国水稻冠军"。南通、盐城棉区的同志表示,"决战一年,棉花争冠军,粮食不调进"。镇扬地区的同志表示,"正视落后,狠反右倾,发奋图强,誓与苏州比高低"。

第四,党委一定要把农业生产、工业交通、财经贸易、科学文教和军事等方面的工作全面地抓起来。因为社会主义建设的各条战线,国民经济的各个部门是互相联系、互为条件的,一项抓不好,就要影响到其他。但是,抓全,并不是样样齐头并进地抓,不是把所有部门的业务工作都抓过来,主要的是抓紧部门的政治思想领导,包括党的总路线、方针、政策的贯彻执行得怎样?生产和建设计划执行得怎样?干部的思想、组织状况怎样?群众运动搞得怎样?工作怎样统一安排?等等,都要有党委的统一领导,各部门不可自行其是。省委、地委、市委、县委、公社党委都要和破坏党的统一领导的本位主义、分散主义、不顾大局的思想作斗争。现在在这方面有两个问题：一是与邻区的关系，对这个问题，省委虽已三令五申，但下面还在出问题，沛县抢种微山湖田的麦子，就是一个例子。二是不经批准，随便拿省内的紧张物资到处去乱换东西。无锡市交电站曾将3.77万根力车钢丝、3.72万支链条、1.3万粒钢珠与外省换货。苏州车辆厂曾拿4 000只车轮、120箱力车钢丝到东北去换东西。这些，都是完全不应该的。在这次反右整风当中，各地必须把这个问题作为一个内容来进行批判，并严格加以控制。

第五，要持续跃进，必须切实贯彻技术措施，开展技术革新和技术革命。农业上的“八字宪法”一定要贯彻执行。实践证明，“八字宪法”是和党的总路线密切联系的，只有坚决贯彻执行了“八字宪法”，才能做到多快好省。武进县今年之所以比去年减产，没有坚持合理密植是一个很重要的因素。大家认为，冬季要认真总结丰产单位的经验，既要总结政治挂帅的经验，又要总结技术措施和技术革命的经验，树立标兵、掀起学先进、赶先进、超先进的热潮。同时，大家认为，技术革新和技术革命是增强人的征服自然的力量和实现多快好省的重要关键。在技术革新和技术革命当中，既要抓住关键性的，又要抓住一般性的，既要抓洋的、大的，又要抓土的、小的，只要对生产有利，都应该积极的抓起来。

会议在检查1959年工作的基础上，部署了今冬明春的工作。大家认为，明年之计，在于今冬。要得明年更大跃进，一定要抓好今冬明春的工作。会议确定冬春的工作以反右整风、两条道路斗争和社会主义教育为纲，在农村中，开展一个群众性的冬春生产建设运动；在工业交通战线上，继续深入开展以技术革新和技术革命为中心的增产节约运动。在坚决将各级领导机关的反右整风斗争进行到底的同时，在广大工人农民群众中开展一个深入广泛的社会主义教育运动。

在农村，这次社会主义教育、两条道路的斗争，就是农村基层整党、整团、整社的中心内容，彻底搞臭部分富裕中农的资本主义思想以及少数干部的右倾思想，深入检查郑州会议以来一系列的方针政策的执行情况，整顿党员和干部的思想作风，组织起一支以党、团员和贫农、下中农的积极分子为骨干的阶级队伍，进一步改善经营管理，制定明年的生产计划和今后三年的远景规划，开展一个几超、几比、几查的红旗竞赛，掀起今冬明春的生产建设运动的新高潮。开展社会主义教育的方法是正面教育和重点批判相结合，具体地是讲、看、放、比、算、望。讲，就是领导做启发报告，肯定成绩，指出问题，提高觉悟；看，就是举办展览会，以真人实事进行阶级教育；放，就是采取回忆对比算账的方法，充分鸣放，暴露矛盾；比，就是针对几个重大问题，比过去的生产、生活、政治地位和社会风气，比出一个是非来；算，就是算政治翻身账、经济翻身账、生活提高账、国家支持账，从全省、全县算到全社、全队和个人；望，就是望将来，深入宣传社会主义制度的优越性，党的领导的正确性，总路线的巨大威力，大跃进的伟大成就和人民公社的灿烂前途。对于那些反社会主义的富裕中农和干部中少数攻击社会主义的人，坚持团结—批评—团结的方针，进行彻底的批判。

结合整社、整党、整团，在农村中开展一个冬春生产建设运动，要求以夏秋田间管理的劲头，加强对越冬作物的田间管理；以水、肥、土、种为重点，大兴农业基本建设、大搞多种经营，发展集体经济，发展社办工业，建立商品生产基地，加强农副产品的收购工作。

工业生产方面，深入开展反右整风和社会主义教育运动，继续开展以技术革新和技术革命为中心的增产节约运动，肃清右倾思想，力争提前超额完成今年的任务，并为明年第一季度工作作好准备。财贸方面，要善始善终结束粮食征购，大力做好棉花、油料和各种农、副、特产品的收购工作，坚决保证出口任务的完成，保证城市工矿地区的供应，做好统销工作，切实安排人民生活，特别是灾区要把安排人民生活当作头等重要的事情来抓，严重警惕明年可能发生的春荒。新兵征集工作，要求在春节前半个月完成任务。

会议对1960年的工作，作出了初步规划：全省工业总产值要求比今年增加30%左右，农副业总产值要求比今年增加20%左右。粮食总产量要求达到360亿斤到400亿斤，棉花要求达到550万担到580万担，油料达到7亿斤到9亿斤，生猪达到2 000万头到3 000万头。钢达到18.97万吨，铁达到80万吨，煤达到680万吨。会议认为，这是一个积极的又是一个可以超额完成的规划。

经过这次会议，江苏全党将一定在政治上、思想上、组织上团结得更紧，更高的举起总路线的红旗，鼓足干劲，实现明年的更大跃进。

中共江苏省委员会

1959年12月9日

根据江苏省档案馆档案刊印

中共江苏省委关于今冬明春在农村中开展整社、整党、整团运动的指示

（1959年12月11日）

（一）从春季以来，农村中以富裕中农为代表的资本主义势力，趁着我们整顿建设人民公社的机会，抓住我们过去工作中某些暂时的、局部的缺点，向社会主义展开了猖狂的进攻。他们反对人民公社，反对大跃进，反对总路线，反对工农联盟，反对党的领导。说“人民公社不如合作社，合作社不如互助组，互助组不如单干，一代不如一代”；说“大跃进是假的”；“共产党只能办公事，领导生产不行”，在生产上要“老农专政”；说“工人享福，农民受苦，工农不是一家人”；等等。他们在行动上，要“大自由”，要多留自留地，要无限制地发展家庭副业；要“土地分到户，耕牛、农具回老家”；反对供给制和公共食堂；进行商业投机活动。所有这些，归根结蒂，就是要恢复单干，重新回到资本主义道路上去。这种反对走社会主义道路的富裕中农，虽然人数不多，一般只占农村成年人口的10%左右，但他们的思想是有市场的。农村中，一般有20%—30%的人受他们的影响较深；个别地方，这种邪气还占了上风。我们的党员和干部，绝大多数是好的，但由于多数人是来之于小资产阶级，他们和富裕中农有着千丝万缕的联系，加上一般又缺乏或者没有足够的社会主义革命思想准备，当大风浪来了的时候，有些同志也表现了嗅觉不灵，腰杆不硬，甚至动摇不定。有极少数的右倾机会主义分子就和农村中的富裕中农里应外合，向党发起了进攻。今年8月，我们曾根据中央八届八中全会决议，在农村中展开大规模的宣传教育，反右倾，鼓干劲，经过二个多月的宣传教育，这股冷风已经被压下去了；但是，这

个斗争还只是一个开始，对于一部分富裕中农和干部中少数代表富裕中农利益的右倾机会主义分子的反党反社会主义的思想言行，还没有彻底的揭发和批判，他们的面目还没有完全被群众所认清，他们的进攻还没有停止。因此，今冬明春，必须以继续深入进行两条道路的斗争和社会主义教育为纲，有计划、有步骤地全面进行一次整风整社运动，结合进行整党、整团。必须了解，一部分富裕中农的反社会主义活动，是有其深刻的社会根源的，他们的影响是不容忽视的，这场斗争是不可避免的。它是10年来农村中资本主义和社会主义两条道路斗争的继续，是一场很激烈很深刻的阶级斗争。不取得这场斗争的胜利，不在党内外进行深入的社会主义教育，人民公社就不可能进一步巩固，农业的继续大跃进和贯彻执行党的总路线也是不可能的。各级领导，必须下定决心，保证这场斗争的胜利，不获全胜，决不收兵。

（二）冬春整社、整党、整团运动的具体要求：第一，要深入开展两条道路的思想斗争，充分进行社会主义教育，使广大党、团员和干部、群众，在总路线、大跃进、人民公社，工农联盟、党的领导等几个重大原则问题上，分清大是大非；彻底揭露和批判部分富裕中农以及干部中少数代表富裕中农利益的右倾机会主义分子的资本主义思想，把它搞臭，使他们在群众中完全孤立起来。第二，深入检查今年2月郑州会议以来中央所规定的方针政策的执行情况，根据中央既定的方针政策，正确处理人民公社在所有制、分配制度、经营管理、组织集体生活等方面的遗留问题。第三，制订今后三年发展生产的远景规划，制订和修订明年的、今冬明春的生产计划。通过规划，对党、团员和干部、群众，深入一步地进行远景和方向教育，进行集体主义和爱国主义教育，进行贯彻农业“八字宪法”的教育，在广大农村青年中，还要进行一次热爱劳动、建设社会主义新农村的教育，树立明确的奋斗目标，鼓干劲，争上游，开展“几超”“几比”“几查”的红旗竞赛，掀起冬春增产节约运动的新高潮。第四，进行党、团和公社的组织建设。党、团支部和公社的各级管理机构，都要普遍进行一次民主选举。通过整顿组织，要在公社中建立起一个成分好、对党忠诚的、同群众有联系的、有战斗力的领导核心。把运动中涌现出来的合乎党、团员标准的积极分子，分别吸收入党入团。对混入党内的阶级异己分子，蜕化变质分子，犯有严重错误而又屡教不改的人，根据党的政策，给予必要的处理。并在农村中组织起一支以党、团员和贫农、下中农的积极分子为骨干的阶级队伍。

（三）在冬春整社、整党、整团运动中，必须放手发动群众，广泛开展群众性的自我教育运动。要充分进行回忆对比算账、大鸣大放。在回忆对比算账、大鸣大放的基础上，深入开展重点批判，把社会主义教育搞深搞透。回忆对比算账、大鸣大放，是开展群众性的自我教育运动最好的方法。这种方法，具体说来，就是讲、看、放、比、算、望六个字。讲，就是领导作启发报告，肯定成绩，指出问题，提高觉悟；看，就是举办展览会，以真人实事进行阶级教育；放，就是充分暴露思想，暴露矛盾；比，就是针对几个重大问题，比过去的生产、生活、政治地位和社会风气，比出一个是非来；算，就是算政治翻身账、经济翻身账、生活提高账、国家支持账，从全省、全县算全社、全队和个人的账；望，就是望将来的美好远景。只有充分进行回忆对比算账，大鸣大放，才能擦亮群众眼睛、划清两条道路界线、提高群众的阶级觉悟；组织起阶级队伍；才能充分揭发暴露富裕中农资本主义思想和行为，暴露重点批判对象，进而通过对重点对象的批判，把社会主义教育搞深搞透，把富裕中农的思想彻底搞臭，使他们在群众中完全孤立起来。

（四）开展整社、整党、整团运动，必须正确掌握党的方针政策。对反党反社会主义的富裕中农和干部中少数右倾机会主义分子进行斗争，要采取处理人民内部矛盾的方法，坚持团结—批评—团结的方针。一方面，要彻底揭发批判他们反党反社会主义的言行，把他们的思想彻底搞臭；另一方面，又要采取和风细雨的方法，坚持说服教育，摆事实，讲道理，以理服人。对重点批判的农民和一般农村党员，不要戴右倾机会主义的帽子。重点批判的人数，一般应控制最多不要超过农村总人口的1%，并且要实事求是，在那些确实没有重点对象的地方，也不要硬找或勉强凑数。每个重点批判对象，应经公社党委批准。贫农、下中农中间一时认识模糊和在个别问题上曾有过错误言行的人，主要是通过自我教育的方法，使他们划清思想界线，改正错误。脱离生产的公社党委委员以上的干部中的右倾机会主义分子，可以戴右倾机会主义分子的帽子，但必须经县委批准。对于混进党、团和干部队伍中的阶级异己分子，要坚决清洗出去。

在运动中，对被揭发出来的严重违法的地、富、反、坏分子，要依法惩处。

（五）整社必须密切结合生产，紧紧围绕生产进行。各级领导，要一手抓整社，一手抓生产，在整社过程中，要有一套班子专管生产；整社运动要首先安排生产，并且要善于把群众通过整社所激发出来的革命热情，及时地引导到生产上去，达到整社、生产两高涨。

整社中，还要妥善安排社员生活。特别是那些受灾的地方，必须从安排社员生活入手，进行整社。

（六）冬季整社、整党、整团运动，暂定3个月的时间。从今年11月开始，到明年2月结束。各级党委，应根据中央和省委的指示，立即做出具体部署。各县可以召开几级干部会议或者党代表会议，认真解决县、公社和大队领导骨干的整风问题，全面部署冬季整社工作和生产工作。接着再以公社为单位，召开党员、团员和生产队长以上干部的大会，也可以召开党代表会议，解决他们的整风问题，部署生产、整社任务。然后，以生产大队为单位，有领导有步骤地在群众中全面开展整社运动。在整社运动中，对政治上的落后队，要加强领导，结合整社，认真进行改造。对经济上的穷队，要以县为单位召开一次穷队工作会议，立大志，鼓大劲，帮助穷队制订翻身规划。

为了保证这一运动健康胜利的发展，各级党委必须加强领导。第一书记都要亲自动手。地、市、县委都要组织有关部门，成立整社办公室，协助党委，指导运动。并且要抽调一批有群众工作经验的机关干部，到公社、大队去进行重点帮助。当前要认真做好试点工作，及时总结推广经验，更好地指导这一运动的全面展开。

以上指示，希各地立即研究执行。并请中央、上海局审查指示。

中共江苏省委员会
1959 年 12 月 11 日

根据江苏省档案馆档案刊印

中共江苏省委批转省委农村工作部《关于当前人民公社中若干经济政策问题的意见》

（1959年12月11日）

各地、市、县委：

省委基本上同意省委农村工作部《关于当前人民公社中若干经济政策问题的意见》，现转发给你们参考。希望你们参照这个文件的精神，根据当地的情况，对当前人民公社的经济政策问题，分别作出若干具体规定，以便人民公社在整社中处理这些问题时有所遵循。

你们对省委农村工作部关于当前人民公社中若干经济政策问题的意见，有什么不同的意见和补充，望迅速报告省委。

中共江苏省委员会

1959年12月11日

附：中共江苏省委农村工作部《关于当前人民公社中若干经济政策问题的意见》

春季以来，我省根据郑州会议、上海会议及其以后中央所确定的一系列的方针政策，对人民公社进行了整顿和建设，克服了办社初期由于缺乏经验而产生的某些缺点。正当我们进行整社的时候，农村中一部分富裕中农和干部中少数代表富裕中农利益的右倾机会主义分子，抓住我们工作中的某些缺点，利用我们整社的机会，刮起了一股反党反社会主义的冷风。8月以来，我们又根据党的八届八中全会的精神，进行了反右倾、鼓干劲、开展增产节约运动的教育，这股反党反社会主义的冷风，初步被压下去了，农村的社会主义思想阵地更加巩固和扩大了。为了彻底粉碎这一部分富裕中农和干部中少数代表富裕中农利益的右倾机会主义分子向党向社会主义的猖狂进攻，为了进一步加强人民公社的建设，在今冬明春，除必须以深入开展两条道路的斗争和社会主义教育为纲进行整风整社外，还必须根据郑州会议和上海会议以来中央所制定的基本方针政策，切实解决以下几个问题。

一、发展社有经济的问题

我省人民公社自从春季整社以来，公社部分所有制的经济有了相当发展，这部分经济的比重现在虽然还不大，一般在集体经济中占10%—15%，但它代表着人民公社光辉灿烂的前途，在增加公社积累、进行全社性的基本建设、支持农业生产和帮助穷队翻身等方面，已经起了重大作用。但是，目前有些地方对于这一部分经济的发展，还没有给以应有的重视。今后必须加强领导，积极地逐步地发展社有经济。

(1) 发展社有经济，主要是发展社办企业即社办工业和社办林牧副渔、短途运输等生产事业。

第一，积极发展社办工业。要根据就地取材，就地加工，农闲大办，农忙小办，工农结合，亦工亦农的原则，首先发展为农业生产服务的工业，主要是农具的制造修配工业和必要的农副产品加工工业；同时，有条件地发展为城乡人民的生活服务、为大工业和出口服务的工业。

第二，因地制宜地大力发展林牧副渔和特种经济作物的生产，特别要大力发展生猪生产。人民公社要普遍建立养猪场，要积极地建立耕畜繁殖场、集体饲养鸡鸭鹅的家禽场；水面较多的公社，要建立鱼种场和水产养殖场；荒山、荒地较多和其他地广人稀宜于发展林业的公社，要建立大片的苗圃场和林场；还可以根据当地条件，建立特种经济作物的园艺场。应当由公社经营的大面积水面、大片林木等，不该下放给生产大队而下放给生产大队的，应当由公社收回。在下放以后的过程中，生产大队增加的投资、花费的劳动力，公社应根据等价交换的原则，给以合理的补偿，不要使生产大队吃亏。

第三，根据需要和可能，逐步建立公社的专业运输队，以满足国家和公社和短途运输任务的需要。暂时没有条件建立专业运输队的公社，可以利用农闲组织临时运输队。

（2）发展公社的各种经济事业所需要的劳动力、土地和其他生产资料，应根据社队兼顾、等价交换的原则，妥善加以解决。公社需要的劳动力，可以向生产大队抽调，但是应该控制在一定的比例之内，不能影响生产大队的生产。在地少人多、劳动力较多的地方，可以多调一些，在地多人少、劳动力较少的地方，可以少调一些；农闲时可以多调一些，农忙时可以少调一些。公社向生产大队抽调的劳动力，要给予合理的劳动报酬。公社需要的土地，在有荒地的地方，要尽可能用开荒的办法解决；没有荒地或者单靠开荒还不能解决的，也可以向土地较多的生产大队抽调，但是数量不能过多，并且要帮助抽出土地的队安排其他生产门路，使他们不致减少收入。生产大队多余的工具、设备和苗猪、苗禽、鱼种、树苗等等，公社可以根据等价交换的原则购买或租用，决不可以无偿调拨。公社需要的生产资金，主要靠自己积累和提留生产大队的积累解决，辅之以国家的支持。

（3）公社经营的企业，都要建立一套经营管理制度，实行经济核算，加强生产责任制。

(4) 各级党委要加强发展社有经济的领导，要定期讨论和检查社有经济的发展情况。公社党委要有一个书记专门管理这一方面的工作。在今冬明春的整社当中，每个人民公社都要制订出发展社有经济的三年规划和明年以及今冬明春的具体计划。

二、发展生产大队集体经济的问题

生产大队的集体经济，是人民公社的基本部分。实行生产大队基本所有制，在目前条件下，对于充分调动生产积极性，促进生产发展，壮大公社经济力量，巩固人民公社，具有决定的意义。因此，当前发展集体经济的重点，仍然放在生产大队，使生产大队的集体经济得到更大的发展。

(1) 必须以粮棉油猪带头，带动林牧副渔一道前进，全面发展生产大队的集体经济。

粮棉油生产，是生产大队集体经济的主要部分（林、渔等为主的公社除外），首先要抓好，保证粮棉油生产的持续大跃进。

林牧副渔生产，是生产大队集体经济的重要组成部分。必须同时引起重视。有人认为，这一部分生产不能实行大队集体经营，把这些生产项目全部或大部分下放给生产队，或者交给社员发展家庭副业。这种想法和做法，都是错误的，必须切实改正过来。生产大队，要在不集中现在生产队和社员饲养的家畜家禽的原则下，积极发展自己的畜牧场（特别是养猪场）、家禽场；经营大队范围内的大水面，发展水产；充分利用本队的荒山荒地，造林植树。

生产大队还要普遍建立小型的农具厂，并根据需要和可能，发展一些小型的农副产品加工厂、土化肥厂、土农药厂和适宜生产大队经营的手工业生产。

(2) 生产大队范围内的耕地，除了社员的自留地和生产大队不便于经营而下放给生产队的零星隙地而外，其余的都应由生产大队经营，对生产队实行“三包”，产品由生产大队统一分配。生产大队范围内的水面、山地、荒地等其他自然资源，除了过分零星分散、生产大队不便于经营而下放给生产队的以外，其余也都应该由生产大队组织专业队经营，或者实行“三包”交给生产队经营。生产大队的耕畜、大中型农具和小型农业机械，可以规定使用年限，包干维修费用，固定给生产队使用管理，但不得下放为生产队所有。耕畜繁殖的幼畜，也应归生产大队所有，但生产大队应给予生产队一定的奖励，以鼓励生产队繁殖耕畜的积极性。

耕地，以及过去高级社直接经营的或者应当由生产大队经营的水面、荒山、荒地、林木景园等，不应该下放给生产队而下放给生产队的，应当由生产大队收回。在下放以后的过程中，生产队增加的投资和花费的劳动力，要根据等价交换的原则，给予合理补偿。

三、正确指导生产队小部分所有制经济发展的问题

在积极发展公社部分所有制和生产大队基本所有制经济的前提下，保留一定比例的生产队小部分所有制经济，对于充分挖掘生产潜力，调动生产队的积极性，增加生产，增加收入，解决生产资金不足，有重要作用。这部分所有制，目前不可没有；但也不宜搞得过多，过多了就会影响生产大队基本所有制经济的发展，削弱公社的统一经营和统一领导。生产队小部分所有制的纯收入，应当控制在一定比例之内，一般以不超过生产大队分给本队的社员收入的15%左右为宜，最多不能超过20%。

生产队小部分所有制，主要是以下两项：1. 超额完成承包生产大队的农、副业生产任务所得到的超产奖励。2. 在保证完成承包生产大队农、副业生产任务的前提下，利用多余的劳动力，利用生产大队下放的零星隙地、零星水面和零星荒地等自然资源，经营农林

牧副渔生产和手工业生产。

目前，生产队小部分所有制发展不够的地方，还要继续发展。已经发展多了的地方，只要没有超出规定的经营范围，也不能随便加以限制，更不得把生产队已经发展起来的生猪、鸡鸭等家畜家禽收归生产大队，也不得随便压缩他们的饲养数量，而应当积极发展生产大队经营的部分，相对缩小生产队经营部分所占的比例。

四、正确处理社员个人和集体生产的关系的问题

充分利用社员业余劳动的时间和分散的资金、原料，指导社员适当发展家庭副业，对于增加社员收入，丰富社会产品，都有一定的作用。但是，社员的家庭副业，只能是集体经济的补充，必须有一定的限制，决不能因为发展家庭副业而影响参加集体生产，必须正确处理社员个人和集体生产的关系。

（1）正确指导社员发展家庭副业，主要是指导社员充分利用业余时间和附带劳动力种好自留地，发展家畜、家禽饲养，经营小手工业和其他零星副业。

留给社员的自留地，必须坚持中央规定的标准，不得多留；社员留了自留地以后，一律不再留饲料地。凡是现在社员多留的自留地和不该留而留的饲料地，都应当经过教育以后，收归集体经营。

（2）为了保证社员正常出勤，搞好集体生产，必须对社员经常进行社会主义、集体主义的教育，并且建立社员之间的评比制度，不断开展批评和自我批评，克服那些只顾个人利益不顾集体利益的思想和行为。同时实行基本劳动日、基本肥料和基本口粮的制度，即：规定每个有劳动能力的社员全年应□的劳动日数量，规定每户社员全年应交的家积肥数量，完成基本劳动日和基本肥料任务的，才得享受基本口粮的供应，无故而未完成规定的基本劳动日和基本肥料任务的，就酌情减少他们的口粮供应数量，对于个别资本主义思想

严重、长期不积极参加集体生产的富裕中农和好吃懒做的二流子，经过公社党委批准，要置于群众的监督之下，实行监督劳动。

（3）社员家畜副业的产品，属于国家计划收购的，应当按照规定卖给国家，国家计划收购以外的产品，可以在自由市场出售，但必须服从市场管理，不得哄抬价格，扰乱市场，各级党委都要切实加强自由市场的领导，所有人民公社的社员都不得进行商业投机活动，公社干部更要以身作则。

五、帮助穷队翻身的问题

积极帮助穷队翻身，这是全面壮大公社的经济力量和从基本队有制向基本社有制过渡的重要条件之一。全省原有穷队约占生产大队总数的28％，经过一年来的努力，有一些穷队已经赶上或基本赶上了富队。要认真总结今年改变穷队面貌的经验，力争在两三年内，使所有的穷队都赶上或基本赶上富队，改变穷队的面貌。

为了达到这个目的，要教育穷队立大志，鼓大劲，发奋图强，大力进行基本建设，积极发展多种经济。公社要重点加强穷队的领导，帮助他们制订翻身规划，并要采取综合措施，在财力、物力上对穷队给予必要的支持，也可以采取公社直属队或者社队合营的方式，给以重点帮助。

县委要每年专门召开一两次穷队干部会议，检查他们翻身规划的执行情况，交流翻身经验。国家扶助穷队的投资款，要保证用于穷队，并要切实规划，充分利用。

六、逐步实现农业机械化的问题

农业的根本出路在于机械化。中央指示：我们要争取用10年左右的时间，根据各个地区的不同情况，有计划地把我国农业从目前的落后技术基本上转移到现代化技术的基础上来。要求从今年开始，4 年内小解决，7 年内中解决，10 年大解决。

（1）全省的人民公社，结合今冬明春的整社运动，都应当根据自己的具体情况，制订出本社农业机械化的规划。

人民公社要随着生产的发展，有计划地发展社办工业的动力和机械装备，发展机械化、半机械化的运输工具。

（2）在实现农业机械化的过程中，必须坚持两条腿走路的方针，实行机械化和半机械化、改良农具同时并举。在最近 3、4 年内，还必须以制造、推广改良农具和半机械化农具为主，并且要经常注意增添和修补旧式农具，大力繁殖和保养好耕畜。只有这样，才能保证农业生产的不断跃进和加速农业机械化的实现。

（3）农业机械化的投资，主要靠公社积累解决，国家给予必要的支援。要求全省所有的人民公社从今年开始，根据自己力量，分别在今后 3 年、5 年、8 年的时间内，按照每亩耕地 30 元左右的标准，积好这笔资金。

七、公共积累的提留和使用问题

（1）为了不断扩大再生产，人民公社应当在发展生产的基础上，积极扩大公共积累。

公社的积累来自两个方面：一是公社直接经营的企业利润，全部留作积累，不分给社员；二是向生产大队提取的一部分公共积累。公社向生产大队提取积累的比例，在经济条件好的公社，可以提取生产大队公共积累的一半，也可以社六队四；经济条件差的，也可以社四队六或社三队七，少数欠债较多的，公社还可以少提一些。

生产大队在保证 90%以上社员增加收入的前提下，应当尽可能多提留一些公共积累。在年景正常的地方，一般应将纯收入增长部分的半数以上或大部分用来扩大公共积累。

生产队也要从队营副业收入中提留一些公共积累，目前队营副业收入很少的队，也可以不提。生产队提留的积累，应当上交一些给大队，目前提留积累很少的，也可以不交。

（2）人民公社各级的积累，都应当正确使用。

公社所有的积累，主要用于社办工业投资、建立商品基地、农业机械化投资、支持穷队、全社性的农田基本建设投资、全社性的公共福利事业开支等方面。

生产大队所有的积累，主要用于储备生产预备金、增添生产资料、农林牧副渔生产的基本建设、本队的公共福利事业等方面。

生产队所有的积累，主要用于添置农副业工具和作为生产队的生产费用、垫支生产大队的生产费用、本队的社员福利等方面。

（3）为了保证公社各级积累的正确使用，必须加强对积累使用的管理。公社各级积累的使用，都要制订计划，交社员代表大会或社员大会讨论通过，经上一级党委批准。所有公共积累要一律存入上一级银行，由银行监督使用。属于农业机械化的资金，要专立账户，不许随便动用。在财务管理上，要专立科目，专项专款专用。

八、勤俭办社的问题

人民公社必须坚决执行勤俭办社、勤俭办一切事业的方针。这是发展生产与巩固和壮大集体经济的根本方针。

（1）人民公社的各级组织和各个生产部门，在服从国家计划指导和保证完成国家任务的原则下，必须因地制宜，充分挖掘资源和劳力的潜力，增加生产，开辟财源，增加收入。

（2）人民公社的各级生产单位和各个生产部门，都要建立经济核算制度，力求节约，合理降低成本。

（3）生产上的基本建设，要分别轻重缓急，有重点地进行，不能百废俱兴。非生产性的开支，必须尽量减少，反对铺张浪费。

（4）人民公社的各级组织和各个部门，都必须定期向社员公布账目，实行民主管理财务。必须建立和健全财务管理制度。同时要加强财务会计人员的培训制度，不断提高财务会计人员的政治和业务水平，做好财务管理工作。

九、实行工资制和供给制相结合的分配制度的问题

人民公社的生产大队应坚持实行工资制和供给制相结合的分配制度。工资部分和供给部分所占的比例，应按照中央指示执行，供给部分最高一般不要超过40%，最低不要低于20%。根据上述比例确定下来，供给部分有多少钱，能实行什么样的供给制，就实行什么样的供给制。极少数目前生产水平很低，或有其他原因，暂时确实没有条件实行供给制的，也可以仍然采取完全按劳分配的办法。但必须积极创造条件，准备实行供给制。

条件较好的人民公社，可以选择一个生产比较稳定、收入比较多、多种经营比较发达的生产大队，试行基本工资加奖励工资的制度。实行这个制度，仍然要采取"三包"和评工记分的办法，固定分值，多劳多得，以加强生产责任制。

十、办好公共食堂等各项集体福利事业的问题

一年多来的实践证明，举办公共食堂，是广大群众的迫切要求，食堂办得好坏，关键在于领导。哪一个时期，哪一个地区，领导重视，食堂就办的多、办的好；哪一个时期，哪一个地区，放松了领导，食堂就办的少、办的差。各地应当接受这一经验教训，正确贯彻"积极办好，自愿参加"的原则，进一步加强对公共食堂的领导。在今冬明春整社运动中，对现有公共食堂要普遍整顿提高，并且要根据群众中的需要积极加以发展。

要办好公共食堂，必须不断改善食堂的经营管理。食堂的规模不宜过大，形式要灵活多样。社员参加食堂吃饭，可以常年参加，也

可以只是农忙参加;可以全日参加,也可以只是中午或早、晚参加;可以全家参加,也可以只是劳动的人参加。在食堂吃饭,要坚持粮食到户,以人定量,节约归己的原则。食堂要实行民主管理,接受群众的监督,讲究经济核算,食堂需要的副食品,要尽可能自己生产一些,种点菜地,养些猪、鸡等。食堂没有菜地的,可以利用零星隙地,也可以把收回社员超过规定标准的自留田交给食堂,还不能解决的,也可以从耕地中拿出一些零星的田头地角给食堂。

对于托儿所、幼儿园、敬老院等集体福利组织,也都要加强领导,认真办好。

十一、妥善安排社员生活的问题

各级领导都要一手抓生产,一手抓生活,对社员生活作出妥善安排。指导社员生活的基本方针是:富日子当穷日子过,不富裕的日子更要当穷日子过。要教育广大干部、群众,勤俭节约,精打细算,细水长流,留有余地。要教育社员计划用粮,忙时多吃,闲时少吃,粮菜混吃,节省一点,留作储备,以备急时之需。

根据江苏省档案馆档案刊印

全面完成国家计划是力争上游的标志

（1959 年 12 月 14 日）

《新华日报》社论

党的八届八中全会决议精神贯彻以来，本省工业、交通运输和基本建设战线和农业等战线一样，迅速掀起了增产节约运动大高潮。三个多月来，条条战线万树花开，行行业业春色满园。时近年终岁尾，凯歌四起，好消息一个接连一个：数以千计的工厂、矿山、交通运输单位和建筑工地已经纷纷提前完成了今年的产值计划，还有很多单位已经全面提前完成了今年的各项计划指标，争得了继续跃进的上游。现在到年底只有 18 天了，在这一刻万金的决战时刻里，每一条战线、每一个行业以至每一家厂矿的职工，只要能够不骄不躁，全面抓紧，一鼓作气，乘胜直前，也一定能够全面地提前完成今年的国家计划，而这也就标志着我们在继续跃进的 1959 年争得了上游。

为什么全面完成国家计划是力争上游的标志呢？

全面地完成国家计划，就一个企业来说，就是全面地完成产值、产量、质量、成本、利润和劳动生产率等各项经济指标，并且达到安全生产的要求。而这些指标和要求，就是多快好省的要求在一个生产或建设单位中的具体化。大家知道，又多又快又好又省地建设社会主义，这正是党的社会主义建设总路线的根本要求；因此，一个企业全面地实现了这些指标和要求，就是贯彻党的社会主义建设总路线的具体表现，当然也就是力争上游的标志。不但如此，每个企业的生产计划都和整个国家计划有密切的联系，即使是一项两项指标，也是国家计划不可缺少的一部分。因此，一个企业全面完成了生产计划，不仅标志着这个企业争得了上游，而且标志着这个企业对于其他有关企业争得上游起了促进作用，对于整个社会主义建设的高速度发展，对于整个国民经济的力争上游作出了贡献。就拿一种产品的产量指标来说吧，南京汽车制造厂今年已经生产了1 000辆汽车，提前完成了国家计划；这些汽车及时地调拨到工厂、矿山、交通运输部门和基本建设单位，就将有力地促进生产和建设事业的发展，促进这些单位计划的完成。如果这家工厂没有完成这项国家计划指标，哪怕只少生产一辆，生产了999辆汽车，也必然会有一个企业单位少分配到一辆汽车，使生产受到影响。汽车是如此，其他产品也是如此。如果这家工厂只完成了汽车生产任务，而没有按质按量的完成内燃机等其它产品生产任务，那就会影响到排灌设备的配套，甚至会影响到一个地区农业生产的跃进。举一反三，从这里我们可以看出任何单位的任何一项指标完不成，都将会产生不良后果。这不但直接关系到自己单位争上游的问题，而且关系到其他单位争上游的问题。因此，我们每一个企业都应该严肃对待每一项计划指标，把全面完成计划当作力争上游的标志，并以此用来考核自己的工作，指导自己的行动。

有人说，全面完成国家计划，当然很好。可是，既要高产，又要优质，还要低耗、安全生产，等等，要求太高了，不容易达到呀。是的，我们全面地完成各项指标比起只完成一项或几项指标说来，要求是要高一些，花的力气是要大一些，所碰到的困难要多一些，必须出大汗才行。但是，也正因为这样，我们才说它是力争上游的标志。如果只要多快，不要好省，或者只要好省，不要多快，把要求降低了，不出大汗也可以办到，那还能够算得什么力争上游呢？譬如行船，要溯流而上，当然要花很大的力气；如果随波逐流，那就完全用不着花什么力气了，甚至躺在船上大睡一场，也无不可。况且，所谓要求高，也只是和完成一项或几项指标比较着说的，如果拿党的总路线来衡量一下，就不是什么高的要求，而是起码的要求，是完全应该达到的要求。当然，在全面完成国家计划的过程中，是会遇到一些暂时的困难的。即使这样，这在具有冲天干劲的工人们面前并不算什么，正像工人们说的：要求高，志气更高，困难大，干劲更大。为了多快好省地建设社会主义，我们是不吝惜自己的力气和汗水的。事实也正是如此。就拿无锡水暖器材厂的事例来说吧：这个厂 11 月份要生产 32 种产品、9 500 个零件，任务超过生产能力一倍以上。看来，这个要求算是很高的了。但是这个厂的职工由于思想上总路线挂了帅，全面完成国家计划的要求在思想上扎了根，他们认识到：如果少生产一个零件，就要影响整套设备不能按期投入生产，就等于拖住了新建、扩建单位的后腿。因此，他们便立下了力争上游的雄心大志，大搞技术革新和技术革命，挖掘大量生产潜力，终于全面地提前超额完成了国家计划，32 种产品，每种都超额；9 500 个零件，每个都完成，因而争得了上游。在这样的事实面前，谁又能够说全面完成国家计划的要求太高、难以达到呢？

正当处处争取全面完成今年国家计划的重要时刻，也有一些人认为，今年剩下的时间不长，要想全面完成计划难能办到了。还有的说：反正我们的计划已经提前完成，现在可以松一松劲了。说法不同，实质一样。它们的共同名称，都叫做“定局论”，都是右倾思想的表现。那些认为全面完成计划不可能的看法，只是孤立地看到了时间短的客观因素，而没有看到广大群众冲天干劲的主观因素。没有认识到广大群众在党的领导和总路线的指引下，发扬苦干加巧干的精神，大搞技术革新和技术革命，这是能够征服时间，在今年最后的十多天中，赢得全面跃进的决定性因素。南京化工厂在完成今年的产值计划以后，有些同志就认为，要全面完成计划是不可能的了。

他们根据原来的生产水平，坐在办公室里算呆账，算到今年最后一天的最后一分钟为止，结果算出了一个计划再也不能全面完成的“定局论”。可是，广大群众不是用算盘，而是用勤劳的双手回答了这个问题，他们大破生产关键，使各种产品的日产水平飞跃提高，这样再来一算，却算出了一个新的“定局论”，算出了一个完全能够全面超额完成计划的大局。至于有些同志认为已经全面完成计划、争得了上游、用不着再花力气了的看法，当然也是不对的。应当认识到，上游不是静止不变的，“天外还有天”，上游前面还有上游；既然上游永无止境，争上游的过程也永远不会结束。因此，在此时此地争得上游以后，绝不能自满自足起来。不然，在他们自满自足的同时，别的单位就要在全面完成今年计划的基础上，创造出新的成就，并且为明年生产开门红做好了准备工作，这样，就不仅赶上自己，而且要把自己抛在后面。这就告诉我们，所有已经全面完成国家计划的单位，都丝毫自满松劲不得，应当把已经取得的胜利，作为争取新的、更大的胜利的起点，争取在 1959 年内为国家创造更多的财富，作出更大的贡献。

要保证全面超额完成今年计划并为明年做好准备工作，就要求各级党委加强领导，坚持政治挂帅，全面抓紧今年的最后十多天，把每一分钟的时间都充分地运用起来。首先，要抓紧在厂矿企业的干部中继续深入进行反右倾斗争。几个月来无数事实说明：哪里的右倾思想反得透，哪里的生产就能够全面跃进。因此，我们一定要把反右倾斗争进行到底；在当前的胜利形势下，还可能产生一些新的右倾思想，只有及时地防止和批判这些新的右倾思想，才能把争上游争到底的思想巩固地树立起来，保证今年国家计划的全面完成。在广大职工群众中，还要广泛地进行党的社会主义建设总路线的宣传教育，普遍提高职工的共产主义觉悟，大大发挥忘我劳动、不计报酬、敢想敢为的共产主义风格。同时，我们还要深入地开展技术革新和技术革命，围绕全面完成国家计划的要求，广泛发动群众革新设备，改进操作，综合利用原材料，千方百计地提高劳动生产率。每一个企业的领导同志在狠抓当前生产的过程中，必须要全面抓紧产值、产量、质量、成本、利润和劳动生产率等各项指标，保证项项指标提前完成，件件产品按时交货，不让一份合同过年。各地特别要抓紧提前一个季度完成支援农业的各项生产任务，全面地检查这方面的生产情况，发现问题，立即解决，让农业生产战线明年所需要的农机、农具、化肥、农药等都能及时送到农村，大力支援明年农业生产的继续跃进，促进农业加速实现机械化、水利化、化学化和电气化。为了满足秋收以后市场旺季的需要，各地必须抓紧组织日用品生产，这也是全面完成国家计划的一个不可缺少的方面，是关系到千百万人民群众日常生活的大事，我们丝毫不能忽视。在抓紧全面完成各项经济指标的同时，还要注意安全生产，妥善地安排职工的生产和生活，做到有劳有逸地进行生产。最后，我们既要狠抓当前生产，又要抓紧明年一季度的生产准备工作。随着 1960 年的日益迫近，这方面的工作也日益显得重要了。各地都要抓紧时机，在年底以前普遍进行一次机械设备检修；根据开源节流的精神，为明年的生产及早组织原材料供应；并迅速做好各项新产品的设计和试制工作。而最要紧的，是要在 12 月下旬发动群众讨论好明年第一季度的或 1 月份的生产计划，使各车间、小组都有明确的奋斗目标，和实现这些目标的有力措施，从而保证明年生产开门红，月月红，在今年争得上游的基础上，从明年的第一天起，就能够逐日完成国家计划，继续争得上游！

技术大革新　增产不增人

（1959 年 12 月 17 日）

《新华日报》社论

苏州市 95 家工厂今年 11 个月的全员劳动生产率，分别比去年同期提高五成到两倍以上。这个事实，说明了工业生产上劳动力的潜力是巨大的，在今天的情况下，“增产不增人”的要求是完全可以达到的。在当前增产节约运动中，各工厂企业必须进一步提高劳动生产率，以保证全面超额完成全年国家计划，并为明年更好更全面的跃进创造条件。

现在，离开年底只有不到 20 天时间了，各地厂矿企业都在抓紧时机，力争全面和超额完成今年的跃进计划。而提高劳动生产率，就是一个企业全面完成国家计划的重要内容之一，也是实现产值、产量、质量、成本、利润等各项经济指标的中心环节。只要紧紧抓住这一环节，千方百计地提高劳动效率，不断减少生产过程中的劳动消耗，花费尽量少的劳力，生产尽量多、尽量好的产品，就可以在生产上达到产量高、质量好、成本低、利润多的要求，从而全面地完成国家计划。不仅如此，继续努力提高劳动生产率，进一步挖掘劳动力潜力，也是明年工业生产继续跃进向我们提出的要求。明年要求各原有企业一般在不增加人员的前提下扩大再生产，这是整个国民经济跃进的形势所决定的。工业生产的劳动力主要来自农村。但是，自从人民公社化以来，随着生产规模的扩大和各种经济事业的发展，农村需要的劳动力更多了，在今天的情况下，不仅是再调很多劳动力给原有厂矿是不可能的，而且要求工业从各方面帮助农村提高农业劳动生产率。工业大力支援农业实现机械化、水利化、化学化、电气化的目的，归根到底，也正是为了大大提高农业的劳动生产率。所以，明年工业生产的继续跃进，只能依靠挖掘现有劳动力的潜力，而不能大量增加人员；这就要求我们千方百计提高劳动生产率，尽量节约和合理使用劳动力，并且要腾出更多的劳力支援新建和扩建单位的生产需要。

形势的要求就是这样，但是却有人抱着一种"水涨船高"的思想，说什么要增产必须增人。其实，这是一种片面的说法。我们知道，发展生产不外乎依靠两种方法，一是增加人员，一是提高劳动生产率。今天我们实现生产持续跃进，强调依靠后一种方法，而不能依靠前一种方法。这是因为去年工业大跃进增加了一部分新工人，这一批新工人的技术水平是比较低的，因而是大有潜力可挖的。同时，在今天情况下，大量增加人员不仅是不可能的，不必要的，而且也是不符合党的社会主义建设总路线的要求。总路线要求我们多快好省地搞生产搞建设，而提高劳动生产率，最大限度地节约活劳动和物化劳动，就是达到多快好省的主要途径。相反地，如果单纯依靠增加人员来提高生产，这不仅不利于社会劳动力的节约，对于提高整个社会的劳动生产率没有好处，而且对企业本身来说，必然会阻碍生产技术和管理水平的提高，达不到多快好省地发展生产的要求。

还有些人认为经过前一时期的增产节约运动，劳动力的潜力已经快要挖光，劳动生产率的提高已经到顶。这种看法是不科学的，不符合实际情况的。我们说劳动生产率的不断增长，本来就是社会主义经济规律之一，随着职工群众阶级觉悟和技术熟练程度的不断提高，社会物质技术生产条件的不断完善，劳动生产率只会越来越高，它是永远不会到顶的。就本省工厂企业的劳动生产率来讲，一般单位同先进单位比较，相差还是很远的，劳动力的潜力不是已经挖光，而是大有可挖。目前本省很大一部分中、小型企业基本上还是以手工操作为主的，只要稍微增添一些设备，认真改进一下技术，就可以成倍的提高劳动生产率。苏州市金阊区有 18 家工厂把手工作业改为半机械化和机械化操作后，其中就有 15 家工厂的劳动生产率比去年提高了两倍以上，就是一个很好的例证。小型工厂是如此，现代化企业也是如此。据南京市 36 个机械化程度较高的工厂的统计，目前也还有三分之一甚至一半左右的工人仍然靠手工操作。如果我们把这部分手工操作改为半机械化操作或机械化操作，劳动生产率就可以大大提高一步。

怎样进一步提高劳动生产率，挖掘劳动力的潜力呢？首要的问题就是加强对职工的总路线教育，使每个职工都能认清不断提高劳动生产率和加速建设社会主义的关系，从而注意提高劳动质量，千方百计提高自己的技术水平。在提高思想觉悟的同时，还要发动职工深入开展技术革新和技术革命，各行各业都应该积极创造条件，采取土洋结合的办法，实现生产的机械化和半机械化；机械化程度已经较高、条件较好的行业，还要进一步实现生产自动化。通过不断的开展技术革新和技术革命运动，提高工人技术熟练程度和生产设备机械化的程度。事实告诉我们，一个原来依靠手工操作的工人，一旦提高了技术水平，使用了机械，犹如增添了三头六臂，生产效率就会成倍论番的提高。苏州市 43 家工厂所以能够做到一人抵三人，重要原因就是大搞技术革新和技术革命。与此同时，我们还要合理地整顿劳动组织和生产组织，加强劳动管理工作。今年以来，全省各地厂矿企业虽然都普遍注意了整顿和改善劳动组织的工作，大大促进了劳动生产率的提高；但是，随着生产的不断发展，新技术、新设备的采用和工人操作水平的提高，就要求劳动组织要作进一步的调整，使之更加科学。各厂矿企业在发动群众大搞技术革新的同时，经常地注意对原有劳动组织进行合理地、必要地调整，严格地实行定员、定额制度，加强劳动管理，就能够彻底杜绝劳动力的浪费现象，促进劳动生产率提高再提高。

中共江苏省委批转省商业厅、农林厅、轻工业厅党组《关于六〇年度造纸及其他方面需用稻草、苇浆安排的报告》

（1959 年 12 月 17 日）

镇江、扬州、苏州、淮阴、盐城、南通地委：

省委原则上同意省商业厅、农林厅、轻工业厅党组关于 1960 年度（1959 年四季度至 1960 年三季度）造纸及其他方面需用稻草、苇浆安排的报告。请各地就稻草、芦苇收购、分配问题进行切实安排，并积极设法完成外调任务，以保证造纸及其他方面用料的需要。如果某些地区确有困难，不能如数调出的，请将情况报告省委。

中共江苏省委员会

1959 年 12 月 17 日

附1：省商业厅、农林厅、轻工业厅党组《关于六〇年度(1959年四季度至1960年三季度)造纸及其他方面需用稻草、苇浆安排的报告》

(1959年12月5日)

省委：

今年我省造纸工业有了很大跃进，总产量预计11.2万—11.5万吨，比1958年增长37.42%，但仍然跟不上农业生产和人民文化生活不断提高的需要，特别是不能满足党报党刊文化课本的需要。因此，造纸工业必须在1959年大跃进的基础上，继续大跃进，1960年全省计划生产纸16万吨，比1959年预计增长42.86%，苇浆2.5万—3.5万吨。造纸工业继续大跃进，对原料稻草、芦苇需要也相应增加，根据60年(1959年四季—1960年三季)造纸及纸浆生产任务，需要稻草570万担，芦苇7.5万—10.5万吨，今年农业全面丰收，是解决造纸工业用草、芦苇有利条件，造纸工业用稻草只占全省总产量4%，芦苇11.96%—16.75%，我们认为解决造纸工业用草、芦苇是完全可能的，为了满足工农业生产和人民文化生活不断提高的需要也是必要的。关于稻草、芦苇分配安排问题，我们意见原则上各地区要逐步实现自给自足，但是目前由于地区之间所产稻草、芦苇不平衡，需要的情况也不同，因此，1960年产稻草、芦苇较多的地区仍然有必要拿出一部分支援产稻草、芦苇少而需要又多的地区，根据各地区产稻草、芦苇和需要情况，我们建议从各地区调出稻草58万担，芦苇12.1万吨，其中镇江专区调出稻草20万担，芦苇1.7万吨；扬州专区调出稻草18万担，芦苇4.5万吨；苏州专区调出稻草20万担；淮阴专区调出芦苇3.9万吨，盐城专区调出芦苇1万吨，南通专区调出芦苇1万吨（具体调出情况详见附表），并合理安排稻草、芦苇运输，支援工业生产和建筑及军需饲料需要。此外，1960年全省织席需要20万吨芦苇及其他各方面需要的稻草、芦苇均请各地自行负责安排解决。有关稻草、芦苇收购问题，仍按省人委9月1日苏商鲍字第3077号通知办理，但需用单位有条件自收自用的，可以根据地区调出计划，划定地区自收自用。

造纸工业用的稻草有1/3需要加工后再造纸，稻草经过加工处理后，不仅能充分利用，对公社积累和增加社员收入，以及减轻运输压力，提高出浆率等方面都有很大意义，如每担稻草经过加工处理后，出净稻草60%，给造纸厂用；处理下来的稻叶子、根占40%，地区可以利用做草肥、燃料等用。这样，凡是有调出加工稻草的地区，只要按原计划调出60%净稻草，同时大大减少运输量。其次，稻草价格一般每担1.1—1.3元，净稻草3元，每担稻草加工费在0.5元左右（有关净稻草价格及加工费由各地党委根据国家价格政策具体确定），以造纸工业用稻草总数1/3加工，可增加公社收入100万元，为此，建议各级党委根据造纸工业需要结合农业冬季副业生产，组织人民公社加工稻草，并大力发展土草浆生产。各地造纸厂要加强与人民公社联系，做好土草浆生产技术指导，增加造纸工业原料，保证造纸工业继续大跃进，满足工农业生产、人民物质文化生活不断提高的需要。

以上意见如属可行，请批转各地贯彻执行。

江苏省商业厅党组
江苏省农林厅党组
江苏省轻工厅党组
1959年12月5日

附 2：1960 年度(1959 年四季度至 1960 年三季度)造纸及其他方面需要稻草、芦苇安排意见表

计量单位：稻草：万担；芦苇：吨；纸浆：吨

需要单位	1959 年四季度至 1960 年三季度生产纸及纸浆的任务	需要量	安排意见
稻草部分	127 947	571.637	
无锡利用纸厂	6 218	36.572	由镇江专区溧阳县调给该厂稻草 20 万担,其余由当地安排解决。
南通通成、益民纸厂	12 256	62.098	由苏州专区调给二厂稻草 20 万担,由扬州专区调给 10 万担,其余由当地安排解决。
徐州、新浦纸厂	12 386	66.807	由扬州专区调给二厂稻草 8 万担,其余由当地安排解决。
镇江大东纸厂	11 460	74.226	由当地安排解决。
苏州华盛、红叶、大同纸厂	80 222	308.982	由当地安排解决。
淮阴东风纸厂	1 602	6.408	由当地安排解决。
盐城阜宁纸厂	718	2.872	由当地安排解决。
扬州黄板纸厂	2 044	9.488	由当地安排解决。
南京纸厂	1 041	4.164	由当地安排解决。
军需饲料		0.579 6	由镇江专区调给 2 255 担,苏州专区调给 1 194 担,无锡市调给 1 236 担,南京市调给 1 112 担。

续 表

需要单位	1959年四季度至1960年三季度生产纸及纸浆的任务	需要量	安排意见
芦苇部分		126 000	
镇江苇浆厂	25 000—35 000（纸浆）	105 000	由淮阴专区调给30 000吨，盐城专区调给10 000吨，扬州专区调给35 000吨，南通专区调给10 000吨，镇江专区调给15 000吨。
编织用		13 500	由淮阴专区调给6 000吨，扬州专区调给6 000吨，镇江专区调给500吨。
建筑用		7 500	由淮阴专区调给3 000吨，扬州专区调给4 000吨，镇江专区调给500吨。

根据江苏省档案馆档案刊印

中共江苏省委批转省委宣传部《关于召开全省中等专业教育工作会议的报告》

（1959 年 12 月 21 日）

省委同意宣传部《关于召开全省中等专业教育工作会议的报告》，现转发各地参照执行。

中共江苏省委员会
1959 年 12 月 21 日

附：省委宣传部《关于召开全省中等专业教育工作会议的报告》

（1959 年 12 月 5 日）

省委：

根据省委指示，我们在 10 月 7 日至 13 日，召开了全省中等专业教育工作会议，出席这次会议的有工业、农业、卫生、师范、体育、文化等类学校，和南京地区厂办学校的党委（支部）书记、党员校长，各地（市）委和省级有关厅、局负责中等专业教育工作的党员干部共 287 人。

会议根据八届八中全会和省委三届十次全会(扩大)的精神,反右倾、鼓干劲、进一步学习和贯彻党的总路线和教育方针;检查总结大跃进以来中等专业教育的成绩和经验;根据整顿、巩固、提高的方针,讨论和解决当前中等专业学校存在的问题;明确今后的方向并布置本学年的工作。

会议开始,由省委书记陈光同志作了指示,宣传部陶白同志作了关于中等专业教育工作的报告。在会议期间周一峰副省长、孙加诺部长分别作了关于工业、农业方面的大跃进形势的报告。经过三天的小组讨论和一天的大会发言后,陶白同志又对在学校里如何贯彻执行群众路线、开展群众运动和加强思想工作问题作了发言,省高教厅副厅长王韦平同志就中等专业学校的生产和建设问题作了发言。会议结束前,高教厅副厅长孙卜箐同志对如何掌握党的教育方针等问题作了总结性的讲话。

会后,又由重工业(联合轻工业、手工业)、纺织、城建、交通、水利、农林、卫生、教育、文化和体育等十多个业务厅、局(委)分别召开专业会议,研究学校的发展规模、培养目标、专业设置、修订教育计划、教学大纲和其他重大业务问题,并交流教学经验。

这次会议贯彻了整风精神,采取虚实并举、以虚带实的方法,在统一认识、提高觉悟的基础上,对中等专业教育的形势、成绩、存在问题与缺点等作了全面的分析与讨论,收获很大。正如参加会议的许多同志所说:通过这次会议,统一了认识,坚定了方向,增加了办学的信心和决心,到会同志一致认为1958年以来,中等专业教育工作,在数量上和质量上都是大跃进、大发展,形势很好。同时,进一步明确了右倾思想和右倾情绪是当前学校工作中的主要危险,表示回去以后深入地进行整风学习,反透右倾、鼓足干劲,树立创业思想,在实际工作中加强党的领导,坚持政治挂帅,坚决贯彻党的教育方针和群众路线,继续进行教育大革命,把学校办得更好。

在这次会议上反映出来的问题主要有两方面：

第一，少数领导干部存在着比较严重的右倾思想、情绪，表现在：

1. 对总路线、大跃进抱怀疑和抵触态度，认为总路线在学校里不适用，如有人说“学校只能循序渐进，跃进不起来”“教育工作不能多快，多快就不能好省”。

2. 党对学校的领导权有些还不巩固。如有些学校下放以后，不尊重县委领导，有些学校党支部的领导核心还没有树立，有的同志认为：“党支部书记不懂教学，书记决定，叫我如何执行。”南通农校党员校长之间闹不团结，书记主持会议提出来议程，校长可以推翻，经常闹得会议不欢而散。还有人放弃党的领导，如丰县师范学校校长(支书)说：“自己不懂教学，就放松对教学的领导，因此，教师有事不通过党员校长没有关系，如不通过非党的教导主任就不行，把自己当成了木偶。”

3. 对党的教育方针贯彻不力。有的全日制学校在今年强调以教学为主以后，不设政治课，甚至取消政治课，有的学校放松劳动，洪泽水产学校的同志说：“我们按照 1、4、7 安排劳动，学生没有意见，但教师不通，因此今年改为 1、3、8，而后教师又提出 1、2、9，这是向后退”。滨海卫生学校的同志说：“下面喊劳动多，我在思想上就产生四个问题：① 方针是否变化；② 劳动是否多了；③ 若坚持贯彻怕脱离群众；④ 怕硬扳贯彻不下去。因此我就畏难动摇了。”

4. 对“两条腿走路”的发展方针不通。有的同志说，“思想上认为半日制学校没有全日制办得来劲，半日制没有全日制吃得开”，“砍掉半日制，省得麻烦，还是正规好”。淮安县农业大学的校长怕说学校是半日制，说了怕教师和学生都跑了。有的同志认为：“办初技不及办中技”，因而将初技整掉了。厂办校的同志想独立设校，学校自办厂，改为全日制。

5. 怕苦畏难，不想干，有的同志说：“搞政治思想教育和行政工作可以，搞业务不行，外行不能领导内行。”淮阴电力学校校长检查过去有三种思想：① 临时思想，② 下马思想，③ 正规思想。邳县工业学校的同志说：“自己是大老粗，办不好学校。”常熟农业学校的同志说：“仪器买不到，业务又不熟，教师不听话，碰上个把钉子，就想还是回去干公安工作吧，现在才知道，这是政治未挂帅。”

第二，许多学校对领导关系，管理体制有意见：认为“老子”很多，但都不管，学校存在的问题，找不到负责解决的部门，或得不到及时解决。因此希望各主管业务部门加强对学校的领导，并建议在专署(市)设立专管大专和中专学校的教育行政机构。关于这方面的问题，高教厅党组已提出有关体制等问题的初步意见交会议讨论，待另报省委批转。

会议对今后工作进行了讨论，一致认为，中等专业教育工作的任务，必须根据社会主义建设的形势和文化革命的要求，培养足够数量的工人阶级的工业、农业、卫生、师范、体育、文艺等各方面的中等专业人才。为了多快好省地培养各类中等专业人才，应在原有基础上进一步加强领导，合理安排，并继续巩固提高，积极发展。现有老校应着重提高质量。现有新校应力争在短时期内，在各方面成为比较完备的学校，其标准是：① 有坚强的党的领导骨干；② 有适当数量和相当质量的教师；③ 有一套比较完整的适合学校实际情况的教育计划、教学大纲、教材和规章制度；④ 有基本上能满足教学需要的物质设备；⑤ 毕业生的质量基本上能够适应国家建设的需要。1960 年各类中等专业学校，校数一般不再发展，招生数应贯彻积极发展的精神，全省预计计划招生 5 万人(其中中师 2 万人)，比今年增长 40%。

为了完成上述任务，应当采取以下措施：

第一，坚决贯彻党的八届八中全会和省委三届十次全会(扩大)的精神，坚持政治挂帅，继续进行政治上思想上的社会主义革命。

中等专业学校，特别要注意防止不问政治，为教育而教育的倾向。目前要根据当地党委的布置，深入学习八中全会的文件，反透右倾，鼓足干劲，办好学校，全面贯彻党的教育方针，保证提高教育质量。特别是新建学校的领导干部，要树立创业思想，要有终身为教育事业奋斗的信心和决心。

在学习八中全会文件的基础上，学校党委（支部）应重视对教师的政治理论教育工作，组织党员干部和教师系统地学习马列主义理论，对学生要搞好五个基本理论问题的教学，提高政治课的教学质量。

据调查，目前还有 130 所学校没有专职的政治课教师，即使有也比较薄弱，因此有关党委和部门要积极设法解决政治教师的缺额问题。

第二，进一步全面地贯彻执行党的教育方针，大力提高教育质量。

今年有些全日制中等专业学校，片面地强调教学，不问政治，忽视劳动。有些半日制中等专业学校，只安排劳动不安排教学。这两种倾向都不符合党的教育方针的要求，应当检查纠正。

全日制中等专业学校，必须以教学为中心，全面安排教学、生产劳动和学生生活，坚决贯彻执行国务院《关于全日制学校的教学、劳动和生活安排的规定》。半日制学校和业余学校，要贯彻"结合生产，统一安排，因材施教，灵活多样"的原则，教育计划、教学内容、方法和制度，必须根据工矿、企业的特点来确定。整个教学工作必须由党委统一领导，并积极发挥教师在教学工作中的积极性，如果认为教学工作单纯是教师的事情，这是右倾思想的表现。

第三，坚决贯彻"两条腿走路"的方针，按照统一性与多样性相结合的原则，充分发挥群众办学的积极性，这是关系到发展社会主义教育事业根本性的问题，必须在培养有社会主义觉悟的有文化的劳动者这个统一性的原则下，实行国家办学与厂矿、企业、人民公社办学等一系列的并举。中等专业学校要有国家办的，又要有厂矿企业办的；要有全日制的，又要有半日制的和业余的。半日制学校不经批准一律不得改为全日制。今后更应该积极发展厂矿企业办的半日制的中等专业学校和业余学校。

第四，积极做好学校特别是新校的建设工作。

1. 根据全国一盘棋和本省社会主义建设的需要，进一步明确培养目标。有些专业要进行适当调整，有些专业要逐步扩大，有些新专业要逐步增设。2. 根据教学任务，在本学年内，制定一套适合学校实际情况的教育计划和必要的规章制度，有条件的学校要根据已确定的教育计划，抓紧时间，编写教学大纲和教材。3. 根据勤俭办学的方针和自力更生的原则，解决校舍和教学设备，各主管业务部门和有关部门应积极帮助学校逐步解决校舍设备问题，保证学校教学工作正常进行。4. 学校和有关部门必需积极地补充师资缺额和提高教师的政治业务水平。解决师资问题也应采取“两条腿走路”的方针，根据校内校外、在职离职、短期长期同时并举的原则，制定计划，解决师资来源，组织教师进修，其中主要应有业务部门来通盘考虑。

各校必需认真执行党的知识分子政策，加强教师的思想改造，在党的领导和教学相长的原则下，发挥教师的主导作用，调动教师的积极性，搞好教学工作。

第五，加强各级党委、主管业务部门和教育行政部门对中等专业学校的领导和管理。中等专业学校必需在地方党委统一领导下进行工作，要无条件地服从地方党委的领导。“听不听党的话，听不听毛主席的话，这是我们同资产阶级的政治分界线，这是一点也不许含糊的，对于任何反对党的领导的倾向，我们必需与之坚决斗争”。为了加强对中等专业学校的领导：1. 地方党委和主管业务部门，要下决心抽调一定数量的党员干部充实学校领导力量，凡没有党员校长的中等专业学校必需在短期内配备起来。同时应积极慎重地在中等专业学校中进行建党工作。2. 学校党委(支部)要加强集体领导,分工负责各项工作。保证正确地贯彻执行党的教育方针、政策,完成教学任务和劳动任务,适当开展科学技术工作。3. 各主管业务部门要指定负责同志,分工领导学校工作,同时设立相应的机构或指定专人负责全面管理所属学校的工作。各级教育行政部门应积极协助主管业务部门加强对学校的领导,统一解决各校共同性的问题。

中共江苏省委宣传部

1959 年 12 月 5 日

根据江苏省档案馆档案刊印

江苏省人民委员会的工作报告

——在江苏省第二届人民代表大会第二次会议上

（1959 年 12 月 22 日）

惠浴宇

各位代表：

现在，我代表省人民委员会就一年来的主要工作情况和今后的任务，向大会提出报告，请予审议。

（一）

从第二届人民代表大会第一次会议到现在，已经有一年多了。在这段时间内，我们在党中央、毛主席和国务院的领导下，贯彻执行了党的社会主义建设总路线，在取得了 1958 年大跃进胜利的基础上，又取得了 1959 年继续大跃进的光辉成就。不久以前，我省人民和全国人民一道，欢欣鼓舞地庆祝了具有伟大历史意义的建国十周年。我们看到了，十年来我国社会主义革命和社会主义建设的伟大胜利。我们深刻地认识到，这些胜利，是党的总路线的胜利，是毛泽东思想的胜利，是马克思列宁主义的胜利。

今年以来，我省的形势极为良好。我们处在一个继续大跃进的高潮中。今年 8 月，根据党的八届八中全会的精神，江苏省委举行了三届十次全会扩大会议，分析了形势，总结了经验，向全省人民提出了具体的奋斗目标，要求完成和提前超额完成今年国家给予我省的任务。全省人民积极响应了党的号召，热情奋发，反右倾，鼓干劲，掀起了轰轰烈烈的增产节约运动的新高潮，提前和超额完成了我省全年的大跃进计划，取得了1959年继续大跃进的胜利。

1959年，我省的农业生产，在战胜了严重的自然灾害的情况下，取得了巨大的成就。全省农副业总产值计划已经胜利地超额完成。粮食、棉花、油料的总产量，比去年都有了大幅度的增长。林、牧、副、渔业生产，也都有跃进。造林、栽竹的面积超过了解放前所有的林地面积；目前全省生猪和家禽的圈存量都已经超过了去年同期水平。社办工业也有巨大发展。随着生产的迅速发展，社员收入也有了进一步的提高。人民公社有力地促进了农村的文化教育事业。公共食堂、托儿所、敬老院等集体福利事业也有了发展和提高。

农业生产上的这些跃进成就，是在贯彻执行“八字宪法”中取得的。在水利方面，去冬以来，我们按照全面规划，大量兴办了引水蓄水和防洪排涝等重点工程，广泛开展了农田水利运动，开始了京杭大运河苏北段的整治工程，开挖了淮沭新河。今年全省新建了大批大中型灌溉排涝涵闸和水库。其中包括：淮阴闸、沭阳闸、六塘河地下涵洞等大型建筑物（它们的工程量都相当于三河闸），以及九圩港闸、太浦闸、临洪闸、滨海闸等中型以上建筑物；蓄水1亿立方米以上的水库有小塔山水库、金牛山水库等。新建和整修了大量塘坝和小水库；小型水力、风力发电站、动力站和机电灌排站有了新的发展和增加。灌溉面积近100万亩的邳新灌溉站也已经建成。以上这些工程的举办，对于增强抗御自然灾害能力、改善农田的灌溉和排水条件，起到了重要的作用。此外，全省最大的、蓄水达4亿立方米以上的石梁河水库和万福闸、嶂山闸等重点工程，正在加速施工中。在肥料方面，施肥数量有显著增加，绿肥面积比去年增加一倍左右，由于养猪等畜牧生产的发展，厩肥普遍比去年增加；施肥方法也有改进。在土壤方面，大力进行了深翻和改良土质工作。在种子方面，使用良种的面积已经占播种面积的95%，棉田已经全部使用细绒良种。合理密植已在各地普遍推行。防治病虫害的工作也有显著的成效。田间管理工作更普遍加强。各种农具也继续不断地有新的创造和改进。今年 8 月党的八届八中全会精神贯彻以后，“八字宪法”的执行情况更加良好。

人民公社是我省今年农业生产取得各方面成就的根本保证。农业“八字宪法”的顺利执行，公社工业的兴办，农副产品商品率的提高，农产品交售任务的完成，农村科学文化事业的发展，农民生活的改善，都是人民公社优越性的具体表现。特别是今年我省遇到了 30 年来所未有的特大旱情和一连串的自然灾害，但是党领导了群众，依靠人民公社的雄伟力量和大协作，开展了轰轰烈烈的抗旱斗争，采取了许多措施，终于战胜了自然灾害，保证了大丰收。全省 1567 个人民公社，是在高级农业生产合作社的基础上，适应生产力发展的需要而产生的，是 1958 年大跃进和农民社会主义觉悟大高涨的必然产物。人民公社是在党和毛主席领导下的伟大创举。人民公社的组织规模大，活动范围广，可以统一筹划公社的生产和分配，可以比高级农业生产合作社更有效地充分动员和合理安排农村的劳动力，可以兴办高级农业生产合作社所难以兴办的建设，便于加快农林牧副渔和工农商学兵的综合发展，便于实现农业机械化，便于实现农民收入的稳步增长，便于发展公共食堂、托儿所等集体福利事业，在分配中可以有一定的供给制成分。因此，人民公社是加速农村社会主义建设的强有力的武器，是推动农村经济迅速发展，使农村的社会物质财富迅速增长的巨大力量的泉源。大家越来越清楚地看到，人民公社比农业生产合作社跃进了一大步。在目前的人民公社中，虽然大体上相当于原来高级社的生产大队的所有制是基本的，但是已经有了过去所没有的部分的公社所有制。正是这一部分公社所有制，代表着人民公社的伟大希望和伟大前途。人民公社不但是加速社会主义建设的强有力武器，而且也是将来由社会主义过渡到共产主义的最好的社会组织形式。人民群众齐声歌颂人民公社是“加速社会主义建设的康庄大道，走向共产主义的桥梁”。

1959 年，我省工业生产的成就，也是巨大的。全省工业、手工业总产值计划已经提前 28 天胜利完成了，比去年有了巨大的增长。在产品的年产量方面：钢提前 10 天完成了任务，铁提前 35 天完成了任务，钢材提前 60 天完成了任务，煤、金属切削机床、汽车、电力、水泥、化肥、棉纱、棉布、肥皂、胶鞋等 50 种产品，也都分别提前八天到几十天完成了任务。各种产品的产量比去年有很大增长，产品质量一般也都有显著提高。

我省今年工业生产上的这些跃进成就，是在坚决贯彻执行“以钢为纲、全面跃进”的方针下取得的。去年大办钢铁的群众运动中所建立起来的“小土群”钢铁工业，经过今年的整顿、巩固和提高，已经逐步发展成为“小洋群”，并且已经开始进行“中洋群”的建设，从而使钢和铁的生产能力，有了巨大的增长。随着冶金工业的发展，采矿工业、炼焦工业、耐火材料工业以及地质勘探工作也都有了相应的发展。煤炭工业，今年全省新建了一批煤井，其中一部分已经投入生产；苏南地区小煤窑的技术改造工作，正在积极进行。机械工业，今年不仅产值比去年有了大幅度的增长，而且像冶炼设备、轧钢设备、矿山设备、大型动力设备、载重汽车、大型变压器、1 500 千瓦汽轮机和发电机、800 千瓦的电动机和大型机床等高级精密的机械、设备，已经能够自行生产。这些，都为我省国民经济的技术改造进一步创造了条件，也是进一步发展我省国民经济的重要物质基础。今年我省化学工业的发展也是迅速的。过去依靠外地援助和国外进口的化工原料，现在有些已经能够自行生产。纺织工业和其他轻工业，今年不仅提高了产量，而且在发展缺门、试制新产品等方面，也取得了显著成绩。

工农业相互支援，特别是工业支援农业，保证农业这一国民经济的基础的迅速发展，这是贯彻工农业同时并举的方针和进一步巩固工农联盟的重大问题，既为高速度发展农业生产所必需，又为高速度发展工业生产所必需。全省工业部门今年制造、改良和修理了大量的小型农具和戽水机，生产了大批的排灌动力机械、化肥、各种农药原粉以及大批的收割、脱粒、运输、耕耘机械，供应农村需要。这对于改进农业生产的劳动条件，减轻劳动强度，促进农业增产，都起了巨大的作用。在今年的抗旱斗争中，全省组织了260多个机械厂，突击赶制排灌设备，并且动员1 000多名技术工人深入农村，帮助安装新设备，检修旧设备，进行技术指导，保证机器的正常运转，有力地支援了农村的抗旱斗争，保证了农业大丰收。工业战线上的广大职工，在支援县、社工业，便利农民生活方面，也作出了贡献。

工业战线上的这些巨大胜利，是在党的领导下，大搞群众运动的结果。今年以来，我省各厂矿企业，广泛开展了群众性的以技术革新和技术革命为中心的增产节约竞赛运动。8月初贯彻党的八届八中全会决议精神，反右倾、鼓干劲，工业战线上的增产节约群众运动更加波澜壮阔地展开，而且来势猛、发展快，迅速形成了新的高潮。同时，由于全面贯彻执行了多快好省的方针，群众运动全面地、健康地、持续不断地高涨，生产直线上升，高产、优质、低耗、低成本、安全生产的先进单位和先进人物大量涌现。劳动竞赛广泛深入，丰富多彩。先进帮助落后，落后追赶先进，互相促进，共同提高，劲头越赛越大。在群众运动中，技术革新事迹也大量涌现，全省有百万余条的合理化建议，有30多万件的革新项目，有全省性的新产品1 000余种，约有70%的工人突破了旧定额，创造了新纪录。在竞赛过程中，大大发扬了共产主义协作精神，技术、物资互相支援，经验、方法互相交流。干部对群众运动的领导水平也有显著提高，排差异、树标兵、现场评比、操作观摩等各项有效办法，得到广泛传播。

我省的交通、邮电事业，今年以来也是继续大跃进的。客货运输量和邮电业务都继续获得更大的增长。目前全省已有80%以上的人民公社建立了专业运输队伍，在当地运输部门的统一安排下，担负着粮、棉、矿石等重点物资的运输任务，成为短途运输的基本队伍。一年来，由于创造、推广了捎脚运输、“四合一”运输现场指挥和“一条龙大协作”等先进经验，使得交通运输的劳动生产率不断提高，运输成本不断下降。我省交通线路继续有了新的发展，交通工具也在不断增加，沿江几个主要港埠的吞吐能力也比去年提高。地方民用航空事业，目前已经有南京到盐城、南京到淮阴两条航线通航。在邮电建设方面，全省已有99%的人民公社安装了电话总机，90%的生产大队可以通电话。所有这些，对于今后的生产发展和文化交流，提供了重要的条件。

今年全省基本建设计划投资额和规模的巨大，是我省历史上从来没有过的。基本建设投资计划的完成情况也是十分良好的，已经有一批限额以上的和大批限额以下的项目全部建成或部分建成投入生产。主要有：炼铁、炼钢、火力发电、铜矿采选、煤炭洗选、煤炭开采、炼焦、汽轮发电机组制造、合成氨、硫酸、烧碱、水泥、机制纸、纱锭、原盐、公路、水利等方面。其中炼钢、火力发电机容量、纱锭、原盐等已超过了去年全年新增加的生产能力；汽轮机制造、汽轮发电机制造、洗煤、炼焦、铜矿采选等以前在我省都是缺门。这一大批项目的建成和投入生产，对我省国民经济的高速度发展有很重要的意义。

在工农业生产继续大跃进的基础上，我省财政、贸易方面也出现了更加兴旺的景象。今年我省市场的情况是繁荣的、活跃的、稳定的。由于工农业生产的发展，人民购买力的进一步提高，出现了购销两旺的局面。全省社会商品零售总额、商业部门的商品收购总额和销售总额比去年都有了很大的增长。商品库存也比去年同期和今年年初有了大量的增加。今年上半年，市场上曾经一度出现某些商品供不应求的情况，目前已经有了很大的好转。在市场情况日益繁荣的同时，市场物价也是继续稳定的。今年以来，对于生猪、花生、大豆、鸡、鸭、鹅、蛋品的收购价格和食用油脂的销售价格，作了合理的提高，这对于发展生产，增加公社、生产队和社员的收入，增加货源以及满足人民的需要等方面，都起着积极的作用。少数副食品的价格，在加强管理以后，也更加合理了。

今年各项农副产品的收购运动，进展比去年大大加快，收购的数量也大大增加。粮食征购已经完成了全年的征购任务。各地还通过举办物资交流会，签订农商合同，带样采购，传授技术，解决生产资料和种子、苗禽等办法，从商业工作方面促进了公社和生产队发展养殖、捕捞、采购、种植和手工业生产等多种经营，这对支持人民公社的农林牧副渔业的全面跃进，增加城市供应和对外贸易的货源，都起了良好的作用。在红旗竞赛运动的推动下，特别是在反右倾、鼓干劲，开展增产节约运动之后，企业的经营管理水平和服务质量有了很大提高，供应方法也有很多改善，基层商业网进行了合理调整，做到了便利购销，适应群众需要。

财政、金融方面，本着支持生产、培植财源、增加收入的要求，积极地组织资金，支持了生产和各项建设事业。今年全省财政收入，将超额完成预算收入数，财政支出计划的执行情况也是良好的，今年的财政收入和财政支出都比去年有了很大的增长。财政收入和财政支出的增长，充分反映了生产的发展，经济的繁荣。此外，还大力地开展了城乡储蓄和各种信贷业务，取得了良好的成绩。

我省的科学文化教育卫生事业，今年以来也实现了继续大跃进。根据中央指示，今年我省教育事业经过调整、整顿，得到了巩固和提高，并且在这个基础上，又有了新的发展。现在，全省除原有大专学校有了进一步发展和提高以外，每个专区都有了工、农、医、师一套专科学校；每个县除大量发展了普通中学以外，都有了师范或其他中等专业学校；人民公社除继续发展了半日制的农业中学和农民业余学校以外，还大量举办了小学；工矿企业也普遍办学，有些工厂开始建立起从小学到大学的一套业余教育体系。

今年以来，我省的教育工作，继续贯彻执行了“教育为无产阶级政治服务、教育与生产劳动相结合”的方针，在数量发展的基础上，又注意到质量的提高。在全日制学校中，进一步明确了以教学为中心，全面安排了教学、劳动和学生生活，建立起社会主义的教学秩序。教学质量有了显著的提高。生产劳动列入了教学计划，劳动开始经常化、制度化。在农业中学中，坚持了半耕半读的制度，充实了一批领导骨干和培训了 1 000 多名在职教师，总结、推广了搞好教学工作和逐步实现生产自给的先进经验，在公社的统筹规划、政府的重点补助和群众的积极支持下，农业中学所必需的校舍、设备、生产园地和教师工资，基本上获得了解决，使农业中学得到了进一步的巩固和提高。在业余教育方面，贯彻执行了政治教育、文化教育和技术教育相结合的原则，很多业余学校坚持了常年学习。所有这些，既巩固了去年教育事业大跃进的成果，又为教育事业的进一步发展和提高打下了坚实的基础。

科学技术工作也得到了较大发展。我省在去年已经成立了中国科学院江苏分院，今年上半年又先后成立了农业科学院江苏分院和医学科学院江苏分院，许多产业部门和高等学校的专业性研究机构和一些新兴尖端科学技术的研究机构，也在陆续建立，科学技术的专业队伍迅速扩大。目前，我省计有中央、省、专区、市、县所属的科学研究机构 200 多所，许多厂矿企业和人民公社也设立了科学研究组织。全省科学技术协会的会员，已经发展到 40 多万人。在社会科学方面，我省也相继建立了经济、历史、文学、教育等研究所。在科学技术研究为国民经济建设和国防建设服务的正确方针指导下，采取专业的科学技术研究和技术革命的群众运动相结合的方法，科学技术研究工作正在展开，基础理论方面的研究也正在有计划地逐步进行。

今年全省继续深入开展了以除四害、讲卫生、消灭主要疾病为中心的爱国卫生运动，组织了广大医药卫生工作人员，深入田头、工地巡回医疗，加强了预防保健工作，有效地防止和控制了季节性传染病、多发病的传播和蔓延。治疗丝虫病、钩虫病、血吸虫病的工作有了进一步的开展，工作质量也有进一步的提高。随着人民公社的发展和巩固，全省医疗保健网已经基本形成，大大改善了农村医疗卫生条件。全省今年还组织了 30 万人参加的安全卫生大检查，对确保安全生产起了重大的促进作用。在加强中西医团结、发展中西药械生产和加强医学科学研究等方面，也取得了很大成绩。

今年我省文化艺术体育事业出现了空前繁荣的景象。群众的文化生活丰富多彩。在文学艺术方面，围绕社会主义革命和社会主义建设，开展了创作运动，出现了一批比较优秀的作品。其中“回忆革命史，歌颂大跃进”的创作运动，成绩更为显著。在戏曲方面，创作和改编了 600 多个优秀剧目。在专业剧团中，加强了政治和业务教育，演员的政治觉悟和艺术水平有了提高。美术创作特别是国画的推陈出新，有了比较显著的成就。基层群众文化组织和报刊、广播、电影、出版事业有了发展。群众性的体育运动有了更广泛开展，技术水平也有了很大提高。我省体育代表团在第一届全国运动会上获得 26 个项目的团体名次，4 个项目达到了国际水平，32 人打破了 18 项全国纪录。

在工农业继续大跃进中，人民解放军驻江苏部队的官兵，都贡献了自己的力量，他们不仅保卫了社会主义建设，而且积极参加了社会主义建设。在去年全省大办民兵师的基础上，今年又结合整社、生产，普遍整顿了民兵组织，加强了民兵训练。广大民兵在发展生产、保卫治安和支援国防建设中，都发挥了重要的作用。我省的新兵征集工作，由于党委领导、全民发动，普遍开展了国防宣传，加强了国防观念，不仅胜利地完成了征集计划，给部队充实了新生力量，而且也推动了生产。

在对革命烈士家属、军人家属、残废、复员、退伍、转业军人的优抚和社会福利生产事业方面，也做了许多工作。全省社会福利工作的成绩是显著的。这些生产事业，不但增加了社会财富，而且使一部分盲人、聋哑人和城镇困难户得到了适宜的劳动条件，为社会主义建设贡献出一分力量，同时也进一步改善了他们自己的生活。

一年多来，我省各民主党派成员、民族资产阶级分子、宗教界以及其他民主人士，在反右派斗争和整风运动取得伟大胜利的基础上，学习了党的社会主义建设总路线和有关人民公社的文件，在大跃进和增产节约运动中，通过工作、学习和劳动锻炼，他们当中许多人的政治思想有了不同程度的进步，在社会主义建设事业中发挥了积极作用。

为了更有效地保卫社会主义建设事业的高速度发展，进一步深入开展了对敌斗争。我们遵照惩办和宽大相结合的政策，严厉地打击了各类敌人的现行破坏活动，继续挖掘和处理了一批暗藏的残余反革命分子。对于在押的各种罪犯，加强了劳动改造和政治教育工作，对于社会上一般反革命分子、坏分子和反动地主、富农分子，也继续进行了改造工作。通过改造工作，使多数反革命分子、坏分子等，得到了不同程度的改造，并且其中有不少人确实已经改恶从善。在庆祝建国十周年的时候，我们遵照刘少奇主席的特赦令，特赦了一批确实改恶从善的罪犯。这样做，对于罪犯的继续改造，有重大的督促作用，使他们感到在我国伟大的社会主义制度下，只要改恶从善，都有自己的前途。

在开展对敌斗争的同时，全省广泛地开展了安全运动。农村以防火、防止农药中毒等为中心，城市以防火、防止工伤和交通事故为中心，发动群众进行安全大检查，堵塞各种漏洞，因而今年以来，各种治安灾害事故的发生次数，比往年都有了显著的下降。

为了进一步化消极因素为积极因素，我们根据中共中央和国务院的决定，对于一批确实在言论上、行动上表现改好了的资产阶级右派分子，摘掉了他们的右派帽子，从而给他们和所有愿意悔改的右派分子指出了光明前途。

综上所述，今年我省的社会主义建设和各方面工作的成绩是巨大的。今年是在去年大跃进的基础上继续大跃进的一年。但是，应该指出，在我们当前的工作中还有一些不够的地方，还存在着一些缺点和困难。例如：在工业生产方面，有些产品品种计划完成得不够好；少数生产单位在注意产值的时候，发生了片面性，忽视了某些当前工农业生产和人民生活所迫切需要的产品的生产。有些生产单位的领导上，对于革新技术、调整劳动组织、提高劳动生产率重视不够，少数单位还有违反招工制度的现象；在日常生产中，劳逸结合也做得不够好，生产事故还时有发生。由于工农业生产的迅速发展，电力、煤炭等动力工业的生产和水陆交通运输量，今年都有了很大的增加，但是仍然不能满足生产发展的需要。在农业生产方面，今年是一个丰收年，但是还存在着不平衡的情况，一部分地区，特别是受灾较重的地区，群众生活上还有困难。再如市场方面，总的是繁荣的，城市副食品的供应情况也已经有了很大的好转。但是，人民购买力的增长很快，某些商品的生产，例如肉类的生产，还要有一个过程，所以在一定时间内，还不可能解决供应不足的问题。我们认为，为了更好地提高工作，在肯定巨大成就的同时，指出缺点，正视困难，分析原因，做好工作，积极改正，这是完全必要的。

（二）

各位代表：我省今年工农业生产和其他各项建设事业的巨大成就，并不是轻易取得的。我们的成就，是在党中央、毛主席和国务院的英明领导下，经过全省人民的艰苦奋斗，不断克服了前进道路上的困难，并且与右倾思潮作了坚决斗争才取得的。在我们取得巨大成就的同时，我们也取得了丰富的经验。这些经验，对我省今后的持续跃进有重大的意义。

大家知道，今年以来，我省的形势从一开始就是很好的，工农业生产和各项工作都是在1958年大跃进的基础上继续大跃进，呈现出一片蓬勃的景象。3月份，我省进行了农村人民公社的整顿工作，人民公社迅速走上了巩固和健全发展的道路。在人民公社化的初期，由于干部和群众缺乏经验，曾经一度发生某些权力集中过多、分配上的某些平均主义和一些浪费现象。根据中共中央政治局郑州会议的精神，省委在3月初召开了全省六级干部大会，在人民公社中，贯彻执行了以生产队为基础的生产资料三级所有制，坚持统一领导、分级管理、分级核算、按劳分配、多劳多得的原则，以上缺点就很快得到了纠正，广大干部和群众的积极性得到了进一步的发挥。在取得今年夏熟作物的全面丰收，特别是后来在战胜30年来未有的旱灾的斗争中，人民公社更加显示出巨大优越性。在整社的后期，有些干部在工作掌握上一度发生了一些偏差，如权力下放过多，等等，部分干部滋长了右倾情绪。当时我们根据中央指示，批判了这些右倾情绪，保证了整社工作的健康发展和生产的不断高涨。今年1—5月份，我省工业生产的情况也一直良好。只是开始的时候，指标订得有些偏高，虽然生产不断上升，但是有些主要产品还是未能完成原定计划。根据党中央的指示，我们及时地进行了计划落实工作，适当地调整了任务。当时所说的指标落实，只是要去掉计划指标中的某些偏高而不可能实现的部分，目的是为了在既积极先进而又可靠的基础上，更加鼓足干部和群众的干劲，求得更好的跃进，这是完全必要的。但是，在指标调整的过程中，也有些干部在工作掌握上发生了一些偏差，把指标落实误以为指标越低越好，部分干部滋长了右倾松劲情绪，使得部分产品的生产一度下降。当时我们根据中央的指示，批判了那种认为指标越低越好的右倾观点，并且指出，在计划指标落实以后，仍然要鼓足干劲，继续前进，从而及时扭转了这种生产下降的现象。正是在上述那样的时机，右倾机会主义分子利用我们干部在工作掌握上的一些一个指头的问题，乘机兴风作浪，刮起了阴风冷气。当时在市场供应方面，也曾经出现了某些副食品和日用工业品供不应求的情况。这也是右倾机会主义分子大肆攻击的重点之一。其实，当时社会商品零售额的绝对数字，比去年同期是大为增加的，一部分商品供不应求的原因，主要是人民的购买力增长得更快。人民购买力的巨大增长，一方面是由于职工人数在去年工业生产的大跃进中增加得有些过多过快，另一方面是由于农业生产大丰收，农民的消费量和购买力也有了很大的增加。对于这些前进中出现的问题，我们根据中央的指示，迅速采取了一系列的有效措施，积极发展和妥善安排日用工业品和手工业品的生产，认真贯彻人民公社的自给性生产与商品性生产并举的方针，逐步提高农副产品的商品率，城市对于副食品实行“自力更生为主，力争外援为辅”的方针，并且指导消费，厉行节约，这样就使某些商品一度供不应求的情况迅速好转，市场进一步繁荣。

看来很明显，我省今年的整个工作，成绩是主流，是九个指头；在事业飞跃前进中所发生的暂时的局部的缺点和偏差，是支流，是一个指头。这些缺点和偏差，是由于干部和群众缺乏经验而产生的。在这样规模巨大的群众运动中，发生一些缺点和偏差，是难免的，也是合乎规律的。我们对于这一个指头的问题，并没有丝毫的忽视，总是一经发现就很快地加以纠正。人们都可以看到，在如此规模巨大的大跃进和人民公社化运动当中，我们的缺点同成绩相比是如此之小，缺点的克服又是如此之快，这正是党中央、毛主席领导的正确、英明，是我们社会主义制度优越性的表现。但是，右倾机会主义分子对于千百万群众在党的领导下所取得的伟大成就，毫无兴趣，而对于某些局部性的、暂时性的，并且已经纠正了的缺点，却尽量夸大，散布消极情绪。他们攻击总路线、攻击大跃进、攻击人民公社。这是极端错误的。

在党的八届八中全会的号召下，从今年8月开始，我们在全省范围内，立即掀起了一个反右倾、鼓干劲，厉行增产节约的群众运动的新高潮。首先，在整个工业战线上，迅速改变了六七两月份生产略有下降的情况，出现了一个继续大跃进的新局面。农村的“三超五比”竞赛运动也更加轰轰烈烈、踏踏实实地展开了，形势发生了巨大的变化。反右倾斗争大大提高了干部和群众的社会主义觉悟，鼓起了更加旺盛的革命干劲，直接推动了生产建设和各项工作，工业、农业、商业、交通运输业、文教科学卫生事业等都出现了新的跃进高潮，这样就促使了今年的生产和建设任务的提前和超额完成，取得了整个国民经济和整个社会主义事业的大跃进。

从这样一个实践的过程中，我们再一次亲切地体会到：党的社会主义建设总路线是社会主义建设的生命线，大跃进运动是党的总路线的伟大胜利，人民公社化运动是大跃进的必然产物，是具有伟大历史意义的创举。我省各个地区，各条战线，乃至各个工厂、人民公社、商店、机关、学校，都有大量的事实证明，哪里反了右倾，哪里的总路线、大跃进、人民公社的红旗高高举起，哪里的工作和生产就突飞猛进，思想上和生产上立即面目一新。党的社会主义建设总路线、大跃进、人民公社，是我国勤劳勇敢的6.5亿人民的伟大决心和伟大智慧的表现，是党中央和毛泽东同志创造性地把马克思列宁主义的普遍真理同中国的革命和建设的具体实践结合起来的产物。党的社会主义建设总路线的实质，就是要高速度发展工业和农业，高速度发展经济和文化事业，高速度建设社会主义国家。这是全国人民的根本利益和根本要求，并且已经被去年大跃进和今年继续大跃进的实践证明是完全可能的。去年和今年，我们社会主义建设的各条战线上的伟大的胜利，正是在总路线的指引下取得的。但是右倾机会主义分子偏要千方百计地反对高速度，说什么“不尊重客观规律”“高速度破坏了平衡”，等等，无非是污蔑和攻击党的总路线，妄图否定总路线。事实上，我们党的总路线正确体现了主观能动性和客观规律性的辩证的统一，保证了最大限度地发挥人民群众的积极性和创造性，也就是尊重了历史唯物主义一条最基本的原理：人民群众创造历史。两条腿走路是贯彻执行总路线的一整套具体方针，也是正确地体现了国民经济有计划按比例发展的规律。那种认为高速度、大跃进，就会破坏国民经济的平衡的说法，显然是极端错误的。平衡必须是积极的，必须从高速度发展中去求平衡，而不是消极的，从延缓跃进速度中去求平衡。总路线的一整套并举的方针，就包含着国民经济各个部门间的战略上的大平衡。我们所以要高速度地建设社会主义，要不断地跃进，要建立和发展人民公社，也正是为了从根本上改变我国“一穷二白”的状态。现在，当我们在总结 1959 年的伟大成就和经验的时候，当我们在规划 1960 年的各项任务的时候，当我们在部署 1959 年冬和 1960 年春工作的时候，我们应当深刻地认识到：保卫党的社会主义建设总路线，保卫大跃进和人民公社，就是保卫社会主义的道路，就是保卫社会主义事业的飞跃前进。我们应当把保卫这三面红旗，作为我们的神圣职责。人民群众说得好：“三面红旗（总路线、大跃进、人民公社）迎风招展，各条战线龙腾虎跃。”对总路线、大跃进和人民公社的任何摇摆，都将不利于我们的持续跃进，不利于我们的社会主义建设事业。

从这样一个实践的过程中，我们还再一次亲切体会到：革命的群众运动具有伟大力量。大搞群众运动是贯彻执行党的总路线、实现高速度的根本方法。因为贯彻执行党的总路线，必须最大限度地发挥人民群众的主观能动性，而发挥主观能动性，就必须充分发动群众，大搞群众运动。人民群众是历史的创造者，人是生产力的最积极的因素，没有群众运动，就没有革命，就没有建设事业的多、快、好、省，就没有大跃进。在当前我国经济技术水平暂时还比较落后的状况下，充分发挥人民群众的积极性更是各项事业持续跃进的一个决定因素。特别值得指出的是，我国的人民是在政治战线、经济战线、思想战线上取得了社会主义革命伟大胜利的人民，他们已经解除了政治上、经济上、思想上的种种束缚，已经做了社会的主人，我们紧紧依靠这样的人民群众，不断提高他们的觉悟，不断鼓舞他们的雄心壮志，不断创造和改善物质技术条件，我们一定能够攻无不克，战无不胜。如何对待革命的群众运动，是区分资产阶级革命家与无产阶级革命家的分界线。无产阶级革命家对待群众运动的态度是热烈支持，积极领导，对待群众运动中不可避免地要发生的一些缺点和问题，总是热情而耐心地同群众在一起积极改正和解决，十分爱护群众的热情。而右倾机会主义分子却相反，他们不相信群众，他们对群众运动采取轻视和污蔑的态度。当群众运动开展以后，他们却站在一旁指手划脚，评头论足；而当群众运动中不可避免地发生一些缺点和问题的时候，他们就如获至宝，非难斥责，向群众大泼冷水，泄群众的气。资产阶级害怕群众运动，反对群众运动，这是他们阶级本质的表现。在我们革命干部队伍里，决不允许有这种对待群众运动的资产阶级老爷式的态度。我们必须坚持群众路线，坚持大搞群众运动，以保证党的总路线的贯彻执行，保证社会主义建设事业的高速度发展。还有一些人说：“在革命斗争中可以搞群众运动，在建设事业中不可以搞群众运动”“农村可以搞群众运动，城市不可以搞群众运动”“工厂企业中的政治改革可以搞群众运动，技术改革就不能搞群众运动”，他们怕群众运动会“乱”，把群众运动说成是“不科学”“不正规”，等等。总之，他们不是放手发动群众，而是要千方百计地限制和反对群众运动。事实上，他们想限制群众运动，反对群众运动，是办不到的。我们不仅在革命时期要放手发动群众，在建设时期也要放手发动群众；在农业战线上要大搞群众运动，在工业、交通、基建、商业、文教、科学研究工作等各条战线上都要大搞群众运动。我们在大跃进中一套行之有效的群众路线的工作方法，必须继续加以发扬。

从这样一个实践的过程中，我们还进一步深刻体会到：政治思想战线上的不断革命与经济战线上的持续跃进有着密切的关系，它们是互为条件、互相促进的。而政治思想工作又是一切经济工作的生命线。政治思想战线上的社会主义革命越深越透，经济战线上的跃进成就也越大越好；政治思想战线上稍一放松对资产阶级政治思想影响的斗争，就必然在经济战线上反映出来。而开展了反右倾斗争，激发了人民群众高涨的政治热情，这种政治热情也就很快地反映到当前的生产和工作中来，形成热浪滔天的生产高潮。人民群众说得好：“要得生产大跃进，思想必先大跃进。”有了跃进的思想，才能产生革命的干劲。一切“先进吃亏”“中游保险”“条件不好”等论调，都是右倾思想的反映。真正的无产阶级的革命家，在任何时候，总是充满着胜利的信心，保持着旺盛的斗志和革命干劲。从这里，我们得到的经验是：必须把不断革命和持续跃进紧密结合起来，把党的政治工作和经济工作结合起来，把思想斗争和生产斗争紧密结合起来，坚持政治挂帅，以政治为灵魂、为统帅。坚持政治挂帅，加强党的领导，大搞群众运动，深入地进行社会主义和共产主义的思想政治教育，广大干部和人民群众的思想觉悟就大大提高，共产主义的风格就大大发扬，革命干劲就更加高涨，就敢于打破“常规”，就能够在一定的物质条件基础上，发扬敢想敢说敢干的精神，克服困难，创造奇迹。这也就是说，群众运动有了更充分的政治思想基础，运动才会更加巩固坚实，规模也就更加浩大，并且能够经常持久。

在当前，坚持政治挂帅，坚持不断革命，把政治思想战线上的社会主义革命进行到底，就要深入地开展反右倾斗争和社会主义教育运动。目前在各级领导机关党内干部中正在进行的反右倾斗争，这是两条道路（社会主义和资本主义）、两个阶级（无产阶级和资产阶级）、两种世界观（无产阶级世界观和资产阶级世界观）的斗争，是政治思想战线上社会主义革命的继续。这场斗争是不可避免的，是阶级斗争在革命队伍内的反映。继续取得这场政治思想战线上的社会主义革命的胜利，进一步提高广大革命干部的政治觉悟和思想水平，对于贯彻执行总路线，保证社会主义建设事业的持续跃进，具有重大的意义。

与此同时，我们还要在广大工人、农民群众中开展一个深入、广泛的社会主义教育运动。在农村，这次社会主义教育，就是农村基层整风、整社的中心内容，是推动冬春生产建设运动和各项工作的巨大政治动力。其做法是：加强领导，放手发动群众，采取鸣放、回忆、对比、算账等方法，围绕总路线、大跃进、人民公社、工农联盟、党的领导等重大问题，展开辩论，分清大是大非，从而扩大农村社会主义思想阵地，进一步巩固人民公社，提高广大干部、农民群众的劳动热情和社会主义积极性。在工人群众中进行社会主义教育，主要是围绕总路线、大跃进、人民公社和工业支援农业等主要问题，紧密结合当前形势和生产任务，通过正面教育和回忆对比，使广大工人群众进一步提高觉悟，进一步树立不断革命和不断跃进的思想，进一步发扬敢想敢说敢做、敢于创造革新的风格。

对于民主党派、工商界和高级知识分子，我们希望他们继续进行社会主义建设总路线的学习，阅读文件，组织报告会和参观，用社会主义建设大跃进的具体成就来教育自己。这样做，对于他们进一步提高认识，加强自我改造，更好地为社会主义事业服务，都是有益的。

要把政治思想战线上的不断革命和经济战线上的持续跃进紧密结合起来，还要在抓紧反右倾斗争和社会主义教育运动的同时，抓紧技术革命。这在农业生产上，就是坚决贯彻执行农业八字宪法，积极地有步骤地进行农业的技术改造，逐步实现农业机械化、水利化和电气化，才能迅速地发展农业。在工业生产上，必须进一步加强对于技术革新和技术革命的领导，使增产节约运动持续发展和不断高涨。技术革新和技术革命，对于增强人征服自然的力量，减轻人的体力劳动的强度，提高劳动生产率，具有重大的意义，它是实现多快好省的重要关键。

总之，摆在我们面前的是两个方面的革命任务：一方面，要把社会主义革命进行到底，也就是说，要在经济战线上、政治战线上和思想战线上彻底解决无产阶级和资产阶级谁战胜谁的问题；另一方面，要继续进行以技术革命和文化革命为中心的社会主义建设，把包括农业和手工业在内的全部国民经济，有计划有步骤地转到现代化大生产的技术基础上，并且极大地提高劳动人民的文化水平和科学技术水平，彻底改变“一穷二白”的状况。这两个革命，前者是人与人之间的关系的革命，后者是人与自然界之间的斗争，它们是互相推动、互相促进的。坚决地勇敢地领导这两个革命，紧紧地把这两个革命结合起来，一步不停地进行下去，以革命带动建设，以政治带动业务，我们就一定能够从思想上、政治上和组织上团结全省人民，万众一心，更好地贯彻执行总路线，持久地保持国民经济的跃进局面，保持高速度的前进。

（三）

现在，1959年很快就要过去，1960年即将到来。由于今年的伟大胜利，我们争取明年继续跃进的条件，更为良好。全省人民在贯彻执行总路线和实现国民经济持续跃进的过程中，已经积累了比较丰富的经验；工人、农民掌握技术的能力已经大大提高；全省人民公社经过整顿、建设，得到了进一步的巩固和健全发展；社会主义经济基础大为加强，各方面的物质技术条件也比过去好得多；特别是在反右倾、鼓干劲的基础上，各级干部和广大群众的政治热情和生产积极性日益高涨，大规模的群众性的增产节约运动正在不断地向前发展。我们应该坚持政治挂帅，加强政治思想工作，更高地举起总路线、大跃进和人民公社的红旗，进一步发动群众，鼓足干劲，力争上游，争取我省1960年的生产和建设实现更好、更全面的继续跃进。

为了保证实现我省1960年的继续跃进，必须一手抓政治，一手抓经济；一手抓生产，一手抓生活。在农业生产方面，必须采取切实有效的措施，坚持贯彻农业“八字宪法”，突出地抓水利建设，大搞养猪积肥，积极地有计划地进行农业技术改造，以进一步发展和提高作物的生产，首先是粮食生产。在抓粮食的同时，应该把林、牧、副、渔业，包括棉花、油料、生猪、蔬菜、蚕丝、糖类、果木、烟草、茶叶、麻类、药材以及特种经济作物等方面，一起抓起来。只有把这些项目一起抓好、抓全，才能保证工业的发展和人民生活的需要。

完成明年的农业生产跃进计划，关键在于今冬明春。为了争取明年农业生产的继续跃进，今冬明春的农村工作，必须在善始善终结束四秋工作的基础上，深入进行两条道路的斗争和社会主义教育，开展一个群众性的冬春生产建设运动。必须大抓越冬作物的田间管理，达到苗全苗壮，安全过冬。冬春田间管理要有足够数量的、固定的劳动力，组成专业队，建立责任制；同时，要订出先进指标，经常组织检查评比，分类促进，分段促进，力争夏熟粮食亩产 200 斤、250 斤、300 斤以上，油菜籽亩产 100 斤、150 斤、200 斤以上。必须大力发展养猪事业。各地应当根据自己的基础和条件，分别提出两人一头、三人二头，一人一头、一亩一头猪的奋斗目标，由主要负责干部挂帅，采取切实有效的措施，大搞群众运动，社社队队大办养猪场。农业基本建设，今冬明春应该以兴水利，积肥料，搞土壤改良，抓保种选种为重点，全面贯彻执行八字宪法，为明年农业生产继续跃进创造更多更好的物质条件。今冬明春，全省 8.5 亿公方的水利工程计划必须坚决完成，并且力争在春节以前完成计划任务的 70%。兴修水利要继续贯彻执行以蓄水为主、社办为主、小型为主、大中小型相结合的方针。首先要抓住改善和巩固现有工程，同时要积极地、有重点地兴办新的水利工程，要求在明年基本上消除一般性的旱涝灾害，进一步改善排灌条件。在积肥造肥方面，除大搞养猪积肥外，还要认真加强绿肥的培育管理，大搞积肥的基本建设，以满足越冬作物追肥的需要，并且为明年春种作物准备较多的基肥。今冬明春必须在全省范围内开展一个群众性的改良土壤运动。各地应当根据低产土壤不同的特点，分别采取深耕、挖土、铺生盖草、蓄淡洗碱等办法，分期分批加以改良。种子工作必须建立专线领导，并且积极做好建立良种基地的工作。各地还要认真抓好耕畜和农具工作。在耕畜工作方面，当前主要是保护耕畜安全过冬，坚决消灭非正常死亡和瘦弱落膘的现象。在农具工作方面，当前主要是做好农业机械和农具的补旧更新工作，力争在春节前基本上完成；同时，还要积极研究和进行农具改革，发展和推广新式农具。在冬春生产建设运动中，要继续发展林、牧、副、渔业和社办工业。发展林牧副渔业生产，应当明确以发展集体经济为主，重点放在生产大队；同时积极地、逐步地发展社有经济，有计划地建立公社的林牧副渔业的商品生产基地。

我省工业必须在连续两年大跃进的基础上实现继续跃进。在

“以钢为纲、全面跃进”的方针下，本着充分利用、积极发展的原则，大力发展和提高钢铁工业，大力发展煤炭、机械、基本化学和电力工业，积极地支援农业建设，为逐步实现农业的机械化、水利化和电气化服务；同时，还应当积极地发展轻工业生产，以供应城乡人民更多的生活必需品。在工农业生产持续跃进的形势下，明年全省交通运输总量比今年将有很大的增长。因此，必须充分发挥现有各种设备的潜力，加强航运、公路、桥梁、港口的建设，增加新的运输设备，同时大力组织民间的运输力量，发展短途运输，进一步加强路、站、港和长途、短途间的转运工作，以便更好地担负起日益增长的运输任务，保证生产建设对运输和通讯的需要。

对于基本建设工作，要本着一手抓生产、一手抓基建的精神，进一步加强领导。必须逐步实现工业布局的合理调整，大力进行农业机械化、水利化和电气化的基本建设工作，加强工农业基本建设中的薄弱部门和薄弱环节。对已经安排的工程项目，要及早充分做好勘址、设计、备料等准备工作，争取更多的重点工程提早投入生产。

为了保证生产高潮的持续发展，全面地超额完成明年的生产计划，当前必须对广大职工群众继续深入进行社会主义教育，必须继续深入开展以技术革新和技术革命为中心的增产节约运动，争取明年一季度的生产水平不低于今年四季度，为 1960 年的继续跃进打下基础。

在生产和建设中，要努力消除时松时紧、前松后紧的现象，使产量均衡地上升。为了保持生产的均衡上升，应当加强企业的管理，随时随地抓紧生产准备工作，有计划地和及时地进行设备的检修，注意生产的安全；同时注意劳力的组织和安排，注意劳逸结合。整个工业生产必须有全面观点，产值、品种、产量、质量、成本、安全、劳动生产率等等，都要全面照顾，一同跃进。

为了不断地发展生产和建设，各个企业，不论大的、小的、洋的、土的，都必须继续大搞技术革新和技术革命。当前应当按照放手发动群众、一切经过试验的原则，围绕生产中的关键问题，积极地改进设备，改进操作方法，改善工艺，改善产品设计，采用新的原料、材料和寻找代用品，并且实行手工劳动的机械化和半机械化，以大大提高劳动生产率，提高产品的质量，降低原料、材料的消耗。在所有的工业、交通运输、基本建设等企业单位中，都要继续广泛深入地开展学先进、比先进、赶先进、帮落后的竞赛。提倡先进帮助落后，提倡企业内部、企业之间、产业之间，以及生产运输、供应各个环节之间的社会主义大协作。

为了贯彻执行工农业并举的方针，在优先发展重工业的同时，迅速地发展农业，今后工业要更多地支援农业，逐步把人民公社从技术上装备起来。对于所有工业、手工业生产部门和广大职工同志来说，这是重大的职责，也是光荣的任务。在当前，应当着重地抓紧解决水利工程设备的制造，排灌设备的制造和检修，以及化学肥料、农药的生产等问题，并且结合发展林牧副渔业生产的需要，作全面安排，促进整个农业的技术改造。

支持工农业生产的不断跃进，安排好人民群众的经济生活，是财贸工作的长期任务。财贸工作干部要进一步加强政治观点、生产观点和群众观点，力争提前和超额完成各项农副产品的采购计划，继续促进工农业生产的发展，继续增加财政收入和增加城乡储蓄，为明年国民经济的继续跃进创造良好的条件。在农副产品的收购工作方面，力争提前和超额完成国家计划，并且大力收购生产和人民生活所必需的其他农副土特产品。在粮食工作方面，必须把群众用粮切实安排好，指导群众实行计划用粮，节约用粮，把富日子当穷日子过。在商业工作方面，还必须做好农业生产资料和工业、手工业原料、材料的供应，当前首先应当做好小农具和兴修水利所需物资的供应，以促进明年工农业生产的继续跃进；同时，还要千方百计地做好城乡人民生活资料的供应，对某些生产一时赶不上需要增长的商品，应该进行合理分配。在积极做好财贸工作、尽可能满足人民生活需要的条件下，还要正确地指导社会消费。要加强外贸工作，保证按数量、质量、时间完成国家出口任务。在财政、金融工作方面，必须根据国家政策，从生产出发，积极组织财政收入，合理安排财政支出，进一步在城乡人民中组织储蓄，做好农业贷款的发放和回收工作，加强对企业的财务管理和信贷监督，促使企业降低成本，节约使用资金，以增加资金积累，保证建设需要。

文化教育工作应该继续贯彻执行为无产阶级政治服务和“两条腿走路”的方针，紧密配合经济建设、技术革新和技术革命，大搞文化革命。在教育工作方面，要进一步全面地贯彻执行中央的教育方针，继续深入地进行教育革命。全日制学校要以教学为中心，继续妥善地全面安排教学、劳动和学生生活，保证完成教学任务和劳动任务，努力提高教学质量，特别是要抓紧提高基础课的教学质量。坚持厂矿办学、企业办学、人民公社办学、机关办学、街道办学，采取多种形式，大办半日制学校和业余学校。农业中学要进一步巩固、提高和发展，当前要抓紧总结推广办得比较好的农业中学的先进经验，树立旗帜，推动所有农业中学在原有的基础上提高一步。对今年新办的农业高中，要加强政治思想工作，努力提高教学质量，为明年的继续发展和提高创造经验。对民办的普通中学、小学，各地应当切实加强领导，认真地贯彻执行党的教育工作方针。厂矿职工的业余教育，必须进一步巩固、提高和发展。有条件的高等学校和中等专业学校要与有关工厂协作，创办一批由工厂举办、学校支持的业余高等学校和业余中等专业学校。农民业余教育，应当配合冬春大生产，大力发展和巩固提高农民业余文化技术学校，着重吸收40岁以下的青壮年文盲、半文盲入学，今冬明春要求把有条件学习的人，基本上都组织入学，扫盲毕业人数要求达到70%。

科学技术研究工作，要进一步结合生产有计划地进行。专门的科学技术队伍和广大群众的科学技术活动必须密切结合起来，将直接为生产建设服务的研究课题放在首要地位，使当前国民经济建设中的主导方面和薄弱环节所存在的技术关键问题尽先得到解决。同时，应当尽快地发展几门新兴的尖端技术和新兴的科学，努力开展基础科学的理论研究工作，以便从应用到理论，从当前到长远，更好地为支持国民经济的不断跃进服务。

卫生工作，要继续贯彻“面向工农兵，预防为主，团结中西医，卫生工作与群众运动相结合”的方针。今冬明春，应当紧密结合生产，继续深入开展以除害灭病为中心的群众性的爱国卫生运动。城镇要消除一切蚊蝇孳生场所，大搞环境卫生，彻底消灭越冬蚊蝇，并且积极发动群众，消灭鼠雀。在血吸虫病尚未彻底消灭的地区，除加强治疗工作外，还要认真抓紧冬春有利季节，密切结合兴修水利，消灭钉螺。加强集体单位的公共卫生和劳动保护工作，预防和控制季节性传染病的发生和流行，大力进行丝虫病、钩虫病、疟疾的复查和防治工作，更好地保护人民健康，保护劳动力。结合整社，继续整顿农村卫生医疗组织。积极贯彻以医院为中心扩大预防的方针，继续加强中西医务人员的业务进修和医学科学研究工作，努力提高医疗质量。积极安排中药材、西药和医疗器械的生产，保证供应，保证质量。

文化艺术工作，要继续坚持为工农兵服务的方向和“百花齐放、推陈出新”的方针，以歌颂党的总路线，歌颂大跃进，歌颂人民公社为中心，广泛开展宣传活动，对群众进行社会主义和共产主义教育。基层文化组织要结合生产，坚持业余、自愿和多样的原则，积极开展群众性的文化艺术活动，满足群众对文化生活的要求，鼓舞群众的生产热情。

体育工作，应当认真总结经验，不断提高技术水平；同时，在有利生产、有利于增强人民体质的条件下，继续推行劳卫制，积极开展群众性的业余的多种多样的体育活动，更好地为增进人民健康，为劳动生产与国防建设服务。

为了确保社会主义建设的安全，我们还必须继续打击敌人的破坏活动，继续肃清一切残余反革命分子，深入对于反革命分子、坏分子和反动地主、富农分子的改造工作；同时，努力加强群众性的治安工作，进一步减少治安灾害事故。

我们要保证完成国家给予我省的支援国防建设的光荣任务。做好民兵的管理、教育和训练工作，使他们不但成为生产的骨干，而且成为生产的保卫者。进一步做好优抚工作和复员安置工作，采取更多的形式加强群众的拥军优属活动，更好地支持人民解放军。

为了充分调动一切积极因素，为社会主义建设事业服务，我们必须继续巩固和发展人民民主统一战线，继续帮助各界民主人士在积极为社会主义建设服务的过程中，加强自我教育和自我改造。

各位代表，我们已经取得了 1958 年大跃进和 1959 年继续大跃进的伟大胜利，现在，新的一年又将开始。我们当前的工作任务是繁重的，这正反映了社会主义建设事业的更加繁荣。全省人民在党的社会主义建设总路线的光辉照耀下，在反右倾斗争的胜利鼓舞下，社会主义觉悟和革命干劲正在不断高涨，响亮地提出了“今年红到底，明年开门红”的英雄誓言。摆在我们面前的正是这样一个蓬蓬勃勃、欣欣向荣的美好景象。我们坚信，在党中央和毛主席的领导下，只要我们进一步团结全省人民，把政治战线和思想战线上的社会主义革命进行到底，更加坚定地贯彻执行鼓足干劲、力争上游、多快好省地建设社会主义的总路线，继续进行技术革命和文化革命，我们就一定能够实现 1960 年更好、更全面的跃进。

根据 1959 年 12 月 30 日《新华日报》刊印

中共江苏省委《关于生猪发展情况的报告》

（1959年12月22日）

中央、上海局，并告各地、市、县委：

在庐山会议以后，我们就强调抓生猪生产。省委在11月下旬召开的地、市、县委第一书记会议上，根据主席对河北省天津市王谦寺公社养猪经验的批示，对于发展生猪生产的问题，作了专门的研究和部署，提出的奋斗目标是：1960年，全省各地分别达到1亩1头猪，1人1头猪、3人2头猪、2人1头猪、1户1头猪。会后，各级党委都采取了紧急措施，贯彻主席的指示和省委的决定。苏州地委召开了有县委和公社党委书记、生产大队支部书记，以及部分优秀饲养员参加的4 000多人的发展猪子的誓师大会。徐州、扬州、淮阴3个地委分别召开了有县委和公社党委书记参加的几百人的养猪现场会。其他各地，多数县也召开了发展猪子的干部会或现场会。12月13日到16日，省委又在扬中县召开的冬季田间管理和发展猪子的现场会上，对于发展养猪，特别是对于发展集体养猪，进行了检查和部署。经过采取这样一系列的措施以后，发展生猪生产，已经在全省范围内形成了一个新的高潮。运动的主要特点是：猪子数量增长快，尤其是集体养猪有了猛烈的发展，上市量也大大增加。目前，全省生猪圈存量已经达到848万头，预计，12月底全省可以达到900万头，完成今年的计划数，实现1户1头猪。9月份至12月上旬，100天的时间，共增加了155万头，平均每月增加46.5万头，比前4个月（5至8月份）平均每月增加18万头高一倍半。全省现有集体养猪场16万个，共养猪406万头，占全省生猪总数的

48%，比8月底的284万头增加43%。现在全省已经有1个县(扬中)实现了1亩1头猪，有3个县(盱眙、靖江、昆山)达到了3人2头猪，有5个县达到了2人1头猪。生猪上市量的情况，有了极大的改善。全省1至8月份，共收购生猪105万头，占全年收购计划220万头的47%。从9月份到12月15日3个半月的时间，就收购了90万头，占全年收购计划的41%，接近前8个月的收购总数，并且月月超额完成收购计划(9月份超额25%，10月超额1.7%，11月超额13.7%，12月上半个月完成了全月收购任务的67%)。12月以来，养猪基本建设也有了很大的发展。仅上旬10天的时间，全省留出的小母猪就有25万头，新盖猪圈91万间。总的看来，生猪生产的情况是好的。现在的问题是省委的决心还跟不上中央的决心，整个运动也存在着不平衡的现象。有少数县缺乏有力的组织措施，运动高潮还没有掀起来，也有些地方对发展集体养猪重视不够，等等。鉴于上述情况，省委决定进一步采取以下措施：

一、进一步强化组织领导。根据中央指示，省委在11月下旬的地、市、县委第一书记会议上已经规定，各级党委都要有一个书记，专门管以养猪为主的畜牧业生产。省委本身成立3人领导小组，以惠浴宇同志为组长，另由常委陈书同、孙加诺两同志参加。凡是现在还没有把这个书记确定下来的地方，必须立即确定下来，并且把名单逐级上报。省委打算，在1月上旬专门召开一次地、县委和公社党委畜牧书记会议，检查生猪发展情况，交流经验，进一步部署春季大发展。

二、要求各级党委，根据省委11月下旬地、市、县委第一书记会议确定的发展生猪的奋斗目标，立即检查一次规划的落实情况。规划还没有落实的，限12月底至迟1月上旬落实，规划指标低了的，要修订规划。1960年各地生猪发展的一般要求是：城市近郊区达到1亩1头猪；养猪基础较好的苏州、扬州等专区达到3人2头和1人1头猪，地多人少养猪基础差的徐州专区达到1户1头或2人1头；其余各地达到2人1头或3人2头。全省平均达到2人1头猪。

三、切实贯彻执行以集体养猪为主，公养私养并举的方针。当前主要抓集体养猪。1960年，要求每一个公社的社办养猪场，至少养猪2 000头以上，同时积极创造条件，向万头养猪场方向努力，每一个生产大队的队办养猪场，至少养猪300头以上，同时积极创造条件向千头养猪场努力；每一个生产队集体养猪至少30头以上。这样，全省集体养猪约可达到1 400万头到1 800万头。社员私养猪要求发展到600万头到700万头，基本上是1户1头猪。实现了上述要求，1960年年终全省生猪圈存量就能够达到2 000万头到2 500万头。

四、发展生猪生产，在狠抓数量的同时，还必须狠抓质量；在狠抓圈存量的同时，还必须狠抓上市量。1960年，上市生猪的体重，要求在今年平均每头110斤的基础上提高到130斤。随着生猪数量的发展，商品率也应有所提高。

五、要大量发展集体养猪，首先就要大搞养猪基本建设。全省集体养猪场，原来只有100万间左右的猪舍，仅能养400万头猪，就是加上最近新建69.5万间，也只能养700万头猪，与明年生猪发展要求相差很远。因此，今冬明春，必须根据发展集体养猪的规划再建200万间猪舍，并且要抓紧时间建好，以免发生猪等圈的现象。

六、千方百计解决饲料问题。根据匡算，目前社员自留地的产品和农作物副产品以及野生饲料，可以解决1 400万头生猪的饲料，按照明年的发展规划，尚缺1 100万头生猪饲料。解决这个问题的办法：

(1) 切实加强冬绿肥的田间管理，力争高产，利用部分绿肥作饲料。

（2）充分利用“十边”、水面种饲料。

（3）建设饲料基地。1960 年全省计划用垦荒和利用部分低产粮田的办法，建立 50 万到 100 万亩的饲料基地。这些饲料基地，以一分到二分田养一头猪计算，约可解决 500 万头的生猪饲料。今后，随着粮食增产、生猪发展和作物布局的调整，再有计划地逐步地扩大饲料基地的面积。社员私养猪的饲料问题，应当靠自留地和家庭口粮加工副产品解决。

七、为了适应生猪大发展的需要，必须大力培养训练畜牧兽医技术人员，做好防疫工作。要求在今冬明春，专区训练公社一级的兽医 3 000 人（每社 2 人），县训练大队一级的防疫员 10 万人（每队 4 人），做到社社有畜牧兽医站，队队有兽医室，场场有防疫员。对于高、中级的畜牧兽医人员的培养，按照每个公社有 8—10 人的要求，由省高教、农林两厅具体安排。

八、大抓牧具改革，逐步实现养猪机械化和半机械化。1960 年，国营畜牧场和公社的大型养猪场，在饲料加工、送水、送料、运粪等四个方面的机械化和半机械化的程度，要求达到总工作量的 30％—50％。同时，普遍进行牧具改革。要求把每一个饲养员的饲养定额提高 50％以上。

以上报告，如有不当，请中央、上海局指示。

中共江苏省委员会

1959 年 12 月 22 日

附：中央转发江苏省委《关于生猪发展情况的报告》

（1959 年 12 月 27 日）

各省市区党委，并转发到县委：

此件很好，现发给你们参考。

中　　央

1959 年 12 月 27 日

（可以登党内刊物。）

根据江苏省档案馆档案刊印

高举毛泽东同志教育思想的红旗
把农业中学办得更多更好*

（1959 年 12 月 25 日）

陈　光

同志们：

我省农业中学先进单位和先进工作者代表会议的召开，是有重大意义的。我热烈祝贺这次会议的召开，祝贺全省农业中学（包括职业中学，下同）一年多来的巨大成绩，向参加会议的全体代表和全省农业中学教师致意。现在，我想就农业中学的进一步巩固和发展谈几个问题。

一、农业中学是毛泽东同志教育思想的伟大胜利

江苏省同全国各地一样，在大跃进的 1958 年，出现了农业中学。农业中学的出现，不是偶然的，它有着深厚的社会基础。1958 年，党中央和毛泽东同志提出了鼓足干劲、力争上游、多快好省地建设社会主义的总路线。这条总路线，开创了工农业生产大跃进的伟大局面，从而向文化教育工作提出了迫切的任务，这就是多快好省地培养出具有共产主义觉悟和文化科学知识的技术人才和管理干部，以满足工农业生产和其他建设事业大跃进的需要。正是这一客

* 这是陈光同志在江苏省农业中学先进单位和先进工作者代表会议上的讲话。

观形势，有力地推动了技术革命和文化革命，也就大大地推动了扫盲工作和业余教育的发展，推动了全日制小学、中学和大学教育的发展。与此同时，农业中学也应运而生，满足了农村高小毕业生边生产边学习的要求，大大节省了国家教育费用的开支，也节省了学生家庭的开支，为农村社会主义建设培养着新型的技术人才和管理干部。这个情况清楚地说明：农业中学是总路线和大跃进的产物，是人民群众要求迅速改变“一穷二白”面貌的迫切愿望的产物，是受到工农群众热烈拥护和支持的。

同任何新生事物的产生和发展一样，农业中学的产生和发展，不仅要有适宜的土壤和种子，还要有充分的阳光和雨露。一年多来，农业中学很快地获得成长壮大，在农村中巩固地扎下根来，就是因为它既有适宜的土壤和种子，又有充分的阳光和雨露。如果把在总路线指导下出现的大跃进和群众掌握文化技术的要求比作肥沃的土壤和优良的种子，那么，毛泽东同志的教育思想就是灿烂的阳光和滋润的雨露。我们整个教育事业都是在毛泽东同志教育思想的指导下蓬勃发展的，农业中学也是在毛泽东同志教育思想的照耀下诞生、成长和壮大的。关于这一点，我们可以从农业中学的特点和它一年多的发展历史来说明。

农业中学是人民公社领导下群众集体举办的学校。农业中学是半日制的、半工半读的职业学校。农业中学是为工农业生产和人民公社培养中、初级技术干部和管理人员的学校。农业中学是试验、总结、推广农副业生产先进技术的学校。这种新型的学校，现在已经不仅为大家所承认，而且越来越多的人看到了它的非常重要的意义。可是，它的出现并不是简单的，它的巩固和发展，并不是风平浪静、一帆风顺的。在资产阶级的教育学里，根本没有这种学校，他们也绝不承认这种学校。在我们的队伍里，也曾经有一些人抱着种种陈腐的教育观念，认为学校只能由国家办，不能由群众办；学校只能是全日制的，不能是半日制的，并说农业中学是一条死胡同，等等。他们反对农业中学，认为它“不正规”，不符合他们那一套资产阶级的“教学秩序”。试想想看，如果这样一些观念占了支配地位，农业中学难道能产生吗？即使有了产生的客观条件，难道能得到支持和扶植吗？显然是不可能的。我们的农业中学所以这样顺利的诞生和成长，正是由于我们党和毛泽东同志对待新生事物，一贯采取积极保护和热情支持的马克思列宁主义态度，正是由于我们有着毛泽东同志的光辉的教育思想和党的正确的教育方针，破除了上述那些资产阶级教育观念，为这样新型的学校开辟了道路，扶植了它，滋养了它，帮助了它的诞生、成长和壮大。

毛泽东同志的教育思想是马克思列宁主义的教育原理同我国实践相结合的典范，是我们同资产阶级教育思想和种种陈腐的教育观念作斗争的胜利旗帜。我们党的教育方针，就是根据毛泽东同志的教育思想制定的。毛泽东同志一贯主张教育必须为工人阶级的政治服务，与生产劳动相结合。远在 1934 年，毛泽东同志就指出：“苏维埃文化教育的总方针在什么地方呢？在于以共产主义的精神来教育广大的劳苦民众，在于使文化教育为革命战争与阶级斗争服务，在于使教育与劳动联系起来，在于使广大中国民众都成为享受文明幸福的人。”抗日战争期间，毛泽东同志又明确地提出：“在一切为着战争的原则下，一切文化教育事业均应使之适合战争的需要……伟大的抗战必须有伟大的抗战教育与之相配合……”同时，毛泽东同志号召延安和解放区的一切机关、部队、学校大搞生产，教育要同劳动结合起来。建国以后，毛泽东同志又明确指示：“我们的教育方针，应该使受教育者在德育、智育、体育几方面都得到发展，成为有社会主义觉悟的有文化的劳动者。”从上面简要的叙述中，我们可以明显地看到，农业中学更加深透地体现了毛泽东同志的教育思想，继承和发扬了老解放区的办学传统。它的诞生和成长，是鼓足干劲、力争上游、多快好省地大搞技术革命和文化革命所需要的，是以最快速度培养出一支又红又专的工人阶级知识分子的队伍所需要的，是巩固和发展人民公社制度所需要的，是工农业技术改造所需要的，也就是说，是社会主义革命和社会主义建设所需要的。办好农业中学，是社会主义革命和社会主义建设的一个部分，显然关系到社会主义道路战胜资本主义道路的斗争，关系到逐步消灭农村与城市的差别、逐步消灭体力劳动和脑力劳动的差别这样一些重大的政治任务。这样，农业中学也就很显然地表现了它的为工人阶级政治服务的鲜明性。它和其他各类学校一样，是社会主义革命和社会主义建设的强有力的工具之一。农业中学的诞生和成长，还在教育与生产劳动相结合方面表现了它的特色，半工半读，学习与生产紧密结合，理论与实践紧密结合，使学生的政治觉悟、知识质量、生产知识和技能方面都有很大的提高。这样，就使我们不仅有了全日制学校那种以教学为主结合劳动的形式，业余学校那种以劳动为主进行学习的形式，而且还有了农业中学这种半工半读的形式，使党的教育必须与生产劳动相结合的方针，得到了更加完整、更加全面的贯彻。

毛泽东同志历来教导我们，发展文化教育事业同发展经济建设事业一样，要实行“两条腿走路”；要在党的领导下，大搞群众运动；群众不仅是受教育者，而且是办教育者。远在 1927 年，毛泽东同志就以满腔热情支持农民办学校，认为在当时的条件下，只有随着农民运动，农民办学校，农民的文化程度才能迅速地提高。到了抗日战争时期，毛泽东同志又说，“单靠政府用有限财力办的几个学校、报纸等等，是不足完成提高民族文化与民族觉悟之伟大任务的”“必须广泛发展民众教育”“发动人民自己教育自己”。并且指示：“解放区的文化工作者和教育工作者在推进他们的工作时，应当根据目前的农村特点，根据农村人民的需要和自愿的原则，采用适宜的内容和形式。”建国 10 年来教育工作的实践，再一次证明了毛泽东同志这些论断的英明和正确。党的领导是发展文化教育事业的根本保证,只有把教育工作放在党的绝对领导下,才能很好地为改造旧社会和建设新社会服务。同时,只有实行“两条腿走路”,既有国家办学,又有群众办学,才能调动一切积极因素,保证教育事业的蓬勃发展,满足工农业生产不断跃进的需要。农业中学是在群众的要求下诞生的,是在群众的热情支持下巩固和发展起来的。人们现在已经完全可以看清,没有毛泽东同志这一“两条腿走路”的思想指导,就不会有国家办学和群众办学并举,全日制学校和半日制学校、业余学校并举,也就不会有农业中学的诞生和成长。

从以上简要的分析中,我们可以知道,农业中学的胜利同各类教育事业的胜利一样,是党的建设社会主义总路线的胜利,是党的教育方针的胜利,是毛泽东同志教育思想的胜利。农业中学是在毛泽东思想的指导下,成长壮大并且日益繁荣起来的。

二、农业中学的新阶段和新任务

党的八届八中全会,向全国人民发出了伟大的号召,要求进一步开展增产节约运动,在 1959 年内提前完成第二个五年计划的主要指标,要求在 10 年左右的时间内,在主要工业产品的产量方面赶上和超过英国。随后,党中央又提出了加速进行农业技术改造,尽快地实现农业生产现代化的伟大号召。这就给教育工作提出了新的光荣的任务,要求各类学校培养出大量有共产主义觉悟的,有文化科学知识的,高级、中级、初级的技术干部和其他各项各种建设人才。农业中学也面临着新的形势,这就是:要多快好省地为农林牧副渔的全面发展,为实现农业机械化、水利化、电气化培养技术人才和管理人员。这样一个光荣而伟大的任务,农业中学应该担负,也能够担负起来。这是因为:在党中央和毛泽东同志的英明领导下,各级党委和人民公社加强具体领导,工农群众大力支持,广大师生艰苦奋斗，全省农业中学已经跨入一个新的阶段。（一）生产养校正在分批实现，1959 年农业中学的生产总值达到 600 万元左右，越来越多的学校举起了高额丰产的旗帜，这不仅使农业中学有了初步的物质基础，而且已经在农副业和手工业生产上显示了它的作用，逐步成为农村技术革命的桥梁和宣传、推广新技术的据点。（二）学额已经巩固，出席率一般在 95%以上，教学质量正在不断提高，事实驳倒了那些认为“农业中学学不到东西”“农业中学不像学校”的错误观点。（三）现在全省 2 000 多所农业中学已经巩固地在农村扎下根来，并且更上一层楼，有 50 多所学校试办了高中班，这说明农业中学是适应形势需要的。（四）10 月份以前，占总数 10%左右的“三类”农业中学，经过评比竞赛运动，绝大多数已经基本改变面貌，全省已经达到校校有固定校舍和生产园地，班班有专职教师和教室课桌，农业中学的进一步巩固和发展，已经有了更好的条件。（五）办好和发展农业中学已经有了更加巩固的思想基础，教师和学生更加热爱自己的学校，干部和群众对农业中学越来越重视，普遍反映农业中学是“金子”，不是“包袱”，右倾机会主义阴风要想吹散它是根本不可能的。（六）党的领导越来越加强，各级党委特别是县委和公社党委对领导农业中学已经积累了一定的经验。公社党委书记一般都兼任校长，大多数学校还有党委派去的专职副校长，学校内部也逐步建立起党、团支部。这样就使农业中学的不断巩固和继续发展，有了坚强的组织保证。这一切说明：农业中学今后在巩固的基础上提高一大步，实现 1960 年继续大发展，是完全有条件的。我们应当继续高举毛泽东同志教育思想的红旗，进一步加强领导，全面规划，巩固成绩，乘胜前进！

1960 年，随着工农业生产的跃进，全省各类学校都将大发展，今后小学毕业生将全部进入全日制或半日制的初中，扫盲和业余教育也将持续地、饱满地、健康地发展。1960 年，我省的高小毕业生将要达到50万人，预计其中将有40%左右的学生进入半日制的学校学习。因此，必须积极准备，认真规划，继续在农村发展一批农业中学，在农村大集镇发展一批职业中学。首先要做好宣传工作，继续宣传农业中学的性质和任务，说明办好农业中学和发展农业中学，正是贯彻执行党的总路线和党的教育方针，大搞技术革命和文化革命、多快好省地发展教育事业的重要措施；同时，对于逐步消灭旧中国遗留下来的农村与城市的差别，体力劳动和脑力劳动的差别，有非常重要的意义。其次，要作好全面规划和师资、校舍、教学设备、生产园地和生产资金等方面的准备工作。

我们要鼓足干劲，下定决心，使全省的农业中学越办越好，越办越高，必须办好，不能办坏，必须提高，不能降低。现在大多数地区、大多数学校办得比较好，这是主流；也还有少数地区、少数学校办得比较差。这一部分比较差的地区，有一定的客观原因，但是，主要是这些地区有一些同志对办好农业中学这种重要的中等学校，认识不够，干劲不足，具体地说，就是有右倾思想。希望这些地区的同志，提高认识，加强领导，充分调动社队干部的积极性、教师的积极性和学生的积极性，树立无产阶级的雄心壮志，急起直追，赶上和超过先进地区和先进学校。对于办得比较有成绩的地区和学校，希望他们胜利不骄，巩固成绩，继续前进，把思想、教学、生产、科学研究、教师和学生的生活搞得更好，创造和总结出更好的经验来，帮助比较后进的兄弟地区、兄弟学校一道前进。

三、巩固和发展农业中学的几个关键

在全省农业中学已经跨入新阶段，迎接1960年继续大发展的形势面前，我们认为，有几个关键问题必须进一步明确。

积极提高教育质量，是全日制、半日制、业余教育的重要任务。农业中学必须继续坚持半工半读制度，采取各种措施，在积极提高教学质量方面，做出显著的成绩，逐步赶上当地普通中学的教学水平。省、地、县都要通过办进修学校、函授学校、广播学校、巡回讲学团、辅导组等形式，帮助农业中学教师提高业务水平。普通中学要以兄弟般的态度，积极热情地帮助农业中学的教师。农业中学教师在教学上要拜全日制学校的教师为师，向他们学习，向他们看齐。农业中学教师自己要订个自学规划，努力提高自己的政治水平和文化水平，争取在若干年内，使自己的文化程度达到大学或专科水平。在实际工作中，教师要努力做到又红又专，业务上要做到备课好、讲课好、辅导好、批改作业好、成绩考查好、业务研究好；学生要做到认真听课、认真自修、认真做作业。现在，农业中学的教学和生产都取得了不少成绩，尤其在取得生产经验方面的成绩比较显著。今后，我们必须进一步抓一下适应新形势的教学问题。因此，各市、县在这次会议以后，都要派得力的督学到一个农业中学去，住上几个月，对农业中学的教学问题作一番认真的调查研究，总结经验，摸出规律，提出措施，在全县逐步推广，并且向省委作报告。

关于第一届农业初中毕业生的安排问题，这是大家很关心的。一般说来，毕业以后，可以作这样的几种安排：（一）升入高一级学校继续学习。（二）选拔一部分毕业生作几个月的短期训练，然后到公社或大队去分配工作。（三）挑选一部分学生，培养他们担任农业中学教师。

巩固和发展农业中学，必须进一步明确搞生产的目的。前一时期，由于农业中学建校不久，一般把搞生产局限于实现养校这个目的。现在看来，农业中学的生产劳动，有着更深更广的意义：（一）是为了贯彻执行党的教育方针，培养又红又专的新型知识分子，开始在这一部分人中缩小脑力劳动和体力劳动的差别；（二）使学生学到生产技能，为工农业生产和人民公社培养出大批熟悉本地生产实际的技术干部和管理人员，并逐步成为提高人民公社文化和技术的据点;(三)实现养校建校,减轻国家、公社和学生家庭的开支。从这个生产目的出发,农业中学的生产布局和方针,应当是"以副业(手工业)和高产经济作物为主,农业和副业同时并举"。一年多的实践也证明了这个生产布局和方针是完全正确的。盐城地区提出70%的土地种经济作物,30%的土地种粮食作物,这个大体比例是可行的。我们认为,在各种收益的比例上,副业、手工业方面的收入应当达到总收入的70%左右。按照这个方针去做,不仅可以比较快地实现生产养校和生产建校,而且可以使学生学到各种生产技能,试验、总结和推广农业生产的先进技术措施,并且照顾了学生的年龄、体质特点,有利于农业中学担负起新形势下的新任务。我们必须坚持这个生产布局和方针。现在农业中学的劳动方式有四种:学生全部在校劳动;学生全部回生产队劳动;部分在校劳动、部分回队劳动;定期在校劳动、平时回队劳动。为了搞好教学和搞好生产,我们的看法,以全部在校劳动为宜,暂时有困难的应该创造条件逐步解决。至于要不要全部在校住宿,我们的看法,有条件做到全部住宿当然最好,但是要看具体情况,因地制宜。有些地方校舍比较紧,在条件许可的情况下,可以盖一些简易省钱的草屋,消除因为回家住宿而影响学习和生产的现象。农业中学生产纯收益的使用,现在各地的做法也不完全相同。我们的看法,农业中学的生产资料来自公社和群众,来自共产主义协作;农业中学是培养共产主义觉悟、提高文化、学习生产技能的场所,因此,农业中学的生产收益的使用,应该同生产队的分配有所不同,主要应该满足学校的集体需要,首先保证按期支付教师工资、学校行政费用,在此前提下,还要留下生产资金,以便扩大再生产。然后根据纯收益情况,解决学生的书籍簿本费和学生伙食费。要教育学生提高共产主义风格,不要斤斤计较。对于那些劳动积极、在生产上有革新创造的学生,可以着重精神奖励,同时结合适当的物质奖励。随着生产的发展,农业中学的会计制度要逐步建立和加强。要贯彻勤俭办学的原则，防止产生铺张浪费的现象。收入比较多的学校，要注意逐步增加积累用于学校建设。

农业中学在新的形势下，在积极提高教学质量的同时，必须把农副业和手工业生产先进技术的试验、总结、推广工作，因地制宜地继续进行农作物高产点的试验工作，以及力所能及的农具改革和农业科学调查研究工作，作为今后的重要任务之一。要积极同有关工厂、农场、气象站、农业技术推广站挂钩，努力学习技术，学习驾驶，学习科学知识。做好这些工作，可以使农业中学的教学和生产紧紧结合起来并且提高一步，可以巩固和深化书本知识，提高学生的科学知识和生产技能，培养学生学习科学的兴趣，培养师生的群众观点和辩证唯物主义观点。更重要的，可以培养全体师生树立克服困难、改造自然，建设社会主义、共产主义新农村的信心和决心。这里必须指出：我们开展这些活动，不是为科学研究而科学研究，不是纯学术性的研究，而是为了更好地实现养校建校和为当地的农业生产服务。离开这一条，方向就错了。同时，我们开展这些活动，必须在公社党委的领导下，取得县科委、公社技术推广站和当地老农的帮助，同他们建立一整套的协作关系，首先是向他们学习，然后是自己开展活动。已经试验成功的技术措施，如果要推广，要向公社党委请示，由公社党委决定步骤和范围。

巩固和发展农业中学，必须坚持政治挂帅，加强党的领导，大搞群众运动。在党中央的正确领导下，省委对农业中学工作是一贯重视和积极领导的。在党的八届八中全会以后，各级党委对农业中学的领导，有了显著的加强，并且进一步贯彻群众路线，大搞群众运动。例如，盐城地委作出了关于进一步加强对农业中学领导的决定，掀起了轰轰烈烈的评比竞赛运动；苏州和南通等地委，也进一步采取了各种措施，加强了对农业中学的领导。在县一级党委中，如大丰县委，一年多来，凡是有关农业中学的重大问题，如发展计划、生产布局、处理超龄生、教师的政治学习、师生的生活，等等，县委都根据党中央和省委的指示，贯彻了“从群众中来，到群众中去”的原则，作了认真讨论，先后以县委、县人委的名义发出的指示和决定有25件，专为农业中学召开，并且由县委负责同志主持的电话会议、广播大会有13次。他们对农业中学这个新生事物，采取如此热情和关心的态度，是正确的，值得各地学习。各级党委必须不断地抓、认真地抓。主要应当抓思想，抓教学，抓生产劳动和科学研究，抓生活。要抓深抓透，一直抓到问题得到解决。不同时期要抓住不同的重点问题。例如，可以在某一个时期着重抓生产和科学研究问题，另一个时期着重抓提高教学质量问题。对不同地区和不同学校，也要抓不同的重点问题。这个地区、这个学校，哪一方面比较差，我们在一定时期就着重抓哪一方面的问题。但是，任何时期不管着重抓生产还是着重抓教学，做政治工作始终是我们党委的首要任务。树立标兵、总结经验，抓两头、带中间、现场促进等大搞群众运动的做法，必须继续发扬。各级党委还要督促工业、农业、财贸、共青团、科委等部门，积极支持农业中学的成长。

这里，还必须强调一下公社党委的领导问题。人民公社实行工农商学兵的相互结合和政社合一，组织大协作，使农村的经济和文化教育事业更加蓬勃地发展，它的巨大优越性，表现在许多方面，也表现在对农业中学的领导方面。人民公社的具体领导，是农业中学成长和发展的决定因素之一。今后，必须进一步加强公社党委对农业中学的领导。有一位公社党委书记说得好：“关心农业中学就是关心人民公社的建设。”公社党委的同志都应该有这样的认识。

同志们，一年多来，在党的领导下，在克服重重困难当中，涌现出许多先进单位和先进工作者。我们这次会议，是一次检阅成绩、表扬先进的会议，也是一次动员全省农业中学学先进、赶先进，超先进的会议。在这次会议上，有先进专区和先进县的代表，他们把自已地区的农业中学，领导得很有成绩；有立场坚定、方向明确、工作踏实的好同志，他们用农业中学越办越好的事实，狠狠教训了那些反对农业中学的右倾机会主义分子，批判了那些有右倾思想的人。在这次会议上，有蔑视困难的革命乐观主义者，他们热爱农村、热爱劳动人民，决心为建设新农村贡献力量，不畏艰难困苦，把学校从平地上建立起来；有积极响应省委号召，发扬艰苦奋斗的革命精神，从苏南到苏北去生根开花的优秀教师。在这次会议上，还有积极领导农业中学的公社党委书记，热情支持农业中学的群众，以及帮助农业中学并肩前进的普通中学的代表。在农业中学的成长发展过程中，他们艰难不畏，胜利不骄，刻苦钻研，对社会主义事业忠心耿耿、勤勤恳恳，为农业中学的巩固和发展，为我国的教育革命出了大汗，有了贡献。他们是全省农业中学教师和干部的榜样，值得我们学习。出席这次会议的，还有业余学校的代表，他们深入群众，和群众打成一片，在开展业余教育方面取得了很大成绩，并且积累了开展业余教育的经验。希望他们今后要继续发扬深入群众、联系群众的优良作风，鼓足干劲，进一步办好业余教育，为提高广大工农群众的文化水平而努力。我们从这次会议上可以看到，在我们的社会里，事业千行万行，行行出英雄模范；工作千项万项，项项有革新创造。

同志们！一年多以来，我们农业中学的成绩是巨大的。但是在前进的道路上，还有很多困难，我们的工作做得也还不够。但是我们确信，在党中央和毛泽东同志的英明领导下，在总路线、大跃进、人民公社的旗帜下，各级党委和人民公社加强领导，依靠广大群众的支持和师生的艰苦奋斗，任何困难都是可以克服的，我们的工作是可以做得更好的。我们有决心、有信心把全省的农业中学办得更多更好！

根据江苏省档案馆档案刊印